LA RESTRICCIÓN DEL LUJO EN LA ROMA REPUBLICANA.
El lujo indumentario

F. JAVIER CASINOS MORA

LA RESTRICCIÓN DEL LUJO EN LA ROMA REPUBLICANA.

El lujo indumentario

Dykinson, S.L.

Colección "Monografías de Derecho Romano y Cultura Clásica"
Dirección del Prof. Dr. D. Antonio Fernández de Buján

Este libro ha sido sometido a evaluación por parte de nuestro Consejo Editorial
Para mayor información, véase *www.dykinson.com/quienes_somos*

Editorial DYKINSON, S.L.
Meléndez Valdés, 61 - 28015 Madrid
Teléfono (+34) 915442846 - (+34) 915442869
e-mail: info@dykinson.com
http://www.dykinson.es
http://www.dykinson.com

ISBN: 978-84-9085-616-1
Depósito Legal: M-39213-2015

Preimpresión:
Besing Servicios Gráficos, S.L.
besingsg@gmail.com

ÍNDICE

PREFACIO

El presente libro se ha realizado en el marco del proyecto de investigación interdisciplinar y multinacional *Clothing and Identities. New Perspectives on Textiles in the Roman Empire* (*DressID*), proyecto promovido por la Comisión Europea, integrado en el programa marco *EU Culture 2007-2013* (N.: 2007-1765/001 CTU CO-OPMU), coordinado por Michael Tellenbach, Director del *Mannheim rem-Museum Weltkulturen*, y dirigido en lo que a atañe a la participación de la Universidad de Valencia por la Profesora Dra. Carmen Alfaro Giner, a quien agradezco su invitación a participar en dicho proyecto.

También deseo expresar mi gratitud al Profesor Dr. Antonio Fernández de Buján, director de la Colección Monografías de Derecho Romano de la editorial Dykinson, por acoger en ella este trabajo, colección que hoy día constituye un referente en el panorama romanístico no sólo español sino también europeo con sus más de 90 títulos publicados.

F. Javier CASINOS MORA
Valencia, 13 de noviembre de 2015

INTRODUCCIÓN

El tema de las disposiciones restrictivas del lujo en Roma, especialmente de las llamadas *leges sumptuariae*, no es ciertamente novedoso y ha sido objeto de algunas monografías y contribuciones secundarias sobre todo en las últimas décadas del siglo XX; sin embargo, sí lo es quizá el tratamiento monográfico de las restricciones en materia de lujo específicamente indumentario. Ese es justamente el propósito del presente trabajo. Ahora bien, como ya aparece sugerido por su título, en lugar de tratar de la cuestión de las limitaciones normativas del lujo indumentario de manera autónoma he optado por ocuparme de la restricción del lujo en general en su devenir histórico y sobredimensionar en cada lugar oportuno lo relativo al lujo indumentario. Es así que la *lex Oppia* ha merecido un extenso capítulo y un tratamiento mucho más detallado que el otorgado a cualquier otra disposición normativa. La razón es que una exposición conjunta permite mostrar mejor el diferente trato dado al lujo indumentario y al de otros ámbitos materiales y entender que la reacción contra el lujo no siempre respondió a una motivación puramente moral, por mucho que sea esa la idea que desean transmitir continuamente los autores, sino que, en realidad, en unos casos, los de las *leges sumptuariae*, lo que se pretendía combatir so pretexto de moralidad eran ciertas manifestaciones del lujo cuya práctica resultaba peligrosa para la élite tradicional y, en otros casos, como los de las normas restrictivas del lujo vestiario, las razones eran solamente coyunturales, como señaladamente en el caso de la *lex Oppia*, esporádicas, distintas en cada supuesto y no formaban parte de esa suerte de género de leyes, con hilo conductor y objetivos comunes, reiteraciones y elementos traslaticios, constituido por las *leges sumptuariae*. Por otro lado, la exposición conjunta permite aportar nuevas reflexiones y teorías o reforzar otras ya existentes sobre las restricciones suntuarias decenvirales, censorias o legislativas, así como contrastar los conceptos de *lex sumptuaria* y de lo que he llamado *lex ad coercendam luxuriam.*

La literatura romana, protagonista absoluta en lo que concierne a las fuentes existentes sobre este tema, como seguramente de manera similar a cualquier otra literatura del pasado o del presente, refleja, entre otras muchas cosas, las contradicciones entre las aspiraciones ideales y las pulsiones reales de las élites sociales, entre su deseable firmeza heroica y su inevitable auto-indulgencia y entre sus aspiraciones "virtuosas" a la templanza y a la austeridad ejemplares y sus "torpes" inclinaciones a las pasiones y al lujo. Y si tales aspiraciones virtuosas son declaradas con entusiasmo y contundencia, por los portavoces o no de aquellas élites, ese entusiamo y esa contundencia parecen decaer en la práctica cuando se trata de combatir eficazmente lo considerado como torpes inclinaciones. Esto sucede precisamente con las restricciones del lujo establecidas en la Roma republicana a través de diversos paradigmas normativos, las cuales en conjunto y en franco contraste con la severidad de aquella crítica que manifiestan los autores, seguramente con honestidad, ofrecen una imagen de normas selectivas, erráticas y poco coercitivas y eficaces a pesar de la gravedad para los interesados en su establecimiento de los fines perseguidos con ellas.

A los diversos modelos normativos seguidos durante la república romana para la sanción y restricción del lujo precede en la exposición una referencia a la visión romana del lujo, que lamentablemente sólo podemos conocer bajo el sesgo de la élite intelectual, muchas veces asimismo portavoz de la élite social. Tal visión es, además, inevitablemente por razones obvias de tradición, la reflejada sólo por los autores correspondientes al último tramo de la República y el Principado. Esa visión es acerbamente crítica del lujo, al que de hecho se tacha permanentemente de factor de decadencia moral y de las instituciones, e iguala en intensidad al gusto y a la complacencia mostrados por las élites en relación con aquél y con otras pasiones afines, tal como revelan constantemente la arqueología, el arte o la literatura. Por eso, las medidas restrictivas del lujo no constituyen en muchos casos sino una suerte de autocrítica interesada y propagandística de la aristocracia dirigida en última instancia a ningún otro fin distinto que el de legitimar el estado de cosas. A la idea del lujo como factor de decadencia moral y política sigue en la exposición el contraste entre las ideas de *luxus* y *magnificentia*, fundamental para precisar los contornos del concepto de lujo, para diferenciar entre un exceso suntuario lícito y otro ilícito.

Continúa la exposición con el estudio de las restricciones suntuarias arcaicas: las establecidas en las llamadas *leges regiae* y, ya en época republicana, en la ley de las XII Tablas, cuya tabla décima contiene una interesante restricción del *sumptus* en materia indumentaria en relación con las ceremonias funerales, del cual se ofrece un análisis y una interpretación a partir de datos obtenidos de la literatura romana y griega y con el auxilio también de diversas evidencias epigráfícas y artísticas tratadas por los estudiosos.

El tercer capítulo está dedicado a la restricción censoria del lujo en la Roma republicana, la cual se inscribe en el marco del control de la moralidad o *regimen morum*, una de las atribuciones más representativas de la singular magistratura republicana de la censura. De ella se ocupó por extenso hace unas pocas décadas E. Baltrusch y recientemente N. El Beheiri en sendas excelentes obras, las cuales no he podido dejar de tener presente en la confección de este capítulo.

Siguen las *leges sumptuariae*, las normas restrictivas del lujo por excelencia en la Roma republicana e inicios del Principado. Este tipo de leyes romanas llamaron la atención en los siglos XVIII y XIX y fueron a menudo objeto de disertaciones, que en realidad no constituyen otra cosa que meras descripciones acríticas principalmente de los pasajes de Aulo Gelio y de Macrobio alusivos a la *leges cibariae*. De estas obras de acopio procede la concepción maximalista de las *leges sumptuariae* como cualesquiera disposiciones normativas romanas incidentes de algún modo en cuestiones de *sumptus* o *luxus*, es más, incluso se consideran como tales las emanadas con el fin genérico de combatir de alguna manera la decadencia de las costumbres. Tal concepción fue objeto de revisión en las últimas décadas del siglo XX por algún autor, si bien es cierto que no es la del concepto de *lex sumptuaria* una cuestión pacífica entre los estudiosos. En este trabajo sostengo y refuerzo la concepción restrictiva de *lex sumptuaria* como equivalente a *lex cibaria* o ley relativa a la limitación del *sumptus* en los simposios, concepción que presenta a mi juicio un más sólido anclaje en las fuentes.

El estudio de las *leges sumptuariae* no se ha limitado a la descripción del catálogo geliano-macrobiano de tales leyes sino que sobre todo se han tratado cuestiones tales como el propio concepto de *leges sumptuariae*, sus finalidades comunes y su eficacia, así como las que, sirviéndome de una expresión titoliviana, he llamado *leges ad coercendam luxuriam*. En relación con la importante cuestión del propósito perseguido por las *leges sumptuariae*, rechazo la clásica teoría de la lucha contra la decadencia de las costumbres, retomada por Sauerwein en 1970, para ver en aquéllas propósitos más concretos y prosaicos de índole política, económica o social. Estudios posteriores al señalado han apuntado en esas direcciones: los de Sondel, Bleicken, Bonamente, Gabba, Clemente, Dauster, Feichtinger, Bottiglieri o Zanda, entre otros. Completa el capítulo una sucinta referencia a la tradición legislativa suntuaria y al debate ilustrado sobre dicha legislación.

El capítulo cinco está dedicado a la *lex Metilia de fullonibus*. Sobre este plebiscito, habida cuenta de que la única información de que disponemos es la aportada por un pasaje de Plinio, el Viejo, sólo es posible especular acerca de su sentido preciso y de sus presumibles finalidades económicas o políticas, teniendo en cuenta el contexto histórico, político y económico del tiempo en que se promulgó y ciertos datos prosopográficos acerca de su promotor.

El capítulo siguiente, el más extenso, es el dedicado a la *lex Oppia* y a la *lex Valeria Fundania*, sin duda aquélla la ley más importante en relación con la restricción del lujo indumentario en época republicana. Se analiza la ley y se reflexiona sobre ella y su contexto a partir de los discursos titolivianos a favor y en contra de su mantenimiento en vigor, sostenidos veinte años después de su promulgación: *oratio de lege Oppia servanda* y *oratio de lege Oppia abroganda*. En la exposición de este capítulo he optado para comodidad del lector por reproducir el extenso pasaje titoliviano (34, 1-8), que constituye la principal fuente de conocimiento de la ley, y su traducción en el texto principal y no en nota a pie de página, y en comentarlo por secciones cuya estructura y cesuras han obedecido a criterios retóricos. Al efecto he reproducido el texto latino de E. T. Sage, *Livy, History of Rome (Ab urbe condita)*, vol. IX, de la *Loeb Classical Library* (1935); y he aprovechado básicamente la traducción al castellano de A. Villar Vidal para la editorial Gredos de 1993.

Por último, el capítulo séptimo está dedicado a la tercera y última de las disposiciones sobre restricción del lujo indumentario republicanas: la prohibición de Julio César de *vestes conchyliatae*, dictada seguramente en su condición de *praefectus moribus* y habitualmente confundida, a mi juicio, con una *lex Iulia sumptuaria* del mismo César, siendo esta última una más de las *leges sumptuariae* de carácter cibario.

Completan el trabajo, además de la relación de abreviaturas empleadas y el índice bibliográfico, un índice de fuentes y otro onomástico y temático. En este último no se elencan los autores citados, pues los pasajes de sus obras invocados y tratados ya aparecen señalados en el índice de fuentes.

He reproducido los textos latinos a partir fundamentalmente del sitio web *The Latin Library* (*http://www.thelatinlibrary.com/*), al que me remito para la consulta de los correspondientes créditos, con las siguientes excepciones: para la reproducción de los pasajes de *In Vergilii Carmina Commentarii* de Mauro Servio Honorato he seguido la edición de G. Thilo y H. Hagen de 1881 (Leipzig), reimpresa inalteradamente en Hilsdeheim por la editorial Georg Olms en 1961; y para la reproducción de los pasajes de Nonio Marcelo y Sexto Pompeyo Festo me he servido de la edición de W. M. Lindsay de 1903 para la editorial B. G. Teubner de Leipzig.

Para los textos griegos he utilizado básicamente el sitio web *Thesaurus Linguae Graecae. A Digital Library of Greek Literature* (https://stephanus.tlg.uci. edu/index.prev.php), al que igualmente me remito para la consulta, en su caso, de los créditos, con la salvedad del pasaje 9, 17 de Zonaras, para el cual he utilizado la edición de J. P. Migne, *Patrologiae Graecae*, (T.134, 761).

En cuanto a las abreviaturas empleadas para las fuentes literarias he seguido las propuestas por el *Oxford Latin Dictionary* (Oxford, 1996, ix-xx) y, subsidiariamente, las del *Index librorum, scriptorum, inscriptionum ex quibus exempla adferuntur* del *Thesaurus Linguae Latinae* (Leipzig, 1904, 1-109) y las del *Proyecto de Diccionario Griego-Español*, que se realiza en el *Centro Superior de Investigaciones Científicas* (Madrid) bajo la dirección de F. Rodríguez Adrados y J. Rodríguez Somolinos. Para la de las fuentes jurídicas me he servido de las indicadas por *Bibliotheca Iuris Antiqui. Sistema infor-*

mativo integrato sui diritti dell'Antichità (dir. N. Palazzolo, Catania, 2002, cd-rom). Por fin, para las abreviaturas de revistas científicas he usado las de la *Liste des périodiques dépouillés* de *L'Année Philologique* en la medida de lo posible. No obstante, para comodidad del lector reproduciré seguidamente todas las abreviaturas de revistas, contenidas o no en el señalado elenco, así como las abreviaturas de obras lexicográficas, recopilatorias de fuentes jurídicas y epigráficas romanas y de estudios de derecho romano que he empleado.

ABREVIATURAS

AAN	Atti della Accademia di Scienze Morali e Politiche della Società Nazionale di Scienze, Lettere ed Arti di Napoli. Napoli: Giannini.
Aevum	Aevum: Rassegna di scienze storiche, linguistiche e filologiche. Milano: Vita e Pensiero.
AFLPer(class)	Annali della Facoltà di Lettere e Filosofia di Perugia. 1. Studi Classici. Perugia: Università degli Studi di Perugia.
AJAH	American Journal of Ancient History. Cambridge (Mass.): Harvard University.
Annaeus	Annaeus: Anales de la tradición romanística. Madrid: Tébar Flores.
Athenaeum	Athenaeum: Studi di letteratura e storia dell'antichità. Como: New Pr.
BJ	Bonner Jahrbücher des Rheinischen Landesmuseums in Bonn und des Rheinischen Amtes für Bodendenkmalpflege im Landschaftsverband Rheinland und des Vereins von Altertumsfreunden im Rheinlande. Köln: Rheinland Verl.
CCO	Collectanea Christiana Orientalia. Córdoba: Universidad de Córdoba, Facultad de Filosofía y Letras; Beirut: Université Saint-Joseph.
CFC(L)	Cuadernos de Filología Clásica. Estudios latinos. Madrid: Universidad Complutense de Madrid, Servicio de Publicaciones.
CIL	Corpus Inscriptionum Latinarum. 1863-1883. Berolini: Gregorium Reimerum.
CJ	The Classical Journal. Ashland (Va.): Randolph-Macon College, Department of Classics, Classical Association of the Middle West and South.
ClAnt	Classical Antiquity. Berkeley (Calif.): University of California Pr.

CPh	Classical Philology: a journal devoted to research in classical antiquity. Chicago (Ill.): University of Chicago Pr.
CQ	Classical Quarterly. Oxford: Oxford University Pr.
CR	Classical Review. Oxford: Oxford University Pr.
DAGR	Ch. Daremberg / E. Saglio / E. Pottier. Dictionnaire des antiquités grecques et romaines. 1877-1918. Paris: Librairie Hachette et Cie.
EClás	Estudios Clásicos. Madrid: Sociedad Española de Estudios Clásicos.
Emerita	Emerita: Revista de Lingüística y Filología Clásica. Madrid: CSIC, Instituto de Filología.
FIRA	S. Riccobono *et al.* Fontes Iuris Romani Anteiustiniani. 2 vols. 1941-1943. Florentiae: G. Barbera.
GEL	H. G. Liddell / R. Scott / H. S. Jones. A Greek English Lexicon. 1996. Oxford: Oxford University Pr.
Glotta	Glotta: Zeitschrift für griechische und lateinische Sprache. Göttingen: Vandenhoeck und Ruprecht.
Helmantica	Helmantica: Revista de Filología Clásica y Hebrea. Salamanca: Universidad Pontificia de Salamanca.
Hermes	Hermes: Zeitschrift für klassische Philologie. Stuttgart: Steiner.
Historia	Historia: Zeitschrift für Alte Geschichte = Revue d'Histoire Ancienne. Stuttgart: Steiner.
IAH	Iuris Antiqui Historia. An International Journal of Ancient Law. Pisa-Roma: Fabrizio Serra.
Index	Index: Quaderni camerti di studi romanistici = International Survey of Roman Law. Napoli: Jovene.
Iura	Iura: Rivista internazionale di diritto romano e antico. Napoli: Jovene.
JESHO	Journal of the Economic and Social History of the Orient. Leiden: Brill.
JHI	Journal of the History of Ideas. Baltimore (Md.): Johns Hopkins University Pr.
JRA	Journal of Roman Archeology: an international journal. Portsmouth (R.I): Journal of Roman Archeology.
JRS	The Journal of the Roman Studies. London: Society for the Promotion of Roman Studies.
Klio	Beiträge zur Alten Geschichte. Berlin: Akademie Verl.

Labeo	Labeo: Rassegna di diritto romano. Napoli: Jovene.
Lares	Lares: Quadrimestrale di studi demoetnoantropologici. Firenze: Leo. S. Olschki.
Latomus	Latomus: Revue d'études latines. Bruxelles: Latomus.
LCM	Liverpool Classical Monthly. Liverpool: University of Liverpool.
LPPR	G. Rotondi. Leges publicae populi Romani. 1912. Milano: Società editrice libraria.
Maia	Maia: Rivista di letterature classiche. Bologna: Cappelli.
MBAH	Münstersche Beiträge zur antiken Handelsgeschichte. St. Katharinen: Scripta Mercaturae Verl.
MH	Museum Helveticum: Schweizerische Zeitschrift für klassische Altertumswissenschaft = Reviste suisse pour l'étude de l'antiquité classique. Basel: B. Schwabe und Co.
NPauly	H. Cancik / H. Schneider (eds.). Brill's Encyclopaedia of the Ancient World New Pauly. 2008. Leiden-Boston: Brill.
OLD	P. G. W. Glare (ed.). Oxford Latin Dictionary. 1996. Oxford: Clarendon Pr.
Opus	Opus: Rivista internazionale per la storia económica e sociale dell'antichità = International Journal for Social and Economic History of the Antiquity. Firenze: All'Insegna del Giglio.
Philologus	Philologus: Zeitschrift für Antike Literatur und ihre Rezeption. Berlin: Akademie Verl.
PP	La Parola del Passato: Rivista di studi antichi. Napoli: Macchiaroli.
PW	Georg Wissowa (ed.). Paulys Realencyclopädie der classischen Altertumswissenschaft. 1893-. Stuttgart: Alfred Druckenmüller.
RD	Revue historique de droit français et étranger. Paris: Dalloz.
REHJ	Revista de Estudios Histórico-Jurídicos. Valparaíso: Ediciones universitarias de Valparaíso.
RFIC	Rivista di filologia e di istruzione classica. Torino: Loescher.
RGDR	Revista General de Derecho Romano. Iustel, http://www.iustel.com/.
RHD	Tijdschrift voor rechtsgeschiedenis = Revue d'histoire du droit. Dordrecht: Kluwer.
RhM	Rheinisches Museum für Philologie. Frankfurt am Main: Sauerländer.

RHR	Revue de l'histoire des religions. Paris: Colin.
RIDA	Revue internationale des droits de l'Antiquité. Bruxelles: Service des publications des Facultés universitaires Saint-Louis.
RRSS	M. H. Crawford (ed.). Roman Statutes. 2 vols. 1996. London: Institute of Classical Studies, University of London.
RSI	Rivista Storica Italiana. Napoli: Edizioni Scientifiche Italiane.
R. St.	T. Mommsen. Römisches Staatsrecht. 3 vols. 1952. Basel: B. Schwabe und Co.
SIG	W. Dittenberger, Sylloge Inscriptionum Graecarum. 3 vols. ^{3}1915-1924. Leipzig: S. Hirzel.
ZPE	Zeitschrift für Papyrologie und Epigraphik. Bonn: Habelt.
ZRG	Zeitschrift der Savigny-Stiftung für Rechtsgeschichte. Romanistische Abteilung. Wien: Böhlau.

CAPÍTULO I
LA IDEA ROMANA DEL LUJO EN ÉPOCA TARDORREPUBLICANA Y EN EL PRINCIPADO

1. EL LUJO COMO FACTOR DE DECADENCIA MORAL Y POLÍTICA

La irrupción del lujo en Roma acontecerá en el marco de las transformaciones producidas en la economía y en la sociedad como consecuencia de la expansión de la ciudad tras las guerras púnicas. Dicha expansión trajo consigo la afluencia de riquezas, de botines y de indemnizaciones de guerra, la bonanza económica en suma, así como la introducción de nuevos referentes culturales y hábitos sociales. Tras las guerras púnicas y las victorias obtenidas contra Macedonia y Siria y en el Mediterráneo occidental, se fueron consolidando en Roma nuevos modelos socieconómicos alternativos a los basados tradicionalmente en la propiedad de la tierra y en la transmisión hereditaria de la riqueza. El desarrollo del comercio exterior, la acumulación de capital, el masivo aflujo de esclavos, el *boom* económico en suma, permitió también la aparición de una nueva y variopinta clase de potentados dispuesta a rivalizar con la élite senatorial tradicional.

Los intelectuales romanos no fueron insensibles a la percepción de estas transformaciones económicas y sociales y, por ello, fueron recurrentes en la literatura histórica y política las alusiones a la existencia de un nexo de causalidad entre la penetración del lujo en la sociedad, efecto visible de aquellas transformaciones, y la corrupción de las antiguas costumbres, y lo fueron hasta el punto de constituir un lugar común en la historiografía romana tardorrepublicana y altoimperial. Compendiosa es a este respecto la expresión de Valerio Máximo *a luxu perditis moribus*.[1] Pero los autores romanos no atribuirían la afección al lujo y la consiguiente decadencia moral de Roma ni a razones sistémicas ni a otras que de cualquier modo pudieran deslegitimar el predominio de aquella aristocracia a todos los niveles, sino sobre todo al influjo de la civilización helénica, una civilización tenida por superior en el aspecto cultural pero inferior en el moral.

Es a propósito del problema de la difusión del lujo que se plantea lo que ha sido descrito[2] como una tensión no resuelta en la cultura o sistema de valores latino entre una economía doméstica, en el sentido weberiano de la expresión, y una economía adquisitiva, basada la primera en la tradición, en la frugalidad y en el valor del uso y, la segunda, en el aumento del bienestar, en el valor del cambio y en el consumo. Mientras la primera sería característica de la cultura, no sólo latina sino antigua en general, y estaría, de hecho, presente en todas las escuelas filosóficas antiguas, muy especialmente el estoicismo, y propugnada por ellas, la segunda, más próxima a nuestra moderna sociedad de consumo, respondería a una concepción alternativa sobre el progreso, la felicidad y el aumento de las necesidades materiales, que a la sazón se abría paso de la mano de la prosperidad y de las múltiples transformaciones y expectativas. No es de extrañar, por ello, el sentimiento unánime de inquietud de los intelectuales romanos ante el lujo, dado el nexo de causalidad que percibían

---

1 V. MAX. 2, 2, 6.

2 Por A. LA PENNA, "La legittimazione del lusso privato da Ennio a Vitruvio. Momenti, problema, personaggi", en *Maia*, 41, 1989, 3 (= F. MILAZZO (ed.), *Contractus e pactum: tipicità e libertà negoziale nell'esperienza tardo repubblicana: Atti del Convegno di diritto romano e della presentazione della nuova riproduzione della littera Florentina: Copanello, 1-4 giugno 1988*, Napoli, 1990, 251).

entre decadencia de las costumbres y lujo, al cual atribuían un origen foráneo.

Esa inquietud de los intelectuales romanos, habituales portavoces de la aristocracia, por las secuelas de la expansión del lujo se justificaría sobre todo por el temor a que la alteración de las costumbres acabara afectando a la misma estabilidad del sistema político, un sistema político de sesgo naturalmente aristocrático. Y es que la secuencia "cambio de costumbres-inestabilidad política-cambio político" tenía de hecho sus fundamentos teóricos. En efecto, de acuerdo con la teoría de la evolución cíclica de los regímenes políticos imperante en el pensamiento antiguo desde Platón y Aristóteles, la irrupción del lujo en una sociedad no sólo representaba un mero cambio de costumbres sociales sino que podía bien significar el inicio de un proceso cuyo desenlace fuera, previa la degeneración del sistema existente, la involución política. Polibio, teórico de la *anacýclosis*, lo expresa con claridad: la prosperidad económica convierte a los ciudadanos en adictos al lujo y su afán de conseguir cargos y ventajas para satisfacer esa adicción los lleva a la rivalidad y al enfrentamiento, a la ruptura de la cohesión del grupo. Esta situación en progreso se resuelve finalmente con el cambio a un estadio política y moralmente inferior al precedente, es decir, a su versión degenerada, cuyas causas son: el ansia de acaparar las magistraturas, el afán de ganar notoriedad, la soberbia y el despilfarro.[3] La evolución política la culminará el pueblo que, indignado

[3] Plb. 6, 57, 5-6: 5: ὅταν γάρ πολλοὺς καὶ μεγάλους κινδύνους διωσαμένη πολιτεία μετὰ ταῦτα εἰς ὑπεροχὴν καὶ δυναστείαν ἀδήριτον ἀφίκηται φανερόν ὡς εἰσοικιζομένης εἰς αὐτήν ἐπὶ πολὺ τῆς εὐδαιμονίας συμβαίνει τοὺς μὲν βίους γίνεσθαι πολυτελεστέρους, τοὺς δ' ἄνδρας φιλονεικοτέρους τοῦ δέοντος περίτε τὰς ἀρχὰς καὶ τὰς ἄλλας ἐπιβολὰς. 6. ὧν προβαινόντων ἐπὶ πλέον ἄρξει μὲν τὴς ἐπὶ τὸ χεῖρον μεταβολῆς ἡ φιλαρχία καὶ τὸ τὴς ἀδοξίας ὄνειδος, πρὸς δὲ τούτοις ἡ περὶ τοὺς βίους ἀλαξονεία καὶ πολυτέλεια (5. Siempre que una constitución ha superado muchos y grandes peligros y alcanza una supremacía y una pujanza incontestadas, es claro que se produce una gran prosperidad que convierte a los ciudadanos en enamorados del lujo y en pendencieros fuera de lo común, por su afán de desempeñar cargos y de otras ventajas. 6. Estos defectos irán en auge y empezará la involución hacia un estadio inferior, por la apetencia de magistraturas, por la vergüenza de no ser famoso y, además, por la soberbia y el despilfarro). He reproducido aquí y en adelante, salvo indicación

con sus gobernantes, aspirará al poder soberano y, una vez alcanzada la democracia, en algún momento volverá a iniciarse un proceso de degeneración, ahora hacia la oclocracia o demagogia.[4] La correlación entre lujo y degradación moral, corrupción política y decadencia de la constitución política continuaría presente en el pensamiento de los intelectuales varios siglos después. Así, Plutarco afirmará que "tuvo mucha razón el que dijo que el primero que disolvió la república fue el que dio banquetes e hizo distribuciones de dinero al pueblo".[5]

Así, pues, el lujo, con origen en la prosperidad económica, lograda gracias a los triunfos militares y al consiguiente dominio territorial, era percibido como un potencial agente destructor del estado de cosas, hasta el punto de ser capaz de socavar los cimientos de una sólida y estable constitución como la romana que, a pesar de su carácter mixto, se caracterizaba por tender manifiestamente a garantizar el predominio aristocrático.

El lujo y en general la vida disoluta de la que aquél es la imagen visible será presentado, sin embargo, como un factor de decadencia de naturaleza exógena, que a la manera de un agente patógeno habría inficionado Roma, una república por naturaleza virtuosa. Y que el lujo

---

en contrario, la traducción de la obra de Polibio de M. Balasch Recort: *Polibio. Historias*, 3 vols. Madrid, 1981-1983.

4 Plb. 6, 57, 7-9: 7: λήψεται δὲ τὴν ἐπιγραφὴν τῆς μεταβολῆς ὁ δῆμος, ὅταν ὑφ' ὧν μὲν ἀδικεῖσθαι δόξῃ διὰ τὴν πλεονεξίαν, ὑφ' ὧν δὲ χαυνωθῇ κολακευόμενος διὰ τὴν φιλαρχίαν. 8. τότε γὰρ ἐξοργισθεὶς καὶ θυμῷ πάντα βουλευόμενος οὐκέτι θελήσει πειθαρχεῖν οὐδ' ἴσον ἔχειν τοῖς προεστῶσιν, ἀλλὰ πᾶν καὶ τὸ πλεῖστον αὐτός. 9. οὗ γενομένου τῶν μὲν ὀνομάτων τὸ κάλλιστον ἡ πολιτεία μεταλήψεται, τὴν ἐλευθερίαν καὶ δημοκρατίαν, τῶν δὲ πραγμάτων τὸ χείριστον, τὴν ὀχλοκρατίαν (7. Sin embargo, el que hará culminar la evolución será el pueblo, cuando opine que hay quien gana injustamente y le hinche la adulación de otros que aspiran a obtener sinecuras. 8. Enfurecido, entonces, y en su rabia codicioso de todo, el pueblo creerá que los gobernantes no están a su altura, se negará a obedecer, se tendrá a sí mismo por el todo, dueño del poder soberano. 9. El estadio siguiente recibirá el nombre más bello de todos, libertad y democracia, pero la denominación de la realidad será lo peor, la demagogia).

5 Plu. *Cor.* 14: οὐ γὰρ κακῶς ἔοικεν εἰπεῖν ὁ εἰπὼν ὅτι πρῶτος κατέλυσε τὸν δῆμον ὁ πρῶτος ἑστιάσας καὶ δεκάσας.

es un mal exótico o propio de los extranjeros, muy especialmente de los griegos,[6] no es exclusivamente un diagnóstico de los historiógrafos. Efectivamente, nos sirven de ejemplo para ilustrar esta afirmación dos autores que, aun distanciados por su *floruit*, origen y género literario, Livio y Juvenal, muestran aquella misma opinión sobre los orígenes foráneos del lujo romano.

Livio utiliza significativamente la expresión *peregrina luxuria* en un pasaje de su obra histórica[7] y en otro emplea el verbo *immigrare*,[8] para describir cómo, en su opinión, surgen en Roma por importación el lujo y otros males. La idea del origen exótico del lujo es lugar común en la retórica patriótica romana. La explicación es lógica: dada la supuesta total incompatibilidad del lujo con el acervo romano, no atribuir al primero un origen forastero habría implicado reconocer la poca solidez del segundo, tantas veces invocado y exaltado por los autores. Para un romano de pro un rasgo incuestionable de su identidad es la superioridad de sus costumbres y Roma existe, como reza el celebrado verso de Ennio, justamente "gracias a las costumbres de sus antepasados y a la virtud de sus hombres": *moribus antiquis res stat Romana virisque.*[9]

---

6 Resultan muy significativos al respecto los neologismos *pergraecari* y *congraecare*, utilizados no precisamente en obras de historiógrafos sino en las comedias plautinas, con los que se identifica "vivir disipadamente" con "vivir a la manera griega". *Pergraecari*: Pl. *Mos.* 64; y *Poen.* 603. También Titin. *com.* 175. *Congraecare*: Pl. *Bac.* 743. Asimismo, el verbo denominativo *graecor* es utilizado peyorativamente por Horacio para designar la acción de imitar a los griegos en sus hábitos o modas: Hor. *S.* 2, 2, 10-11: *Si Romana fatigat militia adsuetum graecari.*

7 Liv. 39, 6, 7: *Luxuriae enim peregrinae origo ab exercitu Asiatico invecta in urbem est* (El germen del lujo extranjero, en efecto, fue introducido en Roma por el ejército de Asia). He reproducido aquí y en adelante, salvo indicación en contrario, la traducción de la obra de Livio de J. A. Villar Vidal, *Tito Livio. Historia de Roma desde su fundación*, Madrid, 9 vols., 1990-1995.

8 Liv. *praef.* 11: *nec in quam [civitatem] tam serae avaritia luxuriaque immigraverint, nec ubi tantus ac tam diu paupertati ac parsimoniae honos fuerit* (ni en pueblo alguno fue tan tardía la penetración de la codicia y el lujo, ni el culto a la probreza y a la austeridad fue tan intenso y duradero).

9 Enn. *Ann.* 18, *incertae sedis*, verso rememorado por Cicerón en *Rep.* 5, 1.

Por su parte Juvenal, autor satírico, va más allá en la precedente idea pues no sólo denuncia con acerba *indignatio* cómo las costumbres extranjeras, *peregrinos mores*, con su lujo vergonzoso, *turpis luxus*, quebraron la historia de Roma,[10] sino que considera que "el lujo es peor incluso que las armas y constituye nada más y nada menos que la venganza del mundo sometido por Roma".[11]

Al lujo como factor de decadencia de origen exógeno también se refiere Cicerón, pero a partir de los contactos pacíficos entre los pueblos como vía de introducción. Sin mencionar el caso particular de Roma, alude al comercio y a las tentaciones que depara el mar como causas de corrupción y transformación de las costumbres de los pueblos, siendo las ciudades próximas a la costa, como Roma, las más expuestas a sufrir tales efectos.[12]

Los autores romanos sitúan el inicio de lo que consideran el declive moral de Roma, siempre asociado al lujo, declive que contemplado desde nuestra distancia histórica no sería sino el conjunto de síntomas de la transformación de las estructuras sociales y económicas y de los modelos culturales romanos, tras el final de algún relevante acontecimiento bélico. Aunque no hay acuerdo entre ellos, lo cierto es que los episodios históricos propuestos como *origo luxuriae* suelen hallarse significativamente en la primera mitad del siglo II a.C., período durante el cual precisamente se consumó la expansión de Roma en Italia y se alcanzó su hegemonía en el Mediterráneo.

En efecto, la destrucción de Cartago (146), colofón de las guerras púnicas, es el acontecimiento a partir del cual, en opinión de

---

[10] JUV. 6, 298-300: *prima peregrinos obscena pecunia mores intulit, et turpi fregerunt saecula luxu divitiae molles.*

[11] JUV. 6, 292-293: *saevior armis luxuria incubuit victumque ulciscitur orbem.*

[12] CIC. *Rep.* 2, 4, 7: *Est autem maritimis urbibus etiam quaedam corruptela ac mutatio morum; admiscentur enim novis sermonibus ac disciplinis, et inportantur non merces solum adventiciae sed etiam mores, ut nihil possit in patriis institutis manere integrum* (las ciudades marítimas están además expuestas a la corrupción y al cambio de las costumbres, se familiarizan con nuevos lenguajes y nuevos usos, y se introducen en ellas no sólo las mercancías importadas sino también las costumbres, de tal modo que no hay institución patria que no se vea alterada).

Salustio, se produce el estrago de las costumbres y de las ancestrales virtudes romanas,[13] alcanzando su acmé con Sila, cuyo ejército en Asia se habría acostumbrado a "admirar e incluso a robar objetos lujosos".[14] Livio, en cambio, adelanta medio siglo la corrupción de las costumbres y señala como momento preciso la victoria de Gneo Manlio Vulsón sobre los galos asiáticos (189). A su juicio, los gérmenes del lujo (*semina luxuriae*) habrían sido introducidos en Roma por los ejércitos de Asia, autores de aquella victoria, al ser los primeros en importar a la ciudad variopintos artículos de lujo.[15] También Plinio sitúa en ese acontecimiento el inicio de la difusión del lujo de procedencia asiática en Roma.[16] Polibio, en cambio, apunta como

---

[13] Sal. *Cat.* 10, 3-4: *primo pecuniae, deinde imperi cupido crevit* [...] *avaritia fidem, probitatem ceterasque artes bonas subvertit; pro his superbiam, crudelitatem, deos neglegere, omnia venalia habere edocuit* (en primer lugar creció la ambición de dinero, después la de poder [...] la avaricia alteró la lealtad, la probidad y las demás virtudes y en su lugar enseñó la soberbia, la crueldad, el desatender a los dioses y el considerar venales todas las cosas). Sobre la idea de la decadencia de las costumbres en Salustio y su concepción de la historia véase I. Sauerwein, *Die leges sumptuariae als römische Maßnahme gegen den Sittenverfall*, Hamburg, 1970, 175-197.

[14] Sal. *Cat.* 11, 6: *Ibi primum insuevit exercitus populi Romani amare, potare, mirari signa, tabulas pictas, vasa caelata ea privatim et publice rapere, delubra spoliare, sacra profanaque omnia polluere* (Allí empezó a acostumbrarse el ejército del pueblo romano a hacer el amor, a beber y a admirar estatuas, cuadros, vasos tallados, a robar estas cosas privada y públicamente, a despojar los templos y a ultrajar todas las cosas sagradas y profanas).

[15] Liv. 39, 6, 7: *lectos aeratos, vestem stragulam pretiosam, plagulas et alia textilia, et quae tum magnificae supellectilis habebantur, monopodia et abacos* (lechos de bronce, colchas preciosas, tapices y otros tejidos finos y mesas de un solo pie y aparadores, enseres que entonces se consideraban suntuosos).

[16] Plin. *Nat.* 33, 53, 148: *Asia primum devicta luxuriam misit in Italiam* (una vez sometida Asia el lujo comenzó a entrar en Italia); 37, 1 (6), 12: *Victoria tamen illa Pompei primum ad margaritas gemmasque mores inclinavit, sicut L. Scipionis et Cn. Manli ad caelatum argentum et vestes Attalicas et triclinia aerata, sicut L. Mummi ad Corinthia et tabulas pictas* (Sin embargo, es la victoria de Pompeyo la que primero introdujo la moda de las perlas y las

acontecimiento que dio inicio a la decadencia moral de Roma la guerra contra Perseo en 168.[17]

El lujo experimentaría una sensible contracción con las guerras intestinas y el miedo a las proscripciones en el siglo I a.C. para resurgir con más vigor que nunca con la *pax Augusta*, abriéndose entonces la centuria más profusa en el despilfarro, a la que seguiría un nuevo período de restricción del lujo de la mano de Vespasiano. Hacia finales del siglo II d.C. puede afirmarse que concluye la era romana del lujo y de los placeres en general coincidiendo con una multiplicación de los escenarios de guerra, una sensible disminución de las extracciones metalíferas y una terrible epidemia de viruela, la llamada "epidemia antonina", que llegaría a diezmar la población.[18] Haciéndose eco de la teoría del desarrollo cíclico de la historia, Tácito describe en Anales 3, 55 estos vaivenes históricos del lujo romano como un ciclo (*orbis*), el mismo que históricamente trazan los cambios de las costumbres, de las cuales aquél formaría parte, según que la sociedad romana se mire más o menos en el espejo de sus antepasados.

Para el caso específico del lujo indumentario, su origen foráneo es apuntado por Varrón a partir de las denominaciones claramente griegas de muchas de las vestimentas, más allá de las tradicionales, utilizadas en Roma.[19] No obstante, para el siglo III a.C. ya puede

---

gemas, como las victorias de L. Escipión y Cn. Manlio introdujeron la de los objetos de plata cincelada, ropas suntuosas y triclinios cubiertos de bronce, y la de L. Mumio la de los vasos de Corinto y los cuadros).

[17] PLB. 31, 25, 4: οἱ μὲν γὰρ εἰς ἐρωμένους τῶν νέων, οἱ δ᾽εἰς ἑταίρας ἐξεκέχυντο, πολλοὶ δ᾽εἰς ἀκροάματα καὶ πότους καὶ τὴν ἐν τούτοις πολυτέλειαν, ταχέως ἡρπακότες ἐν τῷ Περσικῷ πολέμῳ τὴν τῶν Ἑλλήνων εἰς τοῦτο τὸ μέρος εὐχέρειαν (unos se dedicaban a la pederastia, otros frecuentaban los prostíbulos y muchos acudían a espectáculos musicales y a banquetes, con el despilfarro que esto comporta; en la guerra contra Perseo habían asimilado con rapidez la laxitud griega en lo que afecta a tales vicios).

[18] Véase al respecto R. DUNCAN-JONES, "The impact of the Antonine plague", en *JRA*, 9, 1996, 108-136.

[19] VAR. *L.* 5, 131: *Multa post luxuria attulit, quorum vocabula apparet esse Graeca, ut asbestinon* (posteriormente el lujo excesivo trajo muchos

acreditarse el uso extendido de uno de los artículos de lujo más preciados: la púrpura, como resultado de la afluencia de inmensos botines de guerra y otras fuentes de riqueza procedentes del mundo helenístico.[20] Según noticia de Floro, la púrpura ya fue de hecho parte integrante del botín obtenido de Tarento en 272.[21]

2. *LUXUS* Y *MAGNIFICENTIA*

El término latino *luxus* y sus derivados (*luxuria*, *luxuries*, etc.) designan en general el exceso o la desmesura y en especial en relación con la cantidad, la calidad o la rareza de los bienes materiales poseídos y por extensión la desmesura en el modo de vivir, siendo tal desmesura por definición contraria al orden natural.[22] En relación con el individuo y su modo de vida tienen aquellos términos un marcado sentido moral y el concepto es aproximado o asimilado por los autores a otros, tales como molicie, indolencia, indisciplina, avaricia, corrupción, afeminamiento, intemperancia o lujuria. Existe así un discurso peyorativo y misógino vinculado a la construcción socio-cultural romana del lujo, que conduce a la consideración de éste como factor de decadencia moral y política por los autores romanos. Según la naturaleza de los bienes materiales a través de los cuales se expresa el lujo, cabría distinguir aprovechando un criterio jurídico de *divisio rerum* entre lujo inmobiliario, mobiliario y semoviente o relativo principalmente a esclavos. Dentro del lujo mobiliario destacarían por su importancia las subespecies de lujo indumentario, cosmético, gemológico y cibario o convival.[23]

---

otros (atuendos), cuyas denominaciones son sin duda griegas como, por ejemplo, "asbesto").

20 M. Reinhold, *History of Purple as a Status Symbol in Antiquity*, Bruxelles, 1970, 40.

21 Flor. *Epit.* 1, 13, 27: *si pompam, aurum, purpura, signa tabulae Tarentinaeque deliciae.*

22 A. Ernout y A. Meillet, *Dictionnaire étymologique de la langue latine. Histoire des mots*, Paris, [4]2001, 374.

23 Catón ya hablaba de lujo relativo a las edificaciones, a los muebles, a los vestidos y a los esclavos, según noticia Gel. 13, 24, 1. Véase n. 318.

Por lo que respecta al lujo indumentario en concreto, su conexión con la inmoralidad aparece muy clara, especialmente durante el Principado, y se asociará especialmente a la idea de *mollitia*: molicie, debilidad de carácter, afeminamiento, y así aparecerá a menudo denunciado y escarnecido por todo tipo de autores, desde Plinio, el Viejo, en su enciclopédica obra sobre la naturaleza hasta Marcial en sus ácidos epigramas.[24] El lujo indumentario en las mujeres suele ir acompañado de la profusión del adorno y justamente el tabú estético del exceso ornamental es, como se ha dicho, uno de los aspectos básicos de la crítica misógina dentro del mundo antiguo,[25] de la cual algunos dicterios catonianos y algunos pasajes de las comedias plautinas *Aulularia*, *Epidicus* o *Poenulus* constituyen quizá las más conspicuas manifestaciones.

Ahora bien, no toda manifestación de exceso en el modo de vida, no toda ostentación de bienes materiales sería censurable moral o jurídicamente y susceptible, por tanto, de represión censoria o legislativa, a través de las llamadas "leyes suntuarias" u otros paradigmas normativos. En efecto, junto a una idea de lujo como exceso censurable moral o socialmente o sancionable jurídicamente, convive, sobre todo desde siglo I a.C., otra idea de exceso jurídicamente irrelevante, moralmente legítimo y objeto de admiración y celebración.

Como afirma Berry, "luxury represented the use of wealth to serve private satisfaction".[26] Efectivamente, no se oponían al ideario

---

Para una panorámica histórica del lujo en la cultura material romana durante el período más característico de lo que podría calificarse de "fiebre romana del lujo" véase G. Pucci, "Per una storia del lusso nella cultura materiale fra tarda repubblica e alto impero", en *Index*, 13, 1985, 573-587.

[24] Véase sobre la cuestión G. Parker, "Ex oriente luxuria: Indian commodities and Roman experience", en *JESHO*, 45.1, 41-95; y M. Albaladejo Vivero y M. García Sánchez, "*Luxuria et mollitia*: Rome´s Textile Raw Material Trade with the East", en C. Alfaro Giner, M. Tellenbach y J. Ortiz García, *Production and Trade of Textiles and Dyes in the Roman Empire and Neighbouring Regions. Purpureae Vestes IV*, Valencia, 2014, 62-64.

[25] F. García Jurado, "La moda en la Antigüedad romana: un problema de mentalidades", en *EClás*, 105, 1994, 66.

[26] C. J. Berry, *The Idea of Luxury. A conceptual and historical investigation*, Cambridge, 1994, 84. En la misma línea: E. Zanda, *Fighting*

tradicional romano de austeridad y frugalidad las manifestaciones suntuarias públicas con fines políticos, en honor de una personalidad o por causa de evergetismo, que solían hacerse desde tiempos inmemoriales, especialmente por algunos magistrados como los ediles. Informa Cicerón que ésta era una costumbre inveterada que se remontaba a los tiempos gloriosos de la república y que era aceptada con naturalidad por hombres muy principales.[27] Así, pues, nunca era reprobable y *contra mores* el "lujo" manifestado públicamente y que se funda en una causa de utilidad pública. La razón es moral: tal suerte de ostentaciones, aunque materialmente no difieran entre sí, moralmente sí lo hacen y por ello no se consideran *luxus* o *luxuria* sino algo diametralmente opuesto: *magnificentia*, término equivalente al griego *megaloprépeia* (μεγαλοπρέπεια). Ese término y no los anteriores es, de hecho, el que va a emplear Vitruvio para describir la inversión económica en una construcción pública como la basílica.[28] También Tácito, en relación con el tiempo anterior a las guerras civiles que sacudieron Roma en el siglo I a.C., se sirve del concepto de *magnificentia* para describir, el cultivo lícito por parte de los aristócratas al pueblo, a los aliados y a los reyes, así como el brillo que daba la riqueza, la casa y el nivel de vida que aumentaba la

---

Hydra-Like Luxury. Sumptuary Regulation in the Roman Republic, London, 2011, 11: "Luxury signified the use of personal wealth exclusively for private satisfaction, while the use of wealth for expenditures that were invested in the community or the public sphere was appreciated as magnificent". Sobre fuentes literarias y léxico relativos a la cuestión del lujo privado legítimo y la riqueza véase A. La Penna, *La legittimazione*, cit., 15-30.

27 Cic. *Off.* 2, 16, 57: *Quamquam intellego in nostra civitate inveterasse iam bonis temporibus, ut splendor aedilitatum ab optimis viris postuletur* (Ahora bien, soy consciente de que en nuestra ciudad se ha convertido en una tradición desde los buenos tiempos exigir esplendidez a los óptimos varones cuando fungen de ediles).

28 Vitr. 5, 1, 10: *Ipsae vero columnae in altitudine perpetua sub trabe testitudinis perductae et magnificentiam inpensae et auctoritatem operi adaugere videntur* (Por otro lado, las columnas mismas, realzadas de este modo en su altura, que alcanza hasta las vigas de la bóveda, parecen aumentar tanto la magnificencia del gasto como la dignidad de la obra).

nombradía y la clientela de aquéllos.[29] En el caso de la casa del aristócrata el lujo arquitectónico, su *magnificentia*, estaba justificado por su carácter público, por ser considerada aquélla un espacio público. Como dice Milnor, "la casa del aristócrata no era percibida como un lugar privado sino como el medio más apropiado para mostrar los honores públicos".[30] Las inversiones en edificios por ingentes que fueran no se consideraban tampoco gastos "suntuarios" en el sentido de las leyes suntuarias, ni una disminución patrimonial ni tampoco un riesgo económico para las fortunas familiares.[31]

En el caso de la vestimenta suntuaria, particularmente de la femenina, no escaparía ésta nunca del reproche moral, ni en tiempos del paganismo ni después del cristianismo, y el imperante sistema de valores tradicional propio de una "economía doméstica", como antes se ha señalado, siempre opondrá al lujo en el vestir y al adorno la modestia y la discreción indumentarias, síntomas de *pudicitia* y *castitas*, principales virtudes de la mujer romana, mientras que la suntuosidad y la sofisticación en el atuendo y en el aspecto serán percibidos como indicios de promiscuidad y adulterio. Como se ha dicho, "for the Romans, aesthetics were ethics".[32]

---

[29] TAC. *Ann.* 3, 55, 2: *Dites olim familiae nobilium aut claritudine insignes studio magnificentiae prolabebantur. nam etiam tum plebem socios regna colere et coli licitum; ut quisque opibus domo paratu speciosus per nomen et clientelas inlustrior habebatur* (Antaño las familias ricas de la nobleza y las insignes por su prestigio se dejaban llevar por el gusto de la magnificiencia. Efectivamente, entonces aún era lícito cultivar a la plebe, a los aliados y a los reyes y ser tratado en consideración por éstos. En la medida en que cada uno impresionaba por sus riquezas, por su casa y por su nivel de vida era tenido por más ilustre y ganaba en buen nombre y clientela).

[30] K. MILNOR, *Gender, Domesticity, and the Age of Augustus: Inventing Private Life*, Oxford-New York, 2005, 26.

[31] E. GABBA, "Ricchezza e classe dirigente romana fra il II e il I sec. a.C.", en *RSI*, 93, 1981, 553 (=*Del buon uso della richezza,* Milano, 1988, 39).

[32] K. OLSON, *Dress and the Roman Woman. Self-presentation and Society*, London-New York, 2008, 113. En esta obra sobre vestimenta femenina, *mundus muliebris* y descripción del lujo en este ámbito su autora contrasta los datos obtenidos de las fuentes literarias con los revelados por las obras de arte, mostrando que la vestimenta y otros elementos

Ahora bien, a pesar de ello este ámbito del lujo relativo a las *vestes*, a los *ornamenta* y al *mundus muliebris*, no constituyendo *magnificentia* por ser de carácter privado, será siempre tolerado, como lo demuestran múltiples evidencias literarias y artísticas, es más, objeto de admiración, y básicamente por constituir un fundamental señalizador de estatus, riqueza y rango social, no sólo para la mujer casada sino también para la viuda.[33] Por otra parte, representa una de las vías de escape del componente femenino de la sociedad, apartado de las responsabilidades políticas y civiles, aunque ello no le librará en ningún momento de acusaciones por todo tipo de corrientes filosóficas y religiosas, de frívolidad, falacia, intemperancia, prodigalidad, disipación y contradicción con los ideales de simplicidad y modestia que habían de adornar a las mujeres.

Una frase del *Pro L. Murena oratio* va a sintetizar a la perfección el contraste entre *luxuria* y *magnificentia*: *odit populus Romanus*

---

de ornato femenino reflejados por estas últimas difieren, y no poco en ocasiones, de los "normativos" o ideales, indicados por los autores. La misma idea fundamental de no correspondencia necesaria entre estatus, condición y vestimenta, e idealización literaria de ésta última en el caso particular de la vestimenta femenina sostiene esta autora en "Matrona and Whore: The Clothing of Women in Roman Antiquity", en *Fashion Theory*, 6.4, 2002, 387-420, a partir sobre todo del dato de que la ropa femenina, a diferencia de la masculina, no estaba reglamentada y no incorporaba los símbolos de rango con un instantáneo e inequívoco significado político y social. Por ello, la supuesta diferencia entre una matrona y una prostituta o una adúltera marcada automáticamente por la vestimenta habría sido más bien fruto de una moralista idealización en la literatura. Son precisamente abundantes en ella los *tópoi* sobre la vestimenta, sobre el decoro o adecuación en el vestir, sobre el ideal de la correspondencia entre el vestir y el ser y sobre el efecto que el vestuario provoca en la percepción de la condición moral, social, etc. del individuo. Véase ampliamente al respecto A. Starbatty, *Aussehen ist Ansichtssache. Kleidung in der Kommunikation der römischen Antike*, München, 2009, 148 ss. En esta obra la autora trata de la vestimenta en la antigua Roma como medio de comunicación de identidad y estatus utilizando al efecto como *instrumentarium* la teoría de la retórica.

[33] Véase C. Kunst, "Ornamenta uxoria. Badges of Rank or Jewellery of Roman Wives?", en *The Medieval History Journal*, 8.1, 2005, 127-142.

privatam luxuriam, publicam magnificentiam diligit.[34] En esta frase Cicerón, a través de una antítesis retórica presentada en estructura quiástica: verbo – sujeto – complemento directo / complemento directo – (sujeto) – verbo, contrapone los dos conceptos de *luxuria* y *magnificentia*. Mientras la *luxuria* corresponde al reino de lo privado, la *magnificentia* es pública; mientras la primera es odiosa (*odit*), la segunda es apreciada (*diligit*); y sendas valoraciones proceden del mismo sujeto: el pueblo romano. Así, pues, sólo es posible referir la idea peyorativa de *luxuria*, de "lujo", a la esfera privada de un sujeto, de modo que hablar de "lujo público" carecería de sentido, pues lo que es digno de censura moral en lo privado: la ostentación de riqueza, la suntuosidad, el exceso, es, en cambio, digno de aprecio y admiración en lo público.

La precedente frase ciceroniana es la conclusión de la siguiente anécdota a la sazón muy reveladora: Quinto Elio Tuberón, aún gozando de la fama de ciudadano ejemplar, no resultó electo en la pretura por haber demostrado mezquindad en el ágape funeral ofrecido a su tío Publio Escipión, el Africano, pues, habiéndosele encomendado aportar el mobiliario del banquete, llevó unos simples bancos de madera, unas pieles de cabrito y una humilde vajilla de barro cocido.[35]

Este contraste entre el aprecio hacia la magnificencia pública, por un lado, y la aversión hacia el lujo privado, por otro, suscita una reflexión: su perfecto paralelismo con otro contraste: el de la religión pública, caracterizada igualmente por la pompa, la suntuosidad y el exceso, en franca oposición a la sencillez, discreción y austeridad de los cultos domésticos privados. Resulta así lícito pensar que la ostentosa religión pública tradicional facilitara el arraigo de una cultura del lujo y representara un fuerte obstáculo al ideal de moderación y templanza propugnado por las diversas corrientes filosóficas.[36] Comparto de este modo la afirmación de que "le principe de la tempérance ne pouvait se réaliser dans la vie quotidienne du monde

---

[34] CIC. *Mur*. 76.

[35] CIC. *Mur*. 75.

[36] Para una perspectiva filosófico-antropológica sobre el concepto del lujo, el peligro que entraña y su tensión con el ideal de moderación en las

antique, malgré la sévérité des lois somptuaires et de belles envolées philosophiques et morales, tant que la base religeuse demeurait en vigueur".[37]

Para concluir sobre el concepto de lujo en su paradigma clásico, siguiendo a Berry,[38] puede afirmarse compendiosamente que el lujo es por sus orígenes artificioso e innecesario; por sus efectos, ilimitado; y, por sus fines, egoísta y, como tal, corruptor de la virtud cívica, del orden social y del orden político.

---

distintas escuelas filosóficas que arraigaron en Roma y en el cristianismo véase C. J. BERRY, *The Idea of Luxury*, cit.

[37] J. SONDEL, "Les «leges sumptuariae» considérées comme *l'expression* des conditions sociales et économiques de la Rome Antique", en *Archivum Iuridicum Cracoviense*, 6, 1973, 119, siguiendo a S. ESTREICHER, "Ustawy przeciwko zbytkowi w dawnym Krakovie" (Las leyes suntuarias de la Cracovia de antaño), en *Rocznik Krakowski*, 1, 1898, 104 s.

[38] C. J. BERRY, *Idea of Luxury*, cit., 84-86.

CAPÍTULO II
RESTRICCIONES SUNTUARIAS EN LAS *LEGES REGIAE* Y EN LA *LEX XII TABULARUM*

1. *LEGES REGIAE* Y RESTRICCIÓN DEL LUJO

Conque el lujo como fenómeno social de magnitud relevante no irrumpe en Roma antes del siglo III a.C., con anterioridad a las *leges sumptuariae* republicanas, que comienzan a sucederse desde finales de aquella centuria, no puede hablarse con propiedad, con la salvedad de las limitaciones decenvirales al exceso en los rituales funerales, de auténticas normas suntuarias o restrictivas del lujo como tal, pues de hecho no se habían dado todavía los presupuestos necesarios para que el lujo pudiera convertirse en un agente potencialmente desestabilizador del estado de cosas, de manera que habría bastado hasta ese momento la simple corrección censoria de las esporádicas manifestaciones de lujo inmoderado que pudieran producirse como una cualquiera más de las actuaciones *contra bonos mores.*

Efectivamente, con anterioridad a las citadas leyes republicanas existieron algunas normas restrictivas del lujo funerario de época monárquica dentro del conjunto de las llamadas *leges regiae.* El término *leges* tiene en esta expresión un significado genérico de "norma", no el técnico-jurídico de fuente del derecho de origen popular, el cual podría dar a entender el jurista Pomponio en un pasaje de su *Enchiridium* si no se tiene en cuenta el carácter compendioso en extremo del citado pasaje,[39] sino que, con toda probabilidad, las *leges regiae* eran o prescripciones de carácter religioso creadas al tiempo de su misma aplicación por los reyes, en calidad de titulares de la suprema dignidad sacerdotal, o disposiciones dictadas a modo de *leges datae* o simplemente normas consuetudinarias de índole religiosa preexistentes aplicadas por el rey.

Tales normas, reelaboradas en el siglo IV en los círculos pontificales, proceden supuestamente de Numa Pompilio, rey al que la tradición atribuye en gran medida la ordenación religiosa de la ciudad. Una de ellas, de la que tenemos noticia a través de Plinio, prohíbe la *vini respersio*, es decir, la rociada o aspersión suntuosa de vino sobre la pira funeraria: *vino rogum ne respargito*,[40] prohibición que en términos similares se reiteraría en la ley de las XII Tablas (10, 6a). Otra norma, que también podría considerarse relativa al *sumptus* funerario y de la que nos informa un pasaje plutarqueo, es la que determina la duración de los duelos (*officia lugendi*) a partir del criterio de la edad del difunto, siendo diez meses el período máximo de *tempus lugendi* por un adulto, coincidente con el preceptivo plazo de permanencia en estado de viudez de las mujeres; y siendo inexistente el

---

39 Pompon. *enchir. sing.* D. 1, 2, 2, 2: *Postea aucta ad aliquem modum civitate ipsum Romulum traditur populum in triginta partes divisisse, quas partes curias appellavit propterea quod tunc reipublicae curam per sententias partium earum expediebat. Et ita leges quasdam et ipse curiatas ad populum tulit: tulerunt et sequentes reges. Quae omnes conscriptae exstant in libro sexti Papirii* (Se dice que Rómulo, aumentada después un tanto la ciudad, dividió el pueblo en treinta partes, a las que llamó curias, debido a que entonces atendía a la república teniendo en cuenta sus opiniones. Y así él mismo promulgó algunas leyes curiadas y también promulgaron leyes curiadas los reyes siguientes y todas ellas constan reunidas en un libro de Sexto Papirio).

40 Plin. *Nat.* 14, 14 (12), 88: *Numae regis proxumi lex est: "Vino rogum ne respargito"*. Festo explica el significado de esta actividad ritual: Fest. p. 262M: *resparsum vinum apud antiquos significat vinum rogo inspersum, quod in sacris novendialibus vino mortui sepulcrum spargebatur* (para los antiguos "vino asperjado" significa vino esparcido en la pira funeraria porque en los *sacra* del noveno día se rociaba con vino el sepulcro del muerto).

duelo en caso de niños menores de tres años o, en caso de niños de mayor edad, por una duración en meses equivalente a los años que hubiesen vivido y hasta un máximo igualmente de diez meses.[41] Por último, según informa nuevamente Plinio, pero invocando ahora la autoridad de Lucio Casio Hemina, Numa habría también dictado una ley suntuaria, aunque no relativa a los funerales, vedando la utilización de peces sin escamas[42] en banquetes sacrificiales públicos o privados con el fin de evitar un aumento extraordinario en el coste de tales ágapes, dada la rareza y carestía de aquellos vertebrados.[43] No obstante, parece mucho más probable que una prohibición de este tipo estuviese basada más en algún prejuicio religioso que en motivos puramente económicos; y lo parece precisamente por razón de su contenido tan circunscrito, *pisces non squamosi*, pues, de haber

---

41 PLU. *Num.* 12: αὐτὸς δὲ καὶ τὰ πένθη καθ' ἡλικίας καὶ χρόνους ἔταξεν· οἷον παῖδα μὴ πενθεῖν νεώτερον τριετοῦς, μηδὲ πρεσβύτερον πλείονας μῆνας ὧν ἐβίωσεν ἐνιαυτῶν μέχρι τῶν δέκα, καὶ περαιτέρω μηδεμίαν ἡλικίαν, ἀλλὰ τοῦ μακροτάτου πένθους χρόνον εἶναι δεκαμηνιαῖον, ἐφ' ὅσον καὶ χηρεύουσιν αἱ τῶν ἀποθανόντων γυναῖκες. ἡ δὲ πρότερον γαμηθεῖσα βοῦν ἐγκύμονα κατέθυεν ἐκείνου νομοθετήσαντος (Él mismo ordenó los duelos por edades y por tiempos: por un niño menor de tres años que no se haga duelo; por un niño de más edad se ha de hacer duelo por un número de meses igual al de años vividos por aquél hasta un máximo de diez meses, siendo éste el más largo tiempo de duelo, que es el mismo que el que las mujeres han de permanecer viudas. Por ley de aquél (Numa) la que se casaba antes debía sacrificar una vaca preñada).

42 Según FEST. p. 253M quedaba exceptuado de la prohibición el *squarus, squatus* en la mejor lectura del manuscrito del siglo X conservado en la Biblioteca Napolitana. Se trata de una especie desconocida, quizá sea el "pez ángel" o el "pez monje": *OLD* s. v. *squatus*, 1812.

43 PLIN. *Nat.* 32, 2 (10) 20: *Numa constituit ut pisces, qui squamosi non essent, ni pollucerent, parsimonia commentus, ut convivia publica et privata cenaeque ad pulvinaria facilius compararentur, ni qui ad polluctum emerent pretio minus parcerent eaque praemercarentur* (Numa dispuso por mor de la frugalidad que los peces sin escamas no se sirvieran en sacrificios para que los banquetes públicos y las cenas privadas, así como los lectisternios, costaran menos caros y los adquirentes de pescados que se empleaban en sacrificios no elevaran el precio al revenderlos y los acapararan).

tenido la prohibición un fundamento meramente económico, carecería de sentido que no se hubiera extendido al uso en los simposios sacrificiales de cualesquiera otros animales o alimentos igualmente raros o costosos o cuyo acaparamiento para aquellos fines pudiera elevar su precio.

De época monárquica son también unas supuestas disposiciones, señaladas por Dionisio de Halicarnaso, relativas a la adopción por Roma de las insignias de la soberanía tirrenas, con las cuales el historiador daría cuenta del origen etrusco-tirreno, entre otros atributos, de la indumentaria suntuaria más característica de Roma: el traje de púrpura y el vestido de púrpura bordado, al que los romanos llamarían *toga*. El historiador describe las insignias del poder soberano sugiriendo el origen oriental en última instancia de la *tunica palmata* y de la *toga picta*, pintada o bordada.[44] Tras la victoria contra los tirrenos, Tarquinio Prisco, previa decisión del Senado

---

[44] D. H. 3, 61: Ταύτας λαβόντες οἱ πρέσβεις τὰς ἀποκρίσεις ᾤχοντο καὶ μετ' ὀλίγας ἡμέρας παρῆσαν οὐ λόγους αὐτῷ μόνον φέροντες ψιλούς, ἀλλὰ καὶ τὰ σύμβολα τῆς ἡγεμονίας, οἷς ἐκόσμουν αὐτοὶ τοὺς σφετέρους βασιλεῖς, κομίζοντες στέφανόν τε χρύσεον καὶ θρόνον ἐλεφάντινον καὶ σκῆπτρον ἀετὸν ἔχον ἐπὶ τῆς κεφαλῆς χιτῶνά τε πορφυροῦν χρυσόσημον καὶ περιβόλαιον πορφυροῦν ποικίλον, οἷα Λυδῶν τε καὶ Περσῶν ἐφόρουν οἱ βασιλεῖς, πλὴν οὐ τετράγωνόν γε τῷ σχήματι, καθάπερ ἐκεῖνα ἦν, ἀλλ' ἡμικύκλιον. τὰ δὲ τοιαῦτα τῶν ἀμφιεσμάτων Ῥωμαῖοι μὲν τόγας, Ἕλληνες δὲ τήβεννον καλοῦσιν, οὐκ οἶδ' ὁπόθεν μαθόντες· Ἑλληνικὸν γὰρ οὐ φαίνεταί μοι τοὔνομα (Con estas respuestas los embajadores se marcharon y a los pocos días estaban allí de nuevo trayéndole no sólo simples palabras, sino además portando las insignias de la soberanía con las que ellos ornaban a sus propios reyes: una corona de oro, un trono de marfil, un cetro con un águila en su cabeza, una túnica de púrpura con botón de oro y un manto de púrpura bordado, como llevaban los reyes de Lidia y Persia excepto que no era cuadrado en su forma como aquéllos sino semicircular. A tales ropas los romanos las llaman togas y los griegos *tebénnas*: No sé dónde han tomado el nombre, pues no me parece griego). He reproducido aquí y en adelante, salvo indicación en contrario, la traducción de E. Jiménez y E. Sánchez de la obra de Dionisio de Halicarnaso, *Historia antigua de Roma, Libros I-III*, Madrid, 1984; y la de A. Alonso y C. Seco de la misma obra, *Libros IV-VI*, Madrid, 1984.

y del pueblo, habría adoptado las insignias tirrenas del poder, que habrían pasado a convertirse en insignias regias romanas, a saber: la corona de oro, el traje de púrpura, el cetro y el trono de marfil y los doce lictores con hachas y varas. Tras la expulsión de los reyes, estas insignias serían asumidas por los cónsules, salvo la corona de oro y el vestido bordado de púrpura, que fueron suprimidos por vulgares y ostentosos, conservándose su uso exclusivamente en la celebración de triunfos militares.[45] En otro pasaje posterior, en el que vuelve a referirse a la abolición al inicio de la república por el primer cónsul, Lucio Junio Bruto, de las insignias reales: cetros, coronas de oro, vestidos de púrpura y oro, excepto en festividades y procesiones triunfales, vuelve a afirmar que se mantuvo el trono de marfil y la vestimenta blanca bordada de púrpura, quedando el uso de la vestimenta íntegramente purpúrea circunscrito a las ceremonias triunfales de carácter militar.[46] En definitiva, en lo que

---

[45] D. H. 3, 62: οὗτος ὁ κόσμος ἅπας καὶ τοῖς μετ' ἐκεῖνον τὴν βασιλικὴν ἀρχὴν ἔχουσι παρέμεινε καὶ μετὰ τὴν ἐκβολὴν τῶν βασιλέων τοῖς κατ' ἐνιαυτὸν ὑπάτοις ἔξω τοῦ στεφάνου καὶ τῆς ποικίλης ἐσθῆτος· ταῦτα δ' αὐτῶν ἀφῃρέθη μόνα φορτικὰ δόξαντα εἶναι καὶ ἐπίφθονα. πλὴν ὅταν ἐκ πολέμου νίκην κατάγοντες θριάμβου παρὰ τῆς βουλῆς ἀξιωθῶσι, τότε καὶ χρυσοφοροῦσι καὶ ποικίλαις ἁλουργίσιν ἀμφιέννυνται (Todo este ornamento se mantuvo para quienes tuvieron el poder real tras él y, después de la expulsión de los reyes, para los cónsules, salvo la corona y el vestido bordado. Sólo estos ornatos se suprimieron por parecer vulgares y ostentosos. Excepto cuando para obtener una victoria en la guerra eran honrados por el Senado con un triunfo, pues entonces también llevaban adornos de oro y vestían purpúreos vestidos bordados).

[46] D. H. 4, 74, 1: Τῶν τε παρασήμων, ἃ τοῖς βασιλεῦσιν ἀποδέδοται, πολλῶν ὄντων εἴ τινα λυπηρὰς ὄψεις καὶ ἐπιφθόνους τοῖς πολλοῖς παρέχεται, τὰ μὲν μειῶσαι, τὰ δ' ἀφελεῖν ἡμᾶς οἴομαι δεῖν· τὰ σκῆπτρα ταυτὶ λέγω καὶ τοὺς χρυσοῦς στεφάνους καὶ τὰς ἁλουργεῖς καὶ χρυσοσήμους ἀμπεχόνας, πλὴν εἰ μὴ κατὰ καιρούς τινας ἑορταίους καὶ ἐν πομπαῖς θριάμβων, ὅτε αὐτὰ τιμῆς θεῶν ἕνεκα λήψονται· λυπήσει γὰρ οὐδέν', ἐὰν γένηται σπάνια· θρόνον δὲ τοῖς ἀνδράσιν ἐλεφάντινον, ἐν ᾧ καθεζόμενοι δικάσουσι, καὶ λευκὴν ἐσθῆτα περιπόρφυρον καὶ τοὺς προηγουμένους ἐν ταῖς ἐξόδοις (En cuanto a los numerosos atributos que se dan a los reyes, creo que, si algunos son molestos y odiosos a los ojos de los más, debemos disminuir unos y suprimir otros –me refiero a estos cetros, a las coronas de oro y a los

concierne a la indumentaria la tesis de Dionisio de Halicarnaso es la del origen foráneo, etrusco-tirreno, de las *vestes purpureae* regias romanas y su adopción en Roma a partir de Tarquinio Prisco, tras su victoria frente a los etruscos, esto es, en el primer cuarto del siglo VI a.C.

Esta tesis, sin embargo, es contradicha no sólo por otros autores antiguos sino por él propio Dionisio en lo que concierne precisamente a la vestimenta, no al resto de las insignias regias. En efecto, en otro pasaje de su obra histórica el de Halicarnaso nos muestra a Rómulo luciendo ya un vestido púrpura como símbolo de la dignidad real.[47] Por su parte, el resto de autores que se refieren a esta cuestión son, además, unánimes en afirmar que la *vestis purpurea* regia es anterior a la monarquía romana de linaje etrusco. Así, Plutarco la remonta, siguiendo a Dionisio, al mítico Rómulo[48] y Plinio, en cambio, estima que en Roma siempre se usó la púrpura, aunque Rómulo sólo la llevaba en la trábea, y que Tulo Hostilio fue en realidad el

---

vestidos de púrpura y oro– excepto en algunas festividades y en las procesiones triunfales, ocasiones en que los llevarán en honor de los dioses, pues a nadie molestará si esto ocurre de tarde en tarde. En cambio, creo que hay que dejar a los hombres el trono de marfil en el que se sientan para juzgar, la blanca vestimenta bordeada de púrpura y las doce hachas que los preceden en sus salidas).

[47] D. H. 2, 34, 2: τελευταῖος δὲ τῆς πομπῆς αὐτὸς ἐπορεύετο ἐσθῆτα μὲν ἠμφιεσμένος ἁλουργῆ, δάφνῃ δὲ κατεστεμμένος τὰς κόμας καὶ ἵνα τὸ βασίλειον ἀξίωμα σώζῃ τεθρίππῳ παρεμβεβηκώς (marchaba al final de la comitiva llevando un vestido de púrpura, una corona de laurel sobre sus cabellos y para mantener la dignidad real iba montado en un carro conducido por cuatro caballos).

[48] Plu. *Rom.* 26: ἐξίστατο τοῦ δημοτικοῦ, καὶ παρήλλαττεν εἰς μοναρχίαν ἐπαχθῆ καὶ λυποῦσαν ἀπὸ τοῦ σχήματος πρῶτον ᾧ κατεσχημάτιζεν ἑαυτόν. ἁλουργῆ μὲν γὰρ ἐνεδύετο χιτῶνα καὶ τήβεννον ἐφόρει περιπόρφυρον, ἐν θρόνῳ δ' ἀνακλίτῳ καθήμενος ἐχρημάτιζεν (cambió la popularidad por un modo de reinar molesto y enojoso hasta en la forma con que se atavió, pues comenzó a vestir una túnica teñida de púrpura, a llevar una toga bordeada de púrpura y a despachar los asuntos públicos reclinado bajo un dosel).

primer monarca en utilizar la toga pretexta y el *laticlavus* tras su victoria sobre los etruscos.[49]

En definitiva, con independencia del rigor de las informaciones acerca de las disposiciones jurídicas invocadas y de las atribuciones nominales hechas por la tradición historiográfica griega y romana, parece indudable que el uso de la púrpura en los tejidos, especialmente la de origen animal,[50] que constituirá la manifestación más conspicua del lujo indumentario romano, estuvo presente en Roma desde los remotos tiempos de la monarquía. Primero lo estaría en calidad de atributo exclusivamente regio, probablemente por influencia etrusca, impuesto o no normativamente, y después, en época republicana, como distintivo de estatus y del poder civil y militar del pueblo romano, "the most status-symbol conscious people of the ancient world".[51] El uso de la púrpura acabará por extenderse igualmente a la indumentaria femenina y, a partir de ahí, la *purpurea vestis* se convertirá en sinónimo de lujo indumentario, en el lujo indumentario por excelencia,[52] el cual constituirá a lo largo del tiempo

---

[49] Plin. *Nat.* 9, 39 (63), 136: *Purpurae usum Romae semper fuisse video, sed Romulo in trabea. nam toga praetexta et latiore clavo Tullum Hostilium e regibus primum usum Etruscis devictis satis constat* (Juzgo que en Roma siempre se ha utilizado la púrpura pero Rómulo sólo la llevaba en la trábea, pues consta con seguridad que Tulo Hostilio, después de derrotar a los etruscos, fue el primero de los reyes que usó la toga pretexta y la franja ancha de púrpura).

[50] Para una descripción integral acerca de los distintos aspectos de la púrpura en la Antigüedad y su aplicación a la industria textil véase P. Fernández Muriel, *Púrpura. Del mercado al poder*, Madrid, 2010. Sobre los tejidos en Roma, materias primas, confección, *artes tinctoriae* y *fullonica*, producción y comercio, constituye una buena introducción C. Alfaro Giner, *El tejido en época romana*, Madrid, 1997.

[51] M. Reinhold, *History of Purple*, cit., 38 y 72.

[52] A propósito del lujo indumentario en Roma véase la reciente obra colectiva C. Alfaro Giner, J. Ortíz García y M. J. Martínez García (eds.), *Luxury and Dress. Political Power and Appearance in the Roman Empire and its Provinces*, Valencia, 2013. Sobre el uso de la púrpura en la vestimenta como señalizador de rango aristocrático y expresión simbólica de poder político en la Antigüedad véanse en concreto las siguientes contri-

el blanco prioritario de medidas de restricción y censura de variada naturaleza procedentes de los poderes públicos.[53]

2. LA LEY DE LAS XII TABLAS Y LA RESTRICCIÓN DEL LUJO[54]

Caso distinto al de las *leges regiae* es el de las normas sobre restricción del aparato funerario de la ley de las XII Tablas, que obedecen a un orden de motivaciones distinto al religioso. Estas normas juntamente con otras relativas a la protección del derecho de los sepulcros, integran la tabla X, según la palingenesia de ella generalmente aceptada,[55] basada fundamentalmente en la información proporcionada por Cicerón en su diálogo *De legibus.*[56]

---

buciones de la precedente obra citada: C. ALFARO GINER, "Purple and Aristocracy: Colour, Blood and Luxury as Social Identifiers in Antiquity", 75-98; I. BENDA-WEBER, "The Habits of the Emperors as Different Expressions of Political Power", 133-150; J. P. WILD, "Luxury? The North-West End of the Silk-Purple-and-Gold Horizon", 169-180; y A. PAETZ gen. SCHIECK y J. PÁSZTÓKAI-SZEŐKE, "Power Dressing in Pannonia. Tunics with Arrow-Shaped Purple Decoration Represented in a Roman Wall-Painting at *Brigetio*", 181-216.

53 Acerca de esta cuestión a lo largo de la historia romana véase J. NAPOLI, "Art purpuraire et législation a l'époque romaine," en C. ALFARO GINER, J. P. WILD y B. COSTA (eds.), *Purpureae Vestes: Actas del I Symposium Internacional sobre Textiles y Tintes del Mediteráneo en época romana (Ibiza, 8 al 10 de noviembre de 2002)*, Valencia, 2004, 123-136; y F. J. CASINOS MORA, "Repression of Luxury in Rome: the specific case of garments", en C. ALFARO GINER, J. ORTÍZ GARCÍA y M. J. MARTÍNEZ GARCÍA (eds.), *Luxury and Dress*, cit., 99-114.

54 De este tema ya me ocupé anteriormente en F. J. CASINOS MORA, "Sobre las restricciones suntuarias en la Ley de las XII Tablas", en *IAH*, 4, 2012, 161-177.

55 Sigo en la exposición de los pasajes de la ley de las XII Tablas la edición de *FIRA*, 1, 23-75.

56 CIC. *Leg*. 2, 25, 59 y 24, 60; y 2, 25, 64.

A pesar del carácter religioso de la materia sobre la que versan, no se trata de normas de ese carácter sino de prescripciones propiamente jurídicas, las cuales, dicho sea de paso, representan una clara intromisión pública en un ámbito como el de la familia, que de este modo habría dejado de ser intangible. De hecho, en el citado diálogo Cicerón distingue netamente entre preceptos religiosos o pontificios y preceptos jurídicos o *in legibus* en relación con los sepulcros[57] y, después de haber tratado del derecho pontificio de los manes y de los sepulcros, pasa a ocuparse, a ruego de su interlocutor Ático, de lo que dicen las leyes al respecto, es decir, del derecho civil. Afirma el Arpinate, respecto a las prescripciones de la ley de las XII Tablas concernientes a esa materia, que "lo que hay trata menos de la religión que del derecho de los sepulcros";[58] y más adelante señala que "ya las otras disposiciones de las XII Tablas atañen a la disminución de gastos y lamentaciones fúnebres".[59] Además, cuando Cicerón se refiere a la interdicción decenviral de inhumar o incinerar cadáveres *in urbe* (L. XII Tab. 10,1) no atribuye a esta norma, de hecho, un fundamento religioso sino de preservación contra los incendios,[60] e igual fundamento, según el Arpinate, tendría la prohibición, contenida en L. XII Tab. 10, 9, de colocar piras o sepulcros a menos de 60 pies de un edificio contra la voluntad de su dueño.[61] Significativamente, Isidoro de Sevilla, siglos después, tampoco invocaría a este respecto la protección de la pureza del lugar o cualquier otro fundamento religioso sino una razón de salubridad e higiene: evitar

---

[57] Cic. *Leg.* 2, 23, 58: *Video quae sint in pontificio iure, sed quaero ecquidnam sit in legibus* (Veo lo que dice el derecho pontificio, pero pregunto ¿qué hay en las leyes?).

[58] Ibíd: *sed ea non tam ad religionem spectant quam ad ius sepulcrorum.*

[59] Cic. *Leg.* 2, 23, 59: *iam cetera in XII minuendi sumptus sunt lamentationisque funebris.*

[60] Cic. *Leg.* 2, 23, 58: *'Hominem mortuum' inquit lex in XII ' in urbe ne sepelito neve urito.' Credo vel propter ignis periculum* ("A la persona muerta", dice la la ley de las XII Tablas, "no se la sepulte ni se la queme dentro de la ciudad". Creo que por el peligro del fuego).

[61] Cic. *Leg.* 2, 24, 61: *Nam quod 'rogum bustumve novum' vetat 'propius sexaginta pedes adigi aedes alienas invito domino', incendium videtur arcere <vetat>.*

que "el hedor inficione con su contacto los cuerpos de los vivos".[62] En fin, las normas de la tabla X son, pues, por un lado, normas de policía y de carácter patrimonial atinentes al *ius sepulchrorum*[63] y, por otro, normas restrictivas del boato funerario pero no en todo lo que afecta a éste sino sólo en relación con los asistentes y su comportamiento o actos en los funerales, pues la suntuosidad en otros aspectos, como señaladamente el sepulcral, no serán objeto de la restricción decenviral.[64]

La circunstancia de que no se trate de prescripciones religiosas[65] es un dato relevante y a tener en cuenta a la hora de despejar cuál fue la finalidad de las normas suntuarias decenvirales, pues tal circunstancia excluye que las restricciones en materia funeraria hubieran servido a una finalidad puramente religiosa, a un *religious scruple and ancestral precedent*, como se ha afirmado.[66] Efectivamente, la ley de las XII Tablas es un código laico y no un compendio indistinto de normas jurídicas y religiosas. El hecho de que la Religión y el Derecho hablaran en tiempos arcaicos el mismo lenguaje, al hallarse

[62] ISID. *Orig.* 15, 11, 1: *ne foetore ipso corpora viventium contacta inficerentur.* Esta razón y no la del riesgo de incendio parece más ajustada a la realidad del siglo V a.C. como argumenta A. ROMANO, "Riflessioni sulla decima tavola", en *AAN*, Napoli, 1981, 12 s.

[63] L. XII TAB. 10, 1; 9; y 10.

[64] L. XII TAB. 10, 2-8.

[65] Ni en su elaboración participaron siquiera los pontífices, como argumenta F. D'IPPOLITO, *Problemi storico-esegetici delle XII Tavole*, Napoli, 2003, 20 ss.

[66] Por M. TOHER, "The Tenth Table and the Conflict of the Orders", en K. A. RAAFLAUB (ed.), *Social Struggles in Archaic Rome. New Perspectives on the Conflict of the Orders*, Oxford, ²2005, 268-282, si bien en el *addendum* a la segunda edición de la obra colectiva este estudioso concluye aceptando la validez de la tesis sociopolítica en los siguientes términos: "the sociopolitical explanation of archaic funeral law is correct to the extent that funerals had become a venue for status competition in the emerging *poleis*. But to understand why funeral ritual had become such a venue, and why it was only funerals that were consistently addressed in the early law codes, one must consider the wider ideological context of the functions funeral ritual served, and had served, in those communities".

ambas disciplinas bajo el control sacerdotal, no autoriza a pensar que la ley de las XII Tablas contuviera preceptos de naturaleza religiosa y que tales fueran los contenidos en su tabla X. Su misma presencia en la ley y su publicidad los habría como mínimo desnaturalizado y la materia regulada en ellos habría quedado sustraída a la esfera, por ejemplo, del derecho pontifical.

Las restricciones establecidas en el código decenviral, como se ha indicado, afectan sólo a las ceremonias funerarias, no en cambio a los monumentos sepulcrales. La explicación a esta ausencia de restricción es que tales monumentos no debían ser particularmente suntuosos con anterioridad a la ley de las XII Tablas, que recordemos data de mediados del siglo V a.C., como se desprende de otro texto del *De legibus* de Cicerón,[67] en el que el autor contrasta la austeridad y moderación de los antiguos sepulcros con el lujo y la suntuosidad de los modernos, pasaje que ha resultado corroborado por numerosos restos arqueológicos que han evidenciado la modestia de los antiguos sepulcros romanos en comparación con la espectacularidad de los coetáneos etruscos.[68]

La ausencia de tales restricciones es confirmada también por Cicerón cuando, en palabras de su fingido interlocutor Ático en el mismo *De legibus*, aboga por la existencia de una regulación del lujo en los sepulcros del mismo modo que la hay en relación con otros gastos funerarios.[69] Pero dicha regulación justo se llevaría a cabo poco

---

[67] Cic. *Leg.* 2, 25, 62: *Quos enim ad sumptus progressa iam ista res sit, in C. Figuli sepulcro vidisse [te] credo. Minimam olim istius rei fuisse cupiditatem multa extant exempla maiorum* (Hasta qué extremo ha llegado el lujo puedes verlo en el sepulcro de Cayo Fígulo. En cambio, muchos monumentos sepulcrales de nuestros mayores nos revelan que en otros tiempos fue muy moderada esta ostentación).

[68] Sobre este particular véase J. M. C. Toynbee, *Death and Burial in the Roman World*, London, 1971; G. Colonna, "Un aspetto oscuro del Lazio antico: le tombe del VI-V secolo", en *PP*, 32, 1977, 158 ss.; y J. C. Meyer, *Pre-Republican Rome. An Analysis of the Cultural and Chronological Relations 1000-500 B.C.*, Odense, 1983, 163 ss.

[69] Cic. *Leg.* 2, 25, 62: *Gaudeo nostra iura ad naturam accommodari, maiorumque sapientia admodum delector. Sed requiro ut ceteri sumptus sic etiam sepulcrorum modum* (Me alegro mucho de que nuestras leyes sean

tiempo después de la redacción del citado pasaje del *De Legibus* (2, 25, 62), pues en una carta a Ático datada en 45.[70] ya aparece mencionada la ley de Julio César relativa al lujo sepulcral de 46 ó 45. De toda esta información obtenida a partir de Cicerón se colige no sólo que no existió ninguna ley republicana restrictiva del lujo de los sepulcros hasta César, sino que, además, la ley de Sila relativa al lujo suntuario, mencionada por Plutarco[71] y a la que muy dudosamente se refiere el mismo Cicerón en *Att.* 12, 36, 1, tampoco habría afectado a los monumentos sepulcrales sino sólo a otros gastos de entierro.

El propósito inmediato del conjunto de normas de la Tabla X no parece haber sido el de reprimir el lujo *stricto sensu* o el *sumptus* convival en el mismo sentido con que lo harían posteriormente las leyes republicanas, sino más ampliamente el de prohibir el exceso o desmesura mostrado por los vivos públicamente con ocasión de los funerales, es decir, tanto en el aspecto estrictamente suntuario o material, conminando a prescindir de todo lo que en las ceremonias fúnebres implicara un aumento del gasto, como en el formal, gestual y ritual, reprimiendo el patetismo histriónico[72] y cualquier manifestación exagerada de duelo. Y es que, ciertamente, nada tiene que ver el gasto suntuario con los gestos atrabiliarios de dolor, objeto ambos de igual interdicción, más allá de la connotación de exceso.

---

conformes con la naturaleza y me deleito sobremanera con la sabiduría de nuestros antepasados; pero yo exigiría una reglamentación para el lujo como ya existe para los demás gastos).

70 Cic. *Att.* 12, 35-36.

71 Plu. *Sull.* 35, 4: τὸν δὲ τῆς ταφῆς ὁρίζοντα τὴν δαπάνην νόμον αὐτὸς εἰσενηνοχὼς παρέβη, μηδενὸς ἀναλώματος φεισάμενος. παρέβαινε δὲ καὶ τὰ περὶ τῆς εὐτελείας τῶν δείπνων ὑπ' αὐτοῦ τεταγμένα, πότοις καὶ συνδείπνοις τρυφὰς καὶ βωμολοχίας ἔχουσι παρηγορῶν τὸ πένθος (en gastos de entierro transgredió los límites legales prescritos por él mismo y no escatimó gasto alguno. Violó lo que él también había prescrito en otra ley sobre profusión en los banquetes, al procurar atemperar el llanto con festines y francachelas de mucha molicie y festejo).

72 Especialmente por parte de las mujeres. Véase sobre el destacado papel de la mujer en los funerales la contribución de D. Šterbenc Erker, "Voix dangereuses et force des larmes: le deuil féminin dans la Rome antique", en *RHR*, 221. 3, 2004, 259-291.

En el pasaje de la ley de las XII Tablas 10, 3 (= Cic. *Leg.* 2, 23, 59), que se analizará más adelante: *Extenuato igitur sumptu tribus reciniis et tunicula purpurea et decem tibicinibus, tollit etiam <nimiam> lamentationem*, –si bien no se trata de un pasaje testimonial de la ley sino de una *interpretatio* de Cicerón– parecen distinguirse con claridad los dos aspectos señalados: el aspecto material, "limítese el lujo" *extenuato sumptu*; y el aspecto formal, "la ley suprime también las lamentaciones", *tollit etiam lamentationem*, como se desprende de la existencia de una pausa, del adverbio *etiam* y de una diferente forma verbal en el segundo miembro del texto: *tollit*. Con la limitación del exceso –que no lujo– funerario la exigencia de los decenviros de una mayor circunspección en los funerales afectaría fundamentalmente a los patricios.

En el exceso en los funerales romanos cabría descubrir reminiscencias etruscas, pues esta cultura manifestó una extraordinaria veneración y cuidado en todo lo relativo al fenómeno de la muerte. La influencia etrusca debió ser particularmente intensa durante el último período monárquico y así lo han acreditado algunos datos arqueológicos obtenidos en las tumbas de Tarquinia de los siglos VI-V: representaciones de joyas de oro, velos, flautistas y de otros elementos mencionados por la ley de las XII Tablas y objeto de prohibición o restricción por ella. También sugiere aquella influencia la mención decenviral a las prótesis dentales de oro, en cuyo arte los etruscos tuvieron gran pericia como han demostrado los restos hallados.[73]

La desmesura en los funerales, en particular en aquellos que culminaban con la incineración, más proclives a la suntuosidad, tuvo que haber alcanzado cierta notoriedad en la Roma del siglo V. El mismo hecho de que la ley dedique una tabla íntegra a esta cuestión así lo revela y también la índole de las prohibiciones y restricciones prescritas conocidas,[74] aplicables tanto a la incineración como a la inhumación, salvo que evidentemente sólo puedan entenderse referidas a uno de estos dos ritos. La incineración y la inhumación se practicaban alternativamente en el siglo V a.C. De hecho, la ley

---

[73] L. XII Tab. 10, 8: *At cui auro dentes iuncti escunt. Ast in cum illo sepeliet uretve, se fraude esto.*

[74] Las contenidas en L. XII Tab. 10, 2-8.

de las XII Tablas contempla y distingue perfectamente ambas prácticas: *sepelire* y *urere*,[75] en términos de Cicerón, y a una y a otra se dirige la prohibición de verificación *in urbe*. Un pasaje de Plinio, el Viejo,[76] referencia la mayor antigüedad de la inhumación y las razones prácticas que indujeron a los romanos a practicar la cremación de cadáveres.

Las interdicciones de la tabla X son las siguientes: labrar con una azuela las maderas de la pira funeraria;[77] arañarse las mujeres las mejillas y la prohibición dirigida también a las mujeres de actuar como plañideras y al parecer la de lanzar desgarrados lamentos fúnebres.[78] Estas manifestaciones de duelo característicamente femeninas son comunes a los griegos y fueron igualmente restringidas y, es más, minuciosamente reglamentadas por sus legisladores en lo que concierne a la participación femenina en la *próthesis* o exposición del cadáver y en el cortejo funerario o *ekphorá*.[79]

---

75 L. XII Tab. 10, 1 (= Cic. *Leg.* 2, 23, 58): *Hominem mortuum in urbe ne sepelito neve urito.*

76 Plin. *Nat.* 7, 54 (55), 187: *Ipsum cremare apud Romanos non fuit veteris instituti: terra condebantur. At postquam longinquis bellis obruptos erui cognovere, tunc institutum. Et tamen multae familiae priscos servavere ritus, sicut in Cornelia nemo ante Sullam dictatorem traditur cremates, idque voluisse veritum talionem eruto C. Mari cadavere [Sepultus vero intellegatur quoquo modo conditus, humanus vero humo contectus]* (Entre los romanos la incineración no es una institución demasiado antigua: antaño se enterraba a los muertos. Pero cuando se conoció que los guerreros sepultados en las tierras lejanas eran desenterrados entonces se adoptó la institución. No obstante, muchas familias conservaron los antiguos ritos. Así, en la familia Cornelia, se dice, nadie fue incinerado antes del dictador Sila, quien lo quiso así por miedo al talión, pues él había hecho desenterrar el cadáver de C. Mario [La palabra *sepultus* debe entenderse como cubierto de cualquier modo, ya sea enterrado bajo tierra ya recubierto de tierra]).

77 Cic. *Leg.* 2, 23, 59: *Hoc plus ne facito: rogum ascea ne polito.*

78 Cic. ibid. *Mulieres genas ne radunto neve lessum funeris ergo habento.*

79 Véase la reciente contribución al respecto de I. Calero Secall, "Los legisladores griegos y sus preceptos sobre las mujeres en los funerales", en *REHJ*, 34, 2012, 37-51.

A las anteriores interdicciones siguen estas: reiterar funerales por un mismo difunto por altos que hubieran sido los honores y méritos alcanzados en vida por aquél, salvo en aquellos casos en que hubiera acontecido la muerte en campaña de guerra o en el extranjero;[80] y llevar muchos lechos en el cortejo fúnebre.[81] Estas interdicciones se refieren a aquellos elementos de la ceremonia funeral más ostentosos y cuya prohibición decenviral devino ineficaz, si es que no lo fue desde el mismo principio, tempranamente en algún momento difícil de precisar en tiempos de la república a partir del cual los funerales en algunos casos constituyeron verdaderos espectáculos públicos.[82] En todo caso, la inobservancia de las prohibiciones y la suntuosidad sin tasa habría sido clamorosa desde principios del siglo I a.C. Lo sugiere la pompa, incluso excesiva para funerales de individuos de la más alta dignidad, descrita por Servio Honorato: acompañamiento de seiscientos lechos al cadáver de Marcelo, sobrino e hijo adoptivo de Augusto, en su funeral, y nada menos que de seis mil al del dictador Sila.[83] Es más de la citada descripción se desprende que aquella pompa no era exclusiva de miembros de la casa imperial o de grandes magistrados, sino que desde tiempos antiguos (*apud maiores*) se empleaba en cualesquiera funerales y el nivel de ostentación

---

[80] Cic. *Leg*. 2, 24, 60: *Homine mortuo ne ossa legito, quo post funus faciat excipit bellicam peregrinamque mortem.*

[81] Cic. ibid.: *Credoque quod erat factitatum, ut uni plura funera fierent lectique plures sternerentur, id quoque ne fieret, lege sanctum est.*

[82] Véase J. Bodel, "Death on Display: Looking at Roman Funerals", en B. Bergmann y C. Kondoleon, *The Art of Ancient Spectacle*, New Haven-London, 1999, 259-281.

[83] Serv. *A*. 6, 861: *ad funeris huius honorem Augustus sescentos lectos intra civitatem ire iussit: hoc enim apud maiores gloriosum fuerat et dabatur pro qualitate fortunae; nam Sulla sex milia habuit. igitur cum ingenti pompa adlatus et in campo Martio est sepultus* (Para ornato de su funeral (el de Marcelo) Augusto ordenó que seiscientos lechos lo acompañaran en cortejo por el interior de la ciudad, pues entre los antepasados esto se tenía por glorioso y se hacía en relación con la fortuna de cada cual; así, al cadáver de Sila lo acompañaron seis mil lechos. Así, pues, fue conducido con extraordinaria cortejo y enterrado en el Campo de Marte).

mantenido guardaba relación con la fortuna del individuo fallecido en cuestión, constituyendo un timbre de gloria.

Las demás interdicciones son: unción del cadáver por esclavos;[84] libación a la ronda en los banquetes funerarios;[85] aspersión suntuosa del cadáver;[86] presencia de grandes coronas,[87] excepto las ganadas en vida por méritos cívicos, militares o lúdicos,[88] y de pebeteros de resinas;[89] aplicación al cadáver ungüentos con mirra;[90] añadido de objetos de oro al cadáver.[91] Esta última prohibición resulta, sin embargo, muy sospechosa de procronismo, pues presupone un uso generalizado de objetos de oro y abundancia de este metal, siendo que los datos arqueológicos revelan una carencia casi absoluta de oro para la época decenviral.[92] Por último: la limitación a diez del número de flautistas intervinientes en la ceremonia; y, por lo que atañe a la indumentaria, la restricción a una pequeña túnica de color púrpura y a no más de tres *ricinii*.[93]

Por tanto, en términos generales la tabla X tratará de corregir los excesos en las ceremonias fúnebres: *cetera item funebria quibus luctus augetur, XII sustulerunt*.[94] Adviértase cómo Cicerón emplea el término *luctus* y no los de *luxus* o *sumptus*, lo que revela que las restricciones decenvirales tenían como propósito final no tanto disminuir el gasto económico o el lujo como tales cuanto la exacerbación del dolor a través de aquéllos por las consecuencias perniciosas que potencialmente podían acarrear.

---

[84] Cic. ibid.: *Servilis unctura tollitur.*

[85] Cic. ibid.: (*tollitur*) *omnisque circumpotatio.*

[86] Cic. ibid.: *Ne sumptuosa respersio.*

[87] Cic. ibid.: *Ne longae coronae.*

[88] Cic. ibid.: *Qui coronam parit ipse pecuniave eius honoris virtutisve ergo arduvitur ei.*

[89] Cic. ibid.: *Nec acerrae.*

[90] Fest. p. 158M: *Murrata potione usos antiquos indicio est, quod etiam nunc Aediles per supplicationes dis addunt ad pulvinaria, et quod XII. tabulis cavetur, ne mortuo indatur, ut ait Varro in antiquitatum L. I.*

[91] Cic. ibid.: *Neve aurum addito.*

[92] Como ha advertido también A. Romano, *Riflessioni*, cit., 18.

[93] Cic. *Leg*. 2, 23, 59.

[94] Cic. *Leg*. 2, 24, 60.

De las precedentes interdicciones decenvirales cabe inferir que a mediados del siglo V a.C. los potentados a través de las ceremonias funerarias no sólo manifestaban el dolor por la separación del ser querido, obsequiaban al difunto y cumplían una serie de ritos religiosos,[95] sino también, y muy especialmente, perseguían señalizar muy ostensiblemente el prestigio, el poder y el estatus familiar.

El que los funerales se convirtieran en escenario de competición de estatus no es, sin embargo, un fenómeno peculiar de Roma sino común a otras polis en un estadio determinado de su evolución política. Se da, de hecho, la circunstancia de un extraordinario parecido entre las normas limitadoras de los excesos suntuarios en los funerales de los códigos de distintas ciudades de la Antigüedad, lo que evidencia que en tales ciudades se experimentaron, cada una en su momento, procesos similares que condujeron a la necesidad de establecer en sus códigos o legislaciones la moderación en las ceremonias funerarias. Se ha argumentado[96] que se trata de un fenómeno panhelénico que puede ser explicado como resultado de un cambio en la ideología funeraria y en la actitud colectiva hacia la muerte y que las leyes limitadoras de los excesos funerarios habrían supuesto la articulación de un deseo de restringir la invasión de la vida por la muerte.[97]

El carácter panhelénico del fenómeno de las leyes limitadoras del lujo y el exceso en los funerales explicaría las similitudes e incluso coincidencias de detalle de la tabla X con la legislación solónica, un siglo más antigua que la ley de las XII Tablas, sin necesidad de recurrir a la teoría, basada principalmente en ciertos pasajes de Cicerón, del préstamo legislativo de las leyes solónicas, cuya verosimilitud

---

95 El derecho pontificio sobre los funerales, sepulcros y culto a los familiares, *sacra privata*, aparece descrito en los pasajes Cic. *Leg*. 2, 19, 48 a 2, 22, 57.

96 Por C. Sourvinou-Inwood, "To die and Enter the House of Hades: Homer, Before and After", en J. Whaley (ed.), *Mirrors of Mortality. Studies in the Social History of Death*, New York, 1981, 15-39. Véase también F. Frisone, *Leggi e regolamenti funerari nel mondo greco*, I: *Le fonti epigrafiche*, Lecce, 2000.

97 En contra I. Morris, "Attitudes toward Death in Archaic Greece", en *ClAnt*, 8. 2, 1989, 296-320.

ha sido razonablemente cuestionada por los autores.[98] No obstante, si bien no resulta admisible esta *Entlehnungstheorie* en el sentido de riguroso calco legislativo de normas solónicas por parte de los decenviros, tampoco hay base suficiente para rechazar de plano las afirmaciones de Cicerón acerca de la influencia de la legislación solónica en el código decenviral,[99] aun reconociendo que son ciertamente cuestionables en cuanto al origen y alcance de tal influencia, pues no nos es posible descartar, a partir de las fuentes poco concluyentes de que disponemos, que los decenviros hubiesen tenido en cuenta modelos legislativos griegos, y no necesariamente sólo áticos, a la hora de redactar la ley de las XII Tablas. De hecho, lo más cuestionado acerca de la "solonidad" de ciertas disposiciones decenvirales no es el hecho en sí de que hubiese existido efectivamente una influencia griega en la legislación decenviral sino que dicha influencia lo fuera concretamente de derecho ático.[100]

---

[98] Véase por todos P. SIEWERT, "Die angebliche Übernahme solonischer Gesetze in die Zwölftafeln. Ursprung und Ausgestaltung einer Legende", en *Chiron. Mitteilungen der Kommission für Alte Geschichte und Epigraphik des Deutschen Archaeologischen Instituts*, 8, 1978, 331-344, quien además recoge las críticas precedentes a la *Entlehnungstheorie*. Por el contrario, ha sostenido la influencia solónica en la tabla X M. REINHOLD, *History of Purple*, cit., 40. Entre los juristas romanistas hay cierto consenso sobre la romanidad de la Ley de las XII Tablas, lo que no obsta a admitir la influencia griega. Como indica A. FERNÁNDEZ DE BUJÁN, *Derecho público romano*, Cizur Menor, [18]2015, 106, tal influencia habría que buscarla en: "a) La novedad que supone que el derecho se escriba y se publique; b) Que la ley surja como producto de un acto legisaltivo aprobado por la asamblea popular, lo que implica la asunción de un nuevo concepto de legalidad democrática por la sociedad romana; c) El reconocimiento de la idea griega de isonomía, es decir, la igualdad ante la ley; y d) La identificación del nuevo concepto de *lex* con el griego *nómos*, que podría traducirse por norma jurídica."

[99] CIC. *Leg.* 2, 23, 59: *Iam cetera in XII minuendi sumptus sunt lamentationisque funebris, translata de Solonis fere legibus* (Las otras disposiciones de la ley de las XII Tablas se refieren a la disminución de gastos y lamentaciones fúnebres y están tomadas casi literalmente de las leyes de Solón).

[100] Véanse al respecto: E. RUSCHENBUSCH, "Die Zwölftafeln und die römische Gesandtschaft nach Athen", en *Historia*, 12, 1963, 250; R. M.

Los actos y obsequios funerarios excesivos, que aparecen vedados en la tabla X, debían practicarse entonces en los funerales romanos con relativa frecuencia y exposición pública, pues hubiera sido jurídicamente absurda una prohibición de ciertos protocolos funerarios si éstos fueran desconocidos o no se dieran en la práctica social cotidiana; no se establecían normas sobre lo inopinado (ἐκ παραλόγου) sino sobre lo que acontece con frecuencia (ἐπὶ τὸ πλεῖστον);[101] existía una íntima relación entre las normas y la realidad social del momento de su establecimiento. El mismo Cicerón conjetura que debía ser costumbre llevar a cabo las prácticas funerarias prohibidas.[102] Por ello, los decenviros no pudieron haberse limitado a plagiar en bloque la legislación solónica ni ninguna otra, pues éstas presupondrían realidades sociales que, por muy similares que fueran a la romana, serían distintas a ésta, sino que a lo sumo pudieron haberla utilizado como modelo en todo aquello que les resultara aprovechable y teniendo en cuenta siempre las específicas circunstancias romanas. De haber sido de otro modo, la ley de las XII Tablas también habría incorporado, cosa que no hace, otras disposiciones solónicas en materia, por ejemplo, de lujo indumentario.[103]

Ogilvie, *A Commentary on Livy. Books 1-5*, Oxford, 1965, 449 s.; J. Delz, “Der griechische Einfluß auf die Zwölftafelgesetzgebung”, en *MH*, 23, 1966, 78 s.; F. Wieacker, “Die XII Tafeln in ihrem Jahrhundert”, en AA. VV., *Entretiens sur l'Antiquité classique XIII. Les origines de la république romaine*, Vandœuvres-Genève, 1967, 768-780; y G. Ciulei, “Gab es einen Einfluß des griechischen Rechts in den Zwölftafeln?”, en M. N. Andreev *et al. Gesellschaft und Recht im griechisch-römischen Altertum*, 2, Berlin, 1969, 30-39.

[101] Así lo expresa el jurista Pomponio siguiendo a Teofrasto: *Iura constitui oportet, ut dixit Theophrastus, in his, quae* ἐπὶ τὸ πλεῖστον *accidunt, non quae* ἐκ παραλόγου (Pompon. 25 *ad Sab.* D. 1, 3, 3). En el mismo sentido: Cels. 5 *dig.* D. 1, 3, 4; Cels. 17 *dig.* D. 1, 3, 5; y Paul. 17 *ad Plaut.* D. 1, 3, 6.

[102] Cic. *Leg.* 2, 24, 60: *quae et recte tolluntur, neque tollerentur nisi <in usu> fuissent* (cosas que fueron correctamente suprimidas, lo que supone que era costumbre el hacerlas).

[103] Coincido en este sentido con J. Sondel, *Leges sumptuariae*, cit., 106, no, en cambio, con su afirmación de que la tabla X y sus limitaciones

Ahora bien, tampoco puede descartarse que la similitud de las prácticas funerarias y la situación de competitividad en los funerales en Roma y en otras ciudades del ámbito griego hubiese sido tal que hubiese permitido a los decenviros inspirarse en el modelo sóloni-co o en otros griegos. El anacronismo del modelo solónico para la Roma de mediados del siglo V a.C. podría tener entonces su explicación en el mantenimiento de la legislación solónica en este materia en tiempos de Pericles, coetáneo de los decenviros. La influencia en la ley de las XII Tablas de otras legislaciones griegas y entre ellas la de Solón no es un hecho inverosímil ni que quepa excluir y ni gana ni pierde en verosimilitud porque Cicerón afirme que las disposiciones de las XII Tablas, que atienden a la disminución de gastos y a las lamentaciones fúnebres, fueron tomadas casi al pie de la letra (*fere translata*) de las leyes de Solón.[104]

No obstante, si efectivamente la ley de las XII Tablas se hubiera servido en materia funeraria o en otras materias de las leyes de Solón, o de las de otros legisladores[105] o de otros códigos griegos mejor testimoniados, como las leyes cretenses de Gortina, medio siglo anteriores a la romana, o hubiesen seguido usos greco-etruscos, como sostuvo Lenel,[106] o sólo etruscos, como han defendido autores más

---

son meramente el "résultat de la lutte de classes, doivent être considérées comme une concession faite par les patriciens à l'egard des plébéiens".

104 Cic. *Leg.* 2, 23, 59.

105 Amiano Marcelino se atreve incluso a remontar al legislador espartano Licurgo el origen de las leyes suntuarias romanas. Así, al tratar de las virtudes del emperador Juliano, afirma que éste se atuvo a la moderación como si viviera de acuerdo con las leyes suntuarias introducidas en Roma *ex rhetris et axonibus*: Amm. Marc. 16, 5, 1: *Primum igitur factuque difficile temperantiam ipse sibi indixit atque retinuit tamquam adstrictus sumptuariis legibus viveret, quas ex rhetris [Lycurgi id] et axonibus Romam translatas.* Las *rhetrae* son por antonomasia las leyes o disposiciones de Licurgo y los axones las leyes de Solón, pues con el nombre de lo que fue su peculiar continente o soporte material, unas tablillas de madera, se suele designar metonímicamente su contenido: las leyes. Véase Gel. 2, 12, 1 y Porph. *Comm.* p. 399.

106 O. Lenel, "Compte rendu de l'étude de E. Lambert, La question de l'authenticité des XII Tables et les Annales Maximi, in *Nouvelle revue de*

recientes,[107] ello no significaría que necesariamente los decenviros se limitaron a hacer calcos legislativos prescindiendo completamente de su propia tradición jurídica. No es incompatible la romanidad de las XII Tablas con el hecho, ciertamente verosímil, de que los decenviros hubiesen tenido a la vista los mejores modelos legislativos de otros lugares e incluso se hubiesen inspirado en ellos en algunas ocasiones. Tácito alude, de hecho, a esta circunstancia pero sin circunscribir la influencia a las leyes de Solón.[108]

Sin perjuicio de las evidentes analogías que con las leyes de Solón guarda la ley de las XII Tablas, en el origen de la teoría de su "solonidad", presente en los antiguos, no tendría sentido hallar el reconocimiento de un demérito de Roma sino, todo lo contrario, un ánimo de encarecer el valor de la ley, de enaltecer su autoridad al vincularla al enorme prestigio del legislador ateniense; y, además, también probablemente un deseo de convencer de la bondad de dicha ley bajo el subyacente argumento de que Roma siguió a la hora de fijar por escrito su Derecho una pauta no idéntica pero sí muy análoga a la de muchas ciudades griegas, las cuales a fin de evitar el partidismo o el sesgo clasista de sus codificaciones, hacían venir a individuos prestigiosos de otras ciudades distintas para que dieran leyes escritas a su ciudad. De esta manera, afirmando la "solonidad" de la ley de las XII Tablas se estaría enalteciendo no sólo la autoridad

---

droit française et étranger, 24, 1902, 147-200", en *ZRG*, 26, 1905, 498-524, sostiene la influencia griega en esta materia pero no directa sino a través de los etruscos.

[107] Contra la ascendencia solónica de la Tabla X se manifiesta G. Ciulei, *Gab es einen Einfluss*, cit., 21-46, quien niega toda influencia del derecho solónico sobre el romano y atribuye las referencias de los autores romanos a los modelos griegos, en esta o en cualquier otra materia o cuestión jurídica, al esnobismo helenizante de los patricios. Con anterioridad F. Wieacker, *Die XII Tafeln*, cit., 312, interpretaba que las limitaciones decenvirales del lujo funerario venían a significar el abandono de un estilo nobiliario de impronta etrusca.

[108] Tac. *Ann*. 3, 27, 1: *accitis quae usquam egregia compositae duodecim tabulae* (echando mano de lo mejor que había en otros lugares, se compusieron las XII Tablas). He reproducido la traducción de J. L. Moralejo, *Cornelio Tácito, Anales. Libros I-VI*, Madrid, 1991, 220.

de dicha ley sino también proclamando su neutralidad en un contexto de enfentamiento patricio-plebeyo, como fue el de mediados del siglo V a.C., y disimulando, en consecuencia, el sesgo patricio que de hecho le dieron los decenviros a la ley.

En todo caso, el estrecho parecido de la ley de las XII Tablas con otras del entorno mediterráneo también admite otras explicaciones más allá del calco legislativo. Así, podría haber sido debido a la influencia griega a través de las ciudades de la Magna Grecia o simplemente las similitudes, incluso las más notorias, podrían explicarse por la procedencia indoeuropea común de todos estos pueblos, hecho que era desconocido evidentemente por Cicerón y demás autores que, siguiendo la autoridad de aquél aducen la filiación solónica más o menos intensa de algunas normas decenvirales. Así, por ejemplo, mientras que Ps. Aurelio Víctor nos dice que, en la cuestión que está tratando, la ley de las XII Tablas es una traducción de una ley solónica,[109] el jurista Gayo sólo habla, en relación con la acción de deslinde, de imitación de una ley atribuida a Solón.[110]

Por último, es sólo aparente la contradicción en que parece incurrir Cicerón, quien si en el *De oratore*[111] encomiaba la superioridad

---

[109] Ps. Aur Vic. *Epit.* 21, 1: *Populus Romanus cum seditiosos magistratus ferre non posset, decemviros legibus scribendis creavit, qui eas ex libris Solonis translatas duodecim tabulis exposuerunt.* (El pueblo romano, como no pudiera tolerar magistrados facciosos, nombró un colegio de diez magistrados para la redacción de leyes, los cuales las tomaron traducidas de los libros de Solón y las hicieron constar en diez tablas).

[110] Gai. 4 *leg. XII tab.* D. 10, 1, 13: *Sciendum est, in actione finium regundorum illud observandum esse, quod ad exemplum quodammodo eius legis scriptum est, quam Athenis Solonem, dicitur, tulisse* (Se ha de saber que en la acción de deslinde ha de observarse lo que en cierto modo se halla escrito a imitación, según se dice, de la ley que promulgó Solón en Atenas).

[111] Cic. *de Orat.* 1, 197: *Percipietis etiam illam ex cognitione iuris laetitiam et voluptatem, quod, quantum praestiterint nostri maiores prudentia ceteris gentibus, tum facillime intellegetis, si cum illorum Lycurgo et Dracone et Solone nostras leges conferre volueritis; incredibile est enim, quam sit omne ius civile praeter hoc nostrum inconditum ac paene ridiculum; de quo multa soleo in sermonibus cotidianis dicere, cum hominum nostrorum prudentiam ceteris omnibus et maxime Graecis antepono* (Podréis percibir

del derecho romano frente a todo derecho extranjero, particularmente el de las ciudades griegas, calificándolo de tosco y casi risible (*inconditum ac paene ridiculum*), y hacía además una mención expresa a la inferioridad de las leyes de Solón respecto a las romanas, en el *De legibus*, escrito unos años después, afirmaba, por el contrario, la existencia de plagios del derecho solónico en la ley de las XII Tablas, es decir, nada más y nada menos que en la obra que encarnaba la expresión más genuina del espíritu jurídico romano. Pero, en realidad, Cicerón no se contradice en estas obras sino que tiene muy clara la superioridad de la ley de las XII Tablas, la cual no puede sino deberse a su romanidad, pues de tener una impronta fuertemente solónica no podría calificarse de superior sino a lo sumo de igual, y tal romanidad no es incompatible con un presumible aprovechamiento sectorial de las leyes de Solón o de otros cuerpos legislativos.

Las limitaciones a los rituales funerales establecidas por la tabla X suscitan dos cuestiones: 1.ª Por qué los decenviros, de condición patricia, establecieron normas que limitaron este tipo de actos en principio plenamente irreprochables en cuanto que señalizadores legítimos de poder y estatus; y 2.ª Por qué las restricciones suntuarias decenvirales sólo afectaron a ciertos elementos y en el contexto funerario y no se extendieron, en cambio, a otros elementos igualmente señalizadores de estatus, como la vestimenta o los banquetes, es decir, precisamente aquellos, al menos los segundos, que serían el blanco de las leyes suntuarias republicanas, las cuales, por el contrario, nunca afectaron a los funerales, al menos no con anterioridad a Sila.

Respecto a la segunda de las cuestiones, la clave podría encontrarse en el tránsito de una concepción comunitaria y profiláctica de los fune-

---

la alegría y el placer que producen el conocimiento del derecho por el hecho de comprender muy fácilmente en qué medida nuestros antepasados han aventajado a los demás pueblos en previsión política, si queréis comparar nuestras leyes con los Licurgos, Dracones y Solones de aquéllos. Y es increíble hasta qué punto resulta primitivo y casi risible todo el derecho que no sea el nuestro; y sobre esto abundo en mis conversaciones cotidianas, cuando antepongo la prudencia de nuestros hombres a la de todos los demás, y en particular a la de los griegos). He reproducido la traducción de J. J. Iso, *Cicerón. Sobre el orador*, Madrid, 2002, 167 s.

rales a una concepción individualista y de señalización de estatus. Comparto al respecto la argumentación de Toher,[112] para quien la explicación podría encontrarse en el conflicto entre la tradicional participación comunitaria en los rituales funerarios en los tiempos remotos de las ciudades y el desarrollo demográfico de las comunidades arcaicas, el cual haría entrar en crisis aquel aspecto comunitario. La crisis se vería exacerbada por la concepción comunitaria de los rituales funerarios como prevención contra las fuerzas malignas sobrenaturales. Así, los rituales funerarios que servían para proteger y renovar el orden social de las pequeñas comunidades arcaicas contra el trauma de la muerte se habrían convertido con su crecimiento y ampliación en peligrosos escenarios de competición para la demostración pública de estatus.

Así, pues, la necesidad de conjurar el peligro que representaba aquella rivalidad, consecuencia de una nueva concepción individualista de los rituales funerarios, explicaría la adopción de medidas tendentes a moderar el exceso y el lujo en los funerales, lo que evidentemente no afectaba a lo que quedaba fuera del contexto funerario, como los banquetes, ni a elementos materiales, como la vestimenta, considerados descontextualizadamente. Por otro lado, las diferencias de estructura y régimen político de cada ciudad determinarán que las finalidades a perseguir con las respectivas reglamentaciones funerarias pudieran ser a su vez distintas.

En cuanto a la primera cuestión, si el objetivo inmediato de las normas decenvirales que nos ocupan se nos muestra diáfano: procurar una mayor circunspección en el desenvolvimiento de las ceremonias funerales y una moderación en el aparato y en los obsequios fúnebres; más problemático resulta, en cambio, precisar cuál o cuáles fueron sus finalidades últimas. Ante todo, de lo que no cabe duda es de que la reglamentación de los funerales no fue para los *decemviri legibus scribendis* una cuestión poco trascendente, como tampoco lo fueron las razones que les llevaron a introducirla, sino todo lo contrario, habida cuenta de que, a juzgar por todas las reconstrucciones de la ley de las XII Tablas, destinaron a ella toda una tabla y un relativamente elevado número de preceptos.

Analizando la naturaleza de estos preceptos se advierte que, a pesar de que todos ellos tienen carácter prohibitorio, en ninguno se

---

[112] M. TOHER, *Tenth Table*, cit., 285.

hace referencia a la consecuencia jurídica que acarrea su contravención o a la sanción con que se conmina su incumplimiento. Se trata de normas apodícticas, de leyes puras o incondicionales, hecho revelador ante todo de su arcaísmo. La consecuencia de su infracción no podría ser por razones obvias la nulidad del acto contrario a ellas. Estos rasgos contrastan con los de la generalidad de las normas decenvirales, las cuales, ya sean testimoniales o no, son normas casuísticas condicionales; que responden a un esquema periódico de prótasis y apódosis con uso en ésta del imperativo de futuro, de tal modo que a la conducta descrita o condición corresponde una precisa consecuencia penal.

Representa una excepción la expresión *se fraude esto*, que se halla en el pasaje 10, 8 de la ley.[113] Se trata de un ablativo de separación, *se fraude*, equivalente arcaico de *sine fraude*,[114] junto al imperativo de futuro *esto. Fraus* significa aquí "castigo". En efecto, la idea de castigo se subsume en la de "daño". Prueba de ello es que Ulpiano explica que "se llama *fraus* al daño mismo (*ipsa noxa*), como una cierta anticipación de la pena".[115] De este modo, *se fraude esto* significaría aquí "quede impune", "no habrá castigo (daño)". El otro texto decenviral en que aparece *fraus* es el 8, 21. En él se sanciona con la *sacertas* al patrono: *patronus si clienti fraudem fecerit, sacer esto*. Aquí encajaría muy bien el significado de *fraus* como "daño" (*noxa*) y la traducción "sea execrable el patrono si causare daño al cliente", sería preferible a la de "sea execrable el patrono si defraudare al cliente", pues sólo así se mantendría la unidad de significado de *fraus* en la ley como "daño-castigo". En conclusión, con la expresión *se fraude esto* L. XII Tab. 10, 8 habría establecido

---

113 L. XII Tab. 10, 8: *neve aurum addito. At cui auro dentes iuncti escunt, ast im cum illo sepeliet uretve, se fraude esto* (Y no se añada oro. Pero no será fraude que se entierre o incinere a aquel cuyos dientes están unidos con oro).

114 Como advierte J. Guillén, "El Latín de las XII Tablas", en *Helmantica*, 57, 1967, 397.

115 Ulp. 3 *ad l. Iul. et Pap.* D. 50, 16, 131 *pr.*: (...) *fraus et ipsa noxa dicitur et quasi poenae quaedam praeparatio.* Véanse otras interpretaciones sobre el uso decenviral del término *fraus* en E. de la Iglesia Prados, "De Roma a la codificación: una perspectiva histórica del fraude de ley", en *Annaeus*, 2, 2005, 206-210.

que el hecho de no haber despojado al cadáver de los dientes de oro, tras la interdicción de agregar ese metal noble en las sepulturas, no fuera castigado y, *a contrario sensu*, sí lo fuera cualquier otra conducta activa u omisiva de colocar oro en las sepulturas. La norma no sería, pues, apodíctica, pues ciertamente prevé un castigo para los que agreguen oro a las sepulturas, aunque no sepamos qué castigo en concreto se imponía y del cual se exoneraba al autor de aquella conducta omisiva. En todo caso no parece por excesiva que hubiera sido la *sacertas* como en 8, 21.

Podría alegarse que el carácter apodíctico o de norma pura de los pasajes de la tabla X es debido al silencio de los autores que en la invocación de tales pasajes no nos hacen partícipes de esta información o que se trata de normas de derecho pontifical, siendo competencia de éste la determinación de las expiaciones (*piacula*) a irrogar, como sucede en el caso de las *leges regiae*. Pero, no es convincente ni la primera explicación, pues no parece en absoluto casual que en ninguno de los pasajes relictos se haga alusión a las consecuencias de la infracción, ni tampoco la segunda, porque los preceptos que nos ocupan, como se ha indicado antes, aunque versen sobre materia religiosa no constituyen derecho pontifical. La ley de las XII Tablas no sería un lugar adecuado para su formulación y dada su concreción y especificidad se trata, además, de disposiciones claramente performativas e innovadoras del orden jurídico, cuya finalidad es reprimir ciertas prácticas sociales funerarias muy concretas y al parecer muy en boga entonces, que por determinadas razones fueron consideradas merecedoras de reproche jurídico. Ahora bien, que no sean normas de derecho pontifical no significa que no versen sobre materias que caen bajo la órbita del derecho pontifical, que han quedado ahora absorbidas por el derecho civil.[116] Quizá resida ahí la causa de la falta de sanciones explícitas en todos estos pasajes.

El carácter apodíctico, puro, en blanco o sin sanción explícita de las normas decenvirales restrictivas del lujo funerario tendría su explicación en la misma naturaleza de estas normas, más inhibitoria

---

[116] Como dice F. D'Ippolito, *Problemi*, cit., 25, "con esse pare evidente l'invasione dei legislatori nella sfera tipica del diritto pontificale, al quale spettava di regolare, sia pure attraverso i rituali, i modelli di comportamento del cittadino romano, nella vita e nella morte".

que correctiva, y permite explicar por qué cayeron pronto en desuso y resurgieron las manifestaciones suntuarias de los funerales, hecho del que o bien dan fe o bien hacen sospechar copiosos testimonios literarios y arqueológicos, como, por ejemplo, la descripción que ofrece Polibio del modelo de funeral propio del miembro de una ilustre familia en época republicana.[117] En el caso de los lamentos fúnebres, salvo que se estime que las gentilicias *naeniae* no estaban comprendidas en el término *lessus* (L. XII Tab. 10, 4) o en el más genérico de *lamentatio* (L. XII Tab. 10, 3), sino sólo los lamentos y manifestaciones aflictivas más violentas, tras la ley decenviral continuaría viva la costumbre de la presencia de plañideras y lamentos fúnebres, como lo atestiguan numerosos testimonios literarios, a pesar de la general aversión que exhiben los autores y de lo que parece una orientación cultural contraria hacia las plañideras profesionales (*praeficae*) y hacia la práctica en general del lamento como expresión histriónica de dolor.[118]

Dada la naturaleza de los actos prohibidos, es de suponer con gran seguridad que las sanciones para el caso de contravención de las normas decenvirales de imponerse no pudiesen sino consistir en la práctica en multas pecuniarias (*damnum*) de cuantía determinable discrecionalmente. Por un elemental criterio de proporcionalidad resultaría también lo más adecuado de entre los *genera poenarum in legibus esse* que indica un pasaje de Agustín: *damnum, vincla, verbera, talionem, ignominiam, exilium, mortem, servitutem*, pasaje que algunas ediciones de la ley de las XII Tablas colocan como uno de sus *fragmenta incertae sedis*;[119] de hecho, aunque es ciertamente discutible, la palabra *legibus* podría haberse referido aquí a la propia

---

117 Plb. 6, 53-54.

118 Sobre la cuestión véanse A. M. Cirese, "Nenie e praefiche nel mondo antico", en *Lares*, 17, 1-4, 1951, 20-44; y las contribuciones más recientes de F. Kudlien, "Berufsmässige Klageweiber in der Kaiserzeit", en *RhM*, 138, 2, 1995, 177-187; y D. Šterbenc Erker, *Voix dangereuses*, cit., 259-291.

119 *FIRA*, 1, 75. August. *C. D.* 21, 11: *octo genera poenarum in legibus esse scribit Tullius, damnum, vincla, verbera, talionem, ignominiam, exilium, mortem, servitutem.* El mismo elenco contiene Isid. *Orig.* 5, 27, 4. Se trata aquel de un pasaje, no obstante, de muy dudosa atribución a la ley de las XII Tablas. De hecho, otros modernos repertorios de fuentes lo omiten.

ley de las XII Tablas, pues *leges* sin más era por antonomasia la ley de las XII Tablas.

Los preceptos de la tabla X son normas puras y como tales no dejan de ser normas jurídicas al fin y al cabo. No son, en cambio, normas sociales. La distinción entre "normas jurídicas" y "normas sociales" la ha planteado Assmann con ocasión del análisis de la experiencia normativa del antiguo Egipto.[120] Así, de acuerdo con este autor, mientras que las normas jurídicas serían aquellas cuya violación es denunciable ante órganos jurisdiccionales y lleva aparejada una sanción específica, establecida al mismo tiempo que las normas, y para cuyo establecimiento y ejecución existen determinadas instancias, las normas sociales (leyes de Maat) serían aquellas cuya violación no es denunciable y se castiga con una genérica "amenaza de perdición", de tal modo que sería el propio sujeto infractor quien se castigaría a sí mismo al transgredir tales leyes en virtud de una suerte de justicia conectiva ultraterrena. Los preceptos de la tabla X sobre *sumptus* funerario vendrían a ser una especie de *tertium genus* respecto de las normas jurídicas y las sociales pues comparten con las primeras su naturaleza jurídica, la sancionabilidad "terrena" de los infractores, la denunciabilidad y su establecimiento y ejecución por instancias determinadas; y comparten con las normas sociales su carácter puro o incondicional y la ausencia de sanción explícita en el acto de su establecimiento.

Tras la ley de las XII Tablas los ciudadanos potentados hubieron de moderar sus funerales, pero las sanciones en caso de violación de las normas limitativas de estos serían puramente pecuniarias, presumiblemente poco coactivas y su determinación podría quedar sujeta en cada caso a la discrecionalidad del magistrado.

A la limitación decenviral debió responder el hecho de que posteriormente los ediles curules se ocuparan de fijar anualmente en su edicto, probablemente en la esfera de su *cura urbis*, el límite pecuniario que podía invertirse en la celebración de funerales. De este edicto tenemos noticia, en primer lugar, gracias a la alusión que a él hace Cicerón, cuando narra cómo él mismo propuso al Senado en

[120] J. ASSMANN, *Herrschaft und Heil. Politische Theologie in Altägypten, Israel und Europa*, München, 2000, 184-198.

honor de Servio Sulpicio Rufo la erección de una estatuta ante las columnas rostrales, ciertos privilegios sobre el lugar de entierro y sepulcro y la celebración de unos funerales que quedaran exceptuados de las limitaciones suntuarias establecidas en el edicto edilicio.[121] También otro pasaje, en este caso de Ovidio, recuerda una disposición edictal de los ediles según la cual se limitaba a diez el número de flautistas en el séquito funerario.[122] Por fin, un epígrafe viene a corroborar la competencia de los ediles curules en materia de lujo funerario y sepulcral, al aludir también al edicto de los ediles curules y, en concreto, a una disposición edictal que recuerda la norma de ley de las XII Tablas que establece límites al lujo indumentario en los funerales (L. XII Tab. 10, 3).[123]

Descartada la finalidad religiosa, subyace, pues, en estas normas una finalidad de otro tipo. Una evidencia de ello la tenemos en un pasaje en el que Cicerón da una explicación de carácter sociopolítico a las normas suntuarias decenvirales, al afirmar que con las normas restrictivas del exceso funerario se produjo la desaparición de la disparidad de fortuna ante el hecho de la muerte, lo que, bajo un planteamiento estoico, era sumamente conforme con la naturaleza.[124]

---

[121] Cic. *Phil.* 9, 7, 17: *Et cum Ser. Sulpicius Q. f. Lemonia Rufus ita de re publica meritus sit, ut iis ornamentis decorari debeat, senatum censere atque e re publica existimare aediles curules edictum, quod de funeribus habeant, Ser. Sulpici Q. f. Lemonia Rufi funeri remittere* (Y habida cuenta de que Servio Sulpicio Rufo, hijo de Quinto, de la tribu Lemonia, ha prestado servicios tales a la república que debe ser ensalzado con unas honras semejantes, el Senado estima oportuno y cree que es lo que corresponde a la dignidad de la república que los ediles curules no tengan en cuenta con ocasión del funeral de Servio Sulpicio Rufo, hijo de Quinto, de la tribu Lemonia, el edicto en que regulan la celebración de los funerales).

[122] Ov. *Fast.* 6, 661-664: *tempusque secutum quod subito gratae frangeret artis opus. adde quod aedilis, pompam qui funeris irent, artifices solos iusserat esse decem* (Llegó un tiempo en que de repente se debilitó la función del encantador arte. El edil había ordenado que fueran sólo diez los músicos que marcharan en el cortejo fúnebre).

[123] CIL VI 1375. Véase p. 81.

[124] Cic. *Leg.* 2, 23, 59: *Haec laudabilia et locupletibus fere cum plebe communia. Quod quidem maxime e natura est, tolli fortunae discrimen in*

Pero ¿fue esta razón dada por Cicerón la que motivó la restricción del exceso funerario en la ley de las XII Tablas?

De lo aducido por el Arpinate se infiere que con las normas sobre restricción del exceso funerario se habría hecho una suerte de mínima concesión a las aspiraciones igualitaristas de la plebe, a fin de compensar en alguna medida la práctica no alteración por los decenviros, e incluso agravación en algún aspecto, de las opresivas condiciones de vida de aquélla, derivadas del fuerte endeudamiento, del severo régimen de ejecución de las deudas, de la falta de acceso a los bienes raíces, de la exclusión de participación en la vida política y del desasosiego que provocaría con toda seguridad el monopolio patricio de la jurisprudencia y de la jurisdicción; sin embargo, no me parece nada probable que la adopción de aquellas normas suntuarias respondiera a una mera voluntad de compensar de algún modo a la plebe, pues tal concesión implicaba nada menos que una renuncia del patriciado a llevar a cabo con plena libertad el acto probablemente más importante de señalización de poder y estatus, que habría sido comparable, por ejemplo, al establecimiento de una hipotética severa limitación a la suntuosidad de la *domus*, el otro gran elemento material de señalización de estatus.

En la adopción de unas normas que comportaban una limitación de estas características para la élite patricia debían existir necesariamente razones más poderosas. Efectivamente, en un clima de conflicto social, de malestar de la plebe, de enfrentamiento entre órdenes sociales, como es el del pródromo de la redacción de ley decenviral retratado por Livio y Dionisio de Halicarnaso, la conveniencia de no irritar y provocar a la plebe con ostentaciones ofensivas de riqueza y estatus habría sido una buena razón para limitar el exceso funerario. La tesis que encuentra una explicación sociopolítica para la tabla X y que la vincula al conflicto entre órdenes sociales en la Roma de mediados del siglo V a.C. fue bien acogida en la doctrina. Fue defendida por Wieacker, para quien el objetivo de las normas de dicha tabla era suprimir el estilo de vida lujoso de los patricios, en un momento particularmente delicado en que la joven república se hallaba inmersa en conflictos bélicos y dificultades económicas, a fin de no

---

morte (Esto es laudable y casi común a los ricos y a la plebe. Es sumamente natural que en la muerte desaparezca la diferencia de fortuna).

ofender a la plebe y provocar el estallido de un conflicto social.[125] Se habría tratado de una conveniencia del patriciado en autolimitarse en su propio interés, resultando un mero efecto colateral el beneficio moral que aquella limitación pudiera reportar a la plebe.

Por otro lado, me parece insuficiente como fundamento de las normas decenvirales de represión del exceso funerario el solo deseo de "desestrusquizar" en este aspecto la sociedad romana, de "positivizar" el rechazo a ciertos hábitos funerarios excesivos tomados de los etruscos. Sería lícito pensar que tal cosa se hubiese perseguido con aquellas normas, habida cuenta de la no excesivamente lejana en el tiempo caída de la monarquía etrusca –y más aún si se piensa con Gjerstad que la monarquía habría sobrevivido hasta mediados del siglo V a.C.–[126] y de la situación de enfrentamiento con las vecinas ciudades etruscas, especialmente con Veyes, a la sazón en tregua con Roma; sin embargo, cuesta creer que la simple eliminación de ciertas prácticas funerarias merced a una especie de prurito de identidad, muy poco verosímil por otro lado, fuese el objetivo principal de las normas, sobre todo si se tiene en cuenta el gran arraigo de que al parecer gozaban en la alta sociedad romana, hecho que demuestra su misma limitación en las normas decenvirales.

---

[125] F. Wieacker, *Die XII Tafeln*, cit., 313. Antes había sido esbozada esta tesis por O. Lenel, *ZRG*, 26, cit., 516 s. Interpretaciones similares han dado: D. van Berchem, "Rome et le mond grec au VIe siècle avant notre ère", en R. Chevallier (ed.), *Mélanges d'archeologie et d'histoire offerts à André Piganiol*, 2, Paris, 1966, 745 s.; G. Colonna, *Un aspetto oscuro*, cit., 159; M. Torelli, "Roma arcaica: Archeologia e storia", en *Roma arcaica e le recenti scoperte archeologiche,* Milano, 1980, 14; y, más recientemente, J. Engels, *Funerum sepulcrorumque magnificentia. Begräbnis- und Grabluxusgesetze in der griechisch-römischen Welt mit einigen Ausblicken auf Einschränkungen des funeralen und sepulkralen Luxux im Mittelalter und in der Neuzeit*, Stuttgart, 1998, 147. En cambio, D. Šterbenc Erker, *Voix dangereuses*, cit., 276 ss., concibe las limitaciones decenvirales funerarias como medidas profilácticas contra confrontaciones exclusivamente en el seno del patriciado, al tener los lamentos fúnebres de las mujeres entre otros roles políticos el de incentivar la venganza entre clanes, de apelar al deber familiar de venganza.

[126] E. Gjerstad, "The Origins of the Roman Republic", en AA. VV., *Les origines*, cit., 3-43.

La razón de ser de las normas decenvirales sobre restricción del exceso funerario se hallaría en la necesidad del mismo patriciado en autolimitarse en su propio interés; y un contexto de conflictividad social constatable, como el de mediados del siglo V a.C. en Roma, habría justificado la conveniencia de no provocar a la plebe con ostentaciones ofensivas de riqueza y estatus. Por ello, aunque es ciertamente evidente que las restricciones funerarias representan una autolimitación económica para la clase patricia, no me parece ajustado estimar que tales restricciones sólo sean un elemento más del programa normativo decenviral dirigido a proteger la economía privada y a paliar la situación de crisis económica y agraria existente según la tradición en la Roma de la primera mitad del siglo V.[127]

Ahora bien, tampoco creo que se agote con la intención de no irritar a la plebe la finalidad de las restricciones funerarias decenvirales, pues si se hubiese tratado exclusivamente de evitar escenarios de confrontación en una coyuntura social especialmente delicada la medida habría resultado insuficiente, pues había otros modos, otras concesiones posibles a la plebe de mayor calado, para lograr más satisfactoriamente aquel objetivo. En mi opinión, el objetivo de las restricciones suntuarias decenvirales no fue sólo el de servir de bálsamo a la plebe ante la general desatención de sus reivindicaciones que representaba la ley de las XII Tablas, sino que había también otro objetivo igualmente importante. Se habría tratado de disposiciones dirigidas a conjurar posibles escenarios de confrontación social no sólo en sentido vertical sino también en sentido horizontal. A la evitación de este segundo escenario de confrontación social, que he llamado "horizontal", ya se ha referido antes alguna autora, como Zanda, para quien: "since funerals had become the main occasion for the display of power, during which the dead leader was celebrated and at the same time the new one was legitimised, the laws were an attempt to curb this display of power and the consequent increase in influence that it brought about".[128]

---

127 Como sostiene A. Bottiglieri, *La legislazione sul lusso nella Roma repubblicana*, Napoli, 2002, 45.

128 E. Zanda, *Fighting Hydra*, cit., 33.

En efecto, la restricción de los excesos funerarios no sólo convenía al patriciado en sus relaciones externas o con la plebe sino también en sus relaciones internas. Con todos estos preceptos de la tabla X, prohibitivos de los excesos suntuarios e histriónicos adheridos a las ceremonias funerales, se habría tratado también de impulsar la homogeneidad, pero no la de todos los ciudadanos ante el hecho de la muerte, como decía Cicerón, sino la del patriciado como grupo social, enervando para ello las crecientes escaladas de competencia que pudieran producirse en el seno de éste o que posiblemente ya se estaban produciendo y cuyo escenario eran los rituales funerales. El control del exceso funerario habría perseguido mantener la cohesión de la élite social frente a la plebe para la salvaguardia en última instancia del *status quo* económico y político. Se habría tratado de evitar que por la excesiva teatralidad y suntuosidad de los funerales se alentasen espirales de rivalidad que terminaran por causar, por un lado, desequilibrios económicos excesivos entre las familias patricias y, por otro lado, desequilibrios en el juego político, al poder utilizarse por las familias o clanes la ostentación suntuaria como medio de ganar influencia política. Por último, con las limitaciones en los funerales se impediría que la plebe no sólo se pudiera sentir ofendida ante los "espectáculos" funerarios de la aristocracia sino también con deseos de emulación y que incluso pudiera peligrosamente llegar a obtener réditos económicos de la situación de rivalidad patricia.

En fin, la razón última de las normas restrictivas del exceso funerario de la tabla X habría sido no una mera concesión a la plebe sino el cuidado y el fomento de la igualdad, la unidad y la cohesión del patriciado a fin de perpetuar el *status quo*, de igual manera que la ley de las XII Tablas en su conjunto fue, más que otra cosa, un instrumento de legitimación de la *res publica* aristocrática, del *status quo* político, económico, social y jurídico a la sazón existente en un momento de especial conflictividad social.[129]

---

[129] Según la tesis generalmente aceptada, la ley de las XII Tablas representó un avance de la plebe en sus aspiraciones de isonomía y de seguridad jurídica. Ciertamente tuvo que ser así, pues la constancia por escrito de un derecho y su publicidad producen al menos formalmente tales efectos; sin embargo, ello no significa que la finalidad perseguida por la ley decenviral

Las disposiciones de la tabla X de ley de las XII Tablas tendrán en común con otros tipos de restricciones suntuarias el hecho de representar un ejercicio de autorregulación cautelar por parte de la élite rectora; sin embargo, la diferente esfera de actuación de unas y otras: de control de la ostentación estrictamente pública en el caso de las disposiciones decenvirales y de control incluso de la conducta privada de los individuos en el caso de la represión censoria y de las leyes suntuarias, impide entender la limitación del lujo en Roma como un fenómeno jurídico unitario.

---

fuera precisamente la concesión a la plebe de la igualdad del derecho y la seguridad jurídica o se agotara con ella. Los hechos, efectivamente, lo desmienten, pues si la ley no satisfizo plenamente ninguna de las aspiraciones plebeyas, la interpretación, la determinación y la aplicación del derecho también continuaron tras ella siendo monopolio patricio a través de una jurisprudencia patricia y de unos magistrados jurisdiccionales y de unos jueces de condición igualmente patricia. Sin negar que aun así la ley de las XII Tablas, por el mero hecho de la escritura del Derecho y su publicidad representó un avance para la plebe en su *aequiperatio* con los patricios, su finalidad real habría que buscarla en el propio interés de la aristocracia, la cual a través de aquella ley legitimaba el *status quo* favorable a sus intereses políticos, económicos y sociales, en suma, la república aristocrática, en un momento histórico de especial conflictividad a cambio de una isonomía y una seguridad jurídica más formales que reales para el conjunto de los ciudadanos. Comparto, en la medida de lo expuesto, la convincente hipótesis lanzada en los últimos años por W. Eder, "The Political Significance of the Codification of Law in Archaic Societies: An Unconventional Hypothesis", en K. A. Raaflaub (ed.), *Social Struggles in Archaic Rome. New Perspectives on the Conflict of the Orders*, Oxford, ²2005, 239-267, quien muestra que las codificaciones arcaicas, y entre ellas la romana decenviral, no fueron demandadas expresamente por las clases bajas sino que fueron un medio por el que las aristocracias persiguieron asegurar su predominio y mantener el *status quo* político y económico existente favorable a sus intereses.

3. LA RESTRICCIÓN DEL LUJO INDUMENTARIO EN LA LEY DE LAS XII TABLAS[130]

La vestimenta usada por los asistentes a los funerales romanos no era lujosa sino todo lo contrario, más bien sórdida y sin concesión estética alguna. Según refiere Catón, durante el duelo las mujeres abandonaban el vestido de púrpura y utilizaban un vestido de color oscuro o negruzco (*vestis caerulea*) y en caso sobre todo de funerales de hijos de familia fallecidos prematuramente solían ponerse además cintas igualmente oscuras (*vittae caeruleae*).[131] El calificativo de color más habitual para designar la indumentaria de luto es *pullus* (*tunica pulla*, *stola pulla*, *toga pulla*) con el significado no tanto de "negro" cuanto del más genérico e impreciso de "oscuro" (negro, gris oscuro, etc.). Tal color, unido a la total ausencia de insignias civiles o militares en el caso de varones o de adornos en el caso de las mujeres, se habría mantenido históricamente como característico del luto.[132] Así, en Livio leemos lo siguiente: "¿De qué otra cosa prescinden (las mujeres) en señal de luto, más que de la púrpura y el oro?"[133]

De igual modo, se exhibía en los funerales un aspecto físico cuanto menos poco cuidado, incluso sucio (*sordidus*) en el caso de

---

[130] De esta cuestión ya traté en F. J. CASINOS MORA, "The Restriction of Clothing Luxury in the Law of the Twelve Tables", en C. ALFARO GINER, M. TELLENBACH y J. ORTIZ GARCÍA, *Purpureae Vestes IV*, cit., 43-47.

[131] SERV. *A.* 3, 64: *Cato ait, deposita veste purpurea feminas usas caerulea cum lugerent. veteres sane caeruleum nigrum accipiebant. 'vittae' autem 'caeruleae' in acerbo funere praecipue filiorum familias adhiberi solebant* (Dice Catón que durante el duelo las mujeres dejaban aparte la vestimenta púrpura y se ponían otra oscura. Sin duda, los antiguos vestían un color oscuro fúnebre y acostumbraban a ponerse además cintas oscuras en caso de funeral de alguien fallecido prematuramente sobre todo si se trataba de algún hijo de familia).

[132] Sobre la vestimenta de luto véase por todos la reciente contribución de K. OLSON, "Insignia lugentium: Female Mourning Garments in Roman Antiquity", en *AJAH*, 3-4, 2004-2005, 89-130.

[133] LIV. 34, 7, 10: *quid aliud in luctu quam purpuram atque aurum deponunt?*

individuos pobres, el más apropiado sin duda a los gestos histriónicos de dolor, especialmente femeninos. Y todo esto parece haber sido una constante en la historia romana a juzgar por los testimonios de los autores. Así, para un episodio de los remotos albores de la república Dionisio de Halicarnaso narra cómo en los funerales de Publio Valerio Publícola las mujeres, además de convenir prolongar el duelo por un año, se quitaron el oro y las púrpuras, tal como acostumbraban cuando mostraban su dolor después de los funerales de sus más cercanos parientes;[134] Cicerón nos informa de que en sus tiempos la *toga pulla*, de color oscuro o cuanto menos apagado, era la vestimenta más apropiada para llevar en unos funerales, no a sí en el posterior ágape;[135] y para un momento muy posterior, el siglo III o IV d.C., el autor de las *Pauli Sententiae* afirmaba que quien guardaba luto debía abstenerse de banquetes, adornos y vestidos de color púrpura y blanco.[136] Esta sobriedad de la indumentaria en los funerales debe ponerse en relación con los *mores maiorum*, pues no fue impuesta por una concreta disposición de la ley de las XII Tablas, ya que la norma decenviral que afecta directamente a la vestimenta, la contenida en 10, 3, restringe el lujo indumentario pero no en relación con la vestimenta usada en las prácticas funerales por los propios sujetos asistentes sino en otro sentido, como expondré después.

La norma contenida en L. XII Tab. 10, 3, conocida a través del pasaje de Cicerón *Leg*. 2, 23, 25, establece una limitación del *sumptus* indumentario funeral a tres *recinii* y a una *tunicula purpurea*. A esta

---

134 D. H. 5, 48: καὶ αὐτὸν Ῥωμαίων αἱ γυναῖκες ἅπασαι συνειπάμεναι τὸν αὐτὸν τρόπον ὥσπερ Ἰούνιον Βροῦτον ἀποθέσει χρυσοῦ τε καὶ πορφύρας τὸν ἐνιαύσιον ἐπένθησαν χρόνον, ὡς ἔθος αὐταῖς ἐστι πενθεῖν ἐπὶ τοῖς ἀναγκαίοις τῶν συγγενῶν κήδεσι (Y todas las mujeres romanas, de común acuerdo, estuvieron de duelo por él durante un año, del mismo modo que por Junio Bruto, quitándose el oro y las púrpuras, tal y como acostumbran mostrar su dolor después de los funerales de sus parientes más cercanos).

135 Cic. *Vat*. 30-32. Sobre este pasaje véase J. Heskel, "Cicero as Evidence for Attitudes to Dress in the Late Republic", en J. L. Sebesta y L. Bonfante (eds.), *The World of the Roman Costume*, Madison, 2001, 141-143.

136 PS. 1, 21, 14: *Qui luget, abstinere debet a conviviis, ornamentis, purpura et alba veste* (Quien guarda luto debe abstenerse de ir a banquetes, ponerse adornos y llevar vestido de color blanco y púrpura).

limitación se añaden: la interdicción total de los lamentos fúnebres o *lamentatio* y la limitación a un número máximo de diez flautistas (*tibicines*) en el cortejo fúnebre, conformando así un bloque de elementos dispares cuya característica común es la de tratarse de modos de exhibición ritualizada del duelo que comportan un dispendio económico.

La limitación a diez del número de flautistas también es recordada por Ovidio.[137] El poeta la atribuye, sin embargo, al edicto de los ediles curules. Por ello, este pasaje si bien, por un lado, confirma la veracidad de la limitación del número de flautistas en términos generales, suscita, sin embargo, por otro, dudas en cuanto al momento de su adopción, pues o bien Cicerón al evocar el pasaje decenviral anticipa a la ley de las XII Tablas dicha limitación o bien, más probablemente, la limitación a que se refiere Ovidio no es sino un recordatorio o una reiteración traslaticia de la norma decenviral en el edicto edilicio, siendo que además la reiteración de normas precedentes fue en general una práctica recurrente durante la república y no fue una excepción el caso de las disposiciones relativas a las limitaciones suntuarias.

De este modo, el objetivo de la norma decenviral es poner freno a los *funera sumptuosa*. Cicerón insiste en la similitud existente entre esta norma y otras pertenecientes a la legislación de Solón y encuentra la justificación de la supuesta emulación de las normas griegas por la romana en la concurrencia de idénticas circunstancias sociales y económicas en ambas ciudades, Atenas y Roma, en distintos momentos de su respectiva historia.[138] El pasaje 10, 3 no es uno

---

137 Ov. *Fast.* 6, 661-664. Véase n. 122.

138 Cic. *Leg.* 2, 25, 64: *Postea quom, ut scribit Phalereus <Demetrius>, sumptuosa fieri funera et lamentabilia coepissent, Solonis lege sublata sunt, quam legem eisdem prope verbis nostri Xuiri in decimam tabulam coniecerunt. Nam de tribus reciniis et pleraque illa Solonis sunt. De lamentis vero expressa verbis sunt: 'mulieres genas ne radunto neve lessum funeris ergo habento* (Después que, como escribe Falereo, hubieron comenzado a hacerse suntuosos los funerales y las lamentaciones fúnebres los suprimió una ley de Solón, ley que nuestros decenviros incluyeron en las XII Tablas casi literalmente, pues lo que dice de los pañuelos de la cabeza (*ricinia*) y la mayor parte de ella es de Solón. En cuanto a lo de las lamentaciones fúnebres, está tomado textualmente: "Que las mujeres no se arañen las mejillas ni escenifiquen lamentos por causa del cortejo fúnebre").

de los considerados testimoniales de la ley de las XII Tablas sino que lo conocemos gracias a la *interpretatio* ciceroniana:

> L. XII Tab. 10, 3 (= Cic. *Leg.* 2, 23, 59): *Extenuato igitur sumptu tribus reciniis et tunicula purpurea et decem tibicinibus, tollit etiam lamentationem.*[139]
>
> Agótese, pues, el gasto con tres ricinia, una tunicela purpúrea y diez flautistas; se suprime también el lamento.

Respecto a lo que es objeto de restricción, la expresión *tunicula purpurea* no plantea excesivos problemas. Es claro que se establece una restricción del *sumptus* a una sóla tunicela y que su carácter suntuario proviene de hallarse tintada en alguna medida de auténtica púrpura, pues de no ser así no habría margen posible de *sumptus* tolerado. El precepto presupone la aceptación de cierta mínima suntuosidad funeraria y por ello lo que pretende es atemperarla y acotarla (*extenuare sumptum*), no suprimirla. Por lo que se refiere al término *recinium* o *ricinium*, las propias explicaciones de los gramáticos y anticuaristas acerca del significado del término son ante todo reveladoras de su arcaísmo. Veamos:

> Var. *frg.* Non. p. 542M: *Ex quo mulieres in adversis rebus ac luctibus, cum omnem vestitum delicatiorem ac luxuriosum postea institutum ponunt, ricinia sumunt.*
>
> De ahí que las mujeres en caso de desgracias y de duelos, abandonando todo vestido de costumbre, más delicado y lujoso, se pongan *ricinia.*

> Var. *L.* 5, 132: *Antiquissimi amictui ricinium; id quod eo utebantur duplici, ab eo quod dimidiam partem retrorsum iaciebant, ab reiciendo ricinium dictum.*
>
> Nuestros antepasados a la ropa que cubre la denominaron *ricinium* puesto que la usaban doble y echaban hacia atrás la mitad; se llama *ricinium* por derivar de *reicere.*

---

139 *FIRA,* 1, 66.

FEST. p. 274: *Recinium omne vestimentum quadratum i qui XII interpretati sunt esse dixerunt: Verrius togam, qua mulieres utebantur, praetextam clavo purpureo.*[140]

Los que interpretaron las XII Tablas dijeron que *ricinium* era todo vestido cuadrado; Verrio, en cambio, dice que la toga que usaban las mujeres es la pretexta, con una franja de color púrpura.

NON. p. 542M: *Ricinum quod nunc mafurtium dicitur, palliolum femineum breve.*

El *ricinium* era un mantito corto femenino que ahora se llama "mavorte".

SERV. A. 1, 282: *Gentemque togatam bene 'gentem', quia et sexus omnis et condicio toga utebatur, sed servi nec colobia nec calceos habebant. togas autem etiam feminas habuisse, cycladum et recini usus ostendit. recinus autem dicitur ab eo, quod post tergum reicitur, quod vulgo maforte dicunt.*

Linaje togado o simplemente "linaje" porque las personas de todo sexo y estado usaban la toga, si bien los esclavos no llevaban túnica de manga corta ni zapatos. En

---

140 Lectura de C. G. BRUNS, *Fontes Iuris Romani Antiqui. Scriptores*, Tubingae, [7]1909, 30. No difieren sustancialmente las lecturas de este pasaje hechas por C. O. Müller, Lipsiae, 1839, 274; E. Thewrewk de Ponor, Budapestini, 1889, vol. 1, 378; y W. M. Lindsay, Leipzig, 1913, 342. Debe rechazarse, sin embargo, la lectura de la frase final del pasaje de Festo 274 en los siguientes términos: *Vir toga mulieres utebantur, praetextam clavo purpureo*, presente en algunas ediciones, como la de C. O. Müller, pues puede conducir a la interpretación errónea, a fuerza de asumir un anacoluto y un error de concordancia en la frase así formulada, de que el *recinium* de la ley de las XII Tablas es una suerte de toga femenina, siendo así que la toga habría sido una vestimenta originariamente masculina, interpretación que hace, a partir de la edición de Lindsay, si bien evidenciando grandes dudas, J. L. SEBESTA, "Symbolism in the Costume of the Roman Woman", en J. L. SEBESTA y L. BONFANTE (eds.), *The World of the Roman Costume*, cit., 50.

cambio, también consta que las mujeres llevaban toga y usaban túnicas ligeras y *recinum*. Se llama *recinum*, vulgarmente "mavorte", porque se echaba hacia atrás sobre la espalda.

Isid. *Orig.* 19, 25, 4: *Idem et ricinium Latino nomine appellatum eo quod dimidia eius pars retro reicitur; quod vulgo mavortem dicunt. Vocatum autem mavortem quasi Martem; signum enim maritalis dignitatis et potestatis in eo est. Caput enim mulieris vir est; inde et super caput mulieris est.*

También se le designa con el nombre latino de *ricinium* porque la mitad de esta prenda se vuelve hacia atrás, a la cual vulgarmente se la llama "mavorte". La llaman "mavorte" por ser como Marte, pues es señal de la dignidad y potestad marital que en él se halla. Efectivamente, el varón es la cabeza de la mujer y por eso esta prenda se pone sobre la cabeza de la mujer.

A la vista de las precedentes informaciones puede concluirse con seguridad que el *recinium* era una denominación muy antigua de un atuendo ya en tiempos del gramático Varrón (s. I a.C.). En segundo lugar, que consistía en una suerte de manto cuadrado, único dato que destaca Festo, cuya definición revela que se trataba de una prenda de vestir genérica caracterizada por ser cuadrada y cuyo uso debía ser más amplio que el funeral al que se refiere L. XII Tab. 10, 3. Por su forma cuadrada se diferenciaría en tiempos de Sexto Pompeyo Festo de la toga que a la sazón, s. II d.C., como es sabido, era redondeada. Por eso, debe verse en el completo pasaje de Festo una contraposición de opiniones: la de los intérpretes de la ley de las XII Tablas, para quienes sería una prenda cuadrada en general, y la de Verrio Flaco, pues para este gramático de principios del siglo II d.C. el *recinium* no sería otra cosa que una toga pretexta y, por tanto, una prenda redondeada. Sería el *ricinium* similar al *amictus*, pero más pequeño, como una *palla* corta o *palliolum.* Doblado por la mitad hacia atrás, se colocaría sobre la cabeza a manera de velo. Servio e Isidoro siguen claramente a Varrón al describir la forma de ponerse la prenda.

Su color sería oscuro, como la *toga pulla*,[141] al utilizarse como testimonia Varrón en funerales como prenda de vestir externa. Nonio Marcelo equipara el *ricinium* al *mafortium* propio de su época (siglo IV d.C.) e Isidoro se hace eco de ese parecido y añade una explicación etimológica al segundo término que no parece creíble por alambicada. Por lo demás, se trataría al parecer de una prenda no muy grande, lo que parece claro por el hecho de llevarse sobre la cabeza y por su comparación con el *mafortium*.

En cuanto al sexo de los usuarios del *ricinium*, puede concluirse que se trataba de una prenda exclusivamente femenina pero sólo en lo que concernía a su uso funerario, pues también se puede estimar acreditado su uso como prenda masculina, como expondré seguidamente. En efecto: si en principio muchos testimonios literarios atribuyen un carácter exclusivamente femenino al *ricinium* hay, sin embargo, otros testimonios literarios y epigráficos que desautorizan llegar a esa conclusión. Por otro lado, tenemos que la etimología que ofrece Varrón del término *rica* sólo avalaría la exclusiva feminidad de la prenda si tal etimología fuese verdadera, lo que no parece ser así. Este autor hace derivar *rica* –de donde *ricinium*– de *ritus*, argumentando que, de acuerdo con el *ritus* (ritual) romano, cuando las mujeres realizaban un sacrificio se cubrían la cabeza;[142] sin embargo, poca fiabilidad ofrece tal explicación etimológica pues en otro pasaje casi contiguo, el 5, 132, que he reproducido en texto principal, hace derivar *ricinium* de *reicere*, "echar hacia atrás", tesis que acogerán sin ambages gramáticos posteriores como Servio o Isidoro de Sevilla, porque el *ricinium* se usaba doble y se echaba la mitad hacia atrás. La etimología de *rica* y por consiguiente, la de su derivado *ricinium* no nos es aún conocida.[143]

En consecuencia, no puede afirmarse que se tratara de una prenda de vestir exclusivamente femenina aunque sí lo fuera preponderan-

---

141 Así también lo indica L. Llewellyn-Jones en L. CLELAND, G. DAVIS Y L. LLEWELLYN-JONES, *Greek and Roman Dress from A to Z*, New York, 2007, s. v. *ricinium*, 161. Véase también sobre *ricinium* y *rica* K. OLSON, *Insignia*, cit., 117-120.

142 VAR. *L.* 5, 130: *Sic rica ab ritu, quod Romano ritu sacrificium feminae cum faciunt, capita velant.*

143 Véase A. ERNOUT y A. MEILLET, *Dictionnaire*, cit., 573.

temente. Pero, es más, hay contextos muy precisos en que la prenda tuvo un normal uso masculino. Es el caso de la escena, como se desprende de la explicación etimológica de *recinium* que nos ofrece Paulo Diácono;[144] y decisivo al respecto es su utilización en las ceremonias de los *fratres Arvales*, como acreditan los protocolos de esta fraternidad sacerdotal conservados en epígrafes. Efectivamente, tales protocolos contienen alusiones al uso del *recinium* por los *fratres Arvales* en los *ludi circenses* y también por los *pueri patrimi et matrimi* que servían a aquellos *sodales* en sus rituales y ceremonias:[145]

> *inde magister. coronatus ~si<g>num quadrigaris. misit.*[146]
> *mag (ister) ael (ius) secundinus latum sumsit et ricinium.*[147]
> *fruges pueri ricinati <praetextati ad aram rettu>lerunt.*[148]

Por último, en relación con el uso funerario, no me parece seguro en absoluto que hubiera un uso preceptivo consuetudinario del *recinium* para las mujeres durante todo el año de luto. Del pasaje varroniano *frg.* NON. p. 542M no se desprende inequívocamente tal uso preceptivo, como tampoco se desprende de un pasaje de Séneca,[149] citado en apoyo de la obligatoriedad de tal uso,[150] que también invoca la prescriptiva duración anual del *tempus lugendi* pero sin hacer mención ninguna a un supuesto uso obligatorio del *recinium* durante el tiempo de duelo. En realidad, como se verá a continuación, poco importa esto, pues la prohibición decenviral en materia indumentaria no se refiere a prendas llevadas encima por los asistentes a los funerales.

---

[144] PAUL. *Fest.* p. 275M: *Recinium omne vestimentum quadratum. unde reciniati mimi* (*Recinium* es toda prenda de vestir cuadrada, de donde se dice mimos *reciniati*).

[145] W. HENZEN, *Acta fratrum Arvalium quae supersunt*, Berolini, 1874, 36 s.

[146] CIL VI 2060.18.

[147] CIL VI 2067.b.10.

[148] CIL VI 2121.

[149] SEN. *Ep.* 63, 13: *Annum feminis ad lugendum constituere maiores, non ut tam diu lugerent, sed ne diutius* (Un año de luto para las mujeres fijaron nuestros mayores no para que estuvieran de luto tanto tiempo sino para que no lo estuvieran por más tiempo).

[150] Por J. L. SEBESTA, *Symbolism*, cit., 51.

En efecto, un mayor esfuerzo exegético precisa la determinación del acto concreto sobre el que recaía la limitación relativa a los tres *recinii* y a la *tunicula purpurea*, pues el precepto decenviral nada dice al respecto y nada aclaran tampoco los autores sobre este particular, seguramente porque no haría falta hacerlo. La interpretación más atendible, a mi juicio, es que lo prohibido fuera el acto de colocar en la pira funeraria, en caso de incineración del cadáver, más de tres *recinii* y una *tunicula purpurea* en total, o de depositar, en caso de inhumación, junto al cadáver las mismas prendas y en idéntico número.

Un pasaje de Plutarco, *Sol.* 21, 5, que invoca la ascendencia supuestamente solónica del conjunto de prohibiciones contenidas en Tab. 10, 3, apoya esta interpretación, pues al invocar la legislación de Solón en este punto se refiere a la prohibición de "poner junto a" (*syntithénai*) el cuerpo del cadáver más de tres *himátia* (οὐκ εἴασεν, οὐδὲ συντιθέναι πλέον ἱματίων τρίων). La duda sobre una posible contaminación de dos fuentes en este pasaje plutarqueo señalada por Ruschenbusch[151] no contradice la opinión aquí mantenida, pues aunque tengan en común referirse a la prenda del *himátion*, son claramente distintas la prohibición aquí tratada y la de que las mujeres viajen con más de tres *himátia* (ἐξιέναι μὲν ἱματίων τριῶν μὴ πλέον ἔχουσαν κελεύσας) señalada algo más arriba en el mismo pasaje.

La práctica de arrojar piezas de vestimenta a la pira o de depositarlas junto al cadáver en caso de inhumación presenta además una larga tradición no sólo en Roma sino también en el mundo helénico, como sobradamente acreditan las fuentes literarias, y avala también la interpretación dada a L. XII Tab. 10, 3. Un texto de Tácito, relativo a la muerte de Germánico, se refiere también a la vigencia en una época muy posterior a la decenviral de una costumbre de la población romana consistente en quemar como ofrenda fúnebre perfumes y telas suntuosas, según sus recursos, al paso de la *pompa* o comitiva funeral.[152] En otro pasaje, en

---

151 E. Ruschenbusch, ΣΟΛΩΝΟΣ ΝΟΜΟΙ. *Die Fragmente des solonischen Gesetzeswerkes mit einer Text- und Überlieferungsgeschichte*, Wiesbaden, 1966, 97, F 72c (36).

152 Tac. *Ann.* 3, 2, 2: *atque ubi colonias transgrederentur, atrata plebes, trabeati equites pro opibus loci vestem odores aliaque funerum sollemnia cremabant. etiam quorum diversa oppida, tamen obuii et victimas atque*

este caso de la *Germania*, contrastando el historiador la sobriedad de los rituales funerales de los germanos con la pompa de los romanos, describe cómo aquéllos no acostumbran a hacinar vestidos ni perfumes sobre la pira funeraria.[153] También Suetonio en su descripción de los funerales de Julio César alude al lanzamiento a la pira funeraria de objetos de valor, económico o simbólico, y entre ellos de vestiduras y de pretextas.[154] Y aun en plena época imperial y en el ámbito helénico encontramos a Luciano criticando la práctica de quemar o enterrar vestidos y adornos junto con los muertos para su supuesto uso y disfrute en el más allá;[155] y a Caritón de Afrodisias que, al des-

---

aras dis Manibus statuentes lacrimis et conclamationibus dolorem testabantur (Cuando cruzaban por las colonias la plebe enlutada y los caballeros vestidos con la trábea quemaban ropa, perfumes y otras ofrendas fúnebres según los recursos de cada lugar. También los habitantes de ciudades que estaban fuera del camino les salían al encuentro, levantaban altares y sacrificaban víctimas a los dioses manes, atestiguando su dolor con lágrimas y plañidos).

[153] TAC. *Ger*. 27, 2: *Funerum nulla ambitio: id solum observatur, ut corpora clarorum virorum certis lignis crementur. Struem rogi nec vestibus nec odoribus cumulant* (Celebran los funerales sin pompa alguna: lo único que se procura es que los cuerpos de los hombres ilustres sean quemados con leña de una cierta clase. No hacinan vestidos ni perfumes sobre el montón de la pira).

[154] SUET. *Jul*. 84, 4-5: *deinde tibicines et scaenici artifices vestem, quam ex triumphorum instrumento ad praesentem usum induerant, detractam sibi atque discissam iniecere flammae et veteranorum militum legionarii arma sua, quibus exculti funus celebrabant; matronae etiam pleraeque ornamenta sua, quae gerebant, et liberorum bullas atque praetextas* (Después los flautistas y los actores se quitaron la ropa que se habían puesto para la ocasión sacándola del equipo de sus triunfos y, tras despedazarla, la arrojaron a las llamas; los legionarios veteranos echaron las armas con las que se habían engalanado para celebrar los funerales; también muchas matronas arrojaron las joyas que llevaban, incluso las bulas y pretextas de sus hijos).

[155] LUC. *Luct*. 14: Ταῦτα δὲ καὶ τὰ τοιαῦτα φήσει οἰόμενος τὸν υἱὸν δεῖσθαι μὲν ἔτι τούτων καὶ ἐπιθυμεῖν καὶ μετὰ τὴν τελευτήν, οὐ δύνασθαι δὲ μετέχειν αὐτῶν. καίτοι τί ταῦτα φημί; πόσοι γὰρ καὶ ἵππους καὶ παλλακίδας, οἱ δὲ καὶ οἰνοχόους ἐπικατέσφαξαν καὶ ἐσθῆτα καὶ τὸν

cribir en su novela *Quéreas y Calirroe* el cortejo funebre de Calirroe menciona "hermosos y ornamentados vestidos" (ἐσθήτων κάλλος καὶ κόσμος) entre las ofrendas funerarias (ἐνταφία) que acompañaban al aparente cadáver de Calirroe para después ser quemadas con él (συγκαταφλέξαι).[156]

Por fin, una inscripción sepulcral latina de finales del siglo I a.C., de entre el 25 y el 12, corrobora la práctica de depositar vestimenta suntuosa en los sepulcros y también nos informa de que dicha costumbre seguía en uso entonces a pesar de haber sido prohibida por el edicto de los ediles curules. En efecto, en ella se indica que ciertas vestimentas atálicas (tejidas con hilos de oro), no pudieron ser introducidas en el sepulcro (*in sepulcrum inferre*), como había dispuesto el testador, por prohibirlo el edicto de los ediles curules y que precisamente con la venta de aquéllas se había erigido la lápida sepulcral en cuestión.

> CIL VI 1375: *Valerius Messalla Coruinus P. Rutilius Lupus L. Iunius Silanus L. Pontius Mela D. Marius Niger heredes C. Cesti et L. Cestius quae ex parte ad eum fratris hereditas M. Agrippae munere peruenit ex ea*

ἄλλον κόσμον συγκατέφλεξαν ἢ συγκατώρυξαν ὡς χρησομένοις ἐκεῖ καὶ ἀπολαύσουσιν αὐτῶν κάτω; (Él dirá todas esas cosas, y aún más del mismo tenor, pensando que su hijo todavía necesita y quiere este tipo de cosas incluso más allá de la muerte pero no puede conseguirlas. Pero eso no es nada ¿No se han sacrificado muchos caballos, concubinas, algunas veces incluso coperos sobre sus cadáveres y quemado o sepultado con ellos ropas y otros objetos de adorno personal como si los fueran a usar allí y a obtener algún provecho de ellos allí abajo?).

156 Charito 1, 6, 4: εἶτα πλοῦτος ἐνταφίων βασιλικός: πρῶτος μὲν ὁ τῆς φερνῆς χρυσός τε καὶ ἄργυρος καὶ ἐσθήτων κάλλος καὶ κόσμος ʽσυνέπεμψε δὲ Ἑρμοκράτης πολλὰ ἐκ τῶν λαφύρωνʼ συγγενῶν τε δωρεαὶ καὶ φίλων, τελευταῖος δὲ ὁ Χαιρέου πλοῦτος: ἐπεθύμει γάρ, εἰ δυνατὸν ἦν, πᾶσαν τὴν οὐσίαν συγκαταφλέξαι τῇ γυναικί (Después la riqueza de las ofrendas funerarias dignas de un rey: en primer lugar el oro y la plata; hermosos y ornamentados vestidos –Hermócrates había aportado muchos cosas procedentes de los botines de guerra–; regalos de parientes y amigos; y, finalmente, seguían las riquezas de Quéreas, pues éste deseaba, si le fuera posible, quemar toda su fortuna con su mujer).

> *pecunia quam pro suis partibus receper ex uenditione Attalicor quae eis per edictum aedilis in sepulcrum C. Cesti ex testamento eius inferre non licuit.*
>
> Valerio Mesala Corvino, P. Rutilio Lupo, L. Junio Silano, L. Poncio Mela, D. Mario Níger, herederos de C. Cestio, y L. Cestio, que recibió una parte de la herencia de su hermano por mediación de M. Agripa, (erigieron este monumento) con la parte de dinero obtenida por cada uno después de la venta de ropas atálicas[157], que no pudieron meter dentro del sepulcro de C. Cestio, tal como éste había dispuesto en su testamento, porque lo prohibía el edicto de los ediles curules.

La prohibición edictal ya existía, pues, antes del último cuarto del siglo I a.C., pero a pesar de ella permaneció popularmente aquella práctica, tal como resulta de la inscripción reproducida y también de dos textos jurisprudenciales, de los que se desprende que la práctica de consumir prendas de vestir en el entierro de una persona se habría mantenido en época imperial aunque a finales del siglo II d.C. ya era sólo marginal.

Efectivamente, en el primer texto el jurista Cervidio Escévola, del siglo II d.C., dictamina la concesión a un legatario de vestidos

---

157 Plinio indica en *Nat.* 8, 74, 196, que el rey Atalo de Pérgamo inventó el arte de bordar con oro. De ahí que se utilice la expresión *vestes Attalicas* para designar las prendas bordadas con este metal noble. Probablemente lo que hiciera Atalo fuera promover este tipo de manufactura en talleres de titularidad pública, como explica L. Llewellyn-Jones: L. CLELAND, G. DAVIS Y L. LLEWELLYN-JONES, *Greek and Roman Dress*, cit., s. v. *attalicus*, 14. Respecto a la identificación del monarca, existe cierto consenso entre los estudiosos de que se trata de Atalo II Filadelfo (220-138). Sobre esta cuestión y en general sobre *vestes Attalicae* L. CHIOFFI, "*Attalica* e altre *auratae vestes* a Roma", en C. ALFARO GINER, J. P. WILD y B. COSTA (eds.), *Purpureae Vestes I*, cit., 89-95. Sobre *auratae vestes* véase asimismo otra reciente contribución: M. GLEBA, "*Auratae vestes*: Gold Textiles in the Ancient Mediterranean", en C. ALFARO GINER y L. KARALI (eds.), *Vestidos, textiles y tintes. Estudios sobre la producción de bienes de consumo en la Antigüedad. Purpureae Vestes II*, Valencia, 2008, 61-77.

del difunto de *actio utilis funeraria*[158] y de privilegio de crédito funerario contra el heredero en caso de haber consumido éste los vestidos que fueron legados a aquél por el *de cuius* en el entierro de éste. La expresión utilizada por el jurista es *erogare in funus* y "gastar o consumir en un entierro" unos vestidos no puede referirse a la simple utilización de éstos, pues por el uso no se consumen física ni jurídicamente los vestidos, sino al resultado de echarlos a la pira o de enterrarlos junto con el cadáver.

> SCAEV. 2 *quaest*. D. 11, 7, 46, 2: *Ei, cui vestimenta legantur, si in funus erogata sint, utilem actionem in heredem dandam placuit, et privilegium funerarium.*
>
> A aquel a quien se legan los vestidos, si se hubieran consumido en el entierro, plugo que se le ha de dar acción útil contra el heredero y el privilegio funerario.

En el segundo texto, Ulpiano, del siglo II-III d.C., recuerda que no se deben conforme a derecho enterrar *ornamenta* junto con los cadáveres, *nec quid aliud huiusmodi*, "ni ninguna otra cosa similar", como hacen las personas más candorosas (*simpliciores*).

> ULP. 25 *ed*. D. 11, 7, 14, 5: *Non autem oportet ornamenta cum corporibus condi, nec quid aliud huiusmodi, quod homines simpliciores faciunt.*
>
> Pero no se deben enterrar con los cadáveres ornamentos ni ninguna otra cosa similar, como hacen las personas más ingenuas.

Este texto, por un lado, contiene la cláusula *quid alius huiusmodi* en la que tendría cabida perfectamente la vestimenta y máxime la vestimenta ornamentada; y, por otro, de él resulta la constatación de la práctica funeraria de enterrar cosas con el cadáver a finales del siglo II d.C. Que esta práctica, como señala el pasaje, fuera ya sólo marginal y propia de individuos simples, los cuales parecen quedar excluidos de

---

158 P. DE FRANCISCI, "La legittimazione attiva nell'azione funeraria", en *Il Filangieri. Rivista giuridica, dottrinale e pratica*, 40, 1915, 22.

la aplicación de la norma, es dudoso que corresponda al tenor original de Ulpiano, pues la protección del tonto o simple parece cosa propia del derecho bizantino, como se observa en otros pasajes.[159]

Por todo ello, hay que rechazar la hipótesis de que L. XII Tab. 10, 3 contuviera una interdicción de vestir al cadáver con más ropa que una pequeña túnica purpurada ni de cubrirlo con más de tres *recinii* a modo de sudarios superpuestos, suponiendo que al cadáver le fueran colocados los *recinii* a modo de velo tal como estos eran llevados normalmente, lo que no sería incompatible con el hecho de cubrir el cadáver de otro modo.

En apoyo de esta tesis se ha querido ver,[160] sin embargo, una reglamentación funeraria de finales del siglo V a.C. correspondiente a la ciudad de *Ioulis*, actual Khora, la principal ciudad de la isla de Ceos, conservada en una inscripción, la cual al parecer habría tomado como modelo la legislación solónica. En ella se halla contenida la siguiente disposición: "Para la incineración de un cadáver se han de emplear como máximo tres *himátia* blancas: un cubrecama, un sudario y un cobertor, los cuales no deben sobrepasar en conjunto el valor de 100 dracmas".[161] Es obvio que por razón del tipo y función de las prendas indicadas éstas serían utilizadas para cubrir el cuerpo del difunto. Su número de tres y la limitación pecuniaria señalada por la disposición hacen que el parecido con la norma decenviral resulte indiciario de un posible parentesco común entre ambas normas. Pero la prohibición decenviral no tiene que ver con el hecho de cubrir o vestir al cadáver con más o menos ropa, como en el caso de la norma de *Ioulis*, sino que la limitación cuantitativa de las prendas se refiere al mero hecho de su colocación o depósito junto al cadáver. Por otra parte, existen otras diferencias entre la norma romana y la de *Ioulis* relativas a la

---

159 F. PRINGSHEIM, "Jus aequum und jus strictum", en *ZRG*, 42, 1921, 660, señala sobre esta base la interpolación por adición *nec – faciunt*.

160 J. DELZ, *Der griechische Einfluß*, cit., 78, n. 42; y E. BALTRUSCH, *Regimen morum. Die Reglementierung des Privatlebens der Senatoren und Ritter in der römischen Republik und frühen Kaiserzeit,* München, 1989, 47, n. 53.

161 SIG III 1218: [κατὰ τ]άδε θάπτεν θανόντα ἐν ἐματίο[ισ τρι]σὶ λευκοῖσ, στρώματι καὶ ἐνδύματι [καὶ ἐ]πιβλέματι ἐξέναι δὲ καὶ ἐν ἐλάσσοσι[-μὲ] πλέονοσ ἀξίοισ τοῖσ τρισὶ ἑκατὸν δρ[αχ]μέων.

vestimenta, que es objeto de la limitación normativa, atinentes al tipo de atuendo, color y ausencia o presencia de púrpura.

Dos pasajes de Petronio confirman la práctica funeraria de cubrir el cadáver al referirse a la utilización de paños mortuorios (*stragulae*).[162] Pero es necesario matizar que el cubrimiento del cadáver en un funeral romano sólo podía realizarse de tal manera que fuese compatible con otras prácticas funerarias bien documentadas, como la de ceñir el difunto las coronas ganadas en vida, como resulta de la misma ley de las XII Tablas,[163] práctica que debería lógicamente comportar la exigencia de que la cabeza del cadáver quedase en todo caso al descubierto a fin de exhibir aquellas coronas; también con el ritual mágico de la *conclamatio*, que presupone tener los sentidos en la mejor disposición posible, y no precisamente obstaculizados con un sudario, por si acaso se tratara de un caso de muerte aparente y el difunto regresara a la vida o el colapsado recuperara la vitalidad, tras las reiteradas tres llamadas apremiantes de los circunstantes y el estruendo de ciertos instrumentos musicales de percusión, como acreditan algunos relieves en sarcófagos,[164] y algunos pasajes literarios, como uno de la *Con-*

---

162 PETR. 42, 6: *tamen bene elatus est, vitali lecto, stragulis bonis* (ciertamente tuvo un buen entierro: le sirvió de féretro el lecho que empleó en vida con sus bienas mantas); y 78, 1-2: *sed et stragulam albam et praetextam in triclinium attulit* (…) *Ego gloriosus volo efferri* (trajo al comedor una manta blanca y una pretexta (…) Quiero tener un entierro glorioso).

163 CIC. *Leg.* 2, 24, 60: *Qui coronam parit ipse pecuniaue eius honoris virtutisve ergo arduvitur ei.* También recuerda esta práctica calificándola de idolátrica el pasaje TERT. *Coron.* 10, 2: *Nam et mortuorum est ita coronari, quoniam et ipsi idola statim fiunt et habitu et cultu consecrationis, quae apud nos secunda idololatria est* (pues es característico de los muertos el ser coronados ya que ellos mismos al instante se convierten en ídolos así como también por su atavío y por la práctica de su consagración, lo que para nosotros constituye una segunda idolatría).

164 Como destacadamente el existente en el Museo del Louvre, con número de inventario MR 1641 y que actualmente no se exhibe. Véase imagen y descripción en http://cartelfr.louvre.fr/cartelfr/visite?srv=car_not_frame&idNotice=3005. Véase otro relieve en el que se representa una *conclamatio* descrito y con reproducción de imagen en *DAGR*, 2. 2, s. v. *funus*, 1386.

solatio ad Liviam en se que describen las exequias de Druso, hijo menor de la emperatriz Livia Drusila.[165]

Se trata de una costumbre al parecer muy remota y no exclusivamente romana, pues en la Odisea homérica ya hay un ejemplo de *conclamatio*. Se trata de un pasaje,[166] en que Ulises y los suyos no zarpan del país de los cícones sino después de haber conclamado (ἀΰσαι) por tres veces consecutivas a cada uno de los seis compañeros que habían perecido a manos de aquéllos. Esta costumbre podría haber tenido no sólo un fundamento religioso sino también empírico, pues era conocida la posibilidad de la muerte aparente por colapso o catalepsia. De hecho, Plinio y Valerio Máximo mencionan los *miracula* de Acilio Aviola, que despertó en el preciso momento en que, hallándose en la pira funeraria, el fuego comenzó a tocar su cuerpo, no pudiendo, sin embargo, evitar la muerte; y el de Lucio Lamia, que rompió a hablar estando sobre la pira funeraria.[167]

Tal práctica ritual no impide, sin embargo, el cubrimiento de la cabeza del finado tras finalizar su ejecución. También el cubrimiento del cadáver es compatible con la permanente exhibición plena del difunto para su mayor veneración y con la costumbre de amortajarlo con las galas correspondientes al más alto rango o dignidad alcanzados en vida, costumbre de vestir con lo mejor y más digno que se procuraba por todos los medios incluso en casos de muerte violenta previsible o temida o de suicidio, como nos muestran historiadores como Livio o Veleyo.[168]

---

165 *Epic. Drusi* 217-220: *Armataeque rogum celebrant de more cohortes has pedes exequias reddit equesque duci. Ter clamore vocant iterumque iterumque supremo; at vox adversis collibus icta redit* (Y las cohortes armadas según la costumbre acuden a la pira y la infantería y la caballería tributan las exequias al general. Tres veces le llaman con el máximo clamor y una y otra vez el sonido reverbera al chocar con las colinas de enfrente). También testimonian la *conclamatio* SERV. *A*. 6, 218 y LUCAN. 2, 21-23.

166 HOM. *Od*. 9, 65.

167 PLIN. *Nat*. 7, 52 (53), 173 y V. MAX. 1, 8, 12.

168 LIV. 5, 41, 2: *Romae interim satis iam omnibus, ut in tali re, ad tuendam arcem compositis, turba seniorum domos regressi adventum hostium obstinato ad mortem animo exspectabant. Qui eorum curules gesserant magistratus, ut in fortunae pristinae honorumque aut virtutis insignibus morerentur, quae augustissima vestis est tensas ducentibus triumphanti-*

Como mínimo al ciudadano se le vestía con la toga en sus funerales. Elocuente al respecto es un pasaje del jurista Paulo,[169] en que trata de los problemas jurídicos que suscita el hecho de que un padre hubiera enterrado a su hijo con una toga, que compró éste con su propio peculio, creyendo aquél que era suya. Y ciertamente era la muerte la única ocasión en que muchos ciudadanos itálicos llevaron puesta la prenda cívica por excelencia, como satíricamente refiere Juvenal.[170] Livio, en el discurso del tribuno de la plebe Lucio Valerio a favor de la derogación de la *lex Oppia* y a propósito de la utilización de la púrpura por varones habla de un *ius togae praetextae habendae*, el cual comprende incluso el derecho a ser incinerado llevando puesta la toga pretexta.[171] También en la *lex Ursonensis* se prevé de

---

busve, ea vestiti medio aedium eburneis sellis sedere (En Roma entretanto, dispuesto ya todo, a tenor de la situación, para la defensa de la ciudadela, la multitud de ancianos, vueltos a sus casas, estaban a la espera de la llegada del enemigo en actitud resuelta a morir. Los que habían desempeñado magistraturas curules, con el objeto de morir con los distintivos de su antigua grandeza, de sus cargos y sus méritos, vestidos con la indumentaria más solemne, la de los que conducen el carro sagrado o de los que triunfan, se sentaron en medio de sus casas en sus sillas de marfil). VELL. 2, 71, 3: *Varus autem liberti, quem id facere coegerat, manu, cum se insignibus honorum velasset, iugulatus est* (Mientras que Varo fue degollado por mano de un liberto suyo, a quien había obligado a hacerlo, tras cubrirse con las insignias de sus magistraturas).

169 PAUL. 4 *quaest.* D. 15, 3, 19: *Filiusfamilias togam emit, mortuo deinde eo pater ignorans et putans suam esse, dedicavit eam in funus eius* [...] (Un hijo de familia compró una toga, muerto después, ignorándolo el padre y creyendo éste que era suya, la destinó al entierro de su hijo [...]).

170 JUV. 3, 171-172: *Pars magna Italiae est, si verum admittimus, in qua nemo togam sumit nisi mortuus* (A decir verdad, grande es la parte de Italia en la que nadie se pone la toga sino muerto).

171 LIV. 34, 7, 2-3: *Magistratibus in coloniis municipiisque, hic Romae infimo generi, magistris vicorum, togae praetextae habendae ius permittemus, nec id ut vivi solum habeant [tantum] insigne sed etiam ut cum eo crementur mortui* (A los magistrados de las colonias y los municipios y aquí en Roma a los jefes de distritos, el más bajo de los cargos, les reconocemos el derecho a llevar la toga pretexta, y no sólo a que lleven en vida ese distintivo sino a que sean quemados con él a su muerte).

la concesión a ciertos magistrados coloniales y a ciertos sacerdotes de un *ius potestasque togas praetextas habendi.*[172] En fin, parece evidente que siendo la toga, pretexta u ordinaria, timbre de orgullo del finado y objeto incluso de un derecho cívico, a fin de lucirla, del mismo modo que los distintivos por méritos civiles o militares, sería preciso que aquel cubrimiento total o parcial del cadáver se llevara a cabo poco antes de proceder a su inhumación o incineración.

En fin, la práctica de enterrar cadáveres con vestimenta suntuosa y señalizadora de rango o estatus se mantuvo viva en la Antigüedad tardía y en la Alta Edad Media. Así lo acreditan restos arqueológicos y disposiciones jurídicas sobre violación de sepulcros en que se sanciona específicamente el expolio de *vestimenta* y *ornamenta.*[173]

Muy distinto es el tratamiento de lo relativo a la indumentaria de los asistentes a los funerales. De hecho, los juristas llegaran en el siglo II d.C. a considerar nulas por necias aquellas cláusulas testa-

---

[172] LEX. *Urson.* 62: *Iisque IIuir(is) aedilibusque, dum eum mag(istratum) hab(ebunt), togas praetextas, funalia, cereos ha|bere ius potestasq(ue) esto;* y 66: *Ei|sque pontificib(us) auguribusque ludis, quot publice ma|gistratus facient, et cum ei pontific(es) augures sa|cra publica c(oloniae) G(enetiuae) I(uliae) facient, togas praetextas haben|di ius potestasq(ue) esto.* He seguido en la reproducción de estos pasajes la edición de *FIRA*, 1, 179 y 181.

[173] Como la contenida en LRW. 11, 2, 1: *Si quis sepulchri violator extiterit, aut mortuum expoliaverit, et ei aut ornamenta aut vestimenta abstulerit: si liber hoc fecerit libram auri coactus exsolvat heredibus mortui, et quae abstulit reddat. Quod si heredes non fuerint, fisco nostro cogatur inferre: et praeterea centum flagella suscipiat. Servus vero, si hoc scelus admiserit, ducenta flagella suscipiat et insuper flammis ardentibus exuratur: nihilhominus redditis cunctis, quae ausus est abstulisse* (Si alguien hubiera violado un sepulcro o hubiera despojado a un muerto y le hubiera quitado sus adornos o vestidos, si fuera libre sea obligado a pagar una libra de oro a los herederos del difunto y a restituir lo que quitó. Si no hubiera herederos sea obligado a pagarlo a nuestro fisco y reciba además cien azotes. Pero si hubiera cometido el crimen un esclavo reciba doscientos azotes y sea quemado sobre llamas ardientes, aun habiendo devuelto todo lo que osó haber quitado). Véase ampliamente sobre la cuestión J. PINAR y L. TURELL, "*Ornamenta vel vestimenta ex sepulchro abstulere*. Reflexiones en torno a la presencia de tejidos, adornos y accesorios de indumentaria en el mundo funerario del Mediterráneo tardoantiguo", en *CCO*, 4, 2007, 127-167.

mentarias sobre vestidos o cualquier otra cosa superflua que quisiera el testador que se emplease en sus funerales. Así resulta de un pasaje del jurista Marciano en que afirma lo anterior invocando la autoridad de otro jurista: Papiniano.[174] Habida cuenta de la importancia que autores como Juvenal, más o menos coetáneo de los citados juristas, dan al hecho de ser un ciudadano sepultado con la toga pretexta y de que se reconociera a los ciudadanos incluso difuntos un *ius togae pratextae*, no parece probable que este pasaje se refiriese también a las posibles cláusulas sobre la indumentaria del propio testador en sus funerales.

También ha de rechazarse la hipótesis de que la interdicción de L. XII Tab. 10, 3, lo fuera de acudir las mujeres a los funerales portando más de tres *recinii* superpuestos, pues habría que presuponer para ello una práctica social completamente absurda de llevar puesto un número todavía superior en los funerales;[175] o, en sentido inverso, que se hubiera limitado el número de plañideras en los funerales a tres portando el *recinium* y a una ataviada con una *tunicula purpurea*.[176] Para esta última interpretación habría que suponer un extraño y chocante uso metonímico de los términos indumentarios *recinii* y *tunicula purpurea* en L. XII Tab. 10, 3. Tampoco la restricción decenviral podría haberse referido a la vestimenta femenina a utilizar durante todo el tiempo de luto, sino sólo a algo que se hallara en el contexto de los ritos funerales, lo que se desprende de la propia

---

174 MARCIAN. 7 *inst.* D. 30, 113, 5: *Ineptas voluntates defunctorum circa sepulturam, veluti vestes, aut si qua alia supervacua ut in funus impendantur, non valere, Papinianus libro tertio Responsorum scripsit* (Escribió Papiniano en el libro tercero de sus *Respuestas* que no son válidos los deseos poco serios del testador acerca de su entierro como, por ejemplo, las disposiciones sobre vestidos o cualquier otra cosa superflua que quiera que se utilice en los funerales).

175 Esta interpretación continúa presente en muchos autores, como J. EDMONDSON, "Public Dress and Social Control in Rome", en J. EDMONDSON y A. KEITH, *Roman Dress and the Fabrics of Roman Culture*, Toronto *et al.*, 2008, 27.

176 A. C. JOHNSON, P. R. COLEMAN-NORTON y F. C. BOURNE, *Ancient Roman Statutes. The Corpus of Roman Law*, 2, Austin, 1961, 12: "Expenses at a funeral shall be limited to three mourners wearing veils and one mourner wearing an inexpensive purple tunic and ten flutists".

naturaleza de las otras restricciones establecidas juntamente con la concerniente a las prendas indumentarias: esto es, las restricciones relativas a los lamentos fúnebres y al número de flautistas.

Por último, la prohibición de L. XII Tab. 10, 3 nada tiene que ver ni representa límite o restricción alguna a la práctica de enterrar o quemar al cadáver con sus propias pertenencias, entre ellas los vestidos más valiosos y enaltecedores de su dignidad, basada en la creencia escatológica en la pervivencia física del difunto más allá de la vida conocida. Por eso, debe rechazarse también la interpretación, según la cual, los tres *recinii* y la *tunicula purpurea*, o sólo esta última a manera de sudario del difunto,[177] constituían el límite indumentario que tras la ley de las XII Tablas se permitía al difunto para su vida ultraterrena, lo que hubiera resultado incluso ofensivo y de consecuencias funestas. Las restricciones indumentarias de la ley decenviral no se referían a los vestidos y a las pertenencias propias del finado o más representativos de su dignidad en vida, sino a una manifestación de dolor ritualizada consistente en la ofrenda de atuendos más o menos suntuosos.

Sobre el *recinium* cabe, pues, concluir que era una pieza de vestir que en el siglo V a.C. solía arrojarse, presumiblemente por mujeres, a la pira o a la tumba del difunto y que respecto a esta costumbre, que implicaba un *sumptus*, se estableció una limitación a tres piezas.

La circunstancia de que fuera objeto de la norma decenviral una prenda de vestir femenina en el contexto funerario y muy sencilla, a diferencia del *himátion* griego utilizado indistintamente por ambos sexos y de mucho mayor valor y tamaño, tendría su explicación, por un lado, en el mismo hecho de que el dolor era expresado ritualizadamente por las mujeres. En Roma como en Grecia las mujeres habrían desempeñado una función muy destacada en las exequias fúnebres, y no sólo en las exhibiciones de dolor ritualizadas durante la exposición del difunto sino también en el conjunto de tareas relativas a la preparación del cadáver y en la participación en el cortejo fúnebre y traslado del cuerpo. En relación sobre todo con el protagonismo de las mujeres griegas en las tareas de preparación del cadáver da una interesante explicación Calero Secall, para quien no es descartable que el fundamento de la feminidad de tales actividades se hallara en

---

[177] P. Fernández Muriel, *Púrpura*, cit., 196 y 269.

el temor masculino a la contaminación por contacto con el cadáver, resultando las mujeres más idóneas para aquellas actividades al estar menos expuestas a la contaminación por el hecho de estar habituadas a la "miasma" a través de la sangre menstrual.[178]

Uno de esos actos rituales del duelo habría sido el de arrojar o depositar junto al cadáver prendas de vestir. La restricción decenviral al respecto habría resultado sin duda más severa que la solónica, pues el *sumptus* indumentario obsequiado en los funerales permitido era como máximo de tres simples mantos con *praetexta* y una tunicela, ni siquiera túnica, purpúrea.

Otra limitación en la indumentaria fúnebre se ha querido encontrar en la parte final del pasaje 4 de la Tabla X:

> L. XII Tab. 10, 4 (= Cic. *Leg.* 2, 25, 64): *neve lessum funeris ergo habento.*[179]
>
> Ni entonen lamentaciones por razón del funeral.

La limitación lo sería concretamente de *lessus funeris* partiendo de la premisa de que *lessus* designa aquí una suerte de vestimenta funeraria, cosa que, sin embargo, no puede afimarse en absoluto.[180] En efecto, el significado del término *lessus* es ciertamente muy oscuro y ya lo era incluso en tiempos antiguos. *Lessus* parece constituir de hecho un hápax, pues sin contar los pasajes que contienen las opiniones que dieron los autores antiguos respecto precisamente a la presencia de dicho término en la ley decenviral, los cuales pertenecen a obras de

---

178 I. Calero Secall, *Los legisladores griegos*, cit., 38.

179 *FIRA,* 1, 67.

180 La opinión dominante es la que atribuye a *lessus* el significado de "lamento fúnebre". Sin ir más lejos *OLD*, s. v. *lessus*, 1018, sólo indica este significado: "funeral lamentation". En esta línea véase la explicación dada al término *lessus* por J. Guillén, "El Latín de las XII Tablas", en *Helmantica*, 58, 1968, 87-89. Por el contrario, F. M. D'Ippolito, *Problemi*, cit., 100, ha argumentado en contra de la tesis ciceroniana y a favor del significado de vestimenta fúnebre sugerido por Lucio Acilio y Sexto Elio Peto; si bien con dudas acepta también esta tesis O. Sacchi, "La nozione di stato e di proprietà in Panezio e l'influenza della doctrina stoica sulla giurisprudenza romana dell'epoca scipionico-cesariana", en *RIDA*, 52, 2005, 348-351.

Cicerón, este término sólo aparece documentado en el citado fragmento testimonial de la ley de las XII Tablas invocado por *Leg.* 2, 23, 59. Aquellos pasajes ciceronianos son: *Leg.* 2, 25, 64 y *Tusc.* 2, 55.[181] Fue interpretado, según noticia siempre de Cicerón, erróneamente por sabios *veteres* como Lucio Acilio y el jurista Sexto Elio Peto, con el significado de vestimenta de luto, los cuales reconocían, sin embargo, no haber entendido bien el término.[182] La interpretación correcta de *lessus* sería, a juicio del Arpinate, y siguiendo la autoridad de Elio Estilón, la de "lamento lúgubre", siendo *lessus* un deverbativo de *lugere* y significando *lugubris eiulatio*: *L. Aelius lessum quasi lugubrem eiulationem, ut vox ipsa significat* ("Lucio Elio la interpretó como lamento lúgubre, como parece indicar la misma palabra"). Dicha interpretación prevaleció entre los antiguos y goza del aval, como dice Cicerón, de la análoga prohibición soloniana de los lamentos excesivos e histriónicos: *Quod eo magis iudico verum esse quia lex Solonis id ipsum vetat.* Es precisamente por esto que resulta sorprendente, como ya fue acertadamente advertido,[183] que el mismísimo autor de la *Tripertita*, supuestamente un experto conocedor de la ley de las XII Tablas, no sólo desconociera el significado de un término decenviral sino que, sobre todo, no hubiese reparado en aquel importante dato y que, consiguientemente, tanto él como Lucio Acilio aventuraran, si bien con dudas, que con aquel vocablo se designaba algo tan distinto a una forma de lamento como puede ser un tipo de vestido. No obstante, no parece suficiente este argumento para rechazar la opinión de Cicerón y, a falta de evidencias más con-

---

181 Cic. *Tusc.* 2, 55: *Ingemescere non numquam uiro concessum est, idque raro, eiulatus ne mulieri quidem. Et hic nimirum est "lessus", quem duodecim tabulae in funeribus adhiberi vetuerunt* (Alguna vez, aunque raramente, le es permitido gemir al varón, pero los gritos de dolor no se le permiten ni siquiera a la mujer. Éste es sin duda el grito de lamento que prohibieron las XII Tablas en los funerales).

182 Cic. *Leg.* 2, 23, 59: *Hoc veteres interpretes Sex. Aelius L. Acilius non satis se intellegere dixerunt, sed suspicari vestimenti aliquod genus funebris* (Esta palabra (*lessus*) los antiguos intérpretes Sexto Elio y Lucio Acilio dijeron que no la entendían lo suficiente y que conjeturaban que era algún tipo de vestimenta fúnebre).

183 Por F. D'Ippolito, *Problemi*, cit., 89-104.

tundentes, parece más prudente no desdeñar esta opinión y optar, al menos provisionalmente, por el significado de "lamento fúnebre".[184] Por otra parte, se da la circunstancia de que los actos de rasgarse las mejillas y de emitir lamentos desgarrados muestran una clara contigüidad y son manifestaciones indubitadas de desmesura y, como no, de suntuosidad, pues presuponen la contratación de plañideras profesionales, lo que no resulta tan evidente en el simple acto de lucir una cierta indumentaria.

---

184 Como hacen A. Ernout y A. Meillet, *Dictionnaire*, cit., 352: "lamentation funèbre?"

CAPÍTULO III
LA RESTRICCIÓN CENSORIA DEL LUJO EN LA ROMA REPUBLICANA

Tratar de la censura en relación con el lujo indumentario requiere de una exposición genérica acerca de la vigilancia de las costumbres censoria, y no sólo porque muy poco de especial pueda reseñarse respecto al concretísimo ámbito objetivo del lujo indumentario, en relación con el cual tampoco puede afirmarse ciertamente la existencia de un régimen específico, sino sobre todo porque el *regimen morum* era concebido unitariamente, afectaba a la vida toda de los ciudadanos y se ejercía a discreción por cada censor. De esta manera, es válido para el lujo indumentario lo que en general se refiere a la represión censoria del lujo e incluso a la más amplia vigilancia censoria de las costumbres.

Nada puede decirse con seguridad acerca de la existencia de un gobierno o dirección de las costumbres, *regimen morum*,[185] propia-

---

[185] La expresión *regimen morum* o *mores regere* como designativa de la función de los censores de gobernar o regir los *mores maiorum* tiene por base los siguientes pasajes: Cic. *Leg.* 3, 3, 7; Liv. 4, 8; 24, 18; 40, 46; 41, 27; 42, 3, y Suet. *Aug.* 27. Sobre censura y vigilancia de las costumbres véanse *R. St.*, 2. 1, 375 ss.; E. Schmähling, *Die Sittenaufsicht der Zensoren Eberhard Schmähling, Die Sittenaufsicht der Censoren, ein Beitrag zur Sittengeschichte der römischen Republik*, Stuttgart, 1938; la recensión a dicha obra de M. Kaser, en *ZRG*, 59, 1939, 614 s.; J. Suolahti, *The Roman Censors*, Helsinki, 1963; E. Pólay, "Das regimen morum und die sogenannte Hausgerichtsbarkeit", en *Studi in onore di Edoardo Volterra*, 3, Milano, 1971, 263-317; A. E.

mente dicho con anterioridad a la creación de la magistratura de la censura. Se ha planteado la posibilidad de un *regimen* precensorio basado en un supuesto tribunal gentilicio *ad hoc*, pero esta hipótesis carece de anclaje en las fuentes.[186] Asimismo, no pasa de ser una mera suposición el que los censores hubieran sucedido a los cónsules en esta competencia y éstos a su vez a los reyes.[187]

Tampoco es posible datar con precisión cuándo y de qué modo se inicia la vigilancia de las costumbres por los censores. Habría que descartar tanto la fecha tenida por más segura de creación de la censura, el año 443, como la resultante de aquella propuesta que retrasa en más de un siglo la promulgación de la *lex de censoribus creandis*,[188] pues sólo desde el siglo III a.C. está ciertamente acreditada la existencia de un control institucionalizado de las costumbres, correspondiendo tal control a los censores.[189]

La vigilancia de las costumbres no se habría hallado entre las funciones originarias del censor sino que habría sido incorporada a ellas con posterioridad. Un pasaje de Livio refiere, de hecho, cómo la censura fue en su origen una magistratura modesta, *a parva origine orta*, creada exclusivamente para censar la población,[190] de donde su denominación,[191] en un momento en que, siendo apremiante la

---

ASTIN, "Regimen morum", en *JRS*, 78, 1988, 14-34; A. FERNÁNDEZ DE BUJÁN, "Las nociones de ignominia e infamia en derecho romano", en *Homenaje a Juan Berchmans Vallet de Goytisolo*, 4, Madrid, 1988, 320-335; "E. BALTRUSCH, *Regimen morum*, cit.; W. KUNKEL, *Staatsordnung und Staatspraxis der Römischen Republik, 2. Die Magistratur*, München, 1995, 405-419; E. ZANDA, *Fighting Hydra*, cit., 36-48; y N. EL BEHEIRI, *Das Regimen morum der Zensoren. Die Konstruktion des römischen Gemeinwesens*, Berlin, 2012.

186 Tesis de R. JHERING, *Der Geist des römischen Rechts*, Aalen, [6]1968, 192 ss., y de E. SCHMÄHLING, *Die Sittenaufsicht*, cit., 4 ss. Cfr. J. BLEICKEN, *Lex publica. Gesetz und Recht in der römischen Republik*, Berlin, 1975, 117 y 381; y E. BALTRUSCH, *Regimen morum*, cit., 5 ss.

187 Lo que sostiene C. CASTELLO, *Studi sul diritto familiare e gentilizio romano*, Roma, 1972, 96.

188 *LPPR*, 209.

189 Véase ampliamente E. BALTRUSCH, *Regimen morum*, cit., 5 ss.

190 LIV. 4, 8, 3.

191 LIV. 4, 8, 7.

confección de un nuevo censo y siendo ésta una tarea extremadamente laboriosa,[192] no era viable que los cónsules, ocupados entonces en constantes expediciones militares, pudieran llevarla a cabo;[193] para posteriormente experimentar un enorme aumento cuantitativo de competencias, lo cual llevaría a convertirla en la magistratura con mayor *dignitas* en el organigrama republicano aun careciendo de la máxima expresión de poder o *imperium*.

Según Dionisio de Halicarnaso,[194] los cónsules Marco Geganio Macerino y Tito Quincio Capitolino (443) expusieron al Senado que muchos asuntos estaban descuidados por las continuas expediciones militares y entre ellos destacaba la necesidad de elaborar un nuevo censo, pues el anterior tenía ya setenta años de antigüedad, el cual era imprescindible para conocer el número de individuos con edad militar, así como la riqueza de los ciudadanos a fin de determinar las contribuciones para la guerra.

También el jurista Pomponio, en su *Enchiridion* sobre la historia del derecho romano, las magistraturas y los juristas, atribuye la creación de la censura a las mayores dificultades de elaborar el censo y a la necesidad de descargar de esta tarea a los cónsules.[195]

El *regimen morum* consiste en el examen de las aptitudes morales de los ciudadanos para formar parte del ejército y de las asambleas comiciales y tal función censoria proporciona a su titular una gran autoridad moral.[196] Su sentido y objetivo es, como ha descrito Kunkel, la depuración de los órganos políticos de la comunidad de ciertos elementos que, según las tradicionales normas de la moral social romana, resultan indignos y no aptos para participar en la vida política de la comunidad en la posición que respectivamente ocupan de acuerdo con su rango social o su función política o militar.[197]

---

[192] Las *tabulae censoriae*, parcialmente recogidas en VAR. *L.* 6, 86-87, nos permiten hacernos una idea de cómo el censor efectuaba el censo en la práctica y para ello seguían una autorreglamentación edictal: las *leges censui censendo*, de lo que nos informa LIV. 43, 14. Véanse también GEL. 4, 20; y CIC. *de Orat.* 2, 260 y *Flac.* 80.

[193] LIV. 4, 8, 2.

[194] D. H. 11, 63, 2.

[195] POMPON. *enchir. sing.* D. 1, 2, 2, 17.

[196] A. FERNÁNDEZ DE BUJÁN, *DPR*, cit., 145.

[197] W. KUNKEL, *Staatsordnung*, cit., 408.

Desde su incorporación al cuadro de funciones de la censura, alcanzó este control de las costumbres el rango de función estelar *–ad id censorem moribus regendis creatum?* pregunta Livio–;[198] y tal función produjo un efecto redimensionador de la magistratura. Tal es así que cuando, en el ocaso de esta magistratura republicana, a César le fueron otorgadas las facultades censorias (48), tal cosa se hizo concediéndole el título de *praefectus moribus*[199] –título que unos años después recibiría con carácter vitalicio,[200] así como también lo ostentarían Augusto y algunos emperadores posteriores–,[201] identificando de este modo este sucedáneo de la censura con la vigilancia de las costumbres y no con el censo, función epónima tradicional de la magistratura republicana, ni con cualquiera otra de las facultades que ésta integraba, si bien es cierto que en el último siglo de la república diversos hechos habían causado la obsolescencia de la mayor parte de las facultades censorias: entre ellos, la sustitución del ejército cívico por otro de alistamiento voluntario, la supresión en Roma del impuesto derivado de la inscripción en el censo de ciudadanos o la creación de una red de censos municipales en sustitución del anterior sistema.

Emperadores posteriores recuperan el nombre de *censor* y designan censores. Claudio se hace investir censor, si bien colegiadamente, y los Flavios seguirán su ejemplo.[202] Domiciano se hará nombrar incluso censor vitalicio, *censor perpetuus*,[203] y en época bajoimperial habrá algún que otro rebrote efímero de la censura. Con todo, puede afirmarse que en época imperial desaparecerá la censura como *honos* específico y la ahora llamada *cura morum* o *praefectura morum* se habrá convertido en una más de las atribuciones imperiales.

De acuerdo con la información disponible, los últimos censores con las características, al menos formales, de la magistratura republicana fueron los nombrados por Augusto en 22,[204] quien revitalizó

---

198 Liv. 42, 3, 7.

199 Cic. *Fam.* 9, 15 y D. C. 43, 14.

200 Suet. *Jul.* 76 y D. C. 44, 5.

201 Suet. *Aug.* 27.

202 Suet. *Cl.* 16; Tac. *Hist.* 1, 9 y *Ann.* 12, 4; y Suet. *Ves.* 8 y *Tit.* 6.

203 D. C. 53, 18, 5.

204 Munacio Planco y Paulo Emilio: Suet. *Aug.* 37 y *Cl.* 16.

así la censura, que ya llevaba bastante tiempo en suspenso, aunque sólo fuera formalmente, pues de hecho el emperador no dejó de seguir ostentando el título de *praefectus moribus* y de superponer de este modo su figura a la de estos magistrados.

Así, pues, los censores serán elegidos ante todo *moribus regendis*,[205] confiándoseles la vigilancia de las costumbres y la amonestación y castigo a sus infractores.

Dionisio de Halicarnaso describe a los censores romanos como aquellos magistrados, no obligados a rendir cuentas, que tienen encomendado el examen de las vidas de todos los romanos y el castigo de los que se apartan de las costumbres patrias,[206] actuando con la proverbial severidad de un tío paterno.[207] Esa función de control y amonestación a la manera de un *pater familias* no sólo va a constituir la finalidad fundamental de la censura sino que informará y determinará el ejercicio de otras funciones censorias de carácter más técnico y concreto.

En efecto, el pasaje titoliviano 40, 46, que reproduce supuestamente un discurso del senador Quinto Cecilio Metelo, en el que éste exhorta a los recién elegidos censores Marco Emilio Lépido y Marco Fulvio Nobilior a que superen su encarnizada enemistad, se reconcilien y actúen de consuno en beneficio de la república, separa nítidamente la función de vigilancia de las costumbres y de amonestación de los ciudadanos, más política, del resto de las funciones de los censores, más técnicas, pues aquélla, significativamente invocada al inicio del discurso, es mostrada como la función esencial de la censura y el principio informador de las restantes, pues los censores exhortados han sido elegidos precisamente para regir las costumbres y corregir en el desempeño de ese cometido a los senadores y al resto de los ciudadanos;[208] y, más adelante, se relacionan las funciones técnicas a cuyo desempeño de común acuerdo se exhorta a los censores electos: elaborar la lista del Senado, revisar el censo de caballeros,

---

205 Liv. 42, 3, 7.

206 D. H. 19, 16, 5.

207 Cic. *Cael.* 25.

208 Liv. 40, 46, 1.

hacer el censo y cerrar el lustro.[209] En fin, un conjunto de actividades muy variadas e incardinables en las modernas categorías tanto de lo público como de lo privado. Por eso, como dice Zanda, el conjunto de funciones de los censores constituye un ejemplo de cómo las modernas categorías de lo privado y lo público se confunden en el pensamiento romano y por ello la dicotomía público-privado es una construcción teórica moderna cuya traslación al mundo antiguo debe ser reconsiderada.[210]

También Cicerón, en su *oratio* en defensa de Aulo Cluencio,[211] muestra cómo la función de vigilancia de las costumbres actúa como premisa a la hora de elaborar la *lectio senatus*, pues la *nota*, *notatio*, *animadversio* o *subscriptio censoria* impuesta a un ciudadano senador, la cual puede contener una simple transcripción de los hechos reprobables previamente probados o bien una simple opinión censoria,[212] le inhabilita para la permanencia en el Senado, si bien sus efectos no son equiparables en absoluto a los de una sentencia judicial y el reprobado con la nota censoria podría nuevamente acceder a las magistraturas o ser restituido en el Senado. La potestad del censor de excluir a un senador de la *lectio senatus* y de la consiguiente pérdida de su condición de senador deriva de que el censor es en palabras del Arpinate: el "prefecto encargado de regular las costumbres" (*praefectus moribus*) y el "maestro de la disciplina y severidad de los tiempos antiguos" (*magister veteris disciplinae ac severitatis*). La existencia de un control censorio de las costumbres tendría como *terminus ante quem* el *lex Ovinia tribunicia* de finales del siglo IV a.C., por el que se instituyó la competencia censoria de

---

[209] Liv. 40, 46, 8. Un elenco ideal de competencias del censor ofrece Cicerón en *Leg.* 3, 3, 7. Respecto a la lista del senado, la *lex Clodia de censoria notione* de 58 exigió el común acuerdo de los censores en la elaboración de la *lectio senatus* y en la expulsión de senadores, estableciendo además la audiencia previa y defensa de éstos. Poco después fueron suprimidos estos requisitos por la *lex Caecilia de censura* de 52, que derogó aquel plebiscito. Fuentes para el conocimiento de estas *leges* en *LPPR*, 398 y 412.

[210] E. Zanda, *Fighting Hydra*, cit., 41.

[211] Cic. *Clu.* 46, 129.

[212] Cic. *Clu.* 48, 134.

la *lectio senatus*, si es que no constituyó aquel plebiscito el mismo punto de partida del *regimen morum*.[213]

El censor acudirá en socorro de las ancestrales costumbres y será justamente por causa de la protección de éstas por lo que este magistrado gozará de una *dignitas maxima*. A este respecto merecen ser recordadas las palabras de Benjamin Constant pronunciadas en un discurso a propósito de la importancia y oportunidad de la censura en el marco de la constitución republicana romana: "it was not censorship which had created good morals; it was the simplicity of those morals which constituted the power and efficacy of censorship".[214]

El hecho de que la censura hubiera tenido desde sus orígenes un cariz marcadamente religioso la convertía en la magistratura más idónea de entre las existentes para la vigilancia de las costumbres desde el momento en que fue sentida la necesidad de proteger y salvaguardar la moralidad. En efecto, si uno de los actos más característicos del censor era la *lustratio urbis*, esto es la purificación de la ciudad mediante el acto ritual de la *suovetaurilia* o inmolación simultánea de cerdos, ovejas y toros, un evento por el cual la censura se erigía en institución de capital importancia para la salud de la ciudad y de la *res publica* y a cuya verificación quedaba sometida la validez de todas las actuaciones relativas al censo, lo consecuente era atribuir a los censores también la misión de velar por el mantenimiento del salutífero tradicional modo de vida romano, en tanto que era uno de los presupuestos de la *pax deorum* y del buen funcionamiento de las instituciones políticas. *Lustratio* y *regimen morum* estarían así estrechamente conectadas.[215] Las connotaciones religiosas de la censura también quedan evidenciadas por el hecho de erigirse los censores en escrupulosos guardianes de los juramentos. Cicerón señala que la *diligentia* de los censores nunca era mayor que cuando juzgaban si un juramento se había respetado o no rigurosamente.[216] Finalmente, el

---

[213] Como se afirma en *LPPR*, 233, que el plebiscito es verosímilmente posterior al 319 y anterior al 312. Sobre la datación véase W. KUNKEL, *Staatsordnung*, cit., 437 ss.

[214] B. CONSTANT, *The Liberty of Ancients Compared with that of Moderns*, 1816, *http://www.uark.edu/depts/comminfo/cambridge/ancients.html*

[215] Como dice C. CASTELLO, *Studi*, cit., 80.

[216] CIC. *Off.* 3, 111.

radical indoeuropeo **kens*–, el del propio nombre de la magistratura del censor y el del verbo que utilizan los senadores para expresar su opinión autorizada, *censeo*, remite a la palabra proferida con fuerza normativa por quien tiene autoridad, es decir, fuerza divina o principio de hacer surgir o existir algo.[217]

Esta impronta religiosa de la censura justificaría ese extraordinario poder, *power within the powers*, en términos de Loewenstein,[218] en realidad esa máxima *dignitas*, que ostentaban los censores. Plutarco ensalza reiteradamente la dignidad de la censura con expresiones del tipo: "el colmo de los honores",[219] "la mayor perfección del gobierno",[220] "grandísima dignidad"[221] o "el cargo más sagrado de todos y el de mayor autoridad para otras cosas y para examinar el modo de vivir de cada uno".[222] Y no se trata de una exageración del historiador beocio sino que los datos razonablemente objetivos de que disponemos sobre la censura corroboran ciertamente esas afirmaciones. Ante todo lo evidencia el hecho de ser la censura la magistratura que cerraba el *cursus honorum*, de conformidad con la conocida norma constitucional, según la cual, para el ejercicio de la censura era requisito previo haber desempeñado el consulado, es decir, la magistratura ordinaria más poderosa y relevante en el cuadro republicano de *honores*, aunque no faltaron excepciones a esa regla. Pero además, como ha sido también estudiado minuciosamente,[223] son muy reveladores del extraordinario prestigio de la censura en el marco de la constitución republicana, entre otros datos constatables: el elevado porcentaje de *censorii* que históricamente ostentaron la suprema magistratura de la dictadura, el alto número de los que ejercieron proconsulados, el hecho de que de los veintiséis *interregna* conocidos en Roma en diez de ellos intervinieran *censorii*, el de que de los diecinueve *principes senatus* de que se tiene noticia catorce fueran censorios

---

217 E. Benveniste, *Le vocabulaire des institutions indo-européennes, 2. Pouvoir, droit, religion*, Paris, 1969, 143-144.

218 K. Loewenstein, *The Governance of Rome*, The Hague, 1973, 65.

219 Plu. *Cat. Ma.* 16.

220 Plu. *Flam.* 18.

221 Plu. *Cam.* 2.

222 Plu. *Aem.* 38.

223 Por E. Reigadas Lavandero, *Censura y "res publica". Aportación constitucional y protagonismo político*, Madrid, 2000.

y la participación de *censorii* en la elaboración de al menos setenta y seis *leges publicae*.[224] El enorme prestigio de la censura no justifica, sin embargo, el sobredimensionamiento de su papel en la constitución republicana de que fue objeto en el pasado, señaladamente por Mommsen, quien dedicó a esta magistratura un buen número de páginas de su *Römisches Staatsrecht*.[225]

A la máxima *dignitas* de la censura se debe que los censores tuvieran derecho a recibir *auspicia maxima*;[226] también que fueran los únicos magistrados a los que fue autorizado el uso de vestimenta purpúrea integral dentro de la ciudad y en sus funerales[227] o que tales funerales fueran particularmente solemnes, hablándose de hecho de *censorium funus* cuando se hace alusión a la celebración de los ritos funerales más solemnes.[228] Tal *dignitas* censoria se proyecta a través de las notas, los edictos y los *iudicia de moribus*, que aun no derivando de la potestad jurisdiccional ni de la *coercitio* conllevaban perniciosas consecuencias políticas, fiscales y sociales para los particulares afectados. En el caso concreto de los miembros del orden senatorial la importancia de la censura se incrementó notoriamente desde el plebiscito Ovinio, de conformidad con el cual la condición de senador dejó de ser vitalicia y la composición del Senado pasó a depender de los censores a través de la elaboración de la *lectio senatus* sobre la que incidían las notas censorias.[229] También desde 312 está acreditado que los caballeros quedaron sujetos al no menos riguroso reconocimiento censorio como miembros del orden ecuestre (*recognitio equitum equo publico*).[230]

Las consecuencias políticas y fiscales de las notas censorias eran variables dependiendo de la gravedad de lo que el censor de turno

---

[224] Ibid. 493 ss. Véase especialmente sobre participación de *censorii* en *leges publicae* la tabla que el autor títula *leges et rogationes censoriae* en 581-587.

[225] *R. St.* 2. 1, 331-469.

[226] Gel. 13, 15, 4.

[227] Plb. 6, 53.

[228] Tac. *Ann.* 4, 15 y 13, 2: el primero de estos pasajes describe como *censorium funus* el funeral de Lucilio Longo, amigo íntimo del emperador Tiberio y, el segundo, el del mismo emperador Claudio.

[229] *LPPR*, 233-234.

[230] D. S. 20, 36. Una descripción de la ceremonia de la *recognitio equitum* a finales de la república en Plu. *Pomp.* 22.

juzgase como quebranto de la moralidad, así como de la condición social del individuo. De algunas de ellas dan testimonio muchos autores, el propio Catón entre ellos naturalmente: *cuius rei utriusque auctoritates sunt, et M. Cato id saepenumero adtestatus est.*[231] Tales eran: la expulsión del Senado;[232] la privación de la dignidad ecuestre y consiguiente no obtención de la *recognitio equitum* y decomiso del caballo al *eques* (*ademptio equi*),[233] posible por *incuria* o *impolitia* en su cuidado[234] o curiosamente por obesidad del caballero en cuestión;[235] la degradación de los removidos del Senado o de los caballeros a la condición de *aerarii* o desposeídos de derechos (*tribu movere* o *in aerarios referre*);[236] la expropiación de terrenos mal explotados o descuidados para convertirlos en terrenos públicos;[237] la exclusión del censo y privación del derecho de voto,[238] como podía ocurrirles, por ejemplo, a los que se dedicaban al teatro y a la escena (*ars ludicra scaenaque*);[239] el agravamiento de la imposición

---

231 GEL. 4, 12, 3.

232 CIC. *Off.* 1, 40; *de Orat.* 2, 287; *Dom.* 84; *Clu.* 48, 135; LIV. 27, 11, 8; 34, 44, 4; 38, 28, 2; 39, 42, 5; 40, 51, 1; 41, 27, 2; y 43, 15, 6 y 8; SAL. *Cat.* 23, 1; V. MAX. 2, 7, 5; y 2, 9, 4-5 y 7; GEL. 17, 21, 38; PLU. *Aem.* 38, 5-6.; D. H. 19, 18; y D. C. 40, 57 y 40, 63, en que se da noticia de la remoción del Senado del historiador Salustio en la censura de 50; APP. *BC* 2, 3; y FRON. *Str.* 4, 1, 32.

233 CIC. *Clu.* 48, 134; *de Orat.* 2, 287; LIV. 24, 18, 6; 27, 11, 15; 29, 37, 8-11; 34, 44, 5; 39, 42, 6; 39, 44, 1; 41, 27, 13; 42, 10, 4; 43, 15, 8; y 43, 16, 1; PLU. *Aem.* 38, 5; y *Cat. Ma.* 18, 1; GEL. 3, 4, 1; y 4, 20, 11; D. C. 28, 95, 2; y V. MAX. 2, 9, 7 y 4, 10, pasaje éste último que nos informa de los *certa verba* que pronunciaban los censores para indicar que todo estaba en orden y que al caballero no se le privaba del caballo y con ello de su pertenencia al *ordo equester*: '*transduc equum*' ("pasa el caballo").

234 LIV. 42, 10, 5; GEL. 4, 12, 2 y 4, 20, 11.

235 Es dudoso si la supresión del caballo comportaba o no ignominia en este caso: GEL. 6, 22, 1-4.

236 LIV. 4, 24; 24, 18, 6-8; 29, 37, 13-15; y 45, 15, 8; D. H. 19, 18; y GEL. 4, 20, 6.

237 GEL. 4, 12, 1.

238 CIC. *Sest.* 101.

239 CIC. *Rep.* 4, 10 *apud* AUGUST. *C. D.* 2, 13.

fiscal;[240] la expulsión de la ciudad, como aconteció a los rétores latinos en la censura de Lucio Licinio Craso en 92.[241] y en la de 115, según Casiodoro, con los histriones, flautistas y los intérpretes de *ludi talari*.[242] Los privados de derecho de sufragio merced a una nota infamante eran inscritos en los registros llamados por antífrasis *Tabulae Caerites*.[243]

Pero la reprobación censoria también tenía consecuencias sociales y seguramente mucho más temibles que las anteriores.[244] De hecho, señala Cicerón que el *iudicium censoris* no trae para el sancionado casi nada más que la vergüenza (*rubor*) y como esto afecta sólo al buen nombre, la corrección se llama *ignominia*.[245] Y es que el censor en su calidad de rector de la moralidad vendría a ser algo así como la voz misma de la opinión pública y de ahí que la deshonra, el vilipendio, la ignominia derivada de la reprobación censoria pudiera haber conllevado graves consecuencias psicológicas para el individuo, incluso no es descartable que hubiera conducido al suicidio del ciudadano concernido en algún caso, sobre todo cuando la nota censoria se debía a una falta cometida en el ámbito de la milicia, al quebranto de un juramento o al hecho de haber mostrado miedo vergonzoso, cobardía o defección en el teatro de guerra, tal como aconteció, si hemos de creer una de las dos versiones proporciona-

---

240 Liv. 4, 24.

241 Cic. *de Orat*. 3, 93.

242 Cassiod. *chron*. 639.

243 Gel. 16, 13, 7. También aluden a estos registros: Hor. *Ep*. 1, 6, 62 y Str. 5, 2, 3. En cualquier caso las *tabulae Caerites* hubieron de crearse tras recibir la ciudad etrusca de Ceres el título de *civitas sine suffragio* en 353 y es muy que probable que lo fueran a iniciativa del censor Apio Claudio a finales del siglo IV a.C. Permanecieron en uso, según W. Kunkel, *Staatsordnung*, cit., 410, hasta finales del siglo III o principios del s. II a.C.

244 D. H. 2, 25 *i.f.* refiere cómo Espurio Carvilio hubo de sufrir por haberse divorciado el odio del pueblo hasta el fin de sus días. La deshonra social se transmite, además, a los descendientes del que sufre la reprobación censoria (D. H. 19, 18).

245 Cic. *Rep*. 4, 6 *apud* Non. p. 24M: *Censoris iudicium nihil fere damnato obfert nisi ruborem. itaque, ut omnis ea iudicatio versatur tantummodo in nomine, animadversio illa ignominia dicta est.*

das por Livio, con algunos de los cautivos de guerra romanos tras el desastre de Cannas. Diez de éstos fueron enviados en embajada a Roma por Aníbal y habiendo incumplido el juramento hecho a éste de regresar al cautiverio en caso de negativa de los romanos al canje de prisioneros y sin que les valieran sus alegaciones sobre derecho de *postliminium* o de sentirse desligados del juramento prestado, tras ser abrumados con duras notas de ignominia por los censores algunos de ellos se quitaron la vida;[246] sin embargo, tal fatal desenlace no es corroborado por ninguno de los otros autores que refieren esos mismos acontecimientos,[247] por lo que bien pudiera tratarse aquí de una exageración retórica.

Las condiciones establecidas por la *lex Clodia de censoria notione* de 56 de acusación formal y de unánime juicio de culpabilidad por el colegio de censores, como previas a la preterición de un senador en la *lectio senatus*, revelan hasta qué punto era hasta ese momento libre y autónoma la potestad de cada censor de indagar en la vida de los ciudadanos,[248] libertad y autonomía que repondría unos pocos años después la *lex Caecilia de censura* de 52, al tiempo que sugiere la politización de que era objeto el ejercicio de la censura en este ámbito. Al ejercicio descaradamente tendencioso de los instrumentos sancionatorios de la censura se llegaría en el pródromo de la guerra civil entre César y Pompeyo, de lo que da buena cuenta Dión Casio cuando narra las expulsiones del Senado de numerosos miembros del orden senatorial y ecuestre por motivos puramente sectarios durante la censura de Apio Claudio y Pisón.[249]

La enorme trascendencia de las atribuciones de los censores lo era también por la ubicuidad de su radio de acción, pues más allá de

---

[246] Liv. 22, 61, 9.

[247] Cic. *Off.* 1, 13 y 3, 32; Gel. 6, 18; V. Max. 2, 9, 8; y Zonar. 9, 2.

[248] Véase D. C. 40, 57. Como explica, W. J. Tatum, "The Lex Clodia de censoria notione", en *CPh*, 85, 1, 1990, 39, la innovación de *lex Clodia* habría consistido en asimilar procedimentalmente la *lectio senatus* al *census*, de tal modo que los senadores reprobados tendrían la oportunidad de defenderse antes de que los censores pudieran removerlos del Senado. También N. El Beheiri, *Das regimen morum*, cit., 162, afirma que esta ley representa un intento de vincular la competencia del *regimen morum* a criterios jurídico-formales.

[249] D. C. 40, 63.

la esfera pública se adentraba en ámbitos de pura privacidad de los ciudadanos, como muestran los *exempla* de Valerio Máximo.[250] Así, parece que fueron relativamente frecuentes en los primeros tiempos de existencia del *regimen morum* censorio las reprobaciones de divorcios y repudios estimados injustificados[251] o de celibatos considerados inmorales.[252] Tanto la honorabilidad pública como la privada serán enjuiciadas por el censor.[253] Como refiere Dionisio de Halicarnaso, comparando a los atenienses con los romanos, éstos "abriendo todas las casas extendieron el poder de los censores incluso hasta el dormitorio, convirtieron este cargo en inspector y guardián de todo lo que ocurría en las casas".[254] Nada escapaba, pues, a esa especie de juicio de honor de los censores, a la totalitaria censura de las costumbres; ningún ámbito de la vida era ajeno al juicio censorio, hasta los chistes lascivos o sólo simplemente intempestivos y los bostezos en presencia de un censor podían motivar una amonestación e incluso una degradación al grupo social de los *aerarii*.[255]

Es imposible formular un catálogo completo de posibles conductas moralmente inadecuadas o de faltas a la moral, habida cuenta no sólo de la imprevisibilidad de la casuística sino sobre todo de que la apreciación por el censor de la inmoralidad de un acto era totalmente discrecional, razón por la cual un mismo hecho o acto podría haber sido teóricamente objeto o no de reprobación censoria según el criterio del censor de turno y ese criterio podía estar en ocasiones condicionado por factores espurios, de rivalidad política, venganza personal, etc. Cosa distinta es que pueda hacerse una relación y efectivamente ya se ha hecho, de los motivos de los censores para expulsar a senadores a través de la *lectio senatus* o de su negativa a la *recognitio equitum* a

---

250 V. Max. 2, 9.

251 V. Max. 2, 9, 2 relata la expulsión de un senador del Senado por los censores de 307 por estimar injustificada la repudiación de su joven esposa.

252 V. Max. 2, 9, 1 refiere la imposición de multas (*stipes*) por celibato prolongado.

253 *R. St.*, 2. 1, 377-382, enumera los supuestos de hecho que activaban la represión del censor en el ejercicio del *regimen morum* y, entre ellos, *unwirthschaftlicher Luxus*, "el lujo dispendioso".

254 D. H. 20,13, 2-3.

255 Gel. 4, 20 pr. y 6: pr. Véase también Gel. 4, 20, 7-13.

miembros del *ordo equester* constatados por las fuentes, fundamentalmente literarias.[256]

Esa atipicidad de las conductas amonestables[257] y la absoluta discrecionalidad del enjuiciamiento censorio[258] unidas a la *dignitas maxima* de la magistratura explicarían las anómalas facultades desde el punto de vista político y constitucional consentidas a los censores de sancionar actos de otros magistrados perfectamente ajustados al orden constitucional y al funcionamiento ordinario de las instituciones, como en el caso acontecido a principios del s. I a.C. de Marco Duronio, quien, según relata Valerio Máximo, fue expulsado del Senado por Marco Antonio, el Orador, y Lucio Valerio Flaco, censores a la sazón, por el hecho de haber propuesto con éxito, cuando era tribuno de la plebe, la derogación en 98? de una ley suntuaria, la *Lex Licinia* (103?) sobre limitación de lujo convival.[259]

Otro caso es el narrado por Livio, no menos llamativo pero que adolecería de procronismo si es que se le quiere relacionar con el *regimen morum* censorio. Se trata de la supresión de la adscripción de Mamerco Emilio Mamercino a una tribu por haber recortado, siendo dictador –a través de la *lex Aemilia de censura minuenda* de 434– una magistratura del pueblo romano, precisamente la censura, por considerar excesivos sus poderes y su duración. Aquél hubo de sufrir además una multiplicación por ocho de sus impuestos y una degradación a la condición de *aerarius*.[260] Este caso no resulta creíble si las sanciones impuestas a Mamerco lo fueron en virtud del *regimen morum* censorio, pues en el siglo V a.C. los censores no tenían atribuido todavía este ministerio; sin embargo, nos sirve para ilustrar la naturalidad con que ciertas actuaciones de los censores podían

---

[256] Por E. Reigadas Lavandero, *Censura*, cit., 507-509.

[257] No ha faltado tampoco empero algún intento de listar los casos de intervención del censor en la esfera del *regimen morum*, como el de E. Castello, *Studi*, cit., 86 s.

[258] De hecho, como *Willkürregiment*, "un mando arbitrario", designa Mommsen la censura, magistratura que el historiador define esencialmente como la suma de dos elementos *Willkür und Herkommen*, "arbitrariedad y costumbre" (*R. St.*, 2. 1, 331). Sobre estas nociones en el pensamiento de Mommsen véase N. El Beheiri, *Das regimen morum*, cit., 36-61.

[259] Del caso nos da noticia en Val Max 2, 9, 5. Véase n. 488.

[260] Liv. 4, 24, 7.

quedar fuera del regular funcionamiento de las instituciones sin que por ello se resintiera en absoluto el orden constitucional. Otro caso ilustrativo de esta singular posición de la censura en el sistema y al margen de su verosimilitud, es el de la privación del voto nada menos que de toda la población romana, incluyendo a su colega Cayo Claudio Nerón y con la sola excepción de la tribu Mecia, que llevó a cabo el censor Marco Livio Salinátor en su censura de 204.[261]

También podría traerse a colación a este respecto la insólita actuación del censor Marcio Rutilio, cuando en 265, según el testimonio de algunos autores, amonestó conjuntamente a todo el pueblo por haberle elegido censor por segunda vez y excitó un plebiscito para prohibir segundas elecciones a la censura (*lex de censura non iteranda*).[262] Fue al parecer por esa repetición de la censura por lo que recibió el *cognomen* de *Censorinus*. La censura se nos muestra así como una magistratura que, inserta en el sistema político, está al mismo tiempo por encima de él en su condición de baluarte de la moralidad, funciona en cierto modo de por libre en dicha condición, y esta posición en el sistema paradójicamente anómala de la censura encuentra su razón de ser en el hecho de contribuir a proporcionar sostén y firmeza, como si de un arbotante se tratara, al edificio de la constitución mixta republicana, cuyo funcionamiento a modo de juego de pesos y contrapesos conjugados en admirable armonía describiera una vez Polibio en el libro sexto de su Historia.

No obstante, la censura republicana, como acontece con cualquier otra institución política romana, no podía dejar de tener una contrapartida, unas limitaciones intrínsecas equilibradoras del enorme peso que le confería su singular naturaleza. En efecto, todas las actuaciones de los censores tenían una eficacia provisional, duraban hasta la elaboración del censo y su perdurabilidad dependía del criterio de los siguientes censores. El censor no es un juez,[263] como bien argumenta Cicerón en *Clu.* 43, 120, y en ninguna de las leyes que se

---

[261] Los hechos son narrados por Liv. 29, 37, 13-15.

[262] Liv. 23, 23; Plu. *Cor.* 1; y con mayor detalle V. Max. 4, 1, 3.

[263] Juvenal utiliza la expresión *iudex morum* en 4, 12: *si fecisset idem, caderet sub iudice morum*, pero el término debe entenderse aquí no en su sentido jurídico-técnico, sino como una metáfora de la figura del censor,

refieren a la incapacidad, ya sea para el desempeño de las magistraturas, ya para la elección de juez o ya para el ejercicio de la acusación, se halla prevista como causa de incapacidad la nota censoria, pues "quisieron los romanos que en aquella potestad censoria hubiera una razón de temor, no un castigo para la vida".

En el pasaje 42, 117 afirma el Arpinate que las notas censorias no son sentencias ni tienen efecto de cosa juzgada; y en el 42, 119 distingue entre la eficacia de las sentencias judiciales, inamovibles por el efecto de cosa juzgada, y la de las decisiones censorias, siempre revocables.[264] Por tanto, el valor revocable y provisorio de las notas censorias deriva de su naturaleza no penal ni jurisdiccional sino, por así decirlo, "administrativa sancionadora", en relación principalmente con la *lectio senatus*, el control de la composición de las centurias de caballeros o el de las tribus comiciales.[265] Y la naturaleza no jurisdiccional de la magistratura del censor hace que las notas censorias no lleven aparejado efecto infamante para el individuo sino *ignominia*, como bien puntualiza Zanda,[266] a la vista del pasaje 4, 6 del *De re publica* de Cicerón.[267] Abunda en la distinción entre *infamia* e *ignominia* un pasaje del gramático Flavio Sosípatro Carisio,[268] al relacionar la primera con la opinión pública y la segunda con la *potestas* de aquel magistrado que tiene el poder de imponer de plano una nota censoria, esto es, el censor. Por ello, como sugiere Fernández

---

que en el ejercicio de la *cura morum* aprecia si los actos de los ciudadanos se ajustan o no a las buenas costumbres.

264 Véase también MARCELL. 3 *dig*. D. 1, 9, 2; y D. C. 36, 38, 2 y 37, 30, 4, en que pueden apreciarse ejemplos de magistrados sancionados censoriamente y que han retomado después su carrera política y reingresado en el Senado.

265 Sobre la naturaleza administrativa de los actos sancionadores del censor véase H. SIBER, *Römisches Verfassungsrecht in geschichtlicher Entwicklung*, Lahr, 1952, 221 ss.; y W. KUNKEL, *Staatsordnung*, cit., 406 ss.

266 E. ZANDA, *Fighting Hydra*, cit., 38.

267 CIC. *Rep*. 4, 6. Véase n. 245.

268 Char. p. 401K: *ignominia imponitur ab eo qui potest animadversione innotare; infamia ex multorum sermone nascitur* (La ignominia es irrogada por aquel que tiene la potestad de escribir una nota censoria; la infamia nace del comentario de muchos).

de Buján,[269] sería más correcto utilizar la expresión de "ignominia censoria" en vez de la más usual de "infamia censoria" en relación con las notas censorias.[270]

Uno de sus límites jurídicos habría sido la *intercessio* o veto del colega, sin que el caso de los censores de 204, sólo narrado por Livio y de muy dudosa verosimilitud, los cuales se privaron recíprocamente del caballo público, obste a la admisión de dicho límite, dada la excepcionalidad de dicho caso.[271] De hecho, a casos de *intercessio* entre colegas censores se refieren, por ejemplo, Cicerón y Dión Casio en relación con la censura de 142,[272] éste último también respecto a la de 136[273] o Apiano a la de 102.[274] Pero ni siquiera el veto del colega fue una limitación durante los años de vigencia de la *lex Clodia de censoria notione*, pues esta ley exigía a los censores actuar de consuno al elaborar la *lectio senatus*. Tampoco las directrices contenidas en el edicto censorio habrían podido actuar como límite, habida cuenta de la lógica imprevisibilidad de la casuística de los actos inmorales y de la subjetividad del censor a la hora de enjuiciarlos como tales.

Otro límite habría sido la *intercessio* del tribuno de la plebe, la cual sólo era inadmisible contra actos de un *dictator*. Livio recoge una muestra de veto interpuesto por un tribuno de la plebe a un censor: se trata del veto a una multa impuesta por uno de los censores de 169 a un liberto por haber construido éste en suelo público, veto que, desoído por el censor, motivaría una acusación de *perduellio* contra éste, de la que por cierto resultaría finalmente absuelto;[275] sin

---

269 A. Fernández de Buján, *Las nociones*, cit., 326.

270 Sin embargo, la distinción entre infamia e ignominia devino con el tiempo evanescente. En efecto, como advierte también A. Fernández de Buján, ibid., 334, el pasaje Pap. 1 *resp.* D. 3, 2, 20, en que Papiniano en relación con una sentencia de un gobernador provincial emplea la expresión *irrogare ignominia* en lugar de *irrogare infamia*, revela el uso indistinto y con el mismo significado de *infamia* e *ignominia* hacia fines del siglo II d.C.

271 Liv. 29, 37, 8-11.

272 Cic. *de Orat.* 2, 268; y D. C. 22, 76, 1.

273 D. C. 23, 81.

274 App. *BC* 1, 28.

275 Liv. 43, 16, 4-10.

embargo, hecha excepción de la *intercessio* tribunicia, a iniciativa de un tribuno de la plebe no tuvieron que rendir cuentas los censores del desempeño de su magistratura al menos desde finales del siglo III a.C., en que hay constancia de un decreto del Senado que eximió a los censores de defenderse ante cualquier acusación proveniente de tribunos de la plebe con el propósito de que la censura no quedara en el futuro a merced de veleidades populares.[276] Era obligación de la censura *exigere rationem non reddere*, "exigir cuentas, no rendirlas", dirá Valerio Máximo.[277]

No parece que en el ámbito municipal hubiese existido un *regimen morum* basado como en la metrópoli en la plena discrecionalidad del censor a la hora de elaborar, por ejemplo, la *lectio decurionum*, al menos con posterioridad a las normas contenidas en la llamada *Tabula Heracleensis* o *lex Iulia municipalis*, datables entre la guerra social y el régimen cesariano aunque muy probablemente emanadas durante éste último.[278] Con anterioridad al nuevo ordenamiento contenido en la *tabula* no es posible, en cambio, ni afirmar ni desmentir que hubiera en aquel ámbito un *regimen morum* al modo del existente en Roma.[279] De la *tabula* resulta la judicialización de los casos de infracción del *regimen morum*. De hecho, algunas de las conductas amonestables de plano por los censores en la ciudad de Roma aparecen aquí para los *municipia*, *coloniae*, *fora* o *conciliabulae* sancionadas con multas de 50.000 sestercios a favor de la población en cuestión e impuestas tras los correspondientes procesos judiciales incoados a instancia de cualquier miembro de la corporación (*quei volet*). Es el caso de la degradación o de la expulsión del ejército por causa de ignominia, El uso del término procesal *petitio* lleva a descartar que las sanciones en materia de *regimen morum* fueran irrogadas en virtud de una discrecional potestad sancionadora de un magistrado.

Al servicio de la policía de costumbres pusieron también los censores su *ius edicendi*, promulgando *edicta*. En ocasiones se habla también de *leges censoriae*, debiendo entenderse por tales aquí

---

276 Liv. 29, 37, 17 y V. Max. 7, 2, 6.

277 V. Max. 7, 2, 6.

278 *RRSS*, 1, 360.

279 W. Kunkel, *Staatsordnung*, cit., 412.

el término *leges* en el sentido genérico y común de "normas", pues los censores, a diferencia de otros magistrados, como los cónsules, pretores o tribunos de la plebe, no tenían la potestad de presentar propuestas legislativas para su aprobación popular. Nepote se refiere al *edictum* o *lex censoria*, emitido por Catón en su censura de 184, en el que al parecer incluyó muchas previsiones relativas al lujo[280] y Aulo Gelio aporta el único edicto censorio concerniente al *regimen morum* que se conserva íntegro de estimarse auténtica la transcripción geliana. Se trata del edicto de los censores de 92, Gneo Domicio Enobarbo y Lucio Licinio Craso, por el que se advierte a los sedicentes rétores latinos, que enseñaban en Roma innovadoramente, así como a los que asistían a sus escuelas, que tal tipo de enseñanza era contraria a los *mores maiorum* (*edictum de coercendis rhetoribus latinis*).[281] También Festo cita una expresión de una *lex censoria* en términos característicos de un edicto con el uso de imperativos de futuro.[282]

Pues bien, es claro que velar por el mantenimiento de las buenas costumbres exigiría que uno de los ámbitos objeto de la escrutadora vigilancia de los censores fuera también el de la frugalidad y la moderación en el tenor de vida de los ciudadanos y en este ámbito se hallaría inscrito el lujo y dentro de él, evidentemente, el lujo indumentario, como posible manifestación de vida disoluta. Efectivamente, la represión censoria del lujo incidirá sobre las distintas expresiones de éste y será un ámbito muy importante del *regimen morum*. Las primeras expulsiones de senadores del Senado de que tenemos noticia tuvieron precisamente por causa el lujo inmoderado. De hecho, la mera acumulación inmoderada de objetos preciosos fue, según las fuentes de que disponemos, muy probablemente la primera de las causas de expulsión del Senado por obra del censor acontecida en la censura de 275.[283] A esta primera mitad del siglo III a.C. deben re-

---

[280] Nep. *Ca.* 2, 3.

[281] Gel. 15, 11, 2.

[282] Fest. p. 229M: *Produit, porro dederit, ut est in lege Censoria: "porticum sartam tectamque habeto, prodito". Alias prodiderit.*

[283] E. Baltrusch, *Regimen morum*, cit., 18, asegura que la primera expulsión del Senado acreditada lo habría sido precisamente por esta causa.

ferirse Séneca y Ovidio cuando dicen que tener unas pocas láminas de plata representaba un delito para los censores.[284] La estabilidad financiera de las familias nobles se muestra aparerentemente como motivo de preocupación censoria; sin embargo, no es descartable, como se ha apuntado,[285] que el lujo inmoral fuera el pretexto para la eliminación de un adversario político.

También hay constancia de que la intemperancia y el despilfarro en el ámbito de la edificación y en la obtención de rendimientos de los bienes inmuebles fue objeto de la reprobación censoria. Plinio, el Viejo, hace alusión a una *castigatio censoria* en relación con la actividad constructiva.[286] También podría indicarse la nota infligida al augur M. Emilio Lépido Porcina en 125 por haber alquilado a un precio excesivo y por haber construido una casa de campo excesiva-

---

El caso en concreto es el de la expulsión por el censor Cayo Fabricio Luscino de Publio Cornelio Rufino que, de acuerdo con la tradición *vulgata* basada en la cronología de M. Terencio Varrón, fue cónsul en 290 y 277 y dictador en 276. Se trata de un caso muy referido por los autores. La información más precisa la aporta quizá GEL. 4, 8, 6: *Hunc Rufinum postea bis consulatu et dictatura functum censor Fabricius senatu movit ob luxuriae notam, quod decem pondo libras argenti facti haberet* (Después a este Rufino, que había fungido dos veces como cónsul y dictador, el censor Fabricio lo expulsó del Senado por su conocida afición al lujo, pues tenía diez libras de plata labrada). Véanse también D. H. 20, 13, 1; V. MAX. 2, 9, 4; GEL. 17, 21, 39; FLOR. *Epit.* 1, 13, 21-22; PLIN. *Nat.* 18, 8 (6), 39; y 33, 50, 142; PLU. *Sull.* 1; y TERT. *Apol.* 6, 2.

284 SEN. *Dial.* 7, 21 y OV. *Fast.* 1, 208.

285 Por E. REIGADAS LAVANDERO, *Censura*, cit., 195 y n. 37.

286 PLIN. *Nat.* 18, 7 (6), 32: *Modus hic probatur, ut neque fundus villam quaerat neque villa fundum, non, ut fecere iuxta diversis in eadem aetate exemplis L. Lucullus et Q. Scaevola, cum villa Scaeuolae fructus non caperet, villam Luculli ager, quo in genere censoria castigatio erat minus arare quam verrere* (He aquí la justa medida a guardar: que la casa baste al fundo y el fundo baste a la casa. Lo contrario hicieron L. Lúculo y Q. Escévola, que dan dos ejemplos opuestos de la misma época, pues la casa de Escévola no tenía espacio para guardar la cosecha, mientras que la tierra de Lúculo no era lo suficientemente espaciosa para contener la casa. A éste segundo antaño se le habría castigado con una nota censoria por haber tenido en menos arar que barrer).

mente elevada, a que se refieren Valerio Máximo[287] y Veleyo Patérculo.[288] También Plinio recoge la amonestación del censor Gneo Domicio Enobarbo a su colega Lucio Licinio Craso en la censura de 92 por morar en una casa con columnas de mármol extraídas del monte Himeto.[289] La represión en este ámbito parece, sin embargo, haber sido particularmente tendenciosa y haber respondido en ocasiones más a motivos políticos que a la salvaguarda de otros intereses menos espurios. Si ser el blanco de las envidias es la razón última invo-

---

[287] V. MAX. 8, 1 *damn.* 7: *Admodum severae notae et illud populi iudicium, cum M. Aemilium Porcinam a L. Cassio accusatum crimine nimis sublime extructae villae in Alsiensi agro gravi multa affecit* (También fue bastante severo el veredicto del pueblo cuando irrogó una elevada multa a Marco Emilio Porcina, acusado por Lucio Casio de haber construido una casa de campo excesivamente elevada en los alrededores de Alsio).

[288] VELL. 2, 10, 1: *Prosequamur nota severitatem censorum Cassii Longini Caepionisque, qui abhinc annos centum quinquaginta tris Lepidum Aemilium augurem, quod sex milibus HS. aedes conduxisset, adesse iusserunt* (Continuemos con el tema de la severidad: la nota de los censores Casio Longino y Cepión, quienes hace ciento cincuenta y dos años ordenaron comparecer al augur Lépido Emilio por haberse construido una casa de seis mil sestercios).

[289] El caso es narrado en PLIN. 17, 1 (1), 6: *Ac ne quis vilem de cetero Crassi domum nihilque in ea iurganti Domitio fuisse licendum praeter arbores iudicet, iam columnas VI Hymetti marmoris, aedilitatis gratia ad scenam ornandam advectas, in atrio eius domo statuerat, cum in publico nondum essent ullae marmoreae. tam recens est opulentia, tantoque tunc plus honoris arbores domibus adferebant, ut sine illis ne inimicitiarum quidem pretium servaverit Domitius* (Y no se crea que el resto de la casa de Craso no tenía valor y que nada excepto los árboles era digno de mención cuando Domicio le impuso la nota censoria. En efecto, había a la sazón seis columnas de mármol del Himeto que, habiéndolas hecho traer por causa de su edilidad con el fin de adornar el teatro, las hizo colocar en el atrio de su casa, en una época en que los edificios públicos no tenían todavía ninguna columna marmórea. ¡Tan reciente es la opulencia! Los árboles aumentaban entonces mucho el valor de las casas, hasta el punto de que sin ellos Domicio no habría podido valorar la casa ni con el precio que hubieran fijado los mismísimos enemigos de Craso).

cada por Valerio Máximo de muchas causas judiciales y condenas,[290] ¿cuánto más no lo habría sido tratándose de decisiones de naturaleza discrecional como las de los censores?

También fue objeto de represión censoria el lujo en la mesa y en el aparato convival, así como el gasto en el juego y en actividades lúdicas.[291] Hay constancia gracias a Plinio de diversos edictos censorios promulgados con el propósito de atemperar el lujo en relación con la tenencia y el consumo de artículos exóticos, como perfumes, vino o ciertos alimentos.[292]

Por fin, de la represión censoria en materia de lujo indumentario no es mucho realmente lo que puede conocerse a través de las fuentes literarias, las únicas que, por otro lado, proporcionan algún tipo de información. En todo caso, puede afirmarse con seguridad que

---

290 V. MAX. 8, 1 *init.*

291 Véase al respecto ampliamente E. BALTRUSCH, *Regimen morum*, cit., 19-21.

292 PLIN. 13, 5 (3), 24: *Quando id primum ad Romanos penetravit, non facile dixerim. certum est Antiocho rege Asiaque devictis, urbis anno DLXV, P. Licinium Crassum L. Iulium Caesarem censores edixisse ne quis venderet unguenta exotica; sic enim appellavere* (Es difícil de decir cuándo se introdujeron en Roma los perfumes. Hay un dato cierto: después de la derrota de Antíoco y la conquista de Asia en el año 565 de Roma los censores Publio Licinio Craso y Lucio Julio César prohibieron por medio de un edicto la venta de perfumes "exóticos". Este es el término que emplearon). PLIN. 14, 16 (14), 95: *Sic quoque postea diu transmarina in auctoritate fuerunt et ad avos usque nostros, quin et Falerno iam reperto, sicut apparet ex illo comico versu: Quinque Thasi vini depromam, bina Falerni. P. Licinius Crassus L. Iulius Caesar censores anno urbis conditae DCLXV edixerunt, ne quis vinum Graecum, Aminniumque octonis aeris singula quadrantalia venderet. haec enim verba sunt. tanto vero Graeco vino gratia erat, ut singulae potiones in convictu darentur* (Incluso después la moda de los vinos de ultramar duró por mucho tiempo y hasta nuestros abuelos, aún después del descubrimiento del vino de Falerno como lo muestra este verso de una comedia: Yo tomaré cinco de vino de Tasos y dos de Falerno. Los censores P. Licinio Craso y L. Julio César en el año 665 de Roma dictaron el siguiente edicto: "Está prohibido vender vino griego y amineo a menos de ocho ases el cuadrantal". Estas son las palabras textuales. El vino griego era tan apreciado que sólo era servido una vez en cada banquete).

constituía una atribución específica de la magistratura de la censura, dentro de la genérica competencia del *regimen morum*, la de velar por la utilización decorosa y condigna con el rango social de la vestimenta tradicional romana por parte de los ciudadanos.

En este ámbito un tratamiento especial merece la figura más emblemática de la censura republicana: Marco Porcio Catón (234-149),[293] representativo de un particular modelo de censura que remite a una idealización de la *gravitas* y la *severitas* romanas, el que ha sido definido como "modelo catoniano de censura".[294] De Catón, no en vano apodado "el censor", se afirma, en la semblanza de su vida atribuida a Cornelio Nepote, que "amonestó a muchos nobles e introdujo muchas novedades en el edicto para reprimir el lujo, que ya comenzaba a propagarse".[295] De la represión del lujo, de "cortarlo y quemarlo como la cabeza de la hidra" (ὥσπερ ὕδραν τέμνων καὶ ἀποκαίων), en expresión de Plutarco,[296] y de la contención de la penetración en Roma de la cultura helénica hizo causa política y lideró en el Senado una facción empeñada en la repristinación de la antigua moralidad y en la conjuración de los peligros de una política expansionista, intervencionista y filohelénica propugnada por la otra facción. Una de sus actuaciones más sonadas y celebradas a ese respecto fue la oposición que sostuvo con particular vehemencia a la derogación de la *lex Oppia*, de lo que

---

[293] Semblanzas de Catón en Cic. *Brut.* 63 y 293 y *Cato* fr.; Nep. *Ca.*; Liv. 39, 40 ss.; Plin. *Nat.* 7, 27 (28), 100; Quint. *Inst.* 12, 3, 9; 10, 39; y 11, 23; Plu. *Cat. Ma.* 50, 1; 132, 3; y 149, 12; Serv. *A.* 11, 301; y Amp. 19, 8. Sobre la figura histórica de Catón véanse: E. Marmorale, *Cato Maior*, Bari, ²1949; F. Della Corte, *Catone censore, la vita e la fortuna*, Torino, 1949; D. Kienast, *Cato der Censor. Seine Persönlichkeit und seine Zeit*, Heidelberg, 1954; A. E. Astin, *Cato the Censor*, Oxford, 1978; así como los diversos "studi catoniani" de P. Fraccaro contenidos en *Opuscula*, 1. *Scritti di carattere generale, studi catoniani, i processi degli Scipioni*, Pavia, 1956.

[294] Por M. Humm, "L'image de la censure chez Valère Maxime: Formation et evolution d'un paradigm", en J. M. David (ed.), *Valeurs et mémoire à Rome, Valère Maxime ou la vertu recomposée*, Paris, 1998, 73 s.

[295] Nep. *Ca.* 2, 3: *nam et in complures nobiles animadvertit et multas res novas in edictum addidit, qua re luxuria reprimeretur, quae iam tum incipiebat pullulare.*

[296] Plu. *Cat. Ma.* 16, 7.

me ocuparé ampliamente más adelante. De su actividad como censor[297] (184) dan buena cuenta fundamentalmente Livio[298] y Plutarco,[299] quienes ilustran el extremo celo con que aquél combatió el lujo. En este orden de cosas parece seguro que como mínimo apoyó también la aprobación y el mantenimiento de la *lex Orchia* (181), sobre lujo convival, y de la *lex Voconia* (169), que impuso trabas al enriquecimiento por vía hereditaria de las mujeres, habida cuenta de las noticias que tenemos sobre la existencia de discursos catonianos sobre sendos temas.[300] Pero ni el denuedo de Catón por combatir el lujo y ni siquiera el comentario de Livio sobre la dificultad de decidir quién persiguió más a quién, si la nobleza a Catón o éste a la nobleza,[301] autorizan a hablar de una actitud democraticista o de oposición ideológica a la *nobilitas lato sensu* por parte de Catón, sino de repulsa a la nueva oligarquía urbana y a favor, no de la vieja "democracia rural", como apuntaba Fraccaro,[302] sino de los intereses de la aristocracia senatorial y, como puntualiza Kienast,[303] no simplemente como defensa genérica del *status quo* y de los fundamentos de la república sino de modo beligerante frente al poder emergente de los comerciantes enriquecidos que subscribían contratos públicos.

Lo que Catón pretendía era precisamente la regeneración de esa nueva oligarquía emergente y él abogaba, como también lo haría mucho tiempo después recurrentemente Cicerón, otro ejemplo conspicuo de *homo novus*, por un concepto de aristocracia que lo fuera

---

297 Sobre la censura de Catón véase ampliamente P. FRACCARO, *Ricerche storiche e letterarie sulla censura del 184-183. M. Porcio Catone. L. E. Valerio Flacco*, Pisa, 1911, reimpr., Roma, 1972.

298 LIV. 39, 42-44.

299 PLU. *Cat. Ma.* 16-18.

300 Sobre el discurso en contra de la derogación de la *lex Orchia*: PLU. *Cat. Ma.* 8; MACR. 3, 17, 2-3 y 13; SERV. *A.* 1, 726; AMM. MARC. 16, 5, 2; y SCHOL. Cic. Bob. Stangl, p. 141. Respecto al discurso a favor de la *lex Voconia*: CIC. *Cato* fr. 14; LIV. *Per.* 41; GEL. 6, 13, 3 y 17, 6, 1; SERV. *A.* 1, 573; y NON. p. 76M.

301 LIV. 39, 40, 9: *utrum magis presserit eum nobilitas, an ille agitaverit nobilitatem.*

302 P. FRACCARO, *Ricerche*, cit., 75.

303 D. KIENAST, *Cato*, cit., 68 ss.

no tanto por vínculos de sangre cuanto por virtud, ejemplaridad y servicio a la *res publica*. Por eso, Catón exhibe un afán denonado de proteger y de regenerar a la élite senatorial, de la que también forma parte, para evitar justamente su declive y a tal propósito acomete las purgas y castigos entre sus miembros que estima necesarios, para, como dice Livio, *castigare se nova flagitia et priscos revocare mores posse*:[304] "poder reprimir la moderna corrupción y restaurar la antigua moral". Y, de hecho, según Valerio Máximo, logró incrementar la autoridad del Senado (*aucta maiestas senatus*).[305] Catón se presentó como un regeneracionista de la aristocracia y de la república, que luchó afanosamente por ver resplandecer su ideario, probablemente exhibiendo a menudo un *modus vivendi* coherente con lo propugnado públicamente,[306] y no sólo actuó contra aquella facción de la *nobilitas* dispuesta a no desaprovechar las oportunidades económicas y el bienestar que brindaba la posición hegemónica de Roma en el Mediterráno, sino también contra los demás órdenes o estratos sociales. La de Catón fue, como afirma Livio, "una censura implacable y severa para con todos los órdenes sociales".[307] Así se desprende también de los retratos de la figura pública y privada de Catón y de los fragmentos de sus discursos que ofrecen los autores.

No obstante, existen datos que suscitan dudas acerca de la supuesta escrupulosa integridad catoniana, datos que son proporcionados por los mismos autores que precisamente sugieren esa imagen. En efecto, Catón fue acusado ante los censores de 164 de incumplir una de las leyes restrictivas del lujo, la *lex Orchia de coenis*, por la qual se limitaba el número de comensales en los banquetes, ley

---

[304] Liv. 39, 41, 4.

[305] V. Max. 3, 4, 6.

[306] Los autores insisten unánimemente en mostrarnos la coherencia de Catón entre su discurso público y su modo de vida personal, privado y público. Así, dice Valerio Máximo en 4, 3, 2: *ex eodem naturae utero et continentia nata est et Cato* ("la sobriedad y Catón nacieron de las mismas entrañas de la naturaleza"). Noticias y anécdotas sobre la frugalidad y la moderación extrema de Catón, rayana en la mezquindad, en: Liv. 32, 8; V. Max. 4, 3, 2 y 11; Plu. *Cat. Ma.* 6 y 10, 3; Fron. *Str.* 4, 3, 1; y D. C. 39, 22, 4.

[307] Liv. 39, 44, 1: *in censibus quoque accipiendis tristis et aspera in omnes ordines censura fuit.*

que paradójicamente él mismo había impulsado y a cuya derogación se había opuesto públicamente en una *suasio* pronunciada en 181.[308] Contra la acusación Catón pronunció en su descargo un discurso titulado *De sumpto suo*, que sólo conocemos, sin embargo, a través de Aulo Gelio[309] y sobre todo de Frontón,[310] que reproduce un pasaje de aquél aportándolo como ejemplo de *praeteritio* retórica. Tal discurso pudo haber sido mantenido por Catón con toda probabilidad con ocasión del *iudicium de moribus* ante los censores que le acusaban de exceso en gastos domésticos.[311] Además, de resultar cierto el relato de Plutarco, Catón se habría entregado, sobre todo en el tramo final de su vida, a actividades nada ejemplarizantes y a los lucrativos negocios del comercio de esclavos y de los préstamos marítimos,[312] sumamente impropios de un excensor. Cabría juzgar en tal caso al personaje de impostura y de una absoluta falta de integridad y coherencia con los principios tantas veces invocados por él mismo. Es más, los numerosos pleitos en que se vio envuelto –casi cincuenta causas en calidad de demandado apunta Plutarco[313] y Plinio habla de al menos cuarenta y cuatro,[314] en todos los cuales se habría defendido presumiblemente con brillantez, pues tenía profundos conocimientos de Derecho–,[315] podrían explicarse no sólo como una mera actitud vindicativa de sus detractores, sino también como intentos, si bien al parecer frustrados, por parte de éstos de desacreditar al personaje y de evidenciar su hipocresía siempre que había ocasiones para ello, la cuales no parecieron faltar. Que estuviera expuesto a semejante litigiosidad presupone por parte de Catón una dedicación

---

308 Macr. 3, 17, 2-3.

309 Gel. 13, 24, 1. Véase n. 318.

310 Fro. *Ant*. i, p. 92, 21.

311 Como sostuvo P. Fraccaro, *Opuscula*, 1, cit., 257-262, sobre la base de Gel. 13, 24 y que hace derivar también del discurso de Catón un pasaje plutarqueo: Plu. *Cat. Ma.* 4, 4-5.

312 Plu. *Cat. Ma.* 21, 6.

313 Plu. *Cat. Ma.* 15, 4.

314 Plin. *Nat.* 7, 27 (28), 100. A las numerosas ocasiones en que Catón fue encausado también se refieren Liv. 39, 40, 8-9 y Amp. 19, 8.

315 Cicerón afirma que fue en su momento el más entendido en derecho: *iuris civilis omnium peritissimus* (Cic. *de Orat*. 1, 171).

a los negocios sospechosamente intensa y dudosamente compatible con los valores que propugnaba incansablemente para la aristocracia. No disipa estas dudas acerca de la integridad de Catón el hecho de que, según Plutarco, le fuera erigida una estatuta en el templo de la Salud, pues tal honor le habría sido tributado por el pueblo[316] por el saludable ejercicio para la república de su censura, no por su trayectoria vital.

No cabe duda de que el lujo indumentario fue uno de los blancos de los ataques de Catón. Lo evidencian ciertas afirmaciones suyas testimoniadas por Aulo Gelio y Plutarco y muy especialmente su *Oratio de vestitu et vehiculis*, que al parecer fue incluso su discurso inaugural como censor.[317] Otras manifestaciones de Catón a este respecto, referidas por Aulo Gelio y Plutarco, podrían haber pertenecido a su *Oratio de sumpto suo*. En ellas expone su vehemente rechazo al uso de prendas de cara manufactura (*manupretiosum vestimentum*);[318] también asegura que nunca utilizó prenda de valor superior a cien dracmas; y refiere la anécdota de haber vendido rápidamente un paño babilonio que le había correspondido en botín.[319] Un *dictum* catoniano contenido en el *Carmen de moribus*, recordado por Gelio, describe sintéticamente qué debe entenderse por vestir *secundum mores*: *Vestiri in foro honeste mos erat, domi quod satis erat*: "Era costumbre vestir correctamente en el foro, en casa con lo indispensable".[320] Y ese *vestiri in foro honeste* significaba, en general, vestir adecuadamente al rango social del individuo. En determinadas circunstancias como, por

---

316 PLU. *Cat. Ma.* 19, 4.

317 P. FRACCARO, *Opuscula*, 1, cit., 438 ss.; y P. CUGUSI y M. SBLENDORIO (eds.), *Opere di Marco Porcio Catone Censore*, 2 vols., Torino, 2001, *ad loc.*

318 GEL. 13, 24, 1: *Neque mihi inquit aedificatio neque vasum neque vestimentum ullum est manupretiosum neque pretiosus servus neque ancilla* (Yo no tengo", dice, "edificación, ni vaso ni vestido alguno de preciosa manufactura, ni esclavos ni esclavas valiosos).

319 PLU. *Cat. Ma.* 4: ἐσθῆτα μὲν γὰρ οὐδέποτέ φησι φορέσαι πολυτελεστέραν ἑκατὸν δραχμῶν (…) ἐπίβλημα δὲ τῶν ποικίλων Βαβυλώνιον ἐκ κληρονομίας κτησάμενος εὐθὺς ἀποδόσθαι (Pues se dice que nunca llevó prenda más costosa de cien dracmas (…) Habiéndole correspondido en un botín un paño babilonio artísticamente trabajado inmediatamente lo vendió).

320 GEL. 11, 2, 5.

ejemplo, en campaña electoral, *vestiri honeste* era hacerlo sin túnica y sólo con la *toga candida* por parte de los candidatos a las magistraturas en cuestión, como hacía Catón a la vieja usanza y para hacer ostentación pública de honradez, como explica Plutarco.[321] Tal hábito lo tenía también Catón en sus actuaciones jurisdiccionales cuando presidía juicios.[322] Plutarco lo atribuye al deber de mostrarse los candidatos dignos de la magistratura a que aspiraban por su actitud o por sus virtudes militares, evidenciadas por las cicatrices que dejaban a la vista, y descarta que fuera un modo de evitar sospechas de corrupción electoral por el hecho de no poder ocultar entre la ropa, vestidos de esa guisa, dinero o regalos para la compra de votos, pues la corrupción

---

321 Plu. *Quaest. Rom.* 49: 'διὰ τί τοὺς παραγγέλλοντας ἀρχὴν ἔθος ἦν ἐν ἱματίῳ τοῦτο ποιεῖν ἀχίτωνας, ὡς Κάτων ἱστόρηκε;'' πότερον ἵνα μὴ δεκάζωσιν ἀργύριον ἐν τῷ κόλπῳ κομίζοντες, ἢ μᾶλλον ὅτι τοὺς ἀξίους ἄρχειν οὐ γένεσιν οὐδὲ χρήμασιν οὐδὲ δόξαις ἀλλὰ τραύμασι καὶ ὠτειλαῖς ἔκρινον; ὅπως οὖν ταῦτα καθορῷτο τοῖς ἐντυγχάνουσιν, ἀχίτωνες ἐπὶ τὰς παραγγελίας κατῄεσαν; ἢ καθάπερ τῷ δεξιοῦσθαι καὶ παρακαλεῖν καὶ ὑποπίπτειν, οὕτω τῇ γυμνότητι ταπεινοῦντες ἑαυτοὺς ἐδημαγώγουν; (¿Por qué era costumbre, como Catón recordaba, para los que se postulaban a las magistraturas hacerlo vestidos con toga y sin túnica? ¿Era para que no pudieran llevar dinero entre los pliegues de la túnica y hacer sobornos o más bien porque solían juzgar a los candidatos dignos de la magistratura no por su familia, riqueza o fama sino por sus heridas y cicatrices? De acuerdo con ello, para que éstas fueran visibles a aquellos con quienes se encontraban los candidatos acostumbraban a bajar a hacer campaña sin túnica ¿O intentaban ganarse el favor popular humillándose con su escasa vestimenta como cuando lo hacen con la mano temblorosa, con las apelaciones personales y un comportamiento adulador).

322 Asc. *Sc.* 29 *i.f.*: *Cato praetor iudicium, quia aestate agebatur, sine tunica exercuit campestri sub toga cinctus. In forum quoque sic descendebat iusque dicebat, idque repetierat ex vetere consuetudine secundum quam et Romuli et Tati statuae in Capitolio et in rostris Camilli fuerunt togatae sine tunicis* (Catón cuando era pretor y conducía un juicio en verano actuaba sin túnica y con un braguero ceñido bajo la toga. También bajaba al foro y administraba justicia de esta guisa, siguiendo así la vieja costumbre, conforme a la cual hubo sendas estatutas togadas y sin túnica de Rómulo y Tacio en el Capitolio y otra de Camilo en la tribuna de oradores).

y la venta de votos no habría sido conocida históricamente en Roma hasta mucho tiempo después.[323]

Así, pues, la moralidad catoniana en el vestir consistiría en suma en dos reglas: frugalidad privada y dignidad pública. En la *Oratio de vestitu et vehiculis* se anuncian las primeras medidas catonianas restrictivas del lujo que afectan precisamente a la vestimenta femenina, entre otros objetos. Sendos pasajes de Livio y Plutarco dan testimonio de cierta medida discurrida por Catón a fin de limitar el lujo:

> LIV. 39, 44, 2: *ornamenta et vestem muliebrem et vehicula, quae pluris quam quindecim milium aeris essent, deciens tanto pluris quam quanti essent in censum referre iuratores iussi.*
>
> Los tasadores jurados recibieron instrucciones de registrar en el censo multiplicando por diez su valor los ornamentos y vestidos femeninos y los vehículos de más de quince mil ases.

> PLU. *Cat. Ma.* 18, 2: Τοὺς δὲ πλείστους ἠνίασε μάλιστα τῇ περικοπῇ τῆς πολυτελείας (...) κύκλῳ δὲ περιιὼν ἠνάγκαζεν ἐσθῆτος, ὀχήματος, κόσμου γυναικείου, σκευῶν τῶν περὶ δίαιταν, ὧν ἑκάστου τὸ τίμημα χιλίας καὶ πεντακοσίας δραχμὰς ὑπερέβαλλεν, ἀποτιμᾶσθαι τὴν ἀξίαν εἰς τὸ δεκαπλάσιον, βουλόμενος ἀπὸ μειζόνων τιμημάτων αὐτοῖς μείζονας καὶ τὰς εἰσφορὰς εἶναι.
>
> Pero lo que indispuso a Catón con la mayoría fue su empeño en cortar el lujo (...) para ello dio un rodeo: hizo dar un valor décuplo a los vestidos, carruajes, objetos

---

[323] PLU. *Cor.* 14, 2: καὶ γὰρ ἔθος ἦν τοῖς μετιοῦσι τὴν ἀρχὴν παρακαλεῖν καὶ δεξιοῦσθαι τοὺς πολίτας, ἐν ἱματίῳ κατιόντας εἰς τὴν ἀγορὰν ἄνευ χιτῶνος, εἴτε μᾶλλον ἐκταπεινοῦντας ἑαυτοὺς τῷ σχήματι πρὸς τὴν δέησιν, εἴτε δεικνύντας, οἷς ἦσαν ὠτειλαί, προφανῆ τὰ σύμβολα τῆς ἀνδρείας (Pues era costumbre que los que aspiraban al consulado hablaran y extendieran la diestra a los ciudadanos llevando encima sólo la toga y sin túnica en el foro, ya fuera para mostrar mayor sumisión en sus ruegos ya para hacer visibles las cicatrices los que tenían tales testimonios de su valor).

> de tocador, vajillas y aparato de mesa, cada una de las cuales cosas excedía en sí de mil quinientos dracmas, a fin de que siendo mayores las tasaciones y los precios fuesen también mayores los impuestos.

Estos pasajes describen un ardid tributario con el objetivo de restringir el lujo: decuplicar el valor tasado de ciertos objetos suntuarios para incrementar la tributación fiscal de sus titulares y lograr con ese mayor gravamen impositivo un efecto disuasorio del lujo y la morigeración de los ciudadanos. El recurso a este ardid se explica porque Catón, en su calidad de censor, no estaba autorizado para el establecimiento de nuevos impuestos, pero sí podía dictar a subordinados suyos, los tasadores-jurados (*iuratores*), instrucciones a la hora de valorar los bienes declarados por los ciudadanos y antes de aplicar al valor global de los patrimonios la cuota del tanto por mil cuya fijación correspondía al Senado. Fue así que hizo constar en el censo el valor tasado de los vestidos y ornamentos femeninos, entre otros objetos suntuarios registrables, multiplicado por diez, de tal manera que incrementando el valor de dichos bienes incrementaba a su vez el de los patrimonios en su conjunto de sus propietarios y con ello las bases imponibles del *tributum ex censu*. No obstante, poco pudo haberse renovado esta medida provisoria pues la bonanza económica permitió en 167 la supresión de aquel impuesto sobre el patrimonio de los ciudadanos, inmunidad fiscal que se extendería a la península itálica tras la guerra social a comienzos del siglo I a.C.

Catón no se opone a la riqueza sino al exceso, al lujo, en tanto que extravagante y superfluo. El lujo es para Catón ajeno a la idiosincrasia romana y ha sido importado de fuera, principalmente del mundo griego. De ahí deriva el antihelenismo catoniano, el cual no debe entenderse como una recusación a la totalidad del universo espiritual y cultural griego, sino sólo de algunos de sus aspectos, los relativos sobre todo a las costumbres y a la moralidad. Pero es muy posible que en su antihelenismo hubiera mucho de posicionamiento político frente a la facción senatorial oponente. Además, una cierta dosis de impostura en este particular la sugiere el hecho evidente de haberse instruido en la cultura helénica y de haber llegado a ser incluso un buen conocedor de la lengua y de la literatura griegas,[324] bagaje que en ocasiones utilizó y aprovechó en la composición de sus propias obras y discursos, de lo cual existen numerosos indicios.[325]

La pasión por el lujo conduce a la obtención de riqueza por medio ilícitos. Lujo y avaricia son así dos vicios contiguos, síntoma o efecto el uno del otro. Uno de los *dicta Catonis* expresa compendiosamente esta idea, presente también en otros tantos testimonios directos o indirectos del pensamiento de Catón: *Luxuriam fugito, simul et vitare memento crimen avaritiae; nam sunt contraria famae.*[326] Asimismo, ciertos ilícitos están relacionados instrumentalmente con la satisfacción de las pasiones desordenadas del lujo y la avaricia. Tales son el *peculatus* o concusión[327] y la corrupción política. Por ello, no sólo en Catón hay una motivación puramente moral para la represión del lujo sino que existe otra de índole jurídico-política: la evitación de ciertos delitos muy dañinos para la comunidad cívica y para el buen funcionamiento de las instituciones políticas, como el de corrupción electoral o *ambitus*.[328] La conexión entre lujo y corrupción política

---

[324] Según Cicerón, a ello se aplicó siendo ya octogenario: Cic. *Cato* fr. 8, 26: *et ego feci qui litteras Graecas senex didici*. Igualmente Plu. *Cat. Ma.* 2, 5 y Quint. *Inst.* 12, 11, 23.

[325] Ya Plutarco señala expresamente que Catón se aprovechó en oratoria de Tucídides y sobre todo de Demóstenes y que sus composiciones estaban moderadamente embellecidas con opiniones e historias griegas (Plu. *Cat. Ma.* 2, 5). Véase sobre esta cuestión: A. E. Astin, *Cato*, cit., 157 ss.

[326] "Huye del lujo y evita al mismo tiempo la lacra de la avaricia, pues ambas manchan la reputación". (Cato *Dict.* 2, 19).

[327] Catón actuó, junto con Publio Escipión, como abogado defensor de los intereses de los pueblos de la Hispania Citerior en la causa seguida por éstos contra P. Furio Filón, pretor en Hispania en 174, ante el tribunal de los *recuperatores* por *crimen de repetundis* o de exacciones ilegítimas: Liv. 43, 2 y Ps. Ascon. *div. in Caec.* p. 203.

[328] Significativo a este respecto es el pasaje Gel. 5, 6, 24-26: *Marcus Cato obicit M. Fulvio Nobiliori, quod milites per ambitum coronis de levissimis causis donasset. De qua re verba ipsa apposui Catonis. "Iam principio quis vidit corona donari quemquam, cum oppidum captum non esset aut castra hostium non incensa essent?" Fulvius autem, in quem hoc a Catone dictum est, coronis donaverat milites, quia vallum curaverant, aut qui pu-*

es puesta de relieve en una de sus declaraciones de descargo hecha en su discurso *De sumpto suo*: *Numquam ego pecuniam neque meam neque sociorum per ambitionem dilargitus sum*: "Nunca di con largueza mi dinero ni el de los aliados para comprar voluntades".[329]

Abandonando ya la figura de Catón como eje central de la exposición, cabe señalar que el lujo, además de sus supuestos potenciales efectos degeneradores del orden político y del funcionamiento regular de las instituciones, también puede producir la desestabilización del orden económico y social, pues impulsa espirales de competencia en las élites y actos de emulación en las clases emergentes. Las consecuencias son la ruptura de la homogeneidad de aquellas élites y la quiebra de la estructura social.

Las razones de la represión censoria del lujo fueron a la vez morales, políticas, económicas y sociales. Así, se han apuntado como tales a partir de los testimonios de los escritores: la disipación de los patrimonios y fortunas por causa del gasto; la avaricia y la corrupción política a la que conducen los excesos; y la merma de las virtudes militares a la que lleva la vida muelle.[330] Por tanto, un deterioro de la élite social, política y económica que podría conducir a su decadencia y a un cambio del estado de cosas.

Por ello, uno de los primordiales objetivos de la represión censoria del lujo habría sido el de procurar la cohesión de los órdenes senatorial y ecuestre a través del establecimiento de unos sólidos márgenes de uniformidad entre ellos, actuando aquella represión como un discreto mecanismo eliminador de potenciales factores de desigualdad o desencadenadores de espirales de competencia y división en el seno de aquellos órdenes. Se trataría, en definitiva, de

---

teum strenue foderant: "Marco Catón censura a Marco Fulvio Nobilior haber gratificado a sus soldados con coronas por hechos de poca importancia a fin de conseguir cargos públicos. He transcrito las palabras textuales de Catón sobre este asunto: «Por lo pronto ¿quién ha visto que se conceda una corona a quien no ha tomado ciudad alguna ni incendiado ningún campamento enemigo?». Pero Fulvio, contra quien Catón dijo lo anterior, había otorgado coronas a los soldados sólo por haber construido una empalizada o haber cavado un pozo con esfuerzo". Abunda en este episodio Liv. 39, 5, 17.

[329] Fro. *Ant.* i, p. 90, 19-20.

[330] E. Zanda, *Fighting Hydra*, cit., 45.

implementar una política de autoprotección de las clases rectoras y del estado de cosas, que ante la no élite debía además resultar grata y efectista.[331] Los censores ayudaban, como se ha dicho,[332] a reforzar interna y externamente los valores sociales y la coherencia y la identidad de la aristocracia romana".

Pero la perduración de una represión a nivel meramente censorio del lujo habría exigido una clase dirigente entre cuyos miembros existiera un permanente consenso sobre la necesidad de limitar el lujo y mantener así la homogeneidad y coherencia. Por eso, será precisamente la ruptura de ese consenso en las clases dirigentes ante las expectativas generadas por la expansión económica y no la debilidad y el carácter errático de los instrumentos de represión censoria la razón fundamental de la insuficiencia del solo control censorio respecto a los factores de desequilibrio en las élites.[333] De este modo resultó preciso complementar el *regimen morum* censorio con el establecimiento de medidas de carácter legislativo, más estables y coactivas por naturaleza que las discrecionales cuando no tendenciosas medidas censorias.

Se ha apuntado a la *lex Claudia de nave senatorum* de 218, plebiscito por el que se prohibió a todo senador o hijo de senador ser propietario de una nave de más de trescientas ánforas de cabida, como reveladora a ese respecto, pues con la exclusión del orden senatorial del comercio marítimo a gran escala los promotores de esta medida, según Baltrusch, creían poder detener los negativos efectos de la expansión económica para la homogeneidad del orden senatorial;[334] sin embargo, la *lex Claudia* no puede ser valorada como una ley alentada por el orden senatorial pues fue aprobada contra la oposición del Senado y estuvo tras su promoción el cónsul Cayo Flaminio Nepote,

---

[331] El pasaje PLU. *Cat. Ma.* 19 refiere cómo el pueblo consagró una estatua a Catón e hizo grabar en su inscripción no sus éxitos militares y triunfos obtenidos sino el hecho de haber restituido en calidad de censor el gobierno de la república a su antigua gravedad, a la sazón en decadencia y muy proclive a la corrupción.

[332] E. ZANDA, *Fighting Hydra*, cit., 47.

[333] Como ha mantenido E. ZANDA, ibid.

[334] E. BALTRUSCH, *Regimen morum*, cit., 191 y 30-40.

adalid de la facción popular, quien se pronunció en el Senado a favor de esta norma, la cual iba a ser presentada ante la plebe por el tribuno Quinto Claudio, e incluso, según Livio, contra la oposición de todos los senadores, ganándose por este motivo Flaminio la enemistad de la *nobilitas*.[335]

Otra razón de la limitación legislativa del lujo será, como se expondrá más adelante con más detalle, el temor a que el surgimiento de un nuevo tipo de potentados y la aparición de una diversificación de las fuentes de riqueza, originadas a partir de la expansión económica y del auge del comercio, acaben por alterar la estructura social y afectar a la estabilidad política.

El *regimen morum* censorio en relación con el lujo debe diferenciarse justamente del régimen de limitación legislativa de éste a través de las tradicionalmente conocidas como *leges sumptuariae*. Así, mientras que las actuaciones del censor, incluido el *regimen morum*, tenían un clara base moralista y religiosa –reveladora al respecto es la detallada descripción de Varrón de las ceremonias iniciales subsiguientes a la investidura de la magistratura celebradas por los nuevos censores–[336] y estaban dirigidas a sancionar cualquier manifes-

---

[335] Liv. 21, 63, 3: *invisus etiam patribus ob novam legem, quam Q. Claudius tribunus plebis adversus senatum atque uno patrum adiuvante C. Flaminio tulerat, ne quis senator cuive senator pater fuisset maritimam navem, quae plus quam trecentarum amphorarum esset, haberet. Id satis habitum ad fructus ex agris vectandos; quaestus omnis patribus indecorus visus. Res per summam contentionem acta invidiam apud nobilitatem suasori legis Flaminio, favorem apud plebem alterumque inde consulatum peperit.* Sobre este plebiscito véanse las contribuciones de Z. Yavetz, "The policy of Flaminius and the plebiscitum Claudianum", en *Athenaeum*, 40, 1962, 325-344; T. Schleich, "Überlegungen zum Problem senatorischer Handelsaktivitäten. Teil 2", en *MBAH*, 3. 1, 1984, 37-76; M. Elster, *Die Gesetze der mittleren römischen Republik*, Darmstadt, 2003, 187-190 y bibliografía citada en p. 190; y K. Bringmann, "Zur Überlieferung und zum Entstehungsgrund der lex Claudia de nave senatoria, en *Klio*, 85. 2, 2003, 312-321, en que el autor circunscribe el alcance de la prohibición al comercio marítimo con el Estado sólo cuando se trataba de operaciones de transporte de gran capacidad, en un momento, el año 218 a. C., en que dicho comercio a gran escala era especialmente lucrativo.

[336] Var. *L.* 6, 86.

tación de lujo en tanto que constitutiva de acto *contra bonos mores* y con una repercusión prácticamente limitada al estricto ámbito de las élites, el recurso a las *leges publicae* muestra la preocupación por las consecuencias políticas que el lujo descontrolado puede acarrear, razón por la cual se trata de un problema que puede llegar a afectar al cuerpo cívico entero y para el que el control censorio resulta insuficiente y es necesario legislar al respecto, actuando incluso los mismos censores como excitadores de las iniciativas legislativas o plebiscitarias en la mayoría de los casos.

Por otra parte, el objetivo de las leyes suntuarias no va a ser la represión genérica del lujo, subsumible en la más amplia represión de la inmoralidad, la cual no dejará de aplicarse, de continuar siendo una competencia censoria y de coexistir con la legislación suntuaria, sino tan sólo la prohibición de algunas concretas manifestaciones del lujo y no de otras, como significativamente la del lujo en la construcción, y por razones que ya van más allá de las estrictamente morales, manifestaciones de lujo producidas en un "self-indulgent context", en un ambiente social cada vez más complaciente con el lujo o, cuanto menos, condescendiente con él y con las formas alternativas de enriquecimiento, como revelan incansablemente los autores antiguos, y que explica posibles actitudes de radical oposición de los senadores, como la que apunta Livio, como he indicado, con ocasión de *rogatio Claudia de nave senatorum*.

Las leyes suntuarias serán el producto de la contradicción entre, por un lado, un nuevo paradigma social y económico, formado entre los siglos III y II a.C., caracterizado por un nuevo concepto de riqueza, más dinámico y que admite el comercio como fuente digna, pero también inestable o sometido a riesgos y avatares, y, por otro lado, el viejo paradigma con fundamento en el tradicional concepto de riqueza estático, excluyente del riesgo y basado en los bienes raíces y heredados. Este contraste entre ambas concepciones de la riqueza es constatable en Plauto. Así, en el *Rudens* se refleja ese concepto de riqueza, un concepto posible desde la expansión territorial romana y el auge de los negocios comerciales: una riqueza dinámica, mudable, proveniente de los negocios, no derminada necesariamente por el origen social y teóricamente accesible a cualquier individuo si concurren determinadas circunstancias coyunturales, tales como el talento o la astucia del sujeto, u otras imponderables y aleatorias. En los versos 925 y siguientes de esta comedia el esclavo Gripo cree haber pescado en el mar una maleta llena de oro e imagina cómo va a llegar a convertirse en rey, a construir una ciudad fortificada y a fundar un reino. Ello será posible supuestamente gracias a los negocios que podrá llevar a cabo con grandes navíos mercantes.

Tambien se constata el referido contraste en el prefacio del *De agri cultura* catoniano con su "menosprecio de comercio y alabanza de agricultura", de acuerdo con el cual, el lujo es sentido no como una depravación y alejamiento de las buenas costumbres sino como una legítima expresión de estatus, y, por otro lado, el temor a que ese nuevo paradigma de la riqueza y del lujo, ahora potencialmente accesible a nuevos grupos sociales, pudiera alterar el estado de cosas y romper el equilibrio social y político. Y en esa dialéctica siempre pesaría más e iría ganando terreno la aceptación de la legitimidad del lujo que no su represión, de ahí que su síntesis, la ineficacia o la escasa operatividad de las leyes suntuarias, fuese una constante histórica.

El precedente debate entre una visión más "conservadora" de la riqueza y de las relaciones económicas y otra más "liberal" seguirá presente en el siglo I a.C. Buena muestra de ello es Cicerón, que en su descripción de la república ideal sigue oponiendo al cultivo de los campos, a las armas y al arraigo a las ciudades, como claves de estabilidad de la economía, las costumbres y las instituciones, el comercio, las expectativas financieras de la navegación y la dispersión de los ciudadanos en emporios y colonias, como factores de decadencia. Corinto o Cartago serían dos ejemplos de ello, según el Arpinate. El comercio favorece el contacto con culturas extrañas y la introducción no sólo de mercancías exóticas sino también de costumbres foráneas; fomenta el deseo de navegar y enriquecerse y desata la pasión por el lujo. La situación es tal que ninguna de las instituciones legadas por los antepasados puede permanecer intacta (*ut nihil possit in patriis institutis manere integrum*).[337] De este

---

[337] Cic. *Rep.* 2, 4, 7: *Est autem maritimis urbibus etiam quaedam corruptela ac mutatio morum; admiscentur enim novis sermonibus ac disciplinis, et inportantur non merces solum adventiciae sed etiam mores, ut nihil possit in patriis institutis manere integrum. iam qui incolunt eas urbes,*

modo, conecta Cicerón el lujo con la decadencia de las costumbres y de las instituciones de toda índole.

non haerent in suis sedibus, sed volucri semper spe et cogitatione rapiuntur a domo longius, atque etiam cum manent corpore, animo tamen exulant et vagantur. nec vero ulla res magis labefactatam diu et Carthaginem et Corinthum pervertit aliquando, quam hic error ac dissipatio civium, quod mercandi cupiditate et navigandi et agrorum et armorum cultum reliquerant (Las ciudades marítimas están además expuestas a la corrupción y al cambio de las costumbres, se familiarizan con nuevos lenguajes y nuevos usos, y se introducen en ellas no sólo las mercancías importadas sino también las costumbres, de tal modo que no hay institución patria que no se vea alterada. Además, los habitantes de esas ciudades no están vinculados a sus hogares sino que viajando siempre con el pensamiento marchan en pos de nuevas empresas lejos de la patria e, incluso cuando permanecen en ella físicamente, viajan y recorren el mundo con su pensamiento. Nada influyó tanto en la ruina y decadencia de Cartago y de Corinto cuanto el hábito errabundo y la dispersión de sus ciudadanos pues, atrapados por el afán de comercio marítimo, habían abandonado el cultivo de los campos y el ejercicio de las armas).

CAPÍTULO IV
LA RESTRICCIÓN LEGISLATIVA DEL LUJO EN LA ROMA REPUBLICANA

1. *LEGES SUMPTUARIAE* Y *LEGES AD COERCENDAM LUXURIAM*

El hecho de que se estimara conveniente recurrir sistemáticamente a las *leges* como instrumento para la disuasión del lujo inmoderado es revelador por sí mismo de la inquietud sentida hacia sus potenciales efectos desestabilizadores del orden político y social existente. Efectivamente, las *leges publicae* que tuvieron por objeto la restricción del lujo fueron relativamente abundantes en la historia romana si se las compara con el número de *leges* destinadas a otras cuestiones. La preocupación de los poderes públicos por el lujo no fue, pues, puntual sino constante durante la república desde el siglo III a.C. Dicha preocupación pone en evidencia la contradicción entre una moralidad, legitimadora del *status quo* y cuya preservación es sentida como algo fundamental, y unos comportamientos en creciente contraste con aquélla, que traen causa en última instancia de los efectos económicos y sociales provocados por la expansión de Roma. La autoridad de los *mores maiorum* no era suficientemente disuasoria para combatir el lujo y pareció necesario a tal fin servirse del recurso más coercitivo de las leyes, que se superponía así a otros paradigmas normativos ya empleados con la misma finalidad.

Siendo la élite dominante de hecho la destinataria de las leyes suntuarias, éstas habrían representado un ejercicio de autolimitación jurídica y dicha autolimitación se justificaría en tanto que la aristocracia era la depositaria única del recuerdo de la moral tradicional, circunstancia que legitimaba su superioridad política y social y que exigía como contrapartida unos mínimos de ejemplaridad ante el resto del cuerpo social. La pérdida de tal ejemplaridad sería un factor de deslegitimación, que podría acarrear un cuestionamiento del propio *status quo* político y social.

El refuerzo de la moralidad a través de las leyes suntuarias y restrictivas del lujo no representa en definitiva sino un mecanismo de autoprotección de la *nobilitas* y de su predominio político y social. Por ello, tal tipo de leyes representa uno de los escasísimos supuestos en que la iniciativa legislativa no habría recaído en líderes democráticos o antiaristocráticos sido que habría corrido a cargo de la aristocracia senatorial, aun habiéndose materializado habitualmente a través de plebiscitos.

La *magnificentia funerum* habría constituido una conspicua excepción a la restricción legislativa suntuaria, explicable, sin embargo, por la proyección pública y por la propia singularidad de los ritos funerales.

Por otro parte, la lenidad de las leyes suntuarias, demostrada por su ineficacia práctica y por las difusas sanciones que acarreaba su incumplimiento, induce a pensar en una sospechosa falta de firmeza en la consecución a toda costa de aquel objetivo repristinador de los *mores* al que se aspiraba o casi mejor se simulaba aspirar con firmeza, como se tratará después. El origen aristocrático de estas leyes y la condición igualmente aristocrática de parte de sus naturales destinatarios ya explicaría en buena medida las deficiencias en la eficacia de las leyes suntuarias y restrictivas del lujo.

De la reiterada restricción legislativa se infiere ante todo que el excesivo gasto y la pasión por el lujo eran realidades sociales arraigadas con fuerza y que representaron un problema que llegó a ser endémico en la sociedad romana republicana. *Leges bonae ex malis moribus procreantur*, dice un viejo adagio recordado por Macrobio, quien desde la distancia histórica del siglo IV d.C. razona que si no se hubiera vivido con aquellas costumbres destestables y dispendiosas seguro que no habrían hecho falta que se propusiesen las *leges sumptuariae*.[338]

Pero también de la repetida restricción legislativa se desprende un fuerte rechazo moral al lujo al menos en el plano del deber-ser. Una prueba clara de que esa aversión al lujo es un rasgo característico de la moralidad romana la constituye la institución jurídica de la interdicción de la administración de sus bienes al pródigo, es decir, a quien *luxuriose vivit*, como dice el jurista Paulo;[339] también lo es la asimilación del *prodigus*, individuo intemperante en el gasto, al loco (*furiosus*) a efectos de sometimiento a curatela; así como el hecho de que tales instituciones, interdicción y curatela del pródigo, se remonten como mínimo nada menos que a la ley de las XII Tablas,[340] lo que sólo puede entenderse desde una mentalidad súmamente displicente con lo superfluo y vocacionalmente proclive a la frugalidad. Así, nos dice el jurista Ulpiano que los magistrados encargados de la administración de justicia nombraban un curador para el *prodigus*, aquel que consumía sus bienes destrozándolos y disipándolos del mismo modo que si se tratara de un *furiosus*; y que ambos, loco y pródigo, permanecían bajo curatela y con interdicción de la facultad de disponer de sus bienes mientras el primero no recuperara la salud mental y el segundo las buenas costumbres (*sanos mores*),[341] identificando así salud

---

338 MACR. 3, 17, 10: *Nam leges sumptuariae a singulis ferebantur quae civitatis totius vitia corrigerent; ac nisi pessimis effusissimisque moribus viveretur, profecto opus ferundis legibus non fuisset. Vetus verbum est: "Leges", inquit, "bonae ex malis moribus procreantur".*

339 PAUL. 3 *sent.* D. 27, 10, 15 pr.: *Et mulieri, quae luxuriose vivit, bonis interdici potest.*

340 Así lo indican los juristas: GAI. 3 *ed. prov.* D. 27, 10, 13: *Saepe ad alium e lege duodecim tabularum curatio furiosi aut prodigi pertinet*; ULP. 1 *ad Sab.* D. 27, 10, 1 pr.: *Lege duodecim tabularum prodigo interdicitur bonorum suorum administratio.*

341 ULP. ibid.: *Sed solent hodie praetores uel praesides, si talem hominem invenerint, qui neque tempus neque finem expensarum habet, sed bona sua dilacerando et dissipando profundit, curatorem ei dare exemplo furiosi: et tamdiu erunt ambo in curatione, quamdiu vel furiosus sanitatem vel ille sanos mores receperit: quod si evenerit, ipso iure desinunt esse in potestate curatorum* (Pero suelen hoy los pretores y gobernadores, si

mental con buenas costumbres. Subyace de este modo una concepción del lujo y del gasto suntuario como actos moralmente aberrantes, cuya manifestación más extrema, la prodigalidad, es sinónimo de vesania, pues sólo un loco podría dilapidar el patrimonio recibido de los antepasados y arrastrar a la pobreza a su posteridad. La fórmula de que se servían los pretores para decretar la *interdictio*, que reproduce un pasaje de las *Pauli Sententiae*, toma precisamente por fundamento el quebranto de los *boni mores*.[342]

En segundo lugar, también cabe inferir de la frecuencia en la promulgación de leyes suntuarias que la afección al lujo fue en Roma menos acusada, sin embargo, que en otros pueblos y que en otras épocas, sobre todo posteriores, y prácticamente circunscrita a la metrópoli y a los grandes centros urbanos, pues, de no haberlo sido, la suspicacia generada en los poderes públicos por el lujo no habría sido sin duda tan notoria y habría sido mayor la tolerancia hacia él. La comparación con otras épocas haría palidecer sin duda a la suntuosidad romana, con la salvedad del lujo funerario –no en vano hubo restricciones desde la ley de las XII Tablas– y, obviamente, del lujo concerniente a la servidumbre; más difícil resulta la comparación en lo relativo al lujo arquitectónico.[343]

---

encuentran una persona tal que no es capaz de llevar cuenta del tiempo y el límite de sus gastos, sino que se arruina dilapidando y malgastando su patrimonio, nombrarle un curador a ejemplo de lo que se hace con el loco, y quedarán ambos bajo curatela en tanto que el loco no recupere la razón y aquel otro sus buenas costumbres y, si tal cosa ocurriera, dejarán de estar de propio derecho bajo la potestad de los curadores).

342 Un pasaje de las *Pauli Sententiae* recoge la fórmula utilizada por el magistrado para decretar la *interdictio* al pródigo: PS. 3, 4a, 7: *Moribus per praetorem bonis interdicitur hoc modo: quando tibi bona paterna avitaque nequitia tua disperdis liberosque tuos ad egestatem perducis, ob eam rem tibi ea re commercioque interdico* (De este modo el pretor decreta una interdicción por razón de las buenas costumbres: "Puesto que por tu prodigalidad dilapidas los bienes recibidos de tu padre y de tu abuelo y reduces a la pobreza a tus hijos, por esta causa te prohíbo que puedas celebrar negocios jurídicos con tales bienes").

343 Véase ampliamente al respecto y por lo que concierne especialmente a los artículos de lujo convival, indumentario y mobiliario L. H. FRIEDLÄNDER, *Sittengeschichte Roms*, Wien, (1862-1871) 1934, 660-747.

Los relatos de los autores sobre los efectos perversos del lujo, también objeto de la ficción de las comedias, como el *Trinummus* de Plauto, en cuyo prólogo la *luxuria* y la *inopia* aparecen significativamente personificadas como madre e hija;[344] las descripciones de objetos suntuarios o las anécdotas sobre actividades extravagantes de miembros de las élites o de *parvenus* o sobre las excentricidades de ciertos emperadores, de que está salpicada la literatura romana, pueden ser ciertamente reflejos de la realidad; sin embargo, también producen el efecto de sobredimensionar la cuestión y pueden inducirnos fácilmente a que veamos en las anécdotas la categoría y en las excepciones la regla, a obtener una visión en extremo desmedida y depravada del lujo romano, lo que no significa evidentemente negar la presencia del lujo, el refinamiento y la sofisticación, de lo que han dado y siguen dando buena prueba el arte y la arqueología, y de que sin duda hubiera excesos al respecto.[345]

---

[344] PL. *Trin.* 1-23.

[345] En los últimos tiempos han visto la luz diversas publicaciones que constituyen preciosos muestrarios acerca de la magnificiencia pública y el lujo privado romanos en todos sus ámbitos y también sobre la sofisticación y, por qué no, el esnobismo y el grado de extravagancia alcanzado por algunos potentados así en época republicana como imperial: A. DALBY, *Empire of Pleasures. Luxury and Indulgence in the Roman World*, Londres-Nueva York, 2000; J. L. SEBESTA y L. BONFANTE (eds.), *The World of the Roman Costume*, cit.; K.-W. WEEBER, *Luxus im alten Rom. Die öffentliche Pracht*, Darmstadt, 2006; E. FONTANELLA *et al.*, *Luxus. Il piacere della vita nella Roma imperiale*, Roma, 2009; R. LAURENCE, *Roman Passions. A history of Pleasure in Imperial Rome*, London-New York, 2009; D. SCHNURBUSCH, *Convivium. Form und Bedeutung aristokratischer Geselligkeit in der römischen Antike*, Stuttgart, 2011; M. ZAMAKOUPI, *Designing for luxury on the Bay of Naples*, Oxford, 2013; C. ALFARO GINER, J. ORTÍZ GARCÍA y M. J. MARTÍNEZ GARCÍA (eds.), *Luxury and Dress*, cit.; M. TELLENBACH, R. SCHULZ y A. WIECZOREK, *Die Macht der Toga. Dresscode im römischen Weltreich*, Regensburg, 2013; W. TIETZ, *Dilectus ciborum. Essen im Diskurs der römischen Antike*, Göttingen, 2013; K.-W. WEEBER, *Baiae. Stadt der hundert Genüsse, Herberge aller Laster*, Mainz, 2014; y K. LAPATIN (ed.), *The Berthouville Silver Treasure and Roman Luxury*, Los Angeles, 2014; K.-W. WEEBER, *Luxus im alten Rom. Die Schwelgerei, das süße Gift...*, Darmstadt, [3]2015; M. HARLOW y M. L. NOSCH (eds.), *Greek and*

Una tercera inferencia del reiterado recurso a la legislación suntuaria sería la escasa eficacia social de las leyes relativas al lujo en cuanto al objetivo a alcanzar. Ahora bien, la reiteración de las leyes, no sólo de las *sumptuariae* sino también de otras de distinta índole, no sólo obedece a la ineficacia de sus disposiciones sino que, como explica Venturini,[346] ello obedece a una tendencia conservadora dirigida a injertar las innovaciones de orden preceptivo o sancionador sobre el texto legal preexistente, perfeccionándolo de este modo pero salvaguardándolo en la medida de su compatibilidad con tales innovaciones.

Antes de tratar de los propósitos y de la eficacia de las leyes suntuarias conviene precisar ya qué se entiende por *leges sumptuariae* y si todas las *leges* romanas que conciernen al lujo encajan realmente en dicha rúbrica.

La denominación de *leges sumptuariae*, atribuida a las leyes de época republicana y altoimperial limitadoras del lujo en cualquiera de sus diversas manifestaciones, no es una denominación técnica o jurídica pues sólo figura en fuentes literarias romanas atécnicas. Así, la utiliza Cicerón en varias ocasiones en alusión a la ley de la dictadura cesariana sobre lujo convival y muy dudosamente indumentario;[347] también en Suetonio hallamos la expresión con relación a la misma ley de César y a la de Augusto sobre esa materia;[348] y finalmente en Tácito para referirse a la ley augústea.[349]

Pero a diferencia de lo que hacen habitualmente los autores modernos, los antiguos sólo designaban como *leges sumptuariae* las leyes relativas al lujo en los banquetes o al menos siempre que tuvieran por objeto como mínimo los banquetes, y no únicamente en solitario otros ámbitos de expresión del lujo. La distinción entre

---

Roman Textiles and Dress. An Interdisciplinary Anthology, Oxford, 2015; y, por último, sobre la piscicultura: W. Tietz, "Fischteiche und Fischesser: Aufstieg und Niedergang eines Luxusguts", en A. B. Kuhn (ed.), *Social Status and Prestige in the Graeco-Roman World*, Stuttgart, 2015, 153-164.

346 C. Venturini, "Leges sumptuariae", en *Index*, 31, 2004, 360.

347 Cic. *Fam.* 7, 26 y 9, 15, 5 y *Att.* 13, 7.

348 Suet. *Jul.* 43, 2 y *Aug.* 34.

349 Tac. *Ann.* 3, 52, 2.

unas y otras leyes radica en que mientras el objetivo prioritario de las *leges sumptuariae* era la sanción del *sumptus* propiamente dicho, el de las destinadas a reprimir o limitar el lujo en otros ámbitos era el *luxus* o *luxuria.* Por ello, no es riguroso, si nos atenemos exclusivamente al contexto histórico, reunir unas y otras leyes bajo la rúbrica común de *leges sumptuariae*. En efecto, por un lado, existe una diferencia de significado entre los términos *sumptus*, gasto excesivo e innecesario,[350] y *luxus* o *luxuria*, lujo, opulencia, vida extravagante, disipación;[351] y, por otro, las *leges sumptuariae* propiamente dichas, es decir, las que recibieron esta denominación, fueron con anterioridad también conocidas como *leges cibariae.* Vishnia ya adelantó un significado de *leges sumptuariae* como leyes que afectaban exclusivamente a los banquetes y a su coste[352] y prueba de ello es que Catón, según informa Macrobio, no empleaba la locución *leges sumptuariae* sino la de *leges cibariae*: *Cato enim sumptuarias leges cibarias appellat.*[353] Esta alusión de Macrobio evidenciaría que la denominación de *leges sumptuariae* no era utilizada todavía en tiempos de Catón, en la primera mitad del siglo II a.C.

También Aulo Gelio identifica las *leges sumptuariae* con aquellas relativas a la frugalidad y sencillez de las comidas y las cenas[354] y cuando hace un recorrido histórico de las concretas leyes y su contenido sólo aparecen descritas las relativas a banquetes: *leges sump-*

---

350 *OLD*, s. v. *sumptus*, 1871 s.

351 Ibid., s. v. *luxus* y *luxuria*, 1054.

352 R. Vishnia, "Caius Flaminius and the *Lex Metilia de fullonibus*", en *Athenaeum*, 65, 1987, 531. Más recientemente es también la tesis asumida por otros autores como V. J. Rosivach, "The *Lex Fannia sumptuaria* of 161 bc", en *CJ*, 102, 1, 2006, 1.

353 Macr. 3, 17, 3.

354 Gel. 2, 24, 1: *De vetere parsimonia; deque antiquis legibus sumptuariis. 1 Parsimonia apud veteres Romanos et victus atque cenarum tenuitas non domestica solum observatione ac disciplina, sed publica quoque animadversione legumque complurium sanctionibus custodita est* (Sobre la frugalidad del pasado y sobre las antiguas leyes suntuarias. 1. Entre los antiguos romanos la frugalidad y la moderación en la comida y en las cenas no eran sólo aseguradas por el uso y la disciplina doméstica sino también por un deber público y por numerosas sanciones legales).

tuariae Fannia, *Licinia*, *Cornelia*, *Emilia*, *Antia*, la cesariana *lex Iulia sumptuaria* y su homónima augústea.

Por último, hemos visto que en Cicerón, Suetonio y Tácito la expresión *lex sumptuaria* se identifica con la de *lex cibaria*. De este modo, mientras que las *leges sumptuariae* o *cibariae* tenían por objeto limitar ciertos gastos o inversiones privadas, sancionando el lujo en su dimensión económica, como derroche, gasto excesivo o *sumptus*, las leyes relativas a ciertas especies de vestuario o a otros artículos o actividades considerados igualmente lujosos no sancionaban directamente el gasto en la adquisición de tales productos sino su ostentación o exhibición pública, es decir, reprimían más bien el lujo en su dimensión social y simbólica, de ahí que caiga también bajo su órbita la realización de actos ostentosos y extravagantes. Las no convivales podrían ser denominadas *leges ad coercendam luxuriam*, sirviéndonos de una expresión empleada por el propio Livio en diversas ocasiones[355] o quizá *leges latae luxurii causa*, expresión utilizada por Cayo Sempronio Graco en su discurso *De legibus promulgatis*, según noticia de Gelio.[356]

Es habitual entre los estudiosos de la cuestión, desde los autores del siglo XIX hasta el presente, concebir las *leges sumptuariae* como el conjunto de *leges* relacionadas de un modo u otro con el *luxus* y con el *sumptus*, incluyendo así entre las *leges sumptuariae* a leyes como la *lex Oppia* o la *Metilia*[357] e incluso englobando bajo esa mis-

---

355 Liv. 34, 4, 6: *nondum lex Oppia ad coercendam luxuriam muliebrem lata erat*; 34, 6, 1: *et eam praecipue legem quae luxuriae muliebris coercendae causa lata esset*; y 34, 6, 15: *tali tempore in luxuria et ornatu matronae occupatae erant, ut ad eam coercendam Oppia lex desiderata sit.*

356 Gel. 9, 14, 16: *C. Gracchus de legibus promulgatis: "Ea luxurii causa aiunt institui"* (Cayo Graco en su discurso sobre la promulgación de las leyes: "Dicen que aquello se instituyó por causa del lujo").

357 Tal concepción se halla en obras de carácter generalista y enciclopédico: C. Lécrivain, "Sumptus, sumptuariae leges", en *DAGR*, 2, 1563; *LPPR*, 98 s.; A. Berger, *Encyclopedic Dictionary of Roman Law. Transactions of the American Philosophical Society*, Vol. 43, 2, Philadelphia, 1953, reimpr., 1980, 724; G. Longo, "Leges sumptuariae", en *Novissimo Digesto Italiano*, 9, Torino, 1957, 629 s.; y M. Elster, *Die Gesetze*, cit. También en en estudios monográficos: E. Savio, "Intorno alle leggi suntuarie romane",

ma denominación a otros tipos de arquetipos normativos distintos de la *lex publica* en tanto que incidentes en tales cuestiones. Igualmente es frecuente, particularmente en los autores del siglo XIX, presentar una *divisio ratione rerum* de las "*leges sumptuariae*" en *leges funerariae, vestiariae, conviviales* y *ludicrae.*[358] Pero tanto esta *divisio*

---

en *Aevum*, 14.1, 1940, 174-194; I. SAUERWEIN, *Die leges sumptuariae*, cit.; siguiendo a éste: M. BONAMENTE, "Leggi suntuarie e loro motivazioni", en *Tra Grecia e Roma. Temi antichi e metodologie moderne*, Roma, 1980, 67-91, quien sostiene un concepto muy amplio de *leges sumptuariae* hasta el punto de contar entre ellas a la supuesta *lex Porcia de sumptu provinciali* (195?) sobre control de los abusos perpretados por magistrados en provincias, la cual limitaba las requisiciones para el mantenimiento del séquito del magistrado, de tal modo que las *leges sumptuariae* estarían dirigidas no sólo a la ostentación de la riqueza sino a la salvaguarda de la capacidad económica de la aristocracia senatorial tradicional teniendo a tal como punto de mira el conjunto del sistema económico y político; G. CLEMENTE, "Le leggi sul lusso e la società romana tra III e II secolo a.C.", en A. GIARDINA y A. SCHIAVONE (eds.), *Società romana e produzione schiavistica. 3. Modelli etici, diritto e trasformazioni sociali*, 1981, Bari-Roma, 1-14; E. A. HEMELRIJK, "Women's Demonstrations in Republican Rome", en J. BLOK y P. MASON, *Sexual Asymmetry. Studies in Ancient Society*, Amsterdam, 1987, 221 y 234, n. 14; E. BALTRUSCH, *Regimen morum*, cit., 40-131, quien extiende la categoría de las *leges sumptuariae* a las disposiciones restrictivas de las pompas funerales, de la indumentaria, del adorno femenino, de las donaciones y disposiciones testamentarias, de los ágapes, de la construcción, de los juegos de azar, y de los juegos gladiatorios y circenses; y, más recientemente: C. BRUUN, "La legislazione romana contro il lusso", en AA. VV., *Luxus*, cit., 47; E. ROMANO, "Echi e riuso della legge nella letteratura Latina", en J. L. FERRARY (ed.), *Leges publicae. La legge nell'esperienza giuridica romana*, Pavia, 2012, 200.

[358] Así, en A. BOXMAN, *De legibus Romanorum sumtuariis*, Lugduni Batavorum, 1816, 11; y en A. E. PENNING, *Luxu et legibus sumtuariis ex oeconomia politica dijudicandis*, Leiden, 1826, 18. El primero propone también otros criterios de clasificación de las leyes suntuarias romanas, si bien no siempre demasiado justificados: *morales / politicae*; *quae omnes cives obligant / quae certum tantum civium ordinem obligant*; y *perfectae / imperfectae*. La segunda obra, más interesante, concluye con un juicio negativo de las leyes suntuarias desde un planteamiento de corte liberal,

como aquella denominación común y conjunta de "*leges sumptuariae*" son de factura moderna.

Efectivamente, ante todo no existió un *nomen legis* común a todas las leyes restrictivas del lujo, ni tampoco existió un género de leyes con características propias y específicas que respondiera a tal *nomen*. La tipología de las leyes romanas no se basa, además, en aquello que constituye su objeto sino en otros aspectos, tales como la intervención o no de alguna asamblea popular en el *iter* legislativo (*leges rogatae* / *leges datae* / *leges dictae*), el tipo de asamblea popular interviniente en su aprobación (*leges* / *plebiscita*)[359] o aspectos formales relativos al magistrado rogante o a los efectos previstos en la *sanctio* de la ley respecto al acto que la infringe y al sujeto infractor (*perfectae* / *minus quam perfectae* / *imperfectae*).

Los casos en que los autores romanos emplean la expresión *leges sumptuariae* no lo hacen como los modernos para referirse a aque-

---

tras hacer un breve recorrido descriptivo de las leyes suntuarias de las edades media y moderna, mostrando que hay una línea de continuidad con la legislación romana por su común carácter represivo o limitador del lujo y en contraste con la legislación de los siglos XVIII y XIX, en que cambia el sentido de las normas, pues en ellas no se tratará tanto de limitar o proscribir el lujo cuanto de promoverlo, al ser expresión de la prosperidad pública por sus efectos benéficos para la industria y el comercio, de conformidad con las corrientes de pensamiento económico-político a la sazón imperantes, suscitándose, no obstante, un debate axiológico al respecto entre los pensadores ilustrados (Véanse nn. 74-77) que continuaría en el siglo XIX, de lo que es prueba esta misma obra. Otros trabajos describen sumariamente la legislación suntuaria romana siguiendo un orden cronológico, como el de W. Koscher, "Ueber den Luxus", en *Archiv der politischen Oekonomie und Polizeiwissenschaft*, 6, 1843, 73-75. Una descripción crítica de las leyes suntuarias romanas siguiendo aquel mismo orden ofrece, en cambio, H. Dernburg, "Geschichte der römischen Luxus-Gesetzgebung", en *Monatsschrift des wissenschaftlichen Vereins in Zürich*, 1, 1856, 261-276. Entre estas obras cabría destacar, por último, la de J. H. Houwing, *De romanis legibus sumptuariis*, Leiden, 1883; y la de E. Giraudias, *Étude historique sur les lois somptuaires*, Poitiers, 1910.

[359] Gai. 1, 1, 3: *Lex est, quod populus iubet atque constituit. plebiscitum est, quod plebs iubet atque constituit.* También las Instituciones de Justiniano recogen, tomándola de Gayo, la misma definición (I. 1, 2, 4).

llas leyes, las leyes suntuarias, que tratan en general del lujo con el fin de perseguirlo, sancionarlo o restringirlo, sino que lo hacen para referirse a aquellas *leges* cuyo objeto común es precisamente el *sumptus*, es decir, el gasto o la profusión que implica la adquisición de ciertos productos o servicios, con el fin de limitarlo. Como la restricción del *sumptus* se circunscribió durante mucho tiempo a los ágapes, por *leges sumptuariae*, una expresión no técnica de uso acreditado tardíamente en los autores, se entendía las leyes relativas a la limitación del lujo en los banquetes y no las relativas al lujo en abstracto ni las restrictivas indistintamente de cualquier concreta manifestación de lujo.

En efecto, cuando los autores utilizan la expresión *leges sumptuariae* se refieren invariablemente a leyes relativas a la limitación de gasto en los banquetes. Así, Cicerón emplea esta expresión cuando menciona irónicamente la *lex Iulia sumptuaria* de Julio César de 46, que limitaba los gastos en los ágapes y fomentaba el consumo de ciertas verduras y hortalizas.[360] Suetonio también califica esta última de *lex sumptuaria*, cuando informa que fue implementada por César haciendo colocar guardias en torno al mercado para que requisaran los alimentos que iban contra lo prohibido.[361] Este mismo autor en la frase inmediatamente precedente se refiere a la prohibición que estableció también César del uso de literas, vestidos de púrpura y perlas, siendo ésta una prohibición distinta y al margen de la *lex Iulia sumptuaria*, como justificaré más adelante.

Hay, por consiguiente, una identificación entre *leges sumptuariae* y leyes convivales o cibarias. Otra prueba de ello es que la denominación más antigua de las leyes sobre lujo en los ágapes de que tenemos constancia es la de *leges cibariae*, como se ha mostrado antes. A diferencia de estas *leges sumptuariae* o *cibariae*, el propósito de las leyes relativas a la limitación de otras manifestaciones del lujo no era limitar el *sumptus* sino la visibilidad pública, la ostentación de determinados bienes de lujo, aunque ello indirectamente comportara también una limitación del gasto. Livio, de hecho, se refiere indistintamente a la *luxuria* y al *sumptus* cuando describe las vicisitudes de

---

360 Cic. *Fam.* 7, 26, 2; 9, 15, 5; y *Att.* 13, 7. Véanse nn. 643 y 650.

361 Suet. *Jul.* 43, 2.

la derogación de la *lex Oppia*, restrictiva entre otras cosas del lujo en la vestimenta femenina, y aunque pueda oponerse que es obvio que normalmente se dé una correlación entre el aspecto económico y el aspecto social del lujo: se gasta en algo para exhibirlo; sin embargo, en ningún momento califica Livio a la *lex Oppia* como *lex sumptuaria* o como *lex Oppia sumptuaria*, sino que en las tres ocasiones en que concreta la causa de la rogación de la ley lo hace utilizando los términos "*luxuriam coercere*": *lex Oppia ad coercendam luxuriam muliebrem*; *legem quae luxuriae muliebris coercendae causa lata esset*; *tali tempore in luxuria et ornatu matronae occupatae erant, ut ad eam coercendam Oppia lex desiderata sit.*[362] Así, pues, se trataría de leyes restrictivas de la exhibición del lujo, de una suerte de *leges ad coercendam luxuriam* y por ello los autores no las incluyen bajo la denominación de *leges sumptuariae.*

Otro argumento favorable a la definición de las *leges sumptuariae* como leyes limitativas de la suntuosidad de los ágapes es la relación, puesta de relieve por los estudiosos, entre tales leyes y las llamadas *leges aleariae*,[363] relación, que no existe entre éstas últimas y las leyes restrictivas del lujo en ámbitos como la indumentaria o los funerales, a partir del dato constatable en la literatura de que los simposios daban ocasión habitualmente a la práctica del juego, es decir, solían tratarse de prácticas sociales conexas, y de que en las sanciones legales de ambas subyacen las ideas de *vitium moris* y de *sumptus*.

Por último, las *leges sumptuariae* como leyes relativas a las limitaciones en el *sumptus* convival contempladas en conjunto se nos muestran como una cadena de leyes sucesivas, como un todo ensamblado, en que unas leyes se engarzan con otras a través de los *capita translaticia* y en que las posteriores representan un complemento, una integración, una mejora o una adaptación de las anteriores, una

---

362 Liv. 34, 4, 6; 6, 1; y 6, 15.

363 J. Bleicken, *Lex publica*, cit., 169; I. Sauerwein, *Die leges sumptuariae*, cit., 5; y M. Kuryłowicz, "Leges aleariae und leges sumptuariae im antiken Rom", en *Studia in honorem Velimirii Pólay septuagenarii. Acta Universitatis Szegediensis de Attila József nominatae. Acta juridica et politica*, 33, fasc. 1-31, Szeged, 1985, 274-277.

suerte de *corpus* normativo legislativo en permamente construcción, que tiene su propia vida y su propia evolución. Fuera de ese *corpus* se hallarían las demás leyes restrictivas del lujo, con un carácter más aislado, errático y coyuntural. Las *leges sumptuariae* constituyen en conjunto un fenómeno histórico-jurídico no surgido por consideraciones de guerra, como las leyes restrictivas del lujo indumentario *Metilia* y *Oppia*, sino que, por el contrario, se desenvuelve pasada la segunda púnica y en un panorama muy distinto: de aumento del número de individuos ricos y de mejora del nivel de vida.

Por todo lo anterior, me parece más riguroso distinguir entre unas leyes que limitaban el gasto (*sumptus*) y sancionaban el derroche o la prodigalidad: las *leges sumptuariae* propiamente dichas, que a la sazón eran *leges cibariae*; y unas leyes que restringían ciertas manifestaciones del lujo, ya en relación con los juegos gladiatorios y circenses, ya con los funerales o ya muy especialmente con la vestimenta y el ornato, a las que se podría denominar *leges ad coercendam luxuriam*, aprovechando esta expresión empleada por el historiador patavino. También relativas al *luxus* o *luxuria* pero de signo contrario serían las leyes promulgadas para autorizar determinadas manifestaciones de lujo, ya estableciéndolo directamente ya en calidad de leyes derogatorias de otras precedentes restrictivas. Estas leyes serían en conjunto una suerte de *leges ad non coercendam luxuriam*.

No serían tampoco *leges sumptuariae* las siguientes leyes a las que en ocasiones en los tratados se las agrupa con aquéllas: la *lex Licinia de modo agrorum* (367), *lex Claudia de nave senatorum* (218), la *lex Cincia de donis et muneribus* (204), la *lex Furia testamentaria* (200) ni la *lex Voconia* (169),[364] pues ninguna de estas leyes contie-

---

[364] En contra G. Clemente, *Le leggi sul lusso*, cit., 1 ss.; E. Slob, *Luxuria, Regelgeving en maatregelen van censoren ten tijde van de Romeinse republik*, Zutphen, 1986, quien considera como *leges sumptuariae* la *lex Cincia* (p. 50 ss.), *lex Furia testamentaria* (p. 56 ss.), la *lex Voconia* (p. 66 ss.) y la *lex Falcidia* (p. 132 ss.) (Cfr. F. Wubbe, *ZGR*, 105, 1998, 805-810); A. Bottiglieri, *La legislazione*, cit., 130 s.; V. A. Kvashnin, "Early Laws on Luxury (III-II Centuries B.C.) in a View of Evolution Roman Civitas", en *Diritto @ Storia*, 5, 2006, http://www.dirittoestoria.it/5/Memorie/Kvashnin-Early-laws-luxury-roman-civitas.htm, respecto a la *lex Claudia de nave senatorum*; y M. Balestri Fumagalli, *Riflessioni sulla 'lex Voco-*

ne restricciones a la adquisición de determinados artículos considerados suntuarios, como las *leges sumptuariae*, ni prohibiciones de exhibir determinados objetos lujosos indicadores de estatus social y económico, como las *leges ad coercendam luxuriam*, sino que establecen limitaciones a la propia libertad de gastar, invertir dinero o disponer de él en determinadas condiciones, según los casos, de cuantía, título o sujeto activo o pasivo de la operación, libertad derivada naturalmente de la capacidad de obrar de los sujetos de derecho, y que no obedecen a una intención precisa de reprimir el lujo, la extravagancia, la ostentación o la inmoderación y no recaen sobre objetos materiales o actividades precisas y determinadas.

Tales limitaciones a la facultad de disponer pecuniariamente establecidas por tales leyes no suntuarias serían: la prohibición de participar en negocios y transacciones mercantiles marítimas en el caso de la *lex Claudia*; la de instituir heredero a determinadas personas por razón de sexo a partir de cierto umbral de riqueza y en determinadas condiciones en el de la *lex Voconia*; la de donar por encima de ciertas cantidades en el de la *lex Cincia*; la de disponer legados superiores a cierta suma de ases en el de la *lex Furia*; o, por último, la de acaparar tierras más allá de ciertos límites en el de la *lex Licinia*.

Incluir estas leyes entre las *leges sumptuariae* supondría admitir una categoría tan hipertrofiada de ellas que dejaría desdibujada por completo la peculiar identidad de tal tipo de leyes y por la cual fueron llamadas *leges sumptuariae.* Se trata de una construcción moderna y ninguna fuente indica o sugiere que el legislador romano las consideraba como *leges sumptuariae*. Es muy significativo, además, que las leyes suntuarias de la Edad Media o Moderna estuvieran dirigidas a limitar ciertos artículos de lujo, sobre todo indumentario, que en tales épocas asumió en buena medida el papel que en la Roma republicana tuvo el lujo convival.

---

nia', Milano, 2008, 15. M. Balbo, "La lex Licinia de modo agrorum. Riconsiderazione di un modelo storiografico", en *RFIC*, 138. 3-4, 2010, 305, no llega, en cambio, a identificar la *lex Licinia de modo agrorum* con una *lex sumptuaria* sino que se limita a afirmar que "si configurerebbe quasi come una *lex sumptuaria*".

Si bien bajo la expresión moderna "leyes suntuarias", traducción literal de *leges sumptuariae*, resulta lícito acoger todo tipo de leyes restrictivas del lujo, ya sea primariamente por razón de su efecto económico (*sumptus*) ya por razón de su efecto social (*luxuria*), la expresión latina *leges sumptuariae* cuando era utilizada por los autores se limitaba a las leyes cuyo propósito primario e inmediato era la restricción del *sumptus* convival. Junto a las *leges sumptuariae* que constituyeron una serie merced a su objeto y a los *capita translaticia* que contenían, hubo otras leyes, *leges ad coercendam luxuriam*, muy pocas ciertamente, que esporádicamente restringieron ciertas manifestaciones de lujo y cuya utilidad fue menos permanente y más coyuntural.

El concepto de *leges sumptuariae* aquí defendido no obsta a apreciar que tales *leges* son parte integrante, como explica Bleicken,[365] del fenómeno jurídico más complejo de reglamentación de cualquier relación humana sobre la que descansa el orden social romano y que tal reglamentación afecta, como manifiestamente acontece en el caso de las leyes suntuarias, por un lado, a modos de comportamiento que nosotros hoy consideraríamos propios de la esfera puramente privada de los individuos, de tal modo que la frontera entre lo público y lo privado quedaría aquí de nuevo difuminada y, por otro lado, a la vida cotidiana de las élites, habida cuenta a este respecto de que el devenir histórico de la aristocracia se hallaba en la concepción romana unido inextricablemente al de la propia *res publica* y de que un eventual desmoronamiento de aquélla acarrearía simultáneamente el de ésta. Tras las *leges sumptuariae* se observa, pues, el mismo espíritu que emana de otro tipo de leyes, siendo todas ellas expresiones de un mismo fenómeno jurídico. Por ello, puede hablarse de un género de leyes que aglutinaría a las *leges sumptuariae* y a todas aquellas otras *leges* que no tratan de instituciones o funciones estatales sino de la sociedad y de la manera de vivir de los individuos, haciéndolo además siempre en un sentido conservador del orden existente, nunca rupturista o reformista sino, al contrario, de reconexión con la moral tradicional, y en este género de leyes sí tendrían cabida junto con las leyes suntuarias la *lex Claudia de nave senatorum* y la *lex*

---

[365] J. Bleicken, *Lex publica*, cit., 170-175.

Voconia de mulierum hereditatibus. También las muy posteriores leyes augústeas, como la *lex de maritandis ordinibus* o la *lex Papia Poppaea*, compartieron ese mismo *background* ideológico y podrían incluirse en esa amplia categoría de leyes en que se desvanece la moderna dicotomía público-privado.

Uno de los efectos principales de las dos leyes republicanas citadas, la *Claudia* y la *Voconia*, habría sido el de procurar la intangibilidad de los patrimonios y las fortunas de las familias del orden senatorial y la propia estabilidad y cohesión de éste. La primera llevaba a la consecuencia, de hecho, de apartar a los miembros del orden senatorial de los riesgos económicos que comportaba el comercio marítimo al mantenerlos al margen de los eventuales beneficios y ventajas de un capitalismo *ante litteram*. Era éste sin duda un importante efecto de la ley pero el propósito inmediato de ésta habría sido el de excluir al orden senatorial de un comercio a gran escala que ofrecía unas grandes expectativas de lucro. La ley habría sido propuesta y aprobada bajo la presión de los miembros del orden ecuestre, razón ésta ya suficiente para excluirla de la categoría de las leyes suntuarias, las cuales deben por norma su origen a la iniciativa aristocrática y son ajenas a las preocupaciones que animan las leyes de origen democrático o antioligárquico, entre las que se hallarían las impulsadas por ecuestres. Esta ley abriría el camino al desarrollo del orden ecuestre pero también disuadía a éste de infiltrarse en la aristocracia senatorial.

Mediante la segunda, la *lex Voconia*, una ley en que subyace un discurso dominante misógino o antifeminista,[366] se trataba de evitar la disipación de las fortunas familiares, negando la testamentifacción pasiva a las mujeres en caso de que causaran herencia testada ciudadanos censados en la primera clase, es decir, *cives* con un patrimonio superior, presumiblemente, a los cien mil sestercios.

También, si atendemos con Serrao[367] a un criterio político de clasificación de las *leges*, que tiene por base el desarrollo de la actividad

---

[366] Sobre la cuestión del antifeminismo de la ley Voconia véase por todos R. Vigneron, "L'antifeministe loi Voconia et lers 'Schleichwege des Lebens'", en *Labeo*, 29, 1983, 140-153.

[367] F. Serrao, *Classi partiti e legge nella repubblica romana*, Pisa, 1974, 63-68.

legislativa en la dialéctica entre "clases sociales" y "partidos políticos", las leyes suntuarias y las restrictivas del lujo corresponderían a aquel grupo de leyes referido a materias en que resulta difícil captar a primera vista su precisa orientación política o su encuadre en las grandes líneas programáticas de un determinado movimiento político, aun siendo expresión de una determinada concepción político-social, por no referirse a los grandes elementos de la constitución de la *res publica*, a los derechos cívicos o a las estructuras económico-sociales. Los otros dos grupos de leyes serían: el grupo de leyes que manifiestamente son expresión de determinadas tendencias políticas y son propuestas por magistrados exponentes del movimiento democrático o antioligárquico, como es el caso de las leyes agrarias, las relativas a las asambleas populares, al nombramiento de magistrados, a la abrogación del *imperium* o de potestades de magistrados, a la ciudadanía, a la *provocatio ad populum*, etc. o, por el contrario, son propuestas por exponentes de la *nobilitas* y, siendo habitualmente reaccionarias, su objetivo es anular o a atenuar los efectos de leyes anteriores de tendencia democratizante, como fue en general el caso de las leyes silanas. El segundo grupo de leyes es el de aquellas que por su naturaleza son políticamente asépticas o no reflejan una concepción política o jurídica estable, como las *leges de bello indicendo*, las relativas a tratados de paz o relaciones internacionales, a concesiones de amnistía o de gracia o al establecimiento de *quaestiones extraordinariae*.

2. FINALIDADES COMUNES A LAS *LEGES SUMPTUARIAE*

Los autores romanos atribuyen unánimemente a las leyes suntuarias y a las sancionadoras del lujo el sólo propósito fundamental de combatir la decadencia de las costumbres. Siguiendo a aquéllos, los estudios y disertaciones de los siglos XVIII y XIX apuntan igualmente como propósito fundamental de las leyes suntuarias el moral de la lucha contra la decadencia de la costumbres (*Sittenverfall*); modernamente continúa siendo mantenida esta idea por algunos autores. Es el caso de Sauerwein,[368] quien sostiene como una de sus

---

[368] I. SAUERWEIN, *Die leges sumptuariae*, cit.

tesis principales que el objetivo fundamental de la legislación suntuaria fue el de frenar la decadencia de las costumbres. A tal fin las leyes suntuarias, promovidas por la *nobilitas*, habrían ofrecido a la población modelos de moralidad y frugalidad.[369]

Esta concepción "clásica" de las leyes suntuarias ha sido en cierto modo revigorizada hace unos pocos años por una sugerente interpretación de corte comparatista de Wallace-Hadrill.[370] Este estudioso vincula el discurso moralizante de las leyes suntuarias a lo que él estima una suerte de fenómeno económico, que también se produjo en otras épocas históricas, como la Europa de los siglos XVII y XVIII, de paroxismo en el consumo de objetos de lujo. A este consumismo habría seguido como respuesta una legislación inhibidora, de tal modo que aquél y ésta se habrían estimulado recíprocamente provocando sendas escaladas. Esta teoría plantea el gran inconveniente de la focalización de las *leges sumptuariae* romanas en el lujo convival, a diferencia de lo acaecido en otros momentos históricos más recientes en que el protagonismo lo tuvo habitualmente el lujo indumentario. El autor atribuye esta diferencia a una razón de índole cultural: la influencia helénica y la transfusión a Roma del peso que para los griegos tenía, por un lado, la cultura del *sympósion* y de los refinamientos culinarios en los usos sociales; y, por otro lado, de la idea arraigada en la cultura política griega de que la *tryphé*, la vida de lujo, era causa de la ruina de las ciudades.

Algunos estudios más recientes también parecen decantarse por una interpretación en clave predominantemente moralista de las *leges sumptuariae*. Efectivamente, las siguientes palabras de E. Romano ofrecen un preciso resumen de esta posición: "La legislazione suntuaria, nel suo complesso, risulta come il tentativo indifferenziato di risposta ad un unico problema, individuato come una costante,

---

369 Otorgan un papel preponderante a la motivación moral, al reclamo a los *mores maiorum* y a la perseverancia en la tradición: M. BONAMENTE, *Leggi suntuarie*, cit.; E. SLOB, *Luxuria*, cit.; E. A. HEMELRIJK, *Women's Demonstrations*, cit.; y P. WYETZNER, "Sulla's Law on Prices and the Roman Definition of Luxury", en J. J. AUBERT y B. SIRKS (eds.), *Speculum Iuris. Roman Law as a Reflection of Social and Economic Life in Antiquity*, Ann Arbor, 2002, 15 s.

370 A. WALLACE-HADRILL, *Rome's Cultural Revolution*, Cambridge, 2008, 316-355.

quello del progressivo abbandono dei costumi antichi e della connessa corruzione morale".[371]

Esta teoría "clásica" moralista parece ser también la seguida en una contribución de Coudry, quien sostiene que no debe subestimarse la importancia de la dimensión moral de las críticas al lujo en los banquetes. Para la autora la vertiente moral se halla muy presente en la carta que Tiberio dirige a los senadores en respuesta a la reclamación por algunos de ellos de medidas coercitivas contra el lujo, carta que recoge Tácito en *Ann.* 3, 53 y 54.[372] En dicha carta Tiberio expresaba su renuncia a promover nueva legislación suntuaria en el futuro y tal decisión supondría el punto final de una tradición legislativa que habría tenido de esta manera como último eslabón representativo la *lex Iulia sumptuaria* de Augusto. Los argumentos principales que da el emperador son los siguientes: la evitación de desórdenes políticos; la sistemática ineficacia de las leyes suntuarias; y la impropiedad para un emperador de ocuparse de una cuestión como la represión del lujo. La alternativa que da Tiberio a la propuesta de una nueva ley suntuaria es una alternativa no intervencionista. De hecho, consiste simplemente en la *parsimonia publica*, en el buen ejemplo desde la casa imperial de moderación y austeridad, lo que comporta una exhortación implícita a los ciudadanos pudientes a mantener idéntica actitud. A tal fin invita asimismo a una colaboración entre Príncipe y Senado. Como señala la citada autora,[373] "Tibère substituait aux lois somptuaires un mode d'action qui reposait sur la collaboration entre les prince et les sénateurs dans la surveillance de leur conduite en matière de dépenses de luxe, en postulant qu'ils adhéraient aux mêmes valeurs de modération et de parcimonie (...) et il proposait un règlement consensuel du problème du luxe: examen conjoint des conduites et sanctions décidées d'un commun acord. Du même coup, tout en affichant sa volonté d'associer le Sénat et le prince dans la conduite d'une même politique, il faisait l'économie des risques d'une répression autoritaire".

---

[371] E. ROMANO, *Echi e riuso*, en J. L. FERRARY (ed.), *Leges publicae*, cit., 200.

[372] M. COUDRY, "Lois somptuaires et regimen morum", ibid., 497-509.

[373] Ibid., 509.

La historia nos revela que la estrategia de Tiberio fue acertada y resultó efectiva siempre que realmente fue puesta en práctica. En efecto, el mismo Tácito atribuye el sensible retroceso que experimentó el lujo que siguió a la contienda civil tras la deposición de Nerón al ejemplo dado por el emperador Vespasiano, quien con su manera de vivir permaneció de tal modo fiel a los antiguos *mores* que "resultó más fuerte el respeto por el Príncipe y el deseo de imitarlo que el castigo de las leyes y el miedo".[374]

No obstante, en los últimos tiempos hay cierto consenso entre los estudiosos en valorar las *leges sumptuariae* romanas como decisiones de naturaleza política con implicaciones políticas, sociales o económicas, otorgando a la motivación moralista un papel secundario.[375] Efectivamente, sin negar que tras las leyes suntuarias hubiera también una aspiración a un deber-ser, no creo en absoluto que existiera un propósito firme de alcanzar a toda costa mediante tales leyes la restauración de la antigua sobriedad del tenor de vida, ni tampoco de aniquilar la extravagancia y la influencia griega, como ha afirmado Gruen,[376] pues si el propósito de la legislación suntuaria romana hubiese sido, como argumenta este autor, el de detener el creciente gusto por la extravagancia y la cada vez mayor indulgencia hacia el lujo como consecuencia de la influencia helénica en las costumbres romanas, no se entiende por qué las leyes suntuarias afectaron sólo o muy especialmente a unas manifestaciones de lujo, como las *conviviales*, y nada o no tanto a otras, siendo así que todas ellas serían supuestamente un trasunto de la extravagancia griega. Posteriormente, este autor ha abandonado la tesis del supuesto prejuicio antihelénico de los romanos y sostenido que el fin de las leyes suntuarias era la contención del lujo en términos generales.[377]

---

374 TAC. *Ann.* 3, 55, 4: *obsequium inde in principem et aemulandi amor validior quam poena ex legibus et metus.*

375 G. CLEMENTE, *Le leggi sul lusso*, cit., 1-14; A. BOTTIGLIERI, *La legislazione*, cit., 39-63; y E. ZANDA, *Fighting Hydra*, cit., 49-71.

376 E. S. GRUEN, *Studies in Greek Culture and Roman Policy*, Leiden, 1990, 171.

377 ID., *Culture and National Identity in Republican Rome*, Ithaca, 1992, *passim.*

Tampoco el propósito de las leyes suntuarias habría sido netamente moral: la persecución y la erradicación del lujo entendido como vicio –tal resultaría una interpretación superficial– sino que ese propósito moral, declarado a modo de carta de presentación o de portada, estaba unido inextricablemente a otro político no explícito. *Morality was politics and politics was morality* dice gráficamente Zanda.[378] En efecto, la invocación de la decadencia de las costumbres en las leyes restrictivas del lujo formaba parte de una retórica dirigida a disuadir de los actos y de los hábitos que tales leyes prohibían, constituían una suerte de disimulada exhortación dirigida a las élites a "guardar las apariencias" de sobriedad en la medida de lo posible, a actuar con cautela en su propio beneficio, con el fin de evitar ante todo el desprestigio y el desgaste de su posición de privilegio.

Debe rechazarse así la concepción que considera como *sumptuariae* cualesquiera *leges* que contengan medidas para combatir puramente la *Sittenverfall*.[379] El lujo se estaba integrando en los hábitos sociales, formaba parte con naturalidad de la vida cotidiana e incluso era ya expresión de un estatus social en un mundo distinto al del pasado ideal evocado por los autores, razones por las cuales no habría tenido ningún sentido intentar un pleno retorno a la prístina moralidad y menos aún pensar que esto pudiera conseguirse a través de unas leyes con las características y con las notorias deficiencias de implementación y eficacia de las leyes suntuarias.

En efecto, tanto las *leges sumptuariae* como las *leges ad coercendam luxuriam* sancionaban en general no la afección al lujo, considerada ésta como *vitium* o vicio moral, ni mucho menos la posesión de riquezas, sino la ostentación privada o pública de determinados objetos o productos considerados de lujo, constituyendo el supuesto normativo ya el propio acto de ostentación ya el *sumptus* o gasto excesivo e innecesario que aquel acto de ostentación presupone. El

---

378 E. Zanda, *Fighting Hydra*, cit., 7.

379 Presente también en autores como M. Voigt, "Über die lex Cornelia sumptuaria", en *Berichte über die Verhandlungen der Königlichen Sächsichen Gesellschaft der Wissenschaften Leipzig, Phil. –hist. Klasse*, 42, Leipzig, 1890, 244-279; o F. Wieacker, *Vom römischen Recht: zehn Versuche*, Stuttgart, ²1961, 63.

nombre de *leges sumptuariae*, con que fueron denominadas las leyes limitadoras del lujo en los ágapes, evidencia ante todo la existencia en este tipo de leyes de una marcada motivación económica en la *voluntas legislatoris*, es decir, lo que es aquí objeto de limitación no es el banquete en sí, el cual constituye una institución social arraigada en la tradición romana, identificadora de la élite, reafirmadora de su estatus y de la estratificación social y fuente de prestigio del individuo rico,[380] como aprendemos a partir de autores como Juvenal,[381] sino el gasto excesivo innecesario o *sumptus*. Pero ¿qué razón o qué razones podían impulsar a comenzar a restringir precisamente a partir de finales del siglo III a.C. y sobre todo desde la segunda mitad del siglo II el *sumptus* y especialmente el *sumptus* convival?

Para responder a esa cuestión hay que partir del fenómeno histórico del surgimiento en el siglo III a.C. de una nueva clase de plutócratas, los "ecuestres",[382] que no deben confundirse con los antiguos *equites equo privato* del ordenamiento centuriado. En efecto, tras la derrota de Cartago, Roma se habría convertido en cierta medida en una talasocracia, habría dejado atrás su agrarismo ultrancista y habría adquirido tintes de una economía que podría calificarse bajo nuestros parámetros modernos de "capitalista". Sus grandes beneficiarios habrían sido la nobleza senatorial y sobre todo un conjunto de individuos de extracción diversa que habrían logrado acumular grandes capitales. Este variopinto grupo social, compuesto por hombres de negocios, banqueros, mercaderes, arrendatarios de impues-

---

[380] Si el lujo gastronómico en el rico es timbre de distinción, en el pobre constituye desatino. Así empieza Juvenal la sátira undécima: Juv. 11, 1-2: *Atticus eximie si cenat, lautus habetur, si Rutilus, demens*, donde Ático es el aristócrata y Rútilo el pobre. Véase una auténtica geografía literaria del lujo gastronómico en A. La Penna, *La legittimazione*, cit., 4-10; y B. Feichtinger, "Von Tafelluxus und Literaturgourmets. Überlegungen zum horazischen Abschied von den Satiren", en *Philologus*, 58. 1, 2014, 130-154.

[381] Ilustrativa al respecto es la sátira undécima del poeta aquinate dedicada justamente a los excesos gastronómicos.

[382] Sobre este fenómeno histórico véase F. Cassola, *I gruppi politici romani nel III secolo A. C.*, Roma, 1968, 83, 242, 381 y ss., 424 y 425; K. Loewenstein, *The Governance*, cit., 32-39; y F. De Martino, *Storia economica di Roma antica*, 1, Firenze, 1979, 64.

tos y emprendedores de toda laya, incluso libertos, que habrían quedado integrados por su patrimonio en la primera clase de los *comitia centuriata*, habría entrado en concurrencia con la *nobilitas* patricio-plebeya, la cual en un principio habría continuado manteniendo el monopolio del poder político y habría llegado a ver, si no amenazada, sí, como mínimo, cuestionada de alguna manera su primacía política y social. El desencuentro en lo alto de la escala económico-social entre la élite tradicional y los nuevos ricos se habría producido definitivamente por las aspiraciones de éstos últimos de acceder a las distintas instancias de poder.[383]

Por estos motivos la élite senatorial habría adoptado algunas medidas dirigidas a la conservación de su posición de privilegio, como precisamente las *leges sumptuariae*, aunque también el orden ecuestre habría sacado ventaja en algunos lances. Es el caso de la *lex Claudia de nave senatorum* mediante la cual y so pretexto de preservar el prestigio social y la autoridad moral de los senadores, el orden senatorial quedó excluido contra su voluntad de participar en las lucrativas actividades del comercio ultramarino, quedando reservados a los nuevos ricos dicho comercio, las especulaciones financieras, la explotación de las provincias o el nuevo gran mercado de esclavos. La *nobilitas* habría quedado apartada de esta manera de una atractiva vía de enriquecimiento ecónomico bajo el pretexto de protegerla de

---

[383] K. Loewenstein, *The Governance*, cit., 38 señala a propósito de este conflicto de intereses: "In time, however, a cleavage of economic interests developed between the conservative senatorials and the new bourgeoisie which could not fail to engender political disagreement. Many of the famous old families, unable to compete with the immense wealth of the new plutocracy, fell on bad days, or became outright impoverished. Their usefulness as patrons for the clients diminished accordingly. The *nouveaux riches* plebeians, on the other hand, if eligible for the senatorial office and the magistracies, surrounded themselves with an equally plebeian clientele. The social prestige of a man in public life was assessed, together with his wealth, by the size of the clientele he could attach to himself. A sort of feudal relationship developed, inherited by the descendants on both sides. In due course, the new patron-client situation made itself felt in the elections".

los supuestos peligros que conllevaban aquellas arriesgadas actividades económicas.[384]

El lujo y la ostentación con ocasión de los ágapes, aunque también a través de otros elementos de la cultura material, como la vestimenta, con la aparición de los nuevos ricos habría dejado de ser una manifestación de estatus social e identitaria de la élite tradicional, para convertirse en un juego peligroso, en el que los nuevos ricos podían eclipsar a los aristócratas o llevar a éstos a la ruina patrimonial de involucrarse en espirales competitivas,[385] además de hallarse en condiciones económicas mucho más ventajosas de cara a las relaciones clientelares con sus implicaciones políticas. En suma, el lujo ostentoso y sobre todo el desplegado en los encuentros simposíacos se habría convertido en un factor potencialmente perturbador del orden social y político establecido.

Por ello, no es casualidad que la legislación suntuaria surgiera justamente en un contexto de florecimiento, por un lado, de la obsesión culinaria, de la utilización profusa de alimentos exóticos y del *luxus mensae* en Roma[386] y, por otro, de apertura a una diversificación en el estrato alto de la sociedad, que estuviera causando una pérdida de correlación entre el poder político y el económico,

[384] En tiempos de Cicerón aun subsistiendo la ley ya resultaba ésta en la práctica casi inoperante, tal como revela Cic. *Ver.* 2, 5, 45: *Noli metuere, Hortensi, ne quaeram, qui licuerit aedificare navem senatori: antiquae sunt istae leges et mortuae, quem ad modum tu soles dicere, quae vetant* (No temas, Hortensio, que indague cómo se le permitió a un senador construir una nave. Antiguas y muertas, como tú sueles decir, son esas leyes que lo prohíben).

[385] Como apuntan G. Dari-Mattiacci y A. E. Plisecka, "Luxury in Ancient Rome: Scope, Timing and Enforcement of Sumptuary Laws", en *Legal Roots*, 1, 2012, 192 (=*Amsterdam Center for Law & Economics, Working Paper No.* 2010-03, 4): "signaling becomes a losing game for the tradicional aristocracy when the proportion of new rich grows sufficiently large (and wealthy) so that the landed aristocracy becomes relatively poor and hence has an interest in restricting signaling".

[386] Véase al respecto J.H. D'Arms, "The Culinary Reality of Roman Upper-Class Convivia: Integrating Texts and Images", en *Comparative Studies in Society and History*, 46. 3, 2004, 428-450.

antes reunidos en la sola élite senatorial.[387] Tampoco es casual que con dicha legislación se tratara de restringir con más insistencia precisamente el lujo convival, es decir, el que permitía satisfacer más inmediatamente el ansia primaria de ostentación que caracteriza a los *parvenus* y el que tiene una dimensión más social y competitiva y por ende más peligrosa para los intereses de la *nobilitas* tradicional a la sazón en desventaja económica.

De hecho, existe una estrecha conexión entre los banquetes y el juego político electoral, con la intriga y deslealtad a este respecto y con la captación ilícita o inmoral de votos y sobre aquéllos recae la suspicacia del legislador. No en vano las invitaciones a los banquetes se consideraban, como se ha dicho,[388] *beneficia* u *officia*, de tal suerte que los invitados se comprometían tácitamente a modo de intercambio de regalos a corresponder razonablemente a las invitaciones. Los banquetes jugaban así un rol fundamental en la política electoral y esto constituye precisamente el *key factor*, como dice Berry,[389] para entender por qué las leyes suntuarias se focalizaron en ellos y no en el lujo indumentario. Las *leges Orchia, Fannia* y *Antia* son buena muestra de ello al someter a control y limitación los simposios en tanto que potenciales instrumentos para una torpe consecución del poder político o de decisiones políticas. También es muy significativo que con frecuencia a una ley suntuaria hubiera seguido otra sobre corrupción electoral o *ambitus*, como señalaré después. Dos claros testimonios acerca de la estrecha conexión entre los banquetes y el juego político nos los proporcionan Cicerón en su *Pro Murena* y su hermano Quinto, quien sabía bien de qué hablaba, en su *Commentariolum Petitionis*:

---

[387] Comparto, en este sentido, la tesis de G. Dari-Mattiacci y A. E. Plisecka, *Luxury*, cit., cuyas siguientes afirmaciones la compendian: "Sumptuary legislation originated from the unbalance between political and economic power following the military and economic expansion of Rome in the last two centuries of the Republic" (p. 2); y "The rise of sumptuary legislation occurred when the senatorial class lost economic power to the equestrians, its fall when they also lost political power to the *princeps*" (p. 6).

[388] D. Schnurbusch, *Convivium*, cit., 234 y 252.

[389] C. J. Berry, *Idea of Luxury*, cit., 83.

CIC. *Mur.* 74: *At enim agit mecum austere et Stoice Cato, negat verum esse adlici benivolentiam cibo, negat iudicium hominum in magistratibus mandandis corrumpi voluptatibus oportere. Ergo, ad cenam petitionis causa si quis vocat, condemnetur? 'Quippe' inquit 'tu mihi summum imperium, tu summam auctoritatem, tu gubernacula rei publicae petas fovendis hominum sensibus et deleniendis animis et adhibendis voluptatibus? Vtrum lenocinium' inquit 'a grege delicatae iuventutis, an orbis terrarum imperium a populo Romano petebas?'*

Pero Catón se dirige a mí severa y estoicamente. Afirma que no es sincero ganarse la benevolencia con comida y que a la hora de otorgar las magistraturas no debe corromperse el criterio de los ciudadanos proporcionándoles placeres. Luego si uno por razón de su candidatura invita a cenar ¿debe ser sancionado? "Por supuesto" –responde– ¿Con qué tú pretendes el mando supremo, el máximo respeto, el timón de la república, halagando los sentidos de los ciudadanos, conquistando sus espiritus y propiciándoles deleites? Dice: "¿Acaso te postulabas como candidato para gozar del encanto de un grupo de jóvenes afeminados o a tener el dominio del mundo que te da el pueblo romano?"

Q. CIC. *Pet.* 11: *Benignitas autem late patet: et est in re familiari, quae quamquam ad multitudinem pervenire non potest, tamen ab amicis si laudatur, multitudini grata est; est in conviviis, quae fac ut et abs te et ab amicis tuis concelebrentur et passim et tributim.*

La generosidad, por su parte, comprende un amplio espectro: se pone de manifiesto en el uso espléndido del patrimonio familiar que, aunque no pueda ser disfrutado directamente por las masas, también les resulta muy de su agrado si los amigos lo alaban. Se muestra en los banquetes, que debéis organizar tanto tú como tus amigos, ya sea para cualquier tipo gente indistintamente, ya para cada una de las tribus.

Que se tratara de medidas de autoprotección de la *nobilitas* y por ende de defensa del orden establecido por vía legislativa se comprende ante todo por la pertenencia a la facción optimate de los magistrados impulsores de las *leges sumptuariae.* Afirma al respecto Serrao que el de las leyes suntuarias parece ser el único campo en que se advierte la prevalencia de la iniciativa aristocrática[390] y, de hecho, demuestra que la iniciativa de tales leyes, plebiscitos muchas de ellas[391] –plebiscitos de nuevo cuño tras la *aequiperatio legibus* de la *lex Hortensia* (286)–, fuera senatorial el que los magistrados rogantes, a la sazón cónsules o tribunos de la plebe, como Gayo Orcio, Cayo Fanio Estrabón, Tito Didio, Marco Emilio Escauro, Publio Licinio Craso Rico Muciano o Sila; o los de las leyes restrictivas del lujo como Gayo Opio, Gayo Publicio Bíbulo o Cayo Escribonio Curión, no sólo pertenecieran a la *nobilitas* sino que además fueran exponentes políticos de los intereses aristocráticos.[392]

Parece que a las leyes o plebiscitos suntuarios podrían haber precedido senadoconsultos, como sabemos por algunos testimonios literarios,[393] o en ocasiones acuerdos previos del Senado con el tribuno de la plebe o magistrado proponente, miembro también de la élite senatorial, como aconteció con el tribuno de la plebe Gayo Orcio,

---

390 F. Serrao, *Classi*, cit.

391 Véase *LPPR*, 98 s.

392 Véase: *PW*, 18. 1, 886 (*C. Orchius*); 6. 2, 1994 s. (*C. Fannius Strabo*); 6. 1, 406 (*Didius*); 1. 1, 584-588 (*M. Aemilius Scaurus*); 13. 1, 334-338 (*P. Licinius Crassus Dives Mucianus*); 18. 1, 729 (*C. Oppius*); y 2 A. 1, 867-876 (*C. Scribonius Curio*); y *NPauly*, 12, 186 s. (*C. Publicius Bibulus*).

393 Para la *lex Fannia*: Gel. 2, 24, 2-3 y Macr. 3, 17, 4. Para la *lex Licinia*: Macr. 3, 17, 7: *Post Didiam Licinia lex lata est a P. Licinio Crasso Divite, cuius ferundae probandaeque tantum studium ab optimatibus impensum est, ut consulto senatus iuberetur ut ea tantum modo promulgata priusquam trinundino confirmaretur, ita ab omnibus observaretur quasi iam populi sententia comprobata* (Después de la Didia fue presentada la ley Licinia por Publio Licinio Craso, apodado el Rico. En la propuesta y aprobación los aristócratas pusieron tanto entusiasmo que se ordenó por medio de un senadoconsulto que fuera ratificada, una vez publicada para ser sometida a la aprobación popular, antes de pasado un plazo de tres mercados, de modo que fuera observada por todos como si ya hubiera sido aprobada por el voto del pueblo).

según noticia de Macrobio.[394] Además, las medidas contra el exceso suntuario al recaer sobre las clases pudientes y recordar los *mores maiorum* no podían sino resultar en principio gratas o "políticamente correctas" para la opinión pública, aunque no se tratara de disposiciones de corte democrático en absoluto.

El lujo en la vestimenta y particularmente en el ornato personal femenino será blanco igualmente, aunque en menor medida, de la legislación suntuaria *lato sensu*, habida cuenta de su manifiesta y bien conocida función de señalización de estatus social y también de poder político. Pero la represión del lujo en los atuendos y en el ornato parece haber perseguido finalidades distintas, o al menos parcialmente distintas, a las de la legislación suntuaria *stricto sensu* o convival, como se tratará más adelante. Respecto a otros ámbitos, apenas afectaron las restricciones suntuarias a los *ludi* o a otros gastos cuyos beneficiarios directos fueran las masas populares, a pesar de tratarse de actos en que el ejercicio de competitividad alcanzaba su máximo grado, pues es de suponer que tales restricciones habrían sido extraordinariamente impopulares y de muy incierta aprobación comicial.

En fin, las limitaciones legales suntuarias empezaron a establecerse cuando el lujo comenzó a dejar de estar materialmente al casi exclusivo alcance de la élite dirigente, de la *nobilitas* senatorial tradicional, para estarlo también al de otros grupos sociales o individuos enriquecidos y cuando, como consecuencia de ello, el lujo comenzó a dejar de ser un signo de identificación y de expresión tanto de estatus económico como de estatus político de la élite tradicional. Así, como se ha dicho,[395] "*luxuria* became a matter of condemnation when it was not justified by social status or political position".

A la élite le llegó a interesar el promover la discreción, el penalizar la suntuosidad so pretexto de salvaguardar la antigua moralidad y el establecer límites en la ostentación de la riqueza a fin de evitar la visibilidad de una posible superioridad económica de individuos de las clases emergentes. Al mismo tiempo con las restricciones suntuarias se podía teóricamente conjurar el peligro de derivas de competitividad política, pues al asociarse en la mentalidad popular el poder econó-

---

394 MACR. 3, 17, 2. Véase n. 452.

395 Por E. ZANDA, *Fighting Hydra*, cit, 16.

mico al poder político, por haber estado tradicionalmente unidos, la ruptura de la brecha económica y con mayor motivo aún el *sorpasso* económico hacía legítimo el deseo de acceder al poder de los plutócratas. En definitiva, perdida la primacía económica, el objetivo era el mantenimiento de la primacía política para la élite senatorial.

El hecho de que los autores antiguos insistan en advertir de los peligros de la decadencia de las costumbres no debe entenderse, sin embargo, como un falseamiento de la realidad. Su razonamiento no deja de ser lógico: si las costumbres de los antepasados posibilitaron que Roma alcanzara su grandeza, por esta misma regla la decadencia de aquéllas podría conducir a la decadencia de Roma; y, puesto que las leyes suntuarias constituían también un freno a la decadencia de las costumbres, no pudo ser sino la "repristinación" de los *optimi mores* su objetivo último e ideal. Lo que no expresaron o no necesitaron expresar tales autores es que las señaladas costumbres eran el ropaje que recubría un estado de cosas de primacía política y social de la *nobilitas* romana y que la decadencia de aquéllas podría comportar la desaparición de aquel estado de cosas, de aquella primacía. Éste es precisamente el telón de fondo de la cuestión y el deseo de evitar que eso pudiera acabar aconteciendo constituye el fin último perseguido con la rogación de las leyes suntuarias. Tampoco habría que excluir en la denuncia del lujo como factor corruptor de las costumbres una concurrente expresión de un honesto sentido patriótico. Así, pues, no habría manipulación de la información por los autores romanos sino que más bien se trataría del modo de percibir las cosas a la luz de su presente, pues para ellos decadencia de las costumbres y decadencia de aquella hegemonía eran una misma cosa. Lo que parece poco aceptable es asumir ese mismo argumento de los clásicos desde la distancia histórica, desde la que resulta una explicación superficial.

Que el propósito último de las *leges sumptuariae* fuera para la *nobilitas* el mantenimiento de un determinado orden político y social, que se sentía un tanto amenazado como consecuencia de unos cambios sociales y económicos vinculados precisamente al progreso económico de la ciudad, no constituye, sin embargo, el fin del análisis del origen de las leyes suntuarias, sino que hay que tratar de profundizar, como han hecho otros estudiosos con anterioridad, en las causas y en las coyunturas económicas, políticas y sociales que movieron a promulgar tal género de leyes.

En primer lugar, existe una vinculación del lujo con la ruina financiera y la prodigalidad. Un ejemplo muy ilustrativo de tal vinculación es el de Catilina, a juzgar por la conocida semblanza salustiana de éste.[396] Esta misma vinculación la hallamos en Cicerón cuando correlaciona el lujo con los gastos extravagantes, las deudas y los excesos en los banquetes y en el sexo, síntomas todos de prodigalidad y de moral estragada, no imputables, sin embargo, a Marco Celio Rufo, su defendido:[397] Asimismo, para el siglo II d.C. Juvenal denuncia cómo la adquisición irresponsable de lujos y comodidades para la ostentación o el lujo gastronómico precipitaba a muchos ricos al abismo de la pobreza: *una comedunt patrimonia mensa* ("en una sola mesa se comen todo el patrimonio").[398]

Ahora bien, con las leyes suntuarias no se habría tratado únicamente de prevenir contra el hecho en sí del endeudamiento y de la ruina financiera de los miembros del orden senatorial a la que pudieran abocar los gastos suntuarios, como se ha defendido,[399] sino que el fin perseguido habría sido sobre todo el de evitar peligrosas espirales de competencia, exacerbadas por la concurrencia de los nuevos potentados económicos, que pudieran poner en peligro también la primacía política y social de la élite tradicional, una vez perdida como mínimo la exclusividad de la económica. Otras razones colaterales a la indicada serían, como han propuesto diversos autores,[400]

---

396 Sobre dicha vinculación véase B. Shaw, "Debt in Salust", en *Latomus*, 34, 1975, 187-196.

397 Cic. *Cael.* 44: *at vero in M. Caelio nulla luxuries reperietur, nulli sumptus, nullum aes alienum, nulla conviviorum ac lustrorum lubido* (a propósito de Marco Celio no se descubrirá ningún lujo, ningún despilfarro, ninguna deuda, ningún afán desordenado de banquetes y burdeles).

398 Juv. 1, 135. Sobre los quebrantos económicos de los banquetes véase especialmente la sátira undécima de Juvenal.

399 M. H. Crawford, *The Roman Republic*, Cambridge (Mass.), ²1993, 76, sostiene que la aspiración de estas leyes era preservar lo que él denomina "aristocratic cohesion": "to prevent conspicuous consumption and display by members of the group, the consequent envy and resentment of the rest and the resort to an attempt to go one better".

400 Así, G. Clemente, *Le leggi sul lusso*, cit., 10, argumenta que "la neccessità di autoconservazione del gruppo dominante: la composizione della prima classe dell'ordinamento censitario era essenziale per il funzio-

la pérdida de la cohesión como grupo dominante de la aristocracia tradicional; el deterioro de su imagen pública; o la alteración en la composición de las clases censitarias. En definitiva, se trataría con las leyes suntuarias de adoptar medidas tendentes a evitar una pérdida o como mínimo una merma en la posición de primacía de la élite tradicional en los órdenes social y político en provecho de un emergente orden ecuestre, que ya había tomado la delantera en el orden ecónomico.

En segundo lugar, el peligro de que unas relaciones comerciales más dinámicas y con una circulación de capital más fluida y abundante pudieran conducir al desclasamiento social de individuos o familias pertenecientes a la élite tradicional por causa del gasto y el endeudamiento o propiciar una excesiva permeabilidad social. Se habría tratado de prevenir contra los efectos nocivos de un modelo económico emergente de ineluctable implantación y de evitar la formación de una estructura social articulada a partir de un principio puramente plutocrático con efectos desplazadores de la influencia política de la élite tradicional en el cuerpo social.

No creo, por consiguiente, que esta legislación hubiera perseguido el fin exclusivamente económico de luchar por el mantenimiento

---

namento dei meccanismi attraverso i quali l'ordine senatorio perpetuava l'esercizio del potere, ed essa poteva essere sconvolta con facilità in periodi di accelerata crescita económica [...] una regolamentazione delle spese poteva dunque salvaguardare l'ordine senatorio da questo pericolo". En el mismo sentido señala A. Bottiglieri, *La legislazione*, cit., 39 s., siguiendo a E. Gabba, *Ricchezza*, cit., 555: "Lo scopo essenziale di questo *corpus* normativo (leyes suntuarias) sarebbe stato si quello di difesa delle basi materiali, si quello di garantire il ruolo sociale e politico della classe dirigente formatasi all'interno di un ordinamento classista". Con anterioridad ya había apuntado en esta dirección D. Daube, *Civil Disobedience in Antiquity*, Edinburgh, 1972, 124 ss., argumentando que, puesto que el lujo se consideraba un peligro para la estabilidad política y social de la élite romana, las leyes suntuarias fueron concebidas como un medio para procurar dicha estabilidad. Más recientemente E. Zanda, *Fighting Hydra*, cit., 52-60, ha sostenido que la finalidad de las *leges sumptuariae* fue conjurar el peligro de competitividad en el seno de la clase senatorial y proteger, en consecuencia, la composición de los patrimonios familiares.

del modelo de economía agraria tradicional frente a otro helenístico fundamentado en el comercio y en la industria, sino que su propósito era más modesto: el de neutralizar los posibles efectos adversos en el plano político para las élites de un modelo económico ya asentado, acorde con la posición hegemónica de Roma y no basado exclusivamente en la agricultura y en la riqueza de la tierra. Una interpretación en el primero de los sentidos quedaría, de hecho, desmentida por la llamativa falta de coerción e implementación de las normas legislativas adoptadas y por su contenido y aspiración demasiado limitados como para lograr un objetivo de alcance macroeconómico como el señalado, el cual habría exigido sin duda medidas mucho más drásticas y de mayor calado. Por ello, no comparto la tesis que ve en las *leges sumptuariae* un modo de luchar por la preservación de un modelo económico agrarista frente a la pujanza de otro de orientación helenística como efecto del expansionismo romano.[401]

En tercer lugar, la represión del lujo habría perseguido más un efecto propagandístico en la población que la total eficacia de sus disposiciones. En efecto, la *nobilitas* era depositaria de la moralidad pública, gozando por ello de autoridad para gobernar,[402] y con este tipo de leyes habría venido a demostrar una simulada ejemplarizante capacidad de reacción contra sus propios excesos, aunque su objetivo fuera el de frenar no su lujo inmoderado sino el de los *parvenus*, el de los nuevos potentados, como los publicanos, los grandes comerciantes o los individuos adinerados de los municipios, como parachoque frente a la competencia política de esta emergente clase adinerada. Es de suponer que éstos encontraran como aliados contra la aprobación de las leyes suntuarias a la plebe urbana, que no debía ver con buenos ojos unas leyes que representaban una restricción

---

401 Una de las tesis fundamentales de M. Bonamente, *Leggi suntuarie*, cit., 67-91. Cfr. E. Gabba, *Richezza*, cit., 554; y A. Bottiglieri, *La legislazione*, cit., 40.

402 Los romanos tenían internalizada la vinculación entre moralidad pública y poder, entre los discursos de moralidad y las estructuras de poder. Véase al respecto C. Edwards, *The Politics of Immorality in Ancient Rome*, Cambridge, 1993. Como afirma la autora en 4, "attacks on immorality were used by the Roman elite to exercise control over its own members and to justify its privileged position".

al evergetismo. Las intenciones simuladas de unos y la oposición de otros sin duda habrían sido un factor de ineficacia de las *leges sumptuariae*.

En directa vinculación con lo anterior se hallaría la prevención contra la corrupción política a la que podía ir asociado el lujo.[403] Debe apreciarse, de hecho, una estrecha relación entre las leyes suntuarias y las leyes sancionadoras del crimen de *ambitus* o corrupción electoral,[404] pues ante todo ambas coinciden en tener en su punto de mira a los *novi homines*, a los advenedizos. Livio a propósito de la primera ley sobre la *ambitio*, la *lex Poetelia de ambitu* de 358, revela que el propósito de dicha ley era poner freno a las intrigas sobre todo de los *homines novi*: *novorum maxime hominum ambitionem*, que tenían por costumbre recorrer los mercados y las reuniones *qui nundinas et conciliabula obire soliti erant.*[405] Además, se da una reveladora frecuente coincidencia cronológica entre unas y otras. Así, a la promulgación de una ley restrictiva del *sumptus* suele seguir inmediatamente otra sobre *ambitus* o viceversa. De este modo, a una ley o plebiscito preventivo de la corrupción, como sería el restrictivo del lujo suele corresponder cronológicamente otra ley o plebiscito sancionador de la corrupción electoral. Unas y otras leyes, preventivas y sancionadoras respectivamente de la corrupción electoral, guardarían relaciones de cumulatividad y complementariedad.

La asociación entre *leges sumptuariae* y de corrupción electoral se observa históricamente en los siguientes casos: *lex Orchia de coenis*

---

[403] También E. ZANDA, *Fighting Hydra*, cit., 70, invoca como propósito de las leyes suntuarias: "the attempt to prevent the use of personal wealth for political reasons".

[404] A este respecto, J. BLEICKEN, *Lex publica*, cit., 169 ss. estima que tanto las *leges sumptuariae* como las *leges de ambitu*, entre otras, eran manifestaciones de una política legislativa común, cuyo propósito era frenar las crecientes tendencias desintegradoras dentro de la clase dirigente mediante la "juridización" de comportamientos tradicionales.

[405] LIV. 7, 15, 12. La tipicidad de la condición de *homo novus* en el sujeto activo del delito de *ambitus* ha sido puesta de relieve por L. FASCIONE, *Crimen e quaestio ambitus nell'età repubblicana. Contributo allo studio del diritto criminale romano*, Milano, 1984, 24.

y *Cornelia Baebia de ambitu*, ambas de 181,[406] en tiempos de la censura de Catón; *lex Fannia* y *lex Cornelia Fulvia de ambitu*, ambas de 161; *lex Cornelia sumptuaria* y *Cornelia de ambitu*, ambas de 81, si bien esta última es de dudosa existencia; *lex Antia sumptuaria* y *Acilia Calpurnia de ambitu*, la primera de 70 y la segunda de 67; *rogatio Pompeia sumptuaria* y *leges Licinia de sodaliciis y Licinia de ambitu*, tanto la primera, que no llegó a aprobarse como ley, como las otras dos leyes, ambas sobre *ambitus*, son de 55; *lex Iulia sumptuaria* y *Iulia de ambitu*, ambas de 18?[407]

Así, pues, habría habido dos motivaciones políticas conexas de las *leges sumptuariae*: la primera, el intento de impedir la ruptura de las reglas del juego político mediante una utilización torpe de la riqueza con fines de captación de voluntades y votos;[408] la segunda, el deseo de apuntalar el tradicional sistema de patronato, evitando que la riqueza pudiera ser utilizada para alterar o destruir dicho sistema y con él uno de los sillares de

---

[406] Para el caso concreto de estas dos leyes C. Venturini, *Leges sumptuariae*, cit., 365, apunta que "è possibile instaurare un rapporto tra *lex Orchia* e *lex Cornelia Baebia* pur salvaguardando la reciproca autonomia dei due provvedimenti. Si può infatti supporre che il primo abbia introdotto una norma in apparenza neutra sotto il profilo politico, in quanto incidente solo sul numero dei commensali nei singoli banchetti e vincolante per tutti i *cives* indistintamente, ma destinata ad assumere notevole rilievo in rapporto agli aspiranti alle magistrature sprovvisti di già consolidate clientele e per i quali, dunque, la pratica conviviale costituiva un cospicuo strumento per l'acquisizione di consensi. In questo senso, la previsione, pur basata su una generica esigenza moralizzatrice, risulta valutabile in termini di premessa alle limitazioni in materia di propaganda verosimilmente introdotte o rinnovate dalla *lex de ambitu*, con le quali venne a cumularsi". Sobre la conexión entre las leyes suntuarias y las de corrupción electoral véase, además del indicado trabajo de Venturini, los precedentes de A. Lintott, "Imperial Expansion and Moral Decline in the Roman Republic", en *Historia*, 21, 1972a, 632; W. V. Harris, *War and Imperialism in Republican Rome: 327-70 BC*, Oxford, 1979, 89; G. Clemente, *Le leggi sul lusso*, cit., 8 s.; M. A. R. Dauster, *Roman Sumptuary Legislation of the Republican Era C. 200-100 B.C.*, 1996, 5-15, https://repositories.tdl.org/ttu-ir/handle/2346/17354; y A. Bottiglieri, *La legislazione*, cit., 162-172.

[407] En la denominación y datación de las leyes he seguido básicamente la obra *LPPR*.

[408] V. J. Rosivach, *Lex Fannia*, cit., 2.

la hegemonía política de los *nobiles* y una de las máximas expresiones del tradicional *Roman way of life*, por parte de individuos enriquecidos no pertenecientes a la élite senatorial romana.[409]

En conclusión, las precedentes razones podrían sintetizarse en el temor de la clase rectora, ante los cambios que se iban produciendo en los planos social y económico, a experimentar también en carne propia una posible "degeneración" de la constitución política, entendiéndose por tal un viraje hacia modelos poco o nada favorables a su primacía política. Prevenir poniendo coto a ciertos hábitos sociales y fomentar un clima contrario a ellos podía contribuir a evitarlo. Todo ello permite comprender el conservadurismo de los autores romanos con sus continuos alegatos a favor de las costumbres tradicionales y, por ende, a favor de su contexto económico, social y político. El fin de las *leges sumptuariae* era, en suma, el de contribuir con un mecanismo jurídico a salvaguardar la primacía política y social de la élite, siendo por ello que "la lotta al lusso non era una lotta alla ricchezza, ma ai suoi effetti perversi".[410]

Por otro lado, hablar sólo de razones exclusivamente económicas, políticas, sociales o morales no explica satisfactoriamente el

---

[409] Sobre el propósito de las leyes relativas al lujo en los banquetes de conjurar la amenaza que se cernía sobre el sistema de patronato por la pujanza cada vez mayor de ricos advenedizos, véase M. A. R. DAUSTER, *Roman Sumptuary Legislation*, cit. Señala la autora: "the sumptuary laws were aimed at ambitious individuals who used their wealth to try to change the rules of the game, by manipulating alliances with family, friends and clients" (p. 18); "the "moral" and "luxurious" rhetoric of the sumptuary laws suggest that the ruling elite felt that the patronage system was threatened by the "wrong people" hosting banquets" (p. 53); "patronage in Republican Rome was not just an important part of the system of private relations and public operations, it was the system" (p. 74); y "the banquet laws of the Roman Republic were an attempt by the established political elite to mediate and control access to the upper reaches of power by limiting the formation of the large client base necessary for success in elections". Acerca de la importancia del patronato como presupuesto de la hegemonía de la *nobilitas* véase M. GELZER, *Die Nobilität der römischen Republik. Die Nobilität der Kaiserzeit*, Stuttgart *et al.*, 1983, 43 ss.

[410] En palabras de G. CLEMENTE, *Le leggi sul lusso*, cit., 11 y 14.

fundamento de las leyes suntuarias republicanas como fenómeno social y jurídico, en el que confluyen en alguna medida todos estos aspectos a partir de una fundamental motivación política. Cualquier fenómeno social, como diría Weber, no puede ser explicado en términos puramente materiales, pero –añado– tampoco puramente espirituales o desde un único enfoque. Por ello, la teoría de orientación marxista de Sondel no aporta una explicación cabal al fenómeno de las *leges sumptuariae* por disociar y aislar el factor económico del político al ver en tales leyes un esfuerzo de la clase dominante por evitar una pérdida de poder económico y de los medios de producción.[411] Reduccionista, asimismo, resulta la tesis que justifica la legislación suntuaria en todo caso por una razón puramente fiscal,[412] sin perjuicio de que esta razón, subsumible en la de la protección de los intereses económicos de la *nobilitas* patricio-plebeya, a que me he referido antes, fuera uno de los pretextos desencadenantes de la aprobación de alguna de las *leges sumptuariae*.

3. EFICACIA DE LA *LEGES SUMPTUARIAE* Y DE LAS *LEGES AD COERCENDAM LUXURIAM*

Habida cuenta de que el lujo inmoderado podía supuestamente acabar poniendo en peligro la hegemonía política de la *nobilitas*, habría un contraste paradójico entre la magnitud del peligro que se quería conjurar y la escasa potencia de la normativa, las *leges sump-*

---

[411] J. SONDEL, *Leges sumptuariae*, cit., 123: "c'est en raison de leur grand nombre qu'elles ont fini par restreindre quelque peu le luxe et par là même, obvier à l'appauvrissement de la plus riche couche sociale de l'ancienne Rome et prévenir la sortie de l'argent hors de l'Etat. Au point de vue historique, elles constituent un moment du droit qui prouve les efforts d'une classe, la classe dominante, pour empêcher que la puissance économique qu'elle possédait ne s'amoindrît et, par là même, pour garder entre ses mains les principaux moyens de production".

[412] Es la tesis de E. PAIS, "I pontifici, l'agricoltura e l'«annona». «Leges regiae» e «leges sumptuariae»", en *Ricerche sulla storia e sul diritto pubblico di Roma*, 1, Roma, 1915, 459: "le «leges sumptuariae» sia del tempo di Fannio che di Cesare avevano pertanto uno scopo fiscale".

tuariae y las leyes restrictivas del lujo, establecida para ello. ¿Cómo se explicaría entonces la lenidad de tales leyes, su escaso efecto coercitivo? ¿Acaso eran *leges imperfectae*, esto es, leyes que no expresaban las consecuencias jurídicas de su contravención y ello explicaría su elevado índice de incumplimiento?[413]

Sobre la caracterización como *leges imperfectae* de las *leges sumptuariae* y de las restrictivas del lujo conviene advertir que esta terminología es tardía y que era desconocida por los autores más antiguos la clasificación de las *leges* atendiendo al grado de validez o eficacia de los actos *contra legem* o *in fraudem legis* en *perfectae, minus quam perfectae* e *imperfectae*. La distinción se halla en un conocido pasaje incompleto del *Epitome Ulpiani*,[414] el único pasaje relicto que contiene una referencia a la categoría de las *leges minus quam perfectae* y que contradice, sin embargo, otro pasaje de Macrobio, menos conocido al respecto.[415] Del cotejo de ambos textos resulta que mientras que para el *Epitome Ulpiani* es *imperfecta* la ley que no declara nulo el acto prohibido, para Macrobio es *imperfec-*

---

[413] Según noticia de MACR. 3, 17, 6 y SUET. *Jul.* 43, 2, respectivamente.

[414] UE. 1, 1-2: 1. *Leges aut perfectae sunt aut imperfectae aut minus quam perfectae. perfecta lex est... imperfecta lex est, quae vetat aliquid fieri, nec tamen si factum sit rescindit: qualis est lex Cincia, quae plus quam... donare prohibet, exceptis quibusdam personis, et si plus donatum sit, non rescindit. 2. Minus quam perfecta lex est, quae vetat aliquid fieri, et si factum sit, non rescindit, sed poenam iniungit ei, qui contra legem fecit* (Las leyes son o perfectas o imperfectas o "minuscuamperfectas". Es ley perfecta ... Es ley imperfecta aquella que prohíbe que se haga algo pero que si fuera hecho no lo anula, como, por ejemplo, la ley Cincia, que prohíbe donar más que ... excepto a ciertas personas, pero que si fuera donado más no lo anularía. 2. Es ley "minuscuamperfecta" la que prohíbe que se haga algo, pero si fuera hecho no lo anula aunque impone una pena a aquel que contravino la ley). Para un análisis del pasaje véase M. AVENARIUS, *Der Pseudo-ulpianische* liber singularis regularum. *Entstehung, Eigenart und Überlieferung einer hochklassischen Juristenschrift*, Göttingen, 2005, 161-167.

[415] MACR. *Comm.* 2, 17, 13: *Sed quia inter leges quoque illa imperfecta dicitur, in qua nulla deviantibus poena sancitur* (Pero porque también entre las leyes se llama imperfecta aquella en la que no se establece ninguna pena para los que la contravienen).

ta, en cambio, aquella ley que no sanciona con pena alguna al contraventor. Sin entrar aquí en el problema del sentido exacto de este concepto, que la *lex* sea *imperfecta* supone en cualquiera de los dos sentidos indicados que el legislador al silenciar las consecuencias jurídicas del quebrantamiento de la ley atribuye a ésta un valor más político que jurídico. Y justamente en ello podría hallarse la respuesta fundamental al interrogante antes planteado: el carácter más político que jurídico de dichas leyes.

Ahora bien, si, por un lado, puede hablarse de *leges imperfectae* en el caso de las leyes que he venido llamando *leges ad coercendam luxuriam*, como fundamentalmente, la *lex Oppia*, de la que me ocuparé más adelante, no es posible hacerlo, por otro lado, en el caso de las *leges sumptuariae*, pues existen testimonios de que estas leyes sí tuvieron penas expresamente prescritas. Tales penas habrían sido presumiblemente pecuniarias a juzgar por la índole de las infracciones, la condición de los eventuales sujetos infractores, el tipo de magistrados encargados de la jurisdicción sobre este tipo de asuntos y la relativa levedad de los ilícitos, aunque ciertamente tal cosa no pueda afirmarse con plena seguridad al no poder conocerlas con exactitud.

En efecto, en el pasaje de Macrobio *Sat*. 3, 17, 6 se afirma a propósito de la *lex Didia* que una de las causas de su promulgación fue la de extender a los que asistiesen a los banquetes las penas establecidas por la ley para los anfitriones u organizadores de comidas o cenas con gasto excesivo. La expresión utilizada es *poenis legis tenerentur* y tales penas serían las establecidas en la *lex Fannia*, pues de ella es la *lex Didia* básicamente una extensión de su ámbito de aplicación. De este modo, sabemos que la *lex Fannia*, que constituye el eje del *corpus* legislativo suntuario y cuyas disposiciones son recogidas en buena medida por las leyes suntuarias posteriores, especialmente la *lex Licinia*, una ley complementaria de aquélla, tuvo previstas penas para sus contraventores y no fue, por consiguiente, una ley imperfecta. Otro testimonios, aunque menos directos, de la indicación de penas en las *leges sumptuariae* son: un pasaje de Tácito y otro de Gelio. El primero forma parte de la carta dirigida por Tiberio en 22 d.C. (?) a los senadores a propósito de la represión del lujo, en que el emperador da por hecho que una ley promulgada para reprimir los excesos en banquetes y reuniones establece penas, *indicat poe-*

nas.[416] Por tanto, ha de ser negativa la respuesta a la pregunta de si existía una relación directa entre el incumplimiento de las *leges sumptuariae* y el carácter imperfecto de éstas, al no poder afirmarse tal carácter. El segundo pasaje encabeza la descripción geliana de las *leges sumptuariae*[417] y en él se afirma que entre los antiguos romanos la frugalidad y la moderación en las comidas y cenas eran aseguradas por un deber público y por *legum complurium sanctionibus*, "numerosas sanciones legales", expresión que como mínimo sugiere el señalamiento en las *leges sumptuariae* de consecuencias jurídicas para los sujetos infractores.

Por otro lado, aquel aludido contraste paradójico entre la magnitud del peligro a conjurar y la escasa potencia normativa parece mayor si cabe si se tiene en cuenta la gran laxitud que al parecer se tuvo en la implementación de esta legislación, dado que no hay ni rastro en las fuentes acerca de litigios abiertos por causa de la violación de alguna ley suntuaria ni de actuaciones de los censores o de los ediles curules en orden a la persecución y sanción de la *luxuria* o el *sumptus contra legem* en época republicana. Ello abonaría el carácter más político que jurídico de todas estas normas. Ahora bien, que no haya rastro de litigios abiertos ni de penas aplicadas en sentencias dictadas en juicios en relación con el incumplimiento de estas leyes no significa que no existieran o no pudieran haber existido, dado que las leyes suntuarias contuvieron penas y estas se habrían podido imponer al menos teóricamente en sentencias condenatorias dictadas en juicios.

En relación con los ediles curules, éstos contaron entre sus cometidos, presumiblemente en la esfera de la *cura urbis*, el de la vigilancia del cumplimiento de las leyes suntuarias. Tenemos, en efecto, constancia epigráfica, como he puesto de relieve anteriormente, de que los ediles curules se ocuparon del *sumptus* funerario y sepulcral;[418] y sabemos, a partir de Cicerón,[419] que fijaban anualmen-

---

416 TAC. *Ann.* 3, 54, 1: *Nec ignoro in conviviis et circulis incusari ista et modum posci: set si quis legem sanciat, poenas indicat* [...] (No ignoro que en banquetes y reuniones son denunciados estos hechos y se pide un límite; pero si alguno promulga una ley, establece penas [...]).

417 GEL. 2, 24, 1. Véase p. 139.

418 CIL VI 1375. Véase p. 81.

419 CIC. *Phil.* 9, 7, 17. Véase n. 121.

te en su edicto el límite pecuniario a que podían ascender los gastos funerales; pero la mayor prueba la constituyen unos pasajes de los *Annales* de Tácito, relativos también, como el citado poco antes, a la época de Tiberio y a la carta de éste dirigida a los senadores, en que se hace alusión a la competencia de estos magistrados en relación con el control de la observancia y la denuncia del incumplimiento de la ley suntuaria de Augusto de 22.

> TAC. *Ann.* 3, 52, 2: *nam incipiente C. Bibulo ceteri quoque aediles disserverant, sperni sumptuariam legem.*
>
> En efecto, empezando por Cayo Bíbulo, también los demás ediles habían declarado que se hacía caso omiso de la ley suntuaria.

> TAC. *Ann.* 3, 53, 2: *quod si mecum ante viri strenui, aediles, consilium habuissent, nescio an suasurus fuerim omittere potius praevalida et adulta vitia quam hoc adsequi, ut palam fieret quibus flagitiis impares essemus. sed illi quidem officio functi sunt, ut ceteros quoque magistratus sua munia implere velim.*
>
> Pues si esos varones enérgicos, los ediles, me hubieran pedido consejo antes, no sé si no les hubiera persuadido de ignorar esos vicios poderosos y robustos antes de llegar a descubrir que somos impotentes ante tales escándalos. Pero ellos ciertamente han cumplido con su deber.

> TAC. *Ann*, 3, 55, 1: *Auditis Caesaris litteris remissa aedilibus talis cura; luxusque mensae a fine Actiaci belli ad ea arma quis Servius Galba rerum adeptus est per annos centum profusis sumptibus exerciti paulatim exolevere.*
>
> Escuchada la carta del césar se remitió el asunto al conocimiento de los ediles. El lujo en la mesa, que desde la batalla de Accio hasta la guerra en que Servio Galba se hizo con el poder se había practicado durante cien años con profusión de gastos, pasó de moda poco a poco.

Aunque estos pasajes tacitianos se refieren evidentemente a un momento históricamente posterior, y ya bajo el Principado, lo cierto es que informan con claridad de que los ediles se ocuparon de vigilar la observancia de las *leges sumptuariae.* Presumiblemente, aunque sólo es posible afirmarlo en el orden de las conjeturas, pudieron haberlo hecho ya a partir de la *lex Fannia*, pues sabemos que ésta contenía penas aplicables a los contraventores de la ley y es sabido que los censores nunca fueron magistrados dotados de *iurisdictio*.

De las leyes y otras normas restrictivas del lujo no catalogables como *leges sumpuariae stricto sensu*, de carácter imperfecto, debieron ser, en cambio, los censores los encargados de velar por su cumplimiento en el marco de su *regimen morum.* El instrumento idóneo para sancionar el lujo y el exceso suntuario por parte de los censores debió haber sido la *nota* o *notatio censoria*, sobre la base de la especial naturaleza de normas sin sanción, como las de la *lex Oppia*, cuya obligatoriedad se fundamentaba en la opinión pública y su violación sólo tendría relevancia jurídica a través de la nota censoria.

Se ha expresado también[420] la hipótesis de que durante la república los censores compartieran el control y vigilancia de las leyes suntuarias con los ediles, dedicándose éstos sólo a conocer de los litigios sobre ilícitos relacionados con aquellas leyes y con ciertos reglamentos de policía y a imponer las penas establecidas y los censores del resto de cuestiones. La actuación de vigilancia y de jurisdicción de los ediles respecto a las costumbres se habría desarrollado en escenarios públicos, como tabernas, termas y prostíbulos, sin penetrar, pues, en la intimidad de los hogares; y en relación con el lujo en tres ámbitos materiales: lujo en la mesa, en los funerales y en la tumba.

Con el Principado se produce la absorción de la magistratura de la censura por los emperadores, asumiéndola Julio César bajo la forma de *praefectura moribus* y Octavio Augusto bajo la de *cura morum*; y es claro que la misión de vigilar y perseguir el cumplimiento de las *leges sumptuariae* corresponderá a los ediles, de lo que nos dan cumplida cuenta los pasajes de los Anales de Tácito antes repro-

---

[420] Por E. De Ruggiero, *Dizionario epigrafico di antichità romane*, 1, Roma, 1895, reimpr., 1961, 229 s.

ducidos y también uno de Suetonio que en relación con la vestimenta informa que Augusto habría encomendado a los ediles no permitir a nadie detenerse en el foro o en sus aledaños vestido con la lacerna, esto es, una suerte de capa de tejido grueso y de tono oscuro que solía llevarse sobre la toga.[421]

En todo caso, ya se ocuparan los ediles curules, ya los censores o ya ambos en sus respectivas esferas del control y vigilancia de las leyes suntuarias y restrictivas del lujo, lo cierto es que éstas resultaban habitualmente ineficaces. Esta endémica ineficacia social de tal tipo de leyes –y con ello respondo ya a la pregunta formulada al inicio de este apartado– además de por su carácter político, podría también deberse a que la índole privatísima de las actividades prohibidas facilitaría mucho su elusión por los ciudadanos, pues es difícil controlar lo que acontece en los banquetes privados, lo que sucede en el interior de las casas, y quizá la cuestión no mereciera tampoco una preocupación lo suficientemente grande como para la adopción de medidas tan rigurosas como la práctica de inspecciones a fin de velar por el cumplimiento estricto de la ley, de lo que no tenemos, además, constancia alguna, como tampoco la tenemos de la existencia de magistratura alguna con el cometido específico de controlar o vigilar estrechamente la vida privada o pública de ciertos grupos de ciudadanos, similar, por ejemplo, al *gynaikonómos*, "inspector de mujeres", en el mundo griego,[422] que en la Atenas helenísica y en

---

[421] SUET. *Aug.* 40: *Etiam habitum vestitumque pristinum reducere studuit, ac visa quondam pro contione pullatorum turba indignabundus et clamitans: "En Romanos, rerum dominos, gentemque togatam!" negotium aedilibus dedit, ne quem posthac paterentur in Foro circave nisi positis lacernis togatum consistere* (Asimismo, se preocupó de restablecer el porte y la vestimenta antiguos y así, viendo un día en la asamblea del pueblo una muchedumbre vestida de oscuro, gritó muy indignado: "¡He aquí a los romanos, a los amos del mundo, al pueblo que luce la toga! Encomendó a los ediles que a partir de entonces no permitieran que nadie se detuviera en el foro o en sus alrededores sino después de haberse quitado la lacerna para de ese modo lucir la toga).

[422] Cicerón señala que no existe una magistratura con tal cometido específico entre los romanos, sino que tal tipo de control correspondía al esposo si se trataba de una mujer casada –al *pater familias* o al tutor en otros

casos– y subsidiariamente al censor. El pasaje en cuestión es CIC. *Rep.* 4, 6, *apud* NON. p. 499M: *Nec vero mulieribus praefectus praeponatur, qui apud Graecos creari solet, sed sit censor, qui viros doceat moderari uxoribus* (Pero que no se ponga al frente un prefecto de las mujeres, como el que suele haber entre los griegos, sino que sea un censor quien enseñe a los maridos a mantener a raya a sus esposas). A esta institución griega ya se refiere Aristóteles, quien afirma que se trataba de una institución típica de regímenes políticos aristocráticos: ARIST. *Pol.* 1299a, 22, 1300a, 4-5 y 1322b, 39. La existencia de esta magistratura está mejor atestiguada en distintas ciudades en época helenística. Su cometido era asegurar el cumplimiento de las prescripciones legales impuestas a las mujeres, especialmente a las que gozaban de prestigio y buena reputación, en cuanto a su presencia, aspecto, indumentaria y actitud decorosa en la vida pública y particularmente en ceremonias religiosas y en funerales, es decir, en eventos en que su presencia era habitual y estaba permitida; incluso en algunos casos los *gynaikonómoi* conocían y recopilaban datos de la biografía y de la vida íntima de tales mujeres. Otras magistraturas griegas dedicadas exclusivamente a velar por el cumplimiento de las leyes en cuanto a aspectos muy concretos de orden moral fueron los *kosmophýlakes*, los *paidonómoi*, los *hierothýtai*, etc. Sobre esta institución véanse C. WEHRLI, "Les gynéconomes", en *MH*, 19, 1962, 33-38; D. OGDEN, "*Gynaikonómoi*, 'Controllers of Women'", en ÍD., *Greek Bastardy in the Classical and Hellenistic Periods*, Oxford, 1996, 364-375, quien subraya que por el significado religioso del deber del magistrado la vigilancia de las mujeres lo era fundamentalmente en festivales y funerales, es decir, en dos de las escasísimas ocasiones en que las mujeres respetables se desenvolvían y manifestaban públicamente; ÍD., "Controlling Women's Dress: Gynaikonomoi", en L. LLEWELLYN-JONES (ed.), *Women's Dress in the Ancient Greek World*, London, 2002, 203-226; y A. BANFI, "'Gynaikonomein'. Intorno ad una magistratura ateniese del IV secolo ed alla sua presenza nelle fonti teatrali greche e romane", en E. CANTARELLA y L. GAGLIARDI (eds.), *Diritto e teatro in Grecia e a Roma*, Milano, 2007, 17-29. Sobre la vigilancia de los banquetes por los *gynaikonómoi* véanse pp. 372 s. de la contribución de D. Ogden. E. BALTRUSCH, *Regimen morum*, cit., 58, ve incluso una vinculación de la *lex Oppia* con esta institución. Un pasaje de la *Aulularia* de Plauto parece recoger una suerte de *interpretatio* latina de la figura del *gynaikonómos*, bajo la denominación de *praefectus moribus mulierum*, como también ha advertido A. TARWACKA, "The Censors and their Duties on the Comedies of Plautus", en *RGDR*, 23, 2014, 4. *http://www.iustel.com/v2/revistas/detalle_revis-*

Siracusa también se ocupaban de la vigilancia de los banquetes y de la adecuada vestimenta en eventos como funerales o festivales religiosos.[423]

Pero de todo ello no se puede inferir que no se persiguiera en absoluto a los contraventores de las leyes suntuarias, aunque ciertamente tampoco tengamos pruebas de ello. El recurso reiterado a la legislación suntuaria lleva a una conclusión clara: su grado de acatamiento y de eficacia social eran bastante deficientes, lo que no equivale a decir nulo, pues hay pruebas de cumplimiento espontáneo de las leyes suntuarias por los ciudadanos, como lo demuestra la anécdota, referida por Cicerón en una carta a Marco Fabio Galo, de la terrible diarrea que padeció en un banquete augural celebrado en casa de Publio Cornelio Léntulo Espínter (hijo), en el que sólo se sirvieron frutos de la tierra, malvas y acelgas, a fin de cumplir las prescripciones de una ley suntuaria.[424]

La reiteración de las *leges sumptuariae* no sólo será formal o de arquetipo normativo sino también material o de disposiciones determinadas (*capita translaticia*), las cuales aparecen así repetidas en le-

---

ta.asp?id_noticia=415488. El pasaje en cuestión es Pl. *Aul.* 503-504: *Ut matronarum hic facta pernovit probe. Moribus praefectum mulierum hunc factum velim* (Éste conoce muy bien los hábitos de las matronas. Deberían nombrarlo prefecto de las costumbres de las matronas). Tal mención a las matronas debía causar la hilaridad del público. Como dice esta autora: "We can imagine that Roman theatregoers would have found the idea amusing, and absolutelyn hilarious if the actor made a meaningful pause before delivering the word *mulierum*".

423 Así resulta de Ath. 6, 245B. Para los pasajes y las citas del *Deipnosophistae* de Ateneo de Náucratis he seguido la edición de S. Douglas Olson, Cambridge (Mass.)-London, 2010.

424 Cic. *Fam.* 7, 26. Véase n. 643. Sobre la identidad de la *lex sumptuaria* a que se refiere Cicerón en esta carta es convincente la explicación de C. Déry, "The *lex sumptuaria* in Cicero, *Ad familiares* 7, 26", en *LCM*, 18, 10, 1993, 156 s., que la identifica con la *Lex Antia*, de finales de los 70 del siglo I a.C., dada la proximidad con la fecha del banquete, que por diversos indicios y referencias literarias debió tener lugar con toda probabilidad en 57, pues debido a la probada escasa eficacia social de las leyes suntuarias resultaría poco creíble el cumplimiento espontáneo de una ley más antigua.

yes distintas y consecutivas, hecho que llamó la atención de autores como Plinio, respecto a una disposición de la *lex Fannia*,[425] y también de Macrobio en relación con la *lex Licinia*, la cual, hecha excepción de unos pocos cambios, coincide en casi todas las disposiciones con su predecesora la *lex Fannia*.[426] La inserción de *capita translaticia* en las leyes es una característica de la técnica nomográfica romana con mucha tradición. De hecho, la primera ley de la cual se reiteraron disposiciones fue la mismísima ley de las XII Tablas, hecho que de no sernos bien conocido podríamos conocer gracias a Macrobio, quien también proporciona una explicación muy razonable a esta forma de proceder en la confección material de las leyes: se persigue con la autoridad de la nueva ley revigorizar la disposición de una ley anterior, ya decaída y estimada en poco por su antigüedad, motivo por el cual ésta no es identificada, pero que se quiere mantener o cuya fuerza se quiere recuperar.[427]

Las hipótesis que se han barajado entre los autores para explicar la laxitud de las leyes suntuarias de que los juicios que versaban sobre el lujo prohibido eran fallados generalmente en sentido absolutorio;[428] o la de que las leyes suntuarias eran algo parecido al reglamento de funcionamiento interno de un exclusivo club social,[429] no ofrecen realmente una explicación satisfactoria a aquella total ausencia de mención. En efecto, de tratarse de la primera hipótesis, no se entiende por qué los autores romanos jamás alegan un hecho tan llamativo de la justicia para explicar y justificar el endémico fracaso de la normativa suntuaria. La segunda de las hipótesis parece más interesante; sin embargo, no pienso que la legislación suntuaria fuera simplemente una especie de reglamentación de buenas prácticas so-

---

425 Plin. *Nat.* 10, 50 (71), 139: *ne quid volucre poneretur praeter unam gallinam quae non esset altilis, quod deinde caput translatum per omnes leges ambulavit* (que no se sirva más ave que una sola gallina que no haya sido cebada. Esta disposición fue repetida después de ley en ley).

426 Macr. 3, 17, 8: *Lex vero haec paucis mutatis in plerisque cum Fannia congruit.*

427 Macr. ibid.

428 M. A. R. Dauster, *Roman Sumptuary Legislation*, cit., 46.

429 D. Daube, *Roman law: Linguistic, Social and Philosophical Aspects*, Edinburgh, 1969, 117 y 125.

ciales sin más sanción que la mera reprobación de un colectivo, pues para ello habría sido innecesario recurrir a la aprobación de *leges*.

Quizá la respuesta a aquel interrogante nos la proporcione simplemente el hecho de que todo esfuerzo por corregir costumbres fuertemente arraigadas en la sociedad está llamado al fracaso[430] o la sencilla reflexión de Valerio Máximo "el lujo es más fácil de reprender que de evitar".[431] Y es que, sin perjuicio de las razones generales señaladas antes y de las razones particulares que aconsejaban la aprobación de cada ley, todo apunta a que las leyes suntuarias republicanas no sólo tuvieron una simple *expressive function of stigmatizing certain conducts*, como bien se ha afirmado,[432] sino que constituyeron actos de valor más político que jurídico, actos propagandísticos y de simulada "autoamonestación" del orden dirigente senatorial, co-destinatario además de este tipo de legislación, el cual era consciente de los peligros que entrañaba la *luxuria* pero a la vez incapaz de renunciar totalmente a ella.

Por otro lado, el manido argumento de la decadencia o corrupción de las antiguas costumbres, sin perjuicio de que tuviera sus fundamentos y de ser invocado, incluso honestamente, por algunos autores, sería en boca de los promotores de las leyes suntuarias, que eran por experiencia bien conocedores de la escasa eficacia social de este tipo de leyes, un pretexto propagandístico ante la población, utilizado para justificar la necesidad de este tipo de legislación y para seguir alimentando la creencia popular en la superioridad moral de los *nobiles*, que eran capaces de imponerse límites a sí mismos y de dar pruebas de sacrificio por el bien común. Pero tras esa propaganda se trataba, además, de evitar que los grupos emergentes de nuevos potentados pudieran por medio de la riqueza perturbar el estado de cosas intentando dinamitar el sistema de patronato, acceder después a las magistraturas y al Senado y sustituir, en definitiva, el fundamento aristocrático de la hegemonía política y social por otro exclusivamente plutocrático.

---

430 Como aduce E. Savio, *Intorno*, cit., 194.

431 V. Max. 9, 1 *init.*: *blandum etiam malum luxuria, quam accusare aliquanto facilius est quam vitare.*

432 Por G. Dari-Mattiacci y A. E. Plisecka, *Luxury*, cit., 5.

Ese carácter político y propagandístico de la legislación suntuaria permite dar una explicación racional al hecho también paradójico de que la devoción de los romanos por el lujo no sólo no disminuyera por efecto de las leyes suntuarias sino que, todo lo contrario, se intensificara con el paso del tiempo y más todavía durante el Principado. No es descartable que el mayor aparato de las ceremonias públicas en época imperial hubiese actuado como coyuntura favorable por su posible efecto de emulación en las clases adineradas.[433] Livio afirma que en su época "las riquezas habían desatado la avaricia y la abundancia de placeres el deseo de perderse uno mismo y de perderlo todo entre el lujo y el desenfreno".[434] Probablemente exagerara el historiador patavino llevado de su celo moralizante; sin embargo, sí es cierto que el lujo iba alcanzando cotas de sofisticación cada vez más elevadas y un aumento de la producción e importación de objetos de artesanía suntuaria. Es más, la escalada del lujo iba a continuar su progresión ascendente. Así lo corrobora Tácito, que en sus Anales afirma que el período de mayor lujo en Roma fue el comprendido entre la batalla de Accio y la entronización de Vespasiano,[435] que fue el principal promotor de la austeridad de costumbres en lo relativo a la vestimenta y a la alimentación.[436]

4. BREVE REFERENCIA A LA TRADICIÓN LEGISLATIVA SUNTUARIA Y AL DEBATE ILUSTRADO

Las disposiciones restrictivas del lujo no constituyen un fenómeno exclusivamente romano sino que también existieron en otros pueblos de la Antigüedad. Efectivamente, en el caso del pueblo hebreo hállanse normas contra el lujo basadas en una suerte de principio de

---

433 J. Sondel, *Leges sumptuariae*, cit., 120 y H. Baudrillart, *Histoire du luxe privé et public depuis l'antiquité jusqu'à nos jours*, 2, Paris, 1880, 122.

434 Liv. *praef.* 12: *nuper divitiae avaritiam et abundantes voluptates desiderium per luxum atque libidinem pereundi perdendique omnia invexere.*

435 Tac. *Ann.* 3, 55, 1.

436 Tac. *Ann.* 3, 55, 4.

no contaminación de las sustancias, materias o especies originales y en la consiguiente prohibición de mezclarlas o fusionarlas. Así, en lo que atañe a la vestimenta prohíben el uso de ropa tejida con dos materias primas diversas o con lana y lino a la vez.[437] Para el ámbito helénico Plutarco atribuye a Licurgo el dictado de disposiciones contra el lujo en Esparta;[438] Diodoro de Sicilia da noticia de una ley suntuaria de Zaleuco para Locres; o el caso de Atenas, la cual también recibió de Solón alguna ley al respecto según informa Plutarco.[439]

Ahora bien, auqnue existieron tales restricciones suntuarias en otros pueblos fueron sin duda las leyes suntuarias romanas la expresión más acabada de este tipo de normas, hasta el punto de constituir el antecedente y el arquetipo de una larga tradición legislativa suntuaria en Europa –iniciada principalmente por Felipe el Hermoso en Francia, Jaime I en Aragón y Eduardo III en Inglaterra– si bien ésta no fue siempre coincidente en naturaleza y sobre todo en fines con aquéllas.[440] Entre los fines de las leyes suntuarias medievales y modernas se hallan principalmente el proteccionismo económico y la preservación de la estratificación social.[441] Igualmente, las posturas en liza en torno al tópico del *sumptus* en época republicana y altoimperial romana fueron el paradigma del debate filosófico sobre el lujo en épocas históricas posteriores; debate que llegó a ser muy fructífero y a adquirir gran altura entre los pensadores ilustrados,[442]

---

437 Son las contenidas en VULG. *Le.* 19, 19: *Leges meas custodite iumenta tua non facies coire cum alterius generis animantibus, agrum non seres diverso semine, veste quae ex duobus texta est non indueris*; y *De.* 22, 11: *Non indueris vestimento quod ex lana linoque contextum est.*

438 PLU. *Lyc.* 47 y 56 y *de valetud.* 128.

439 PLU. *Sol.* 90.

440 Para un estudio de la legislación suntuaria desde una pespectiva histórico-comparatista véase E. ZANDA, *Fighting Hydra*, cit., 73-107.

441 Así lo muestra C. J. BERRY, *Idea of Luxury*, cit., 78-82, cuando describe comparativamente las leyes suntuarias inglesas de 1336 y 1363, la nueva legislación suntuaria de Enrique VIII derogadora de las anteriores, alguna disposición francesa y las extremadamente rigurosas leyes japonesas del lujo vigentes entre los siglos XVII y XIX.

442 Véase más ampliamente sobre esta cuestión: A. BOTTIGLIERI, *La legislazione*, cit., 23-35.

sobre todo franceses, en tanto que éstos no se limitaron a reiterar superficiales argumentos moralistas con anclaje en la tradición historiográfica y filosófica romana, sino que dieron más importancia en la discusión a otros más sugestivos de índole económica y política; si bien partiendo en general de una muy discutible consideración unitaria de toda la normativa represora del lujo en Roma.

Efectivamente, el debate, iniciado en Francia por Rousseau y Melon, enfrentaría a partidarios y detractores del lujo sin que no faltaran posturas eclécticas de tolerancia hacia el lujo módico.[443] Los ilustrados partidarios de la ausencia de todo control institucional y legislativo del lujo aducirán principalmente argumentos de corte mercantilista, que pueden compendiarse en la idea de que el lujo es un factor estimulador de la prosperidad económica de los Estados y el objeto principal del comercio internacional, idea que expresa el conocido verso de Voltaire: "le superflu, chose très necéssaire",[444] aprovechado como lema en una obra de Butel-Dumont, que es la más representativa, a mi juicio, de esta línea de pensamiento.[445]

---

[443] Como la de P. Verloren, *De effectu Luxus sive modici, sive immodici in florem vel ruinam populorum*, Utrecht, 1801.

[444] "Le superflu, chose très necéssaire, a réuni l'un et l'autre hémisphère": F. M. A. Voltaire, *Le Mondain*, en J. Van den Heuvel (ed.), *Voltaire. Mélanges*, Paris, 1961, 203, versos 22-23.

[445] G. M. Butel-Dumont, *Théorie du Luxe, ou traité dans lequel on entreprend d'établir que le luxe est un ressort non-seulement utile, mais même indispensablement nécessaire à la prospérité des Etats*, Paris, 1771. Argumenta en ella su autor que el lujo estimula el trabajo, objetivo prioritario del buen legislador, lo que sin duda contribuye a la prosperidad del Estado: "le premier objet du Législateur doit ètre d'encourager le travail. Le goùt du Luxe est le ressort qui répond le plus efficacement à cette vue: lorsque la sureté personelle & celle de la propriété des biens est solidement établie". Asimismo, el lujo debe ser favorecido por el Estado, pues "la maxime la plus sacrée d'un bon gouvernement doit être de favoriser tout ce qui tend à multiplier les jouissances de ses sujets; non seulement parce que leur bonheur en dépend, & que le gouvernement doit tendre à leur plus grand bonheur: mais encoré parce que tout ce qui augmente le bonheur des sujets augmente la puissance de l'Etat". Señala también razones de índole cultural y antropológica a favor del lujo: "le goût du luxe est de l'essence de

También en el Reino Unido, Gibbon, desde postulados liberales, enjuiciaba favorablemente el lujo en Roma como factor dinamizador de la economía e incluso como "único correctivo para la desigualdad de las fortunas".[446] En la misma línea de pensamiento liberal y ya en la siguiente centuria Friedländer, en su gran obra sobre las costumbres romanas, rebate el tópico del lujo desmesurado y depravado de los romanos y trata de contemplar la cuestión del lujo privado en Roma en su justa medida desde un enfoque histórico comparatista y partiendo de la relatividad del concepto de lujo. Frente al rigorismo mezquino de algunos escritores romanos, como Varrón, Séneca o Plinio, el Viejo, no representativos de su sociedad contemporánea, defiende este autor la existencia de un lujo saludable, síntoma de refinamiento cultural, difusión del bienestar y mejora en las condiciones materiales de vida, siendo su mejor ejemplo el lujo del agua y la limpieza.[447]

Entre los detractores del lujo destaca sin duda, al margen de Rousseau, Montesquieu. Sus opiniones están expuestas en el libro séptimo de *De l'esprit des lois*. El optimismo mercantilista de los defensores de la no limitación del lujo contrasta con los argumentos también de economía política ofrecidos por este autor. En efecto, la excelencia de una república se halla, a su juicio, en la igualdad de la distribución y, habida cuenta de que el lujo es siempre síntoma

---

l'homme. Sans ce goût les sociétés ne fleuriroient & n'existeroient même pas"; "la proscription exacte du Luxe rameneroit à l'etat primitif; cet état est très-infèrieur à l'état de civilisation".

[446] E. Gibbon, *History of the Decline and Fall of the Roman Empire*, 1, (New York, (1776), London, 1835, 22: "such refinements, under the odious name of luxury, have been severely arraigned by the moralists of every age; and it might perhaps be more conducive to the virtue, as well as happiness, of mankind, if all possessed the necessaries, and none the superfluities, of life. But in the present imperfect condition of society, luxury, though it may proceed from vice or folly, seems to be the only means that can correct the unequal distribution of property [...] The provinces would soon have been exhausted of their wealth, if the manufactures and commerce of luxury had not insensibly restored to the industrious subjects the sums which were exacted from them by the arms and authority of Rome".

[447] L. H. Friedländer, cit., 645 ss.

de desigualdad de las fortunas, siendo además proporcional a dicha desigualdad, cuanto menos lujo exista en una república más perfecta será ésta. De ello, infiere que el lujo es necesario en los estados monárquicos y aun más en los despóticos. Dicha inferencia ha quedado, no obstante, desmentida históricamente, pues el lujo no depende del tipo de régimen político ni es una consecuencia necesaria de los regímenes autoritarios. Invoca, por último, argumentos de psicología social contra el lujo: "l'envie de se distinguer" y sobre todo su efecto corruptor de la sociedad que es causa de la ruina de las repúblicas.[448]

5. CATÁLOGO DE *LEGES SUMPTUARIAE* Y DE *LEGES AD COERCENDAM LUXURIAM*

Habida cuenta del concepto de *leges sumptuariae* aquí sostenido y de la información proveída fundamentalmente por el pasaje 2, 24 de las *Noctes Atticae* de Aulo Gelio, quien declara haberla obtenido del jurista Ateyo Capitón, y por el pasaje 3, 17 de las *Saturnalia* de

---

[448] MONTESQUIEU, C. L. S., *De l'esprit des lois* (Paris, 1735), en *Oeuvres de Montesquieu*, 1, Paris, 1777: 197: "Cette égalité de distribution faisoit l'excellence d'une république"; 193: "Le luxe est toujours en proportion avec l'inégalité des fortunes. Si, dans un état, les richesses sont également partagées, il n'y aura point de luxe"; "moins il y a de luxe dans une république, plus elle est parfaite"; 202: Le luxe est donc nécessaire dans les etats monarchiques, il l'est encoré dans les états despotiques"; 197: "A mesure que le luxe s'établit dans une république, l'esprit se tourne vers l'intérêt particulier. A des gens à qui il ne faut rien que le nécessaire, il ne reste à desirer que la gloire de la patrie & la sienne propre. Mais une ame corrompue par le luxe a bien d'autres desirs: bientôt elle devient enemie des loix que la gênent". Sobre el debate axiológico en torno al lujo en los siglos XVIII y XIX véanse A. BOTTIGLIERI, *La legislazione*, 23-35; y la más reciente contribución de J. JENNINGS, "The Debate about Luxury in Eighteenth- and Nineteenth-Century French Political Thought", en *JHI*, 68, 1, 2007, 79-105, en que el autor expone las posiciones encontradas de Melon y Rousseau, en pro y en contra respectivamente de la represión legal del lujo; el seguimiento de la polémica por Diderot, Montesquieu o Saint-Lambert, entre otros; y su continuidad por otros pensadores con posterioridad a la Revolución francesa y durante el Segundo Imperio, ya en el siglo XIX.

Macrobio, quien por su parte afirma haberse basado en otra fuente, el anticuario Rufio Albino, veamos, a continuación, cuál sería el "catálogo" de estas leyes. Partiré para ello de la exposición y traducción del pasaje de Aulo Gelio. El comentario posterior de cada ley se centrará en cuestiones de contenido normativo:

> Gel. 2, 24: 1. *Parsimonia apud veteres Romanos et victus atque cenarum tenuitas non domestica solum observatione ac disciplina, sed publica quoque animadversione legumque complurium sanctionibus custodita est. 2. Legi adeo nuper in Capitonis Atei coniectaneis senatus decretum vetus C. Fannio et M. Valerio Messala consulibus factum, in quo iubentur principes civitatis, qui ludis Megalensibus antiquo ritu mutitarent, id est mutua inter sese dominia agitarent, iurare apud consules verbis conceptis non amplius in singulas cenas sumptus esse facturos, quam centenos vicenosque aeris praeter olus et far et vinum, neque vino alienigena, sed patriae usuros neque argenti in convivio plus pondo quam libras centum inlaturos. 3. Sed post id senatus consultum lex Fannia lata est, quae ludis Romanis, item ludis plebeis et Saturnalibus et aliis quibusdam diebus in singulos dies centenos aeris insumi concessit decemque aliis diebus in singulis mensibus tricenos, ceteris autem diebus omnibus denos. 4. Hanc Lucilius poeta legem significat, cum dicit: Fanni centussis misellus. 5. In quo erraverunt quidam commentariorum in Lucilium scriptores, quod putaverunt Fannia lege perpetuos in omne dierum genus centenos aeris statutos. 6. Centum enim aeris Fannius constituit, sicuti supra dixi, festis quibusdam diebus eosque ipsos dies nominavit, aliorum autem dierum omnium in singulos dies sumptum inclusit intra aeris alias tricenos, alias denos. 7. Lex deinde Licinia rogata est, quae cum certis diebus, sicuti Fannia, centenos acris inpendi permisisset, nuptiis ducenos indulsit ceterisque diebus statuit aeris tricenos; cum et carnis autem et salsamenti certa pondera in singulos dies cons-*

tituisset, quidquid esset tamen e terra, vite, arbore, promisce atque indefinite largita est. 8. Huius legis Laevius poeta meminit in Erotopaegniis. 9. Verba Laevii haec sunt, quibus significat haedum, qui ad epulas fuerat adlatus, dimissum cenamque ita, ut lex Licinia sanxisset, pomis oleribusque instructam: "lex Licinia" inquit "introducitur, lux liquida haedo redditur". 10. Lucilius quoque legis istius meminit in his verbis: legem vitemus Licini. 11. Postea L. Sulla dictator, cum legibus istis situ atque senio oblitteratis plerique in patrimoniis amplis helluarentur et familiam pecuniamque suam prandiorum conviviorumque gurgitibus proluissent, legem ad populum tulit, qua cautum est, ut Kalendis, Idibus, Nonis diebusque ludorum et feriis quibusdam sollemnibus sestertios trecenos in cenam insumere ius potestasque esset" ceteris autem diebus omnibus non amplius tricenos. 12. Praeter has leges Aemiliam quoque legem invenimus, qua lege non sumptus cenarum, sed ciborum genus et modus praefinitus est. 13. Lex deinde Antia praeter sumptum acris id etiam sanxit, ut qui magistratus esset magistratumve capturus esset, ne quo ad cenam, nisi ad certas personas, itaret. 14. Postrema lex Iulia ad populum pervenit Caesare Augusto imperante, qua profestis quidem diebus ducenti finiuntur, Kalendis, Idibus, Nonis et aliis quibusdam festis trecenti, nuptiis autem et repotiis sestertii mille. 15. Esse etiam dicit Capito Ateius edictum-divine Augusti an Tiberii Caesaris non satis commemini, quo edicto per dierum varias sollemnitates a trecentis sestertiis adusque duo sestertia sumptus cenarum propagatus est, ut his saltem finibus luxuriae effervescentis aestus coerceretur.

1. Entre los antiguos romanos la frugalidad y la sencillez de la comida y de las cenas no eran sólo objeto de observancia y disciplina doméstica sino también de animadversión pública y estaban garantizadas por la sanción de muchas leyes. 2. Hace poco he leído en las *Conjeturas* de

Ateyo Capitón un viejo senadoconsulto, emitido durante el consulado de Cayo Fanio y Marco Valerio Mesala, en el que los príncipes de la ciudad ordenaban que con ocasión de los Juegos Megalenses "mutitaran" conforme al antiguo rito, es decir, se agasajaran recíprocamente con banquetes, pero debiendo jurar en presencia de los cónsules según fórmulas prescritas que en cada cena no irían a gastar más de ciento veinte ases, con excepción del gasto en legumbres, harina y vino; que éste no habría de ser importado del extranjero sino producido en suelo patrio; y que no pondrían sobre la mesa objetos de menaje por un peso superior a cien libras de plata. 3. Pero después de este senadoconsulto se promulgó la ley Fania, que permitió un gasto de cien ases por día durante los Juegos Romanos y lo mismo durante los Juegos Plebeyos, las Saturnales y algunos otros días; y treinta ases por día durante diez días del mes y diez ases por día el resto del mes. 4. A esta ley se refiere el poeta Lucilio cuando dice: "los miserables cien ases de Fanio". 5. En esto se equivocaron algunos escritores en sus comentarios a Lucilio: en entender que conforme a la ley Fania se podían gastar cien ases todos los días del año. 6. Pero, como acabo de decir, Fanio estableció que la suma de cien ases era para algunos días festivos y dejó claro cuáles eran esos días; y para todo el resto de días fijó el gasto en treinta ases unos días y diez ases otros días. 7. Después se promulgó la ley Licinia que, al igual que la Fania, permitió cien ases de gasto en determinados días; y fue indulgente en el caso de las bodas, permitiendo gastar doscientos, fijando para los demás días la cantidad de treinta ases por día. Además, estableció una cantidad determinada de carne y salazón por día sin poner, sin embargo, límite al consumo de alimentos provenientes de la tierra, de las vides o de los árboles. 8. El poeta Levio recuerda esta ley en sus *Erotopaegnia.* 9. Las palabras de Levio son las siguientes, con las que explica que un macho cabrío, que había sido llevado al banquete, fue devuelto y que la cena había consistido en frutas y legumbres, tal como sancionaba la ley Licinia:

"La ley Licinia", dijo, "hace su entrada, se le devuelve la vida al macho cabrío". 10. También Lucilio recuerda la ley con estas palabras: "Evitemos la ley de Licinio". 11. Posteriormente, el dictador Lucio Sila, una vez caídas en desuetud estas leyes por el paso de los años, como muchos con grandes patrimonios se diesen a la glotonería y dilapidasen su patrimonio y sus bienes en comidas y banquetes, propuso al pueblo una ley en la que se determinó que en las calendas, los idus y las nonas y en algunos otros días solemnes de fiestas y juegos se gastasen trescientos sestercios en la cena y no más de treinta en todos los demás días. 12. Además de estas leyes se hallan la ley Emilia, en la que se limita no sólo el gasto en las cenas sino también el tipo y la cantidad de los alimentos. 13. Después está la ley Ancia, la cual, además de fijar un límite al gasto sanciona también que el que sea magistrado o vaya a serlo no acepte de nadie, salvo de determinadas personas, la invitación a cenar. 14. La postrema fue la ley Julia, que se llevó ante el pueblo gobernando César Augusto. En ella se limitaba a doscientos sestercios el gasto en los días ordinarios; a trescientos en las calendas, los idus y las nonas y algunos días festivos; y a mil en las bodas y en las tornabodas. 15. Ateyo Capitón dice que había también un edicto, no recuerdo bien si del divino Augusto o de Tiberio César, que permitía incrementar el gasto de trecientos a dos mil sestercios en diversas festividades del año a fin de que al menos dentro de estos límites se contuviera la ferviente pasión por el lujo.

Así, pues, de acuerdo con lo expuesto por Gelio, son *leges sumptuariae* las que siguen: *lex Fannia*, *lex Licinia*, *lex Cornelia*, *lex Aemilia*, *lex Antia* y *lex Iulia* de Augusto y sólo las leyes citadas aquí, en 2, 24, son llamadas por Gelio *leges sumptuariae*, como lo corrobora el siguiente interrogante que formula el autor en otro lugar de su obra, en 20, 1, 23: *quid tam necessarium existimatum est propulsandae civium luxuriae quam lex Licinia et Fannia aliaeque item leges sumptuariae?* Es claro que *aliaeque leges sumptuariae* para Gelio sólo pueden ser las señaladas por él mismo en la sede oportuna de su obra, en 2, 24.

Bottiglieri[449] aduce, sin embargo, este mismo pasaje geliano como acreditativo de que Gelio considera *leges sumptuariae* la *lex Licinia de modo agrorum* y la *lex Voconia de mulierum hereditatibus*. El pasaje 20, 1, 23 completo señala lo siguiente:

> GEL. 20, 1, 23: *Quid salubrius visum est rogatione illa Stolonis iugerum de numero praefinito? quid utilius plebisscito Voconio de coercendis mulierum hereditatibus? quid tam necessarium existimatum est propulsandae civium luxuriae quam lex Licinia et Fannia aliaeque item leges sumptuariae? Omnia tamen haec oblitterata et operta sunt civitatis opulentia quasi quibusdam fluctibus exaestuantis.*
>
> ¿Qué ha parecido más saludable que aquella propuesta de ley de Estolón acerca de un determinado número de yugadas? ¿Qué más útil que el plebiscito Voconio sobre restricción de las herencias de las mujeres? ¿Qué se consideró tan necesario para desterrar el lujo de los ciudadanos como la ley Licinia, la Fania y otras leyes suntuarias? Pero todos estas disposiciones han quedado en el olvido y enterradas por la opulencia de la ciudadanía, como si de olas desbordantes se tratase.

Entiende la autora que la expresión *aliaeque item leges sumptuariae* que aparece en la tercera de las preguntas retóricas del pasaje se refiere no sólo a la leyes citadas justo antes en esa misma pregunta, la *lex Licinia*, que es la *de sumptu minuendo* de 131, no la *Licinia de modo agrorum* de 367, y la *lex Fannia*, sino también a las leyes que aparecen en las otras dos preguntas: la *Licinia de modo agrorum*, promovida por Licinio Estolón, y la *lex Voconia*. Pero, en realidad, el pasaje estaría estructurado en dos partes.

La primera parte estaría formada por tres preguntas retóricas consecutivas y en cada una de ellas se ensalzaría la utilidad pública que en su momento proporcionó una ley o un grupo de leyes en concreto: en la primera pregunta la *lex Licinia de modo agrorum*, en la segunda el *plebisscitum Voconium* y en la tercera las *leges sumptua-*

---

449 A. BOTTIGLIERI, *La legislazione*, cit., 131.

riae, esto es, la *Licinia*, la *Fannia* y las demás leyes suntuarias (*aliae leges sumptuariae*). La expresión *aliae leges sumptuariae* sólo puede ponerse gramaticalmente en relación con la *lex Fannia* y la *lex Licinia* puesto que se hallan citadas en la misma frase y sólo tendría sentido relacionar la expresión *aliae leges sumptuariae* si no hubiese otras leyes citadas en esa misma frase, de tal modo que en tal caso sólo tendría sentido en relación con las leyes indicadas en las frases precedentes.

La segunda parte del pasaje estaría constituida por una afirmación conclusiva que respondería a la vez a las tres preguntas formuladas y que versaría sobre lo que tendrían en común todas las leyes citadas en 20, 1, 23: la causa de la caída en el olvido de todas esas leyes habría sido la misma: la opulencia de la ciudadanía (*civitatis opulentia*).

Las *leges Licinia de modo agrorum* y *Voconia* tendrían en común con las *leges sumptuariae Licinia*, *Fannia*, etc., como ya se ha expuesto, el ser todas ellas leyes relativas a ese fenómeno jurídico complejo, apuntado por Bleicken, de reglamentación de la esfera puramente privada de los individuos y en que la frontera entre lo público y lo privado, tan clara para los modernos, queda difuminada.

También invoca la mencionada autora el pasaje Plin. *Nat.* 18, 4, 17[450] como definidor de la *lex Licinia de modo agrorum* como *lex sumptuaria*, pero lo cierto es que en ningún momento Plinio afirma

---

[450] Plin. *Nat.* 18, 4, 17: *M. Varro auctor est, cum L. Metellus in triumpho plurimos duxit elephantos, assibus singulis farris modios fuisse, item vini congios ficique siccae pondo XXX, olei pondo X, carnis pondo XII. Nec e latifundis singulorum contingebat arcentium vicinos, quippe etiam lege Stolonis Licini incluso modo quingentorum iugerum et ipso sua lege damnato, cum substituta filii persona amplius possideret* (Según M. Varrón, el año en que L. Metelo hizo desfilar en su triunfo una multitud de elefantes el modio de trigo se vendió a un as, así como el congio de vino, las treinta libras de higos secos, las diez libras de aceite y las doce libras de carne. Esta abundancia no era debida a los vastos dominios en que los propietarios invadían el terreno de sus vecinos ya que una ley de Licinio Estolón limitaba a quinientas yugadas la propiedad rústica y de hecho él mismo fue condenado por causa de su propia ley por poseer de más al servirse de sus hijos como testaferros).

tal cosa explícitamente ni la da a entender, ni tampoco lo hacen los pasajes adyacentes. Lo mismo acontece con el pasaje Liv. 34, 4, 9,[451] invocado igualmente por la autora, como caracterizador de las *leges Licinia de modo agrorum* y *Cincia de donis et muneribus* como *leges sumptuariae*.

Macrobio empero añade al canon geliano las siguientes leyes: la *lex Orchia*, descrita como la primera de todas las leyes suntuarias;[452] y la *lex Didia*, posterior a la *Fannia* y anterior a la *Licinia*,[453] conformando así un nuevo canon, en este caso el canon llamado por él de *leges de cenis et sumptibus*, del que forman parte no sólo las leyes que directa y explícitamente limitan cuantitativamente el *sumptus* convival, esto es las relacionadas por Gelio, sino también aquellas leyes que lo limitan de una manera indirecta por afectar a otros elementos de los ágapes distintos de los bienes de consumo: alimento y bebida, como el número de comensales o la calidad del menaje empleado en el servicio del banquete.

A las leyes señaladas por Gelio y Macrobio habría que añadir otra *lex Iulia sumptuaria*, la de Julio César, ignorada por ambos autores quizá por confundirla con la homónima de Augusto, pero de cuya realidad histórica tenemos evidencias gracias principalmente a Suetonio.[454] Nueve *leges*, pues, integrarían el canon integral de las *leges*

---

451 Liv. 34, 4, 9. Véase p. 273.

452 Macr. 3, 17, 2-3: *Prima autem omniun de cenis lex ad populum Orchia pervenit, quam tulit C. Orchius tribunus plebi de senatus sententia tertio anno quam Cato censor fuerat. Cuius verba quia sunt prolixa pratereo, summa autem eius praescribebat numerum convivarum. 3. Et haec est lex Orchia de qua Cato mox orationibus suis vociferabatur, quod plures quam praescripto eius cavebatur ad cenam vocarentur* (2. Así, pues, la primera ley sobre los ágapes que se presentó al pueblo fue la ley Orcia, que fue propuesta por el tribuno de la plebe Gayo Orcio, siguiendo el criterio del Senado el tercer año después de la censura de Catón. Omito el texto porque es muy prolijo, pero en conjunto fijaba el número de convidados. 3. Esta es, en realidad, la ley Orcia que Catón invocaría un poco de tiempo después en sus discursos porque se invitaba a cenar a más comensales de los que la ley había prescrito).

453 Macr. 3, 17, 6. Véase n. 477.

454 Suet. *Jul.* 43, 2. Véase p. 311 ss.

sumptuariae; las siete del canon geliano-macrobiano y las dos *leges Iuliae sumptuariae*, la de César y la de Augusto. El resto de las leyes señaladas en las *Leges publicae populi Romani* de Rotondi como *leges sumptuariae*,[455] hecha excepción de las que no pasaron del estadio de *rogationes*: *rogatio Pompeia sumptuaria* (55) y *rogatio Scribonia de itineribus* (50?); de las que fueron leyes derogatorias: *lex Valeria Fundania de lege Oppia abroganda* (195) y *lex Duronia de lege Licinia abroganda* (98?); y de la caricatura de *lex sumptuaria* conocida como *lex convivalis quae dicitur Tappula*,[456] son, de acuerdo con los conceptos aquí sostenidos: *leges ad coercendam luxuriam*: *lex Metilia de fullonibus*, *lex Oppia* y *lex Publicia de cereis*; y una *lex ad non coercendam luxuriam*: *lex Aufidia de feris Africae*. De todas estas leyes limitaron el lujo indumentario o fueron de alguna manera concernientes a él: la *lex Metilia*, la *lex Oppia* y la *lex Valeria Fundania de lege Oppia abroganda*, además de una prohibición presumiblemente edictal proveniente de Julio César. Estas disposiciones en materia de lujo indumentario, especialmente la *lex Oppia*, serán objeto de un más amplio tratamiento en los sucesivos apartados de este trabajo.

---

[455] *LPPR*, 98 s.

[456] FEST. p. 363M: *Tappulam legem convivalem ficto nomine conscripsit iocoso carmine Valerius Valentinus, cuius meminit M. Lucilius hoc modo: "Tappulam rident legem concenae opimi"* (Valerio Valentino compuso en un divertido poema una ley sobre banquetes a la que dio el nombre inventado de Tápula, de la cual Lucilio se acuerda en estos términos: "Se ríen los bien alimentados con la ley Tápula en el banquete"). Además de esta referencia de Festo-Lucilio a la paródica *lex Tappula*, se halló un fragmento de una tabla de bronce en que aparece mencionada (s. I d.C.?), de cuya publicación se ocupó inicialmente T. Mommsen. Véase E. HÜBNER, *Corpus Inscriptionum Latinarum. Auctarium. Exempla scripturae epigraphicae Latinae a Caesaris dictatoris morte ad aetatem Iustiniani*, Berolini-Novi Eboraci, 1979, 280. La *lex Tappula* es, como dice I. SAUERWEIN, *Die leges sumptuariae*, cit., 115, "eine einzigartige Parodie auf die tribunizischen leges sumptuariae ist aus nachgracchischer Zeit gerade aus den Optimatenkreisen erhalten". Para un estudio filológico y epigráfico de la *lex Tappula* véase A. VON PREMERSTEIN, "Lex Tappula. (mit einer Taffel)", en *Hermes*, 39, 1904, 327-347. Véanse también la obra citada de Sauerwein, 115-120, y E. ROMANO, *Echi e riuso*, cit., 203 s.

La *lex Orchia* (182), ley tribunicia propuesta tres años después de la censura de Catón y veintidós años antes de la *lex Fannia*,[457] se limitó a establecer un número máximo de comensales en los banquetes sin prohibir ni restringir nada directamente en materia de gastos en consumibles.[458] Quizá a ello obedezca, como he indicado, que Aulo Gelio la omita en su canon de leyes suntuarias romanas, pues no es una ley que literalmente restrinja el *sumptus*; sin embargo, su consideración como tal ley es plausible, pues, al limitar el número de personas que pueden participar en un ágape, eso mismo ya representa en sí una limitación en la inversión de bienes consumibles, pues por mucho y caro que consumiera un grupo reducido de personas, el establecido por la ley, siempre resultaría más económico si eso mismo lo hiciera un grupo mayor o ilimitado de personas. A falta de noticia sobre los motivos de su promulgación es lícito conjeturar, como hace Bottiglieri, que la *lex Orchia* estuviera dirigida tanto contra la *luxuria*, el *sumptus* convival, como contra el *ambitus*.[459] A esta ley

---

[457] G. Niccolini, *I Fasti dei Tribuni della Plebe*, Milano, 1934, 119. En 181 datan, en cambio, la *lex Orchia*: L. Lange, *Römische Alterthümer*, 2, Berlin, 1867, 671; y *LPPR*, 276.

[458] Macr. 3, 17, 2-5: 2. *Prima autem omnium de cenis lex ad populum Orchia pervenit, quam tulit C. Orchius tribunus plebi de senatus sententia tertio anno quam Cato censor fuerat. Cuius verba quia sunt prolixa praetereo, summa autem eius praescribebat numerum conviviarum.* 3. *Et haec est lex Orchia de qua Cato mox orationibus suis vociferabatur, quod plures quam praescripto eius cavebatur ad cenam vocarentur* (...) 5. *Fanniae autem legis severitas in eo superabat Orchiam legem quod in superiore numerus tantum modo cenantium cohibebatur licebatque secundum eam uni cuique bona sua inter paucos consumere* (2. La primera de todas las leyes que sobre banquetes se presentó al pueblo fue aquella que propuso el tribuno de la plebe C. Orcio, secundando la opinión del Senado, en el tercer año de la censura de Catón, cuyos términos voy a omitir por demasiado prolijos, pero que en suma prescribía el número máximo de invitados al banquete. 3. Es esta, en realidad, la ley Orcia que Catón invocaría un tiempo más tarde en sus discursos porque se invitaba a cenar a más gente de lo permitido en ella (...) 5. Con todo la severidad de la ley Fania superaba a la ley Orcia porque en ésta se restringía sólo el número de comensales y se permitía a cada cual consumir su patrimonio entre unos pocos).

[459] A. Bottiglieri, *La legislazione*, cit., 133.

se la relaciona con Catón, el Viejo, pues no en vano se promulgó durante su censura y años después pugnaría éste por el mantenimiento del número de comensales con ocasión de la promulgación de la *lex Fannia*, que ya no recogió esa disposición.[460]

La siguiente *lex sumptuaria* fue la *lex Fannia* (161), ley consular a la que precedió un senadoconsulto, emitido con ocasión de la celebración de los *Ludi Megalenses*, y de cuyo contenido afirma Aulo Gelio en 2, 24, 2 haber tenido conocimiento a través del jurista Ateyo Capitón. A tenor de ese senadoconsulto en cada cena no se podrían gastar más de ciento veinte ases, salvo que el gasto lo fuese en legumbres, harina y vino; éste último habría de ser producido en suelo patrio y no importado del extranjero; y sobre la mesa no podrían colocarse objetos de menaje por un peso superior a cien libras de plata. La *lex Fannia* habría seguido presumiblemente las disposiciones de este senadoconsulto y de una y otro habría favorecido Catón la promulgación.[461]

---

[460] Además del pasaje de Macrobio, también se refiere a Catón en su relación con la *lex Orchia*: Fest. p. 242M; y Schol. Cic. Bob. Stangl, p. 141, 15. Stangl. El contraste de la información proveída por todos estos textos suscita dudas sobre si Catón pronunció uno o varios discursos sobre la *lex Orchia* e incluso sobre el género de dichos discursos, *suasio* o *dissuasio* o incluso de ambos tipos. De lo que no cabe duda a mi juicio, habida cuenta de lo indicado por Macrobio en 3, 17, 3, es de que a propósito de la *lex Fannia* se habría pronunciado Catón en contra de la desaparición de la limitación del número de comensales establecida veinte años atrás por la *lex Orchia* y que lo hubiera hecho en una ocasión o en varias es un dato que resulta ciertamente irrelevante. Pero que se hubiera pronunciado a favor primero y después en contra de la *lex Orchia*, como podría sugerir el uso confuso de los verbos *suadeo* y *dissuadeo* en el conjunto de los pasajes citados, además de resultar ilógico habría puesto en duda la credibilidad del personaje y tal incoherencia habría sorprendido a los autores. Más dudoso, pero ciertamente probable, pues a la sazón Catón era censor, habría sido un discurso suyo a favor de la aprobación de la *lex Orchia*. Cfr. A. Bottiglieri, *La legislazione*, cit., 134.

[461] Véanse P. Fraccaro, *Opuscula*, 1, cit., 257-262; y F. Stok, "Catone e la lex Fannia", en *Maia*, 37, 1985, 237-244, para quien en el pasaje Plu. *Cat. Ma.* 4, 4-5 se estaría refiriendo Catón al hablar de los treinta ases de su alimentación diaria a la *lex Fannia*.

Como se ha observado,[462] que a este senadoconsulto le hubiera seguido una ley mucho más ambiciosa representa sin duda un indicio de las dudas de los senadores acerca de los medios más idóneos de imponer una norma en el ámbito de los usos sociales.

Restringió la *lex Fannia* el *sumptus* convival cuantitativamente, en lo relativo a gastos y número de comensales permitido, y, cualitativamente, en lo concerniente a los alimentos autorizados. Puede reconstruirse el contenido de la ley a partir de las informaciones proporcionadas por eruditos diversos. En efecto, sólo a la restricción pecuniaria se refieren Aulo Gelio y Macrobio; de la relativa a los alimentos conocemos algún dato a partir de Plinio; y de la restricción del número de comensales nos informa Ateneo de Náucratis, quien también aporta datos sobre los otros dos tipos de limitaciones.

En relación con la limitación pecuniaria, por regla general estableció la ley un máximo de gasto de treinta ases por día durante diez días del mes y diez ases por día el resto del mes; y, excepcionalmente, permitió un *sumptus* de hasta cien ases (*centum assibus*) diarios en caso de determinados días festivos: los dedicados a los *Ludi Romani*, los *Ludi Plebei*, las *Saturnalia* y algunos otros más no especificados. Ateneo, utilizando el sistema monetario helénico, indica que el límite de gasto permitido fue de dos dracmas y media en alimentos (τῶν δυεῖν δραχμῶν καὶ ἡμίσους),[463] dato que por inespecífico no contradice lo reportado por Gelio. Añade también el de Náucratis el límite de quince talentos anuales de carne ahumada y la posibilidad de consumo irrestricto de productos de la tierra, como hortalizas y legumbres,[464] cláusula esta última que hallamos también en Festo.[465]

Macrobio aporta ciertos datos adicionales en torno a los antecedentes y vicisitudes de la ley, conocidos por él a partir de Samónico

---

[462] Por M. Coudry, *Lois somptuaires*, en J. L. Ferrary (ed.), *Leges publicae*, cit., 492.

[463] Ath. 6, 274C. Véase n. 474.

[464] Ath. Ibid.

[465] Paul. *Fest*. p. 54M emplea la expresión *praeter terra nata* para referirse a los alimentos de consumo permitidos ilimitadamente por las *leges Fannia* y *Licinia*. Véase n. 484.

Sereno, un erudito de finales del siglo II y principios del s. III, que había sido tutor de Caracalla y Geta, autor del poema médico titulado *Liber medicinalis* y discípulo conspicuo de Aulo Gelio, a quien Macrobio sigue de cerca, como bien sabemos, en su narración:[466]

En primer lugar, que la *lex Fannia* fue una ley comicial y no un plebiscito y que, frente a lo que era habitual tratándose de *leges sumptuariae*, fue propuesta por un cónsul: Cayo Fanio Estrabón. Esta información es interesante pues disuelve las dudas sobre la habitual naturaleza plebiscitaria de las *leges sumptuariae*.

En segundo lugar, Samónico enfatiza el consenso de todos los órdenes suscitado por la propuesta de ley y de ello se desprende la excepcionalidad de tal *ingens consensus* en la aprobación de normas de este tipo de iniciativa aristocrático-senatorial. Por *consensus omnium ordinum* debe entenderse el de las élites, el de "todos los hombres de bien" (*omnium bonorum*), esto es, el orden senatorial y el ecuestre. Que tal *consensus* fuera tan unánime habría llamado la atención de Samónico porque las *leges sumptuariae* eran normas de autoprotección de la élite senatorial frente al *ordo equester* fundamentalmente.

---

[466] MACR. 3, 17, 4: *De hac lege Sammonicus Serenus ita refert:"Lex Fannia, sanctissimi Augusti, ingenti omnium ordinum consensu pervenit ad populum, neque eam praetores aut tribuni ut plerasque alias, sed ex omnium bonorum consilio et sententia ipsi consules pertulerunt, cum res publica et luxuria conviviorum maiora quam credi potest detrimenta pateretur. Si quidem eo res redierat, ut gula illecti plerique ingenui pueri pudicitiam et libertatem suam venditarent, plerique ex plebe Romana vino madidi in comitium venirent et ebrii de rei publicae salute consulerent"* (Acerca de esta ley habla así Samónico Sereno: "La ley Fania, venerabilísimos Augustos, fue presentada al pueblo con el enorme consenso de todos los órdenes y no la hicieron aprobar los pretores o los tribunos como la mayoría de las veces sino los mismos cónsules de acuerdo con la opinión y el criterio de todos los hombres de bien, dado que la república padecía unas pérdidas más grandes de lo que pudiera imaginarse por causa del lujo de los banquetes. De hecho, se había llegado hasta tal punto que un gran número de muchachos libres de nacimiento arrastrados por la gula vendían su pudor y su libertad y la mayor parte de la plebe romana, ahíta de vino, acudía al comicio y debatía ebria sobre la salvación de la república").

Ese consenso unánime en torno a la *lex Fannia* habría sido debido supuestamente a los enormes estragos económicos, morales y políticos que estaba causando el lujo convival, hasta el punto, según el erudito, de que los jóvenes de buenas familias caían en comportamientos ignominiosos arrastrados por un apetito desordenado por los ágapes y que la plebe adoptaba decisiones políticas en estado de embriaguez. Esta situación dantesca aun descrita ciertamente con gran exageración no está exenta de un fondo de veracidad, pues ciertos hábitos sociales de solaz convival debían haberse implantando, como demuestran otros testimonios fiables,[467] hasta el punto de constituir un problema. No obstante, el problema no debía tan extremadamente grave y generalizado como se describe. Efectivamente, no parece que una ley que limitaba el gasto en las comidas según el tipo de día, así como el consumo de aves cebadas, como después se indicará, aun siendo ciertamente rigurosa fuera la forma más adecuada y proporcionada de detener, según la literalidad del relato de Samónico, la situación de colapso económico que para la ciudad debían representar unas pérdidas económicas "más grandes de lo que uno pueda imaginarse"; la situación de colapso moral que debía suponer tener a la juventud aristocrática entregada, como insinúa el autor, a la prostitución; y la situación de colapso político y del funcionamiento de las instituciones que debía implicar el estado generalizado de ebriedad de la población a la hora de adoptar decisiones políticas y de administrar justicia. El alto grado de incumplimiento de la ley conocido a través de indicios, como un pasaje de Ateneo[468] o su carácter de *lex imperfecta*, evidenciarían asimismo la exageración de Samónico en este punto.

Ahora bien, ello no significa negar que se pudo haber suscitado la necesidad de refrenar los abusos convivales y de que se dieran, incluso con cierta frecuencia, episodios de individuos ejerciendo actividades de responsabilidad pública, como la administración de justicia, en estado de ebriedad, y se produjeran prevaricaciones y desafueros escan-

---

[467] Efectivamente, por ejemplo, en una suasoria de Gayo Ticio *pro lege Fannia*, recordada por Macrobio (3, 13, 13), el orador lamenta la moda de servir en los banquetes *porcus Troianus*, llamado así metafóricamente por estar relleno de otros animales como el caballo de Troya lo estaba de hombres armados.

[468] ATH. 6, 274D y E. Véase n. 474.

dalosos, como da cuenta Macrobio al citar un fragmento de la *suasoria pro lege Fannia* del tragediógrafo Gayo Ticio.[469] De este modo, la *lex Fannia* habría representado una cierta catarsis social.[470]

---

[469] Se contiene en MACR. 3, 16, 14-16: 14. *Id ostendunt cum multi alii tum etiam C. Titius, vir aetatis Lucilianae, in oratione qua legem Fanniam suasit. Cuius verba ideo pono quia non solum de lupo inter duos pontes capto erunt testimonio, sed etiam mores quibuis plerique tunc vivebant facile publicabunt. Describens enim homines prodigos in forum ad iudicandum ebrios commeantes quaeque soleant inter se sermocinari, sic ait:* 15. *"Ludunt alea studiose, delibuti unguentis, scortis stipati. Ubi horae decem sunt, iubent puerum vocari ut comitium eat percontatum quid in foro gestum sit, qui suaserint, qui dissuaserint, quot tribus iusserint, quot vetuerint. Inde ad comitium vadunt ne litem suam faciant. Dum eunt, nulla est in angiporto amphora quam non impleant, quippe qui vesicam plenam vini habeant.* 16. *Veniunt in comitium, tristes iubent dicere. Quorum negotium est narrant, iudex testes poscit, ipsus it minctum. Ubi redit, ait se omnia audivisse, tabulas poscit, litteras inspicit: vix prae vino sustinet palpebras. Eunt in consilium. Ibi haec oratio: –Quid mihi negotii est cum istis nugatoribus? Quin potius potamus mulsum mixtum vino Graeco, edimus turdum pinguem bonumque piscem, lupum germanum qui inter duos pontes captus fuit?"* (14. Lo manifiesta, entre otros muchos, Gayo Ticio, contemporáneo de Lucilio, en el discurso en favor de la ley Fania. Cito sus palabras porque no sólo servirán de testimonio del lobo de mar que se pescaba entre los dos puentes sino que también revelarán las costumbres con arreglo a las cuales vivía entonces la mayoría de la gente. Ciertamente, cuando describe a aquellos hombres pródigos que iban al foro a actuar como jueces y las palabras con que solían conversar, dice así: 15. "Juegan a los dados afanosamente, untados de ungüento y rodeados de rameras. Cuando llega la hora décima hacen llamar a un esclavo para que acuda al comicio a enterarse de qué pasa en el foro, quién ha hablado a favor, quién en contra, cuántos tribunos han ratificado una decisión, cuántos la han vetado. Entonces marchan al comicio para que no los hagan responsables de prevaricación. Mientras van allí no hay ninguna ánfora en la calleja que no llenen, ya que tienen la vejiga llena de vino. 16. Llegan al comicio, entristecidos abren la sesión. Las partes exponen sus asuntos, el juez llama a los testigos, pero él mismo se va a mear. Al regresar afirma que lo ha escuchado todo, pide los documentos y examina el texto.

En cuanto a las limitaciones cualitativas o relativas al consumo de ciertos alimentos Plinio nos aporta datos sobre restricciones en lo referente al consumo de aves: la prohibición de consumir aves en los banquetes excepto gallinas no cebadas.[471] Se trataba de un hábito culinario importado, originario de la isla de Delos,[472] que al parecer gozaba de gran éxito entre los romanos pero que resultaba muy caro por la gran impensa adicional que habría de conllevar la permanente sobrealimentación de las aves de corral. Todo ello explicaría que esta norma se convirtiera en un *caput translaticium* de las *leges sumptuariae* posteriores. Como se ha dicho,[473] la ley habría distinguido entre

---

Por causa del vino apenas puede mantener los ojos abiertos. Se marchan a deliberar. Entonces dice esto: ¿Qué tengo yo que ver con con estos charlatanes? ¿Por qué en vez de esto no bebemos vino griego mezclado con miel y comemos un tordo y un buen pescado, un auténtico lobo de mar que haya sido pescado entre los dos puentes?). Este pasaje de Macrobio ha servido para conocer algunos datos acerca del tragediógrafo latino Gayo Ticio. Véase A. Pociña Pérez, "Tragediógrafos latinos menores en el período de la República", en *EClás*, 71, 1974, 89-91.

470 Como ha dicho V. J. Rosivach, *Lex Fannia*, cit., 12, "passage of the *lex Fannia* may thus understood as a collective exorcism of a troubling present through the communal reaffirmation of a "traditional" past, even if that past was largely imaginated".

471 Plin. *Nat.* 10, 50 (71) 139: *Gallinas saginare Deliaci coepere, unde pestis exorta opimas aves et suopte corpore unctas devorandi. Hoc primum antiquis cenarum interdictis exceptum invenio iam lege Gai Fanni consulis undecim annis ante tertium Punicum bellum, ne quid volucre poneretur praeter unam gallinam quae non esset altilis, quod deinde caput translatum per omnes leges ambulauit* (Los delios fueron los primeros en cebar gallinas y de ahí surgió la ruinosa pasión de comer aves grasas y untadas en su propia grasa. He encontrado entre las antiguas interdicciones suntuarias que ya se estableció la siguiente prohibición por la ley del cónsul C. Fanio once años antes de la tercera guerra púnica: que tratándose de aves de corral se sirvan sólo gallinas que no hayan sido cebadas. Esta norma pasó después de una ley a otra).

472 El origen delio de este hábito culinario está confirmado por otras fuentes que ponen de manifiesto que los griegos y especialmente los delios eran expertos en la cría y preparado culinario de las aves de corral: Col. 8, 2, 4 y Var. *R.* 3, 9, 2.

473 Por V. J. Rosivach, *Lex Fannia*, cit., 6 s.

dos tipos de economía: una "primitiva" o "natural", basada en la producción doméstica y privilegiada por la ley; y otra dependiente del mercado y objeto de la restricción legislativa.

Ateneo nos informa, por su parte, de otro de los extremos de la *lex Fannia*: el relativo a la limitación del número de comensales. Que la ley contuviera esta limitación ya parece afirmarlo tácitamente Macrobio cuando en 3, 17, 5 señala que la *lex Fannia* superaba a la *lex Orchia* porque en ésta última sólo se restringía el número de comensales, de modo que la Fania habría ido más allá que la Orcia al haber establecido otras restricciones además de la atinente al número de comensales, incluso sería lícito aventurar que la *lex Fannia* hubiese reiterado (*caput translatum*) esta limitación de la *lex Orchia*. En concreto, la limitación establecida por la *lex Fannia* era de tres comensales invitados como máximo en los días ordinarios y de cinco en los días de mercado.[474]

---

[474] ATH. 6, 274C-E: Μούκιος γοῦν Σκευόλας τρίτος ἐν Ῥώμῃ τὸν Φάνιον ἐτήρει νόμον αὐτὸς καὶ Αἴλιος Τουβέρων καὶ Ῥουτίλιος Ῥοῦφος ὁ τὴν πάτριον ἱστορίαν γεγραφώς. ἐκέλευε δ' ὁ νόμος τριῶν μὲν πλείονας τῶν ἔξω τῆς οἰκίας μὴ ὑποδέχεσθαι, κατὰ ἀγορὰν δὲ τῶν πέντε· τοῦτο δὲ τρὶς τοῦ μηνὸς ἐγίνετο. ὀψωνεῖν δὲ πλείονος τῶν δυεῖν δραχμῶν καὶ ἡμίσους οὐκ ἐπέτρεπεν· κρέως δὲ καπνιστοῦ δεκαπέντε τάλαντα δαπανᾶν εἰς τὸν ἐνιαυτὸν ἐπεχώρει καὶ ὅσα γῆ φέρει λάχανα καὶ ὀσπρέων ἑψή ματα. σμικρᾶς δὲ πάνυ τῆς δαπάνης ὑπαρχούσης διὰ τὸ τοὺς παρανομοῦντας καὶ ἀφειδῶς ἀναλίσκοντας ἀνατετιμηκέναι τὰ ὤνια πρὸς τὸ ἐλευθεριώτερον νομίμως προήρχοντο· ὁ μὲν γὰρ Τουβέρων παρὰ τῶν ἐν τοῖς ἰδίοις ἀγροῖς ὄρνιθας ὠνεῖτο δραχμιαίους, ὁ δὲ Ῥουτίλιος παρὰ τῶν ἁλιευόντων αὐτοῦ δούλων τριωβόλου τὴν μνᾶν τοῦ ὄψου καὶ μάλιστα τοῦ θυριανοῦ καλουμένου· μέρος δ' ἐστὶ τοῦτο θαλασσίου κυνὸς οὕτω καλούμενον. ὁ δὲ Μούκιος παρὰ τῶν εὐχρηστουμένων ὑπ' αὐτοῦ πρὸς τὸν αὐτὸν τύπον ἐποιεῖτο τὴν διατίμησιν. ἐκ τοσούτων οὖν μυριάδων ἀνθρώπων οὗτοι μόνοι τὸν νόμον ἐνόρκως ἐτήρουν καὶ δῶρον οὐδὲ τὸ μικρότατον ἐδέχοντο· αὐτοὶ δ'ἄλλοις ἐδίδοσαν καὶ φίλοις τοῖς ἀπὸ παιδείας ὁρμωμένοις μεγάλα· καὶ γὰρ ἀντείχοντο τῶν ἐκ τῆς στοᾶς δογμάτων (Pues bien, Mucio Escévola fue uno de los tres romanos que observó la ley Fania, junto con Elio Tuberón y Rutilio Rufo, que ha escrito una historia de nuestra patria. Prescribía esta ley que no se recibiese a más de tres personas de fuera de la casa, y a no más de cinco en día de mercado, que se celebraba tres veces al mes. No permitía comprar comida por valor de más de dos dracmas y media, aunque concedía gastar cincuenta talentos de carne ahumada al año, y cuantas

Produce extrañeza que Varrón, celebrado por Gelio, no haga alusión alguna a esa prohibición en su deliciosa disertación sobre el número ideal de invitados a un banquete: entre tres, número de las Gracias, y nueve, número de las Musas, ni tampoco la haga otro erudito como Gelio a propósito de su cita a Varrón.[475] Es posible que

---

verduras y legumbres para guisar produce la tierra. Y a pesar de que el dinero para gastos resultaba muy escaso, debido a que los que obraban contra la ley y gastaban despreocupadamente habían hecho que se elevara el precio de las mercancías, ‹los tres personajes mencionados› alcanzaban, dentro de la ley, el modo de vida más liberal. En efecto, Tuberón les compraba a los labradores de sus propios campos pájaros a una dracma; Rutilio, a sus esclavos pescadores, la mina de pescado a tres óbolos, especialmente la del denominado *thyrianós*, que es una parte del llamado perro marino. Mucio, a su vez, fijaba el precio de la misma manera con los que recibían asistencia por su parte. Pues bien, entre tantas miríadas de hombres, éstos eran los únicos que cumplían la ley bajo juramento y no aceptaban ni el más pequeño presente. En cambio, ellos hacían grandes regalos a otras personas, especialmente a los amigos salidos de la misma escuela, ya que además profesaban las doctrinas estoicas). He reproducido la traducción de L. Rodríguez-Noriega Guillén, *Ateneo. Banquete de los eruditos. Libros VI-VII*, Madrid, 2006, 150 s., basada a su vez en la edición de G. Kaibel, *Athenaei Naucratitae Dipnosophistarum libri XV*, Lepizig, 1887-1890 (Stuttgart, 1965-1966).

[475] GEL. 13, 11, 1-3: 1. *Lepidissimus liber est M. Varronis ex satiris Menippeis, qui inscribitur: nescis, quid vesper serus vehat, in quo disserit de apto convivarum numero deque ipsius convivii habitu cultuque.* 2. *Dicit autem convivarum numerum incipere oportere a Gratiarum numero et progredi ad Musarum, ut, cum paucissimi convivae sunt, non pauciores sint quam tres, cum plurimi, non plures quam novem.* 3. *"Nam multos" inquit "esse non convenit, quod turba plerumque est turbulenta et Romae quidem stat, sedet Athenis, nusquam autem cubat.* (1. Hay un libro graciosísimo de M. Varrón en las *Sátiras Menipeas* que se titula: "No sabes lo que el atardecer te va a deparar", en el que diserta acerca del número adecuado de invitados y acerca de los hábitos y costumbres del propio banquete. 2. Se dice que conviene empezar por el número de invitados que ha de ser el de las Gracias y avanzar hasta el de las Musas, para que, cuando sean muy pocos los invitados, no sean menos de tres, y cuando sean muchos, no sean más de nueve. 3. "Pues" –dice– "no conviene que sean muchos porque la muchedumbre es a menudo turbulenta y además en Roma se queda de pie, mientras que en Atenas está sentada y nunca se recuesta").

la prohibición ya hubiese caído entonces en desuso, aunque tal cosa no se puede afirmar con seguridad, pues simplemente podría haber omitido el dato por la razón que fuese.

Respecto a la *lex Didia* (143),[476] del relato de Macrobio[477] parecen resultar dos posibles interpretaciones: la primera es que se hubiera tratado de una ley suntuaria aplicable no sólo a Roma sino a todos los itálicos, satisfaciendo así una reivindicación de éstos, con sus propias disposiciones restrictivas del *sumptus* convival; y, la segunda, que se hubiera tratado, por el contrario, de una ley que no establecía limitación cuantitativa alguna al *sumptus* convival sino que se limitaba a extender los límites establecidos por la *lex Fannia* a todos las ciudades itálicas, satisfaciendo así una reivindicación de éstas. Esta segunda parece la interpretación más verosímil habida cuenta de lo siguiente: en primer lugar, Macrobio no menciona en 3, 17, 6 ninguna limitación cuantitativa establecida específicamente por esta ley y sí, en cambio, hace alusión a otro contenido concreto introducido con carácter novedoso por ella, al que me referiré después; en segundo lugar, la preterición de la *lex Didia* por Aulo Gelio podría deberse precisamente al hecho de que ésta era un mero trasunto de la *lex Fannia* (*capita translaticia*) en lo relativo a las limitaciones

---

476 No puede afirmarse con total seguridad que se trate de una ley tribunicia y no de una ley pretoria por razón de su *rogator*, como advierte G. Niccolini, *Fasti*, cit., 135 s.

477 Macr. 3, 17, 6: *Fanniam legem post annos decem et octo lex Didia consecuta est. Eius ferundae duplex fuit causa, prima et potissima ut universa Italia, non sola urbs, lege sumptuaria teneretur, Italicis existimantibus Fanniam legem non in se sed in solos urbanos cives esse conscriptam; deinde ut non soli qui prandia cenasve maiore sumptu fecissent, sed etiam qui ad eas vocitati essent atque omnino interfuissent, poenis legis tenerentur* (Dieciocho años después de la ley Fania llegó la ley Didia. Fueron dos las causas por las cuales se propuso: la primera y la más importante fue que Italia entera y no sólo la ciudad fuera sometida a una ley suntuaria, ya que los itálicos entendían que la ley Fania no había sido redactada para ellos sino sólo para los ciudadanos de Roma; la segunda, que no sólo fueran sometidos a las penas de la ley los que celebrasen comidas o cenas de un gasto excesivo sino también los que hubiesen sido invitados a ellas y, en definitiva, los que asistiesen a los banquetes).

cuantitativas suntuarias; el escaso tiempo que media entre las *leges Fannia* y *Didia*, dieciocho años, hace más improbable un cambio de criterio que una reiteración; y, por último, los itálicos entendían que la ley Fania no estaba redactada para ellos sino sólo para Roma, de modo que si pretendían una equiparación con los romanos en este aspecto no parece tener mucho sentido una ley suntuaria con criterios o baremos distintos a los de la *lex Fannia* aplicable antes sólo a los romanos y, por otra parte, tampoco tendría sentido un cambio de criterio en la *lex Didia* respecto a lo prohibido a los romanos en la *Fannia* sólo apenas dos décadas antes, para unos doce años después de la *lex Didia* volver a aquellos criterios de nuevo, pues la *lex Licinia* de 131 reiteró disposiciones de la *lex Fannia*.

En todo caso, de lo que no cabe duda en la información de Macrobio es que la *lex Didia* extendió la condición de infractores de la ley a los asistentes a aquellos banquetes en que se había incurrido en extralimitación suntuaria, es decir, amplió la cualidad de sujeto activo de la conducta sancionable a los convidados asistentes, y no limitándola a sólo el anfitrión, persiguiéndose con ello, presumiblemente, revestir de una mayor *vis* coercitiva y disuasoria a la legislación represiva del lujo en los banquetes. Tal ampliación del sujeto activo evidenciaría, por otro parte, el alto grado de incumplimiento de la ley Fania.

La siguiente *lex sumptuaria* fue la *lex Licinia de sumptu minuendo* (131). La discutida identidad del *rogator* ha suscitado a su vez dudas sobre la datación de la ley, respecto a lo cual existen los siguientes datos incontrovertibles: el año 102 como *terminus ante quem* de la ley, por razón de la mención de Aulo Gelio en 2, 24, 10 al poeta satírico Lucilio, que se manifestó crítico con esta norma y murió ese año; y el año 143 como *terminus post quem* de la ley, pues es el año de la precedente *lex sumptuaria*, la *lex Didia*. La datación precisa de la ley, dentro de ese arco cronológico comprendido entre los años 143 y 102, se obtiene satisfactoriamente si se identifica con *Publius Licinius Crassus Dives Mucianus*, cónsul en 131, al *rogator* de esta ley que Macrobio en *Sat.* 3, 17, 7, única fuente al respecto, señala con el nombre de *Publius Licinius Crassus Dives*, y no se le identifica, en cambio, con Publio Licinio Craso, el padre del triunviro y cónsul en 97, la otra alternativa posible. Así, pues, sería el año 131 el de la promulgación de la *lex Lici-*

nia de sumpto minuendo. Efectivamente, como muestra F. Münzer,[478] el padre del triunviro no era un *Crassus Dives* sino que pertenecía a la familia de los simples Crasos y que, por tanto, no existen dos *Crassi Divites* como posibles candidatos a la autoría de la *rogatio Licinia de sumptu minuendo*: el padre del triunviro, cónsul en 97, y el de *agnomen Mucianus*, cónsul en 131, sino sólo éste último.[479]

Además del precedente argumento onomástico y genealógico a favor de la datación en 131 de la *lex Licinia*, Aste[480] aporta otro argumento relativo al contexto histórico de 105-104 a.C.: Roma vive un momento muy comprometido debido al desastre militar de Arausio contra cimbrios y teutones y al temor a una invasión, contingencias de las que se hacía responsable a la corrupción e incapacidad de la *nobilitas*. Por ello, proponer una *lex sumptuaria* en tales circunstancias hubiera sido muy torpe e inoportuno, pues habría representado un nuevo frente de acusación contra la misma clase dominante. En cambio, si se sitúa la *lex Licinia* en 131 se puede observar cómo esta ley representaría un complemento de las dos anteriores y cómo las tres leyes consecutivas en el tiempo: *Fannia*, *Didia* y *Licinia*, "sono fra loro strettamente collegate e rappresentano la successiva evoluzione di quella sana reazione che Roma oppose al dilagare del lusso della tavola dopo le conquiste orientali".[481]

A los anteriores argumentos podrían añadirse los siguientes: primero, que la ley corresponde a la actividad de un jurista, *Publius Licinius Crassus Dives Mucianus*, que como miembro de la *gens Licinia* fue partidario de la política gracana;[482] segundo, que en 115 hubo

---

[478] F. MÜNZER, "Publius Licinius Crassus Dives Mucianus", en *PW*, 13. 1, 334-338. También I. SAUERWEIN, *Die leges sumptuariae*, cit., 94-104 concluye a favor de esta tesis tras exponer el debate acerca de la datación de la ley y su promotor.

[479] De este modo, la *Lex Licinia sumptuaria* habría sido una ley consular y no pretoria como, sin embargo, afirma, por atribuirla al pretor *Publius Licinius Crassus Dives* y aceptar así la datación posterior, G. NICCOLINI, *Fasti*, cit., 136.

[480] G. ASTE, "Autore e tempo della *Lex Licinia de sumptu minuendo*", en *Aevum*, 15. 4, 1941, 581-588.

[481] G. ASTE, ibid., 587.

[482] A. BOTTIGLIERI, *La legislazione*, cit., 158.

otra *lex sumptuaria*, la *lex Aemilia*, razón por la cual resultaría extraño que la *lex Licinia* en 103 tomara traslaticiamente disposiciones no de la ley precedente sino de la más antigua *lex Fannia* y complementara a ésta; y, tercero, que de datar la ley en 103 y habida cuenta del entusiasmo y consenso con el que los autores antiguos muestran que fue aprobada resulta difícil entender que en apenas cinco años se promulgara otra ley, la *lex Duronia*, dirigida a su derogación.[483]

Estableció la *lex Licinia* limitaciones tanto cuantitativas como cualitativas. Respecto a las primeras, reiteró las impuestas por la *lex Fannia*[484] si bien introdujo las siguientes novedades suavizadoras de la restricción: una mitigación de la restricción en los casos de bodas al elevar el límite permitido en tales casos a los doscientos ases por día; y otra suavización de carácter más general al elevar a treinta ases por día el gasto máximo permitido en las calendas, las nonas y las *nundinae*.[485] En cuanto a las restricciones cualitativas, estableció la *lex Licinia* una cantidad de carne y salazón máxima por día que, según noticia de Macrobio,[486] fue de tres libras de carne magra (*caro*

---

483 Mantienen, en cambio, la datación de la *lex Licinia* en 103 M. Bonamente, *Leggi suntuarie*, cit., 78; y E. Baltrusch, *Regimen morum*, cit., 88.

484 Festo parece confundir la *lex Licinia* con la *lex Fannia*, de la que aquella toma ciertamente varias disposiciones (*capita translaticia*) y entre ellas la de la limitación del *sumptus* convival a cien ases en determinados días festivos. Por ello, de las *centenariae cenae* de las que habla Festo se hablaba no sólo en relación con la *lex Licinia* sino también y ante todo en relación con la *lex Fannia*, que fue la ley suntuaria que introdujo la limitación a cien ases. Paul. *Fest*. p. 54M: *Centenariae coenae dicebantur, in quas lege Licinia non plus centussibus praeter terra nata inpendebatur, id est centum assibus, qui erant breves nummi ex aere* (Se llamaban "comidas cienarias" aquellas en que por la ley Licinia no se gastaba más de una "centusia" sin que computaran los productos nacidos de la tierra, es decir, cien ases, los cuales eran insignificantes monedas de bronce).

485 Macr. 3, 17, 9: *Sed legis Licinia summa ut kalendis nonis nundinis Romanis cuique in dies singulos triginta dumtaxat asses edundi causa consumere liceret, ceteris vero diebus, qui excepti non essent, ne amplius daretur apponeretur quam carnis aridae pondo tria et salsamentorum pondo libra et quod ex terra vite arboreve sit natum.*

486 Véase n. anterior.

arida) y una libra de salazón (*salsamentum*); y no impuso, en cambio, ninguna restricción tratándose de alimentos, procedentes de la tierra, de las vides o de los árboles frutales (*quod ex terra vite arboreve sit natum*).[487]

La *lex Licinia* fue derogada por una *lex Duronia* (98?): un plebiscito que supuso para su proponente, el tribuno de la plebe Marco Duronio, su expulsión del senado por los censores del momento Marco Antonio, el Orador, y Lucio Valerio Flaco.[488] Valerio Máximo atribuye al tribuno Marco Duronio estas palabras pronunciadas en la tribuna de oradores para justificar la oportunidad del plebiscito que, aun siendo probablemente fruto de la ficción del escritor, son reveladoras del arraigo de la cultura del lujo en la sociedad romana tardorrepublica-

---

[487] A propósito de la *lex Licinia* GEL. 15, 8, 1 reproduce un pasaje de Favorino en el que el famoso orador abogaba por la aprobación de la *lex Licinia sumptuaria* describiendo anécdotas elocuentes del alcance a que había llegado la desvergüenza y el lujo en los banquetes.

[488] En el siguiente pasaje Valerio Máximo relata la expulsion de Marco Duronio del Senado: V. MAX. 2, 9, 5: *M. autem Antonius et L. Flaccus censores Duronium senatu moverunt, quod legem de coercendis conviviorum sumptibus latam tribunus plebi abrogaverat. mirifica notae causa: quam enim inpudenter Duronius rostra conscendit illa dicturus: 'freni sunt iniecti vobis, Quirites, nullo modo perpetiendi. alligati et constricti estis amaro vinculo servitutis: lex enim lata est, quae vos esse frugi iubet. abrogemus igitur istud horridae vetustatis rubigine obsitum imperium: etenim quid opus libertate, si volentibus luxu perire non licet?'* (Los censores Marco Antonio y Lucio Flaco removieron del Senado a Duronio porque como tribuno de la plebe había había derogado una ley que restringía los gastos en los banquetes. Admirable es el motivo de esta nota censoria, pues Duronio desvergonzadamente subió a la tribuna de oradores para decir esto: "Quirites, os han impuesto unos frenos que difícilmente vais a poder soportar. Estáis atados y aherrojados con la amarga cadena de la esclavitud. Se ha promulgado una ley que os ordena ser frugales. Pues bien, deroguemos ese poder ya decrépito por la herrumbre de la antigüedad, porque ¿qué necesidad hay de libertad si no se permite a quienes lo quieran morir con el lujo?"). Ahora bien, no parece que el discurso de Duronio, contenido en este pasaje, sea auténtico sino inventado por el autor, como ha razonado E. BADIAN, "Two Roman non-entities", en *CQ*, 63, 1969, 198-200.

na: *etenim quid opus libertate, si volentibus luxu perire non licet?*[489] ("¿Qué necesidad hay de libertad si no se permite a quienes lo quieran morir con el lujo?").

La consular *lex Aemilia* (115) estableció una limitación del *sumptus* en los banquetes no sólo pecuniaria o cuantitativa sino también cualitativa, pues prohibió el consumo de cierto tipo y cantidad de alimentos. Macrobio se refiere erróneamente a una *lex Aemilia cibaria* propuesta por el cónsul Marco Emilio Lépido; habría confundido la *lex Aemilia frumentaria* del citado cónsul y de 78 con la auténtica *lex Aemilia sumptuaria*, la propuesta por el cónsul Marco Emilio Escauro en 115. Respecto a los alimentos vedados en concreto, Plinio informa que el cónsul Escauro habría prohibido los lirones, los moluscos y las aves importadas de otros lugares del mundo.[490] Es posible que la prohibición de la *lex Aemilia* se extendiera al consumo de ciertas partes del cerdo, a las que se refiere también Plinio en otro pasaje en que utiliza la expresión *lex censoria*.[491]

El uso por Plinio de esta expresión[492] resulta ambiguo pues no existe una categoría específica de *leges publicae censoriae* y tampoco se hace alusión aquí evidentemente a lo que comúnmente entienden los juristas romanos por *leges censoriae*, a saber: providencias de los censores sobre administración y arrendamiento del *ager publicus*, es decir, nada que ver con leyes o plebiscitos aprobados en las asambleas populares. O bien Plinio quiere significar con la expresión *leges censoriae* simplemente *leges publicae* impulsadas, que no propuestas, por censores; o llama censorias a las leyes sun-

---

489 V. MAX. *ibid.*

490 PLIN. *Nat.* 8, 57 (82), 223: *Sorices et ipsos hieme condi auctor est Nigidius, sicut glires, quos censoriae leges princepsque M. Scaurus in consulatu non alio modo cenis ademere quam conchylia aut ex alio orbe convectas aves*. También en *Nat.* 36, 2 (1), 4 Plinio se refiere a la prohibición de comer lirones en los banquetes, si bien se refiere a ella sólo como prohibición censoria.

491 PLIN. *Nat.* 8, 51 (77), 209: *Hinc censoriam legum paginae, interdictaque cenis abdomina, glandia, testiculi, vulvae, sincipita verrina* (De ahí las páginas de las "leyes censorias" y la prohibición en las cenas de las tripas, las mollejas, los testículos, las matrices y las cabezas de cerdo).

492 PLIN. *Nat.* 8, 51 (77), 209; 8, 57 (82), 223; y 36, 2 (1), 4.

tuarias por la conexión de los censores con la sanción del lujo; o bien las *leges censoriae* no son otra cosa que edictos de los censores, como también son denominados alguna vez en las fuentes, es decir, disposiciones imperativas que pueden éstos dictar en virtud del *ius edicendi* del que están investidos como magistrados, disposiciones éstas, por otra parte, de mucha menor eficacia vinculante que la de las leyes comiciales.

A mi juicio, aunque Plinio utilizaría *leges censoriae* como forma de designar los edictos de los censores; sin embargo, en este caso concreto es la segunda de las indicadas opciones la más atendible para entender el pasaje, pues, ante todo, es la que proporciona la lectura más sencilla de los pasajes plinianos y, además, existe el dato prosopográfico de que en el *cursus honorum* de Marco Emilio Escauro figura la censura en 109 y, por tanto, seis años después de la *lex Aemilia sumptuaria* que propuso como cónsul,[493] razón por la cual no habría podido Escauro en calidad de censor, como podría alegarse a partir de *Nat.* 36, 2 (1), 4, haber prohibido el consumo de las especies indicadas.

La *lex Cornelia* (81) dos décadas después insistió de nuevo en las limitaciones cuantitativas al ordenar que en las calendas, los idus y las nonas y algunos otros días solemnes de fiestas y juegos el *sumptus* no excediese de trescientos sestercios y en el resto de días de treinta sestercios. Los límites son mucho menos rigurosos que en los casos de las leyes Licinia y Fania, de modo que el *sumptus* permitido parece resultar muy superior. Es por ello que la ley más que restringir el *sumptus* parecía exacerbarlo como observa Macrobio. Ciertamente, la unidad monetaria señalada en la ley ya no es el as sino el sestercio, lo que bien podría deberse a la consolidación de la tendencia existente desde mediados del siglo II a.C. a la sustitución del as por el sestercio como unidad de cuenta. Dada la equivalencia entonces de un sestercio a cuatro ases, la limitación suntuaria en la ley silana habría sido de mil doscientos ases en los días de tolerancia y de ciento veinte ases en los días ordinarios. No obstante, esta diferencia respecto a las li-

[493] Ps. Aur. Vic. *Epit.* 72; V. Max. 4, 4, 11; Sal. *Jug.* 15; 25; 28; 29; 30; 32; y 40; Plu. *Quaest. Rom.* 50; Asc. *Sc.* 21 y 22; y Cic. *Brut.* 29, 30 y 35; *de Orat.* 1, 49; y *Mur.* 17.

mitaciones anteriores es sólo aparentemente enorme, pues se habían experimentado ciertas reducciones del peso de las monedas, como la de la *lex Papiria semunciaria* (89?),[494] que redujo la moneda de bronce al peso del as semiuncial. Con todo, el margen de *sumptus* convival permitido por Sila resultaba sensiblemente superior. Quizá la explicación de la lenidad de esta ley sea puramente política o se halle en que los niveles de lujo en los banquetes habían llegado a tal extremo que una limitación como la establecida a la sazón fuese ya considerada lo suficientemente severa en un contexto de plena normalidad del lujo y la extravagancia. Wyetzner ofrece como explicación que Sila intentó sólo restringir la competitividad en el estrato aristocrático, reduciendo la utilidad social de los lujos extravagantes, pero en absoluto acabar con ella, pues se daba por sentada la extravagancia aristocrática como fenómeno social normal.[495]

Macrobio informa con cierto detalle de otra medida establecida por esta ley, que Gelio pasa por alto tal vez por ser de signo opuesto al tradicional en las *leges sumptuariae*, cuyo propósito parece haber sido el de democratizar el lujo en las comidas con el efecto disuasorio para las élites de celebrar tales eventos al menos en calidad de prácticas señalizadoras de estatus, por lo que no sería una medida en interés precisamente de la *nobilitas* y representaría un significativo giro político en las disposiciones limitativas del lujo. Efectivamente, se rebajó el precio de ciertos productos particularmente suntuosos: peces y carnes delicadísimos y muy poco conocidos ya en el siglo IV, cuya identificación no proporciona, sin embargo, Macrobio.[496]

---

494 PLIN. 33, 16, 46.

495 P. WYETZNER, *Sulla's Law*, cit., 28.

496 MACR. 3, 17, 11: *Has sequitur lex Cornelia et ipsa sumptuaria, quam tulit Cornelius Sulla dictator; in qua non conviviorum magnificentia prohibita est nec gulae modus factus, verum minora pretia rebus imposita. Et quibus rebus, di boni, quamque exquisitis et paene incognitis generibus deliciarum! Quos illic pisces quasque offulas nominat, et tamen pretia illis minora constituit! Ausim dicere et vilitas edulium animos hominum ad parandas obsoniorum copias incitaret et gulae servire etiam qui parvis essent facultatibus possent* (A aquellas leyes les siguió la ley Cornelia, también suntuaria, la cual fue propuesta por el dictador Cornelio Sila. En ella no fue prohibida la magnificencia de los banquetes ni se puso límite a la gula sino

Tal medida populista se hallaría en consonancia con otras. Sila, de vida desarreglada y profusa, fue el primero que vulneró su propia ley tanto cotidianamente en sus opíparos banquetes privados como con ocasión de los funerales de su esposa Cecilia Metela Dalmática, según refiere Plutarco.[497] Schnurbusch entiende que la *lex Cornelia* parece haber constituido un intento poco convencional de presentar una ley más eficaz que las precedentes, si bien Sila habría subestimado la creatividad de los aristócratas en la invención de nuevos platos que, manteniendo la exclusividad, tuvieran cabida en los límites de la inversión permitida legalmente.[498]

La *lex Antia* (70)[499] también estableció límites cuantitativos al *sumptus* convival, los cuales desconocemos pues no los detallan ni Aulo Gelio ni Macrobio. De esta ley o, seguramente, plebiscito por la condición de tribuno de la plebe de su promotor, cabe destacar dos datos a partir de lo reseñado por los autores: su nula eficacia y generalizada inobservancia; y la conexión existente en la época de su promulgación entre la celebración de banquetes suntuosos y la corrupción política. De hecho, se impuso por esta ley a los magistrados y a los que se hallaban inmersos en procesos electorales o de promoción política la prohibición de asistir a banquetes y la obligación de rechazar toda invitación a ellos. Macrobio refiere cómo el promotor de este plebiscito, Ancio Restión, nunca cenó fuera de casa para no ser testigo del quebranto de la ley que él mismo había propuesto para el bien público.[500]

---

que se fijó un precio más bajo para los productos. ¡Y para qué productos, dioses buenos, para qué suerte de delicias exquisitas y casi desconocidas! ¡Qué peces y qué bocados de carnes se mencionan en ella! Y, sin embargo, establece precios más bajos para estos alimentos. Me atrevería a decir que la baratura de las comidas espoleó los ánimos de los hombres a preparar viandas a granel e incluso hizo que los que tenían pocos recursos se hicieran esclavos de la gula).

[497] Plu. *Sull.* 35 y *Comp. Lys. Sull.* 3.

[498] D. Schnurbusch, *Convivium*, cit., 113.

[499] Para la datación en 70 véase G. Niccolini, *Fasti*, cit., 249.

[500] Macr. 3, 17, 13: *Dein paucis interiectis annis alia lex pervenit ad populum ferente Antio Restione. Quam legem, quamvis esset optima, obstinatio tamen luxuriae et vitiorum firma concordia nullo abrogante irritam*

Tras la *lex Antia* hubo un proyecto de *lex sumptuaria* que no llegó ni a superar la fase de consulta y debate en el Senado. Se trata de la *rogatio Pompeia sumptuaria*, en cuyo fracaso habría tenido mucho que ver un discurso disuasorio de Hortensio, según noticia de Dión Casio.[501]

Finalmente, restan las dos *leges Iuliae sumptuariae*. La primera fue propuesta por Julio César poco antes de su asesinato en 45, nos es conocida fundamentalmente a través de Suetonio[502] y en ella se establecieron restricciones de carácter cualitativo del *sumptus* convival y medidas expresas de implementación de la eficacia social de la ley. De esta ley y a propósito de la prohibición igualmente cesariana de *vestes conchyliatae* y otros artículos de lujo me ocuparé con detalle más adelante en este trabajo.

La segunda *lex Iulia* fue la propuesta por Octavio Augusto en 18?[503] En ella, siguiendo el criterio más habitual en las leyes suntuarias, se establecen límites al gasto en banquetes de tipo cuantitativo. Así, restringirá a doscientos sestercios la inversión en banquetes en los días ordinarios; a trescientos en las calendas, idus, nonas y algu-

---

fecit. Illud tamen memorabile de Restione latore ipsius legis fertur: eum quoad vixit foris postea non cenasse, ne testis fieret contemptae legis quam ipse bono publico pertulisset (Pocos años después se propuso otra ley al pueblo por Ancio Restión. Aunque esta ley era óptima, la obstinación en el lujo y el firme acuerdo en los vicios hicieron que esta ley quedara sin efecto, aunque nadie la derogara. No obstante, se cuenta un hecho memorable de Restión, el promotor de esta ley: mientras vivió nunca cenó fuera de casa para no ser testigo del menosprecio hacia una ley que él mismo había promovido para el bien público).

501 D. C. 39, 37.

502 Suet. *Jul.* 43. Otras fuentes son: D. C. 43, 25; y Cic. *Att.* 13, 7, 1; *Fam.* 7, 26, 2 y 9, 15, 5; y *Marc.* 8, 23.

503 Además de esta ley suntuaria, en época de Augusto y también bajo emperadores posteriores, se adoptaron otras disposiciones en materia de lujo, incluido el indumentario (*lex Iulia de vestitu et habitu*), de las que no me ocupo es este trabajo por estar circunscrito a la época republicana. Hay referencias a las disposiciones restrictivas del lujo, indumentario o no, bajo Augusto en: Suet. *Aug.* 34, 40, y 89 y *Tib.* 34; D. C. 54, 16; Flor. *Epit.* 2, 34 (4, 12, 65); y Liv. 34, 2, 8.

nos días festivos; y a mil en bodas y tornabodas. Un posterior edicto imperial, del propio Augusto o de Tiberio, mitigaría un tanto esos límites legales al elevar el *sumptus* convival autorizado de trescientos a dos mil sestercios en determinadas festividades. La *lex Iulia* de Augusto al igual que la *lex Cornelia*, establece las valoraciones pecuniarias en sestercios, de donde resulta que la suma máxima autorizada en un día ordinario sería de ochocientos sestercios. Se habría pasado así en unos sesenta años aproximadamente de un *sumptus* convival permitido en los días ordinarios de ciento veinte ases a otro de ochocientos ases. Aun suponiendo que en esta diferencia numérica hayan incidido lógicamente vicisitudes históricas macroeconómicas y otras de tipo monetario, como la abundancia de numerario circulante bajo Augusto o los cambios en el peso y la pureza de los metales,[504] la inflación en suma y su efecto sobre la moneda, parece evidente que el *sumptus* convival permitido bajo Augusto habría sido comparativamente bastante superior al tolerado en el pasado y que en términos porcentuales el margen de *sumptus* tolerado hubiera estado muy por encima del nivel de inflación.[505] De este modo, lo elevado del *sumptus* convival autorizado legalmente bajo Augusto, en relación con otros momentos históricos precedentes, evidenciaría el mayor grado de tolerancia e indulgencia hacia el lujo alcanzado por la alta sociedad romana y tras ello la consolidación de un cambio de paradigma moral en el Principado, que los autores se empeñan en oscurecer con sus constantes apelaciones a la moderación, la fruga-

---

[504] F. De Martino, *Storia*, 2, cit., 343.

[505] Esta diferencia se observa si se compara, por ejemplo, con la paga de un legionario romano que, como resulta de Plb. 6, 39, 12-13, pasó de unos tres ases por día en la Segunda Guerra Púnica a diez ases por día en 14 d.C., de acuerdo con Tac. *Ann.* 1, 17, como indica R. Alston, "Roman Military Pay from Caesar to Diocletian", en *JRS*, 84, 1994, 114. Comparando ese lapso de tiempo de unos doscientos años y esa diferencia de más del triplo con los sesenta años aproximadamente entre la *lex Cornelia sumptuaria* y la *lex Iulia sumptuaria* de Augusto y la diferencia entre los límites pecuniarios de *sumptus* convival establecidos en ambas leyes es claro que el *sumptus* tolerado por Augusto estaría muy por encima de aquel nivel de inflación.

lidad y la parsimonia como valores de presente, aún vivos y válidos para combatir la "decadencia de las costumbres".

Las *leges ad coercendam luxuriam*: son la *lex Metilia* (217), la *lex Oppia* (215), al estudio de las cuales están dedicado los dos siguientes capítulos por versar sobre lujo indumentario; y la *lex Publicia de cereis* (209). De esta ley sólo se conoce la sucinta información ofrecida por Macrobio, de la cual resulta que, a diferencia de las *leges sumptuariae*, los potentados no son aquí sujetos activos sino pasivos de la prohibición del *sumptus*, de modo que les habría sido prohibido por esta ley recibir de sus clientes con ocasión de las fiestas Saturnales todo tipo de regalos a excepción de cirios, de donde la denominación dada a este plebiscito.[506] Se habría tratado con esta ley, como sugiere la alusión a los *tenuiores*, los más pobres, de una medida de economía de guerra, fundamentada en las dificultades económicas que existían en plena segunda guerra púnica; y también de una medida de prevención del cohecho, lo que es sugerido en este caso por el empleo del adverbio *ambitiose*. En lo que tenía de ley restrictiva del lujo sancionaba la ostentación o *luxuria* por causa de los regalos recibidos por los señores, pues la norma tiene a éstos como destinatarios, no a los clientes, cuyas inversiones en presentes revertían en provecho o disfrute de los primeros. La *lex Publicia* suponía la contravención de una costumbre social pero por una razón de utilidad coyuntural, razón por la cual presumiblemente habría caído en desuso, al menos en ese aspecto, por la posterior mejora de las condiciones económicas. Por último, al recaer sobre donaciones resulta clara la afinidad de esta ley con la *lex Cincia*, si bien, a diferencia de la anterior, no es ésta una ley cuyo objetivo fuera sancionar el lujo pues el fin de las donaciones cuyos límites se

[506] MACR. 1, 7, 33: *Illud quoque in litteris invenio, quod cum multi occasione Saturnaliorum per avaritiam a clientibus ambitiose munera exigerent idque onus tenuiores gravaret, Publicius tribunus plebi tulit non nisi cerei ditioribus missitarentur* (También he encontrado en otros escritos este caso: como muchos, con ocasión de las Saturnales, para saciar su avaricia exigían ostentosamente regalos a sus clientes y eso era una carga demasiado pesada para la gente más pobre, el tribuno de la plebe Publicio propuso por ley que se enviara en tal ocasión tan sólo cirios a los más ricos).

establecían en ella no era necesariamente suntuario ni en su aspecto económico ni en su aspecto social.

Por último, propuesta sin éxito por Cayo Escribonio Curión y dirigida a la restricción del lujo en materia de viajes: equipajes, bultos, vehículos y personas involucradas en los desplazamientos, fue la *rogatio Scribonia de itineribus* (50?),[507] la cual no establecía prohibiciones propiamente dichas sino elevadas tasas fiscales al lujo ostentado en materia de viajes. Era una norma que no prohibía el lujo en ese ámbito ni lo limitaba tampoco sino que lo gravaba fiscalmente hasta el punto de disuadir de su empleo.

Respecto a las leyes que he designado como *leges ad non coercendam luxuriam*, se trataría en primer lugar de una ley derogatoria: la *lex Valeria Fundania de lege Oppia abroganda* (195) que será tratada en el capítulo siguiente junto con la *lex Oppia*; y, en segundo lugar, de una *lex Aufidia* (103?). De acuerdo con la información proporcionada por Plinio,[508] ésta última habría tenido como antecedente una prohibición senatorial de importación de fieras de África para su utilización en los *ludi circenses*. Tal prohibición habría sido revocada por el plebiscito, propuesto por el tribuno Gneo Aufidio, de fecha incierta (103?),[509] al que se designa habitualmente como *lex Aufidia de feris Africae*.

---

507 A esta *rogatio* sólo se refiere implícitamente Cic. *Att.* 6, 1, 25. Es posible que se trate de la misma *rogatio* que la *Scribonia viaria*: *LPPR*, 413.

508 Plin. *Nat.* 8, 17 (24), 64.

509 Sobre la datación véase *LPPR*, 328 s.

CAPÍTULO V
LEX METILIA DE FULLONIBUS

La *lex Metilia de fullonibus* (217)[510] constituye la primera manifestación legislativa de restricción del lujo indumentario en Roma. Debida su propuesta a un tribuno de la plebe llamado Marco Metilio,[511] la única mención de esta ley, con mayor probabilidad un plebiscito, con precedente quizá en un anterior edicto censorio de Cayo Flaminio Nepote y Lucio Emilio Papo e impulsada por tales censores,[512] se halla *per incidens* en un texto de la *Naturalis historia* pliniana inmerso en los pasajes dedicados a describir las clases de creta y sus aplicaciones médicas y a la limpieza, blanqueado y apresto de telas:

> PLIN. *Nat.* 35, 57 (17) 195-198: *195. Cretae plura genera. Ex iis Cimoliae duo ad medicos pertinentia, candidum et ad purpurissum inclinans. Vis utrique ad discutiendos tumores, sistendas fluctiones aceto adsumpto. Panos quoque et parotidas cohibet et lienem inlita pusulasque, si vero aphronitrum et cyprum adiciatur et acetum, pedum tumores ita, ut in sole curatio haec fiat et post VI horas aqua salsa abluatur. 196. Testium tu-*

---

[510] Sobre bibliografía acerca de la *lex Metilia* véase acopio en M. ELSTER, *Die Gesetze*, cit., p. 204.

[511] Acerca de la discutida identidad del magistrado proponente véase *status quaestionis* en A. BOTTIGLIERI, *La legislazione*, cit., 68-70.

[512] *LPPR*, 252.

moribus cypro et cera addita prodest. Et refrigerandi quoque natura cretae est, sudoresque immodicos sistit inlita atque ita papulas cohibet ex vino adsumpta in balineis. Laudatur maxime Thessalica. Nascitur et in Lycia circa Bubonem. Est et alius Cimoliae usus in vestibus. Nam Sarda, quae adfertur e Sardinia, candidis tantum adsumitur, inutilis versicoloribus, et est vilissima omnium Cimoliae generum, pretiosior Umbrica et quam vocant saxum. 197. Proprietas saxi quod crescit in macerando atque pondere emitir, illa mensura. Umbrica non nisi poliendis vestibus adsumitur. Neque enim pigebit hanc quoque partem adtingere, cum lex Metilia extet fullonibus dicta, quam C. Flaminius L. Aemilius censores dedere ad populum ferendam. 198. Adeo omnia maioribus curae fuere. Ergo ordo hic est: primum abluitur vestis Sarda, dein sulpure suffitur, mox desquamatur Cimolia quae est coloris veri. Fucatus enim deprehenditur nigrescitque et funditur sulpure, veros autem et pretiosos colores emollit Cimolia et quodam nitore exhilarat contristatos sulpure. Candidis vestibus saxum utilius a sulpure, inimicum coloribus. Graecia pro Cimolia Tymphaico utitur gypso.

195. Hay muchos tipos de creta. De entre ellos las dos variedades de creta cimoliana son empleadas en medicina. La una es blanca y la otra tira a púrpura oscuro. Con añadido de vinagre ambas tienen la capacidad de deshacer hinchazones y de detener hemorragias. También aplicadas externamente curan tumores inguinales, la inflamación de las parótidas, transtornos del bazo y granos pustulosos. Por otra parte, si se les añade espuma de salitre, alheña, así como vinagre, tratan las hinchazones de pies siempre que el tratamiento se haga al sol y que al cabo de seis horas se proceda a su lavado con agua salada. 196. También sirven para tratar la hinchazón de testículos con el añadido de alheña y cera. La creta tiene además una propiedad refrigerante:

aplicada externamente detiene los sudores excesivos y una aplicación durante el baño con vino elimina las pápulas. La creta cimoliana más apreciada es la de Tesalia. También se la puede encontrar en Licia, cerca de Bubón. Hay otro uso de esta creta para la vestimenta. De hecho, la especie llamada *Sarda*, que es importada de Cerdeña, es empleada exclusivamente para los tejidos blancos, no sirve en absoluto para las telas de colores y es la menos estimada de todas las cretas cimolianas. Más apreciadas son la creta umbra y la que llaman *saxum*. 197. Es propiedad del *saxum* hincharse cuando se macera y se vende a peso, mientras que la umbra se vende a medida. Y no está fuera de lugar traer a colación también este dato ya que aún está vigente la *lex Metilia*, llamada "de los tintoreros", la cual idearon los censores C. Flaminio y L. Emilio para que fuera propuesta al pueblo. 198. Hasta qué punto nuestros antepasados pusieron su cuidado en todas las cosas lo vamos a comprobar ahora. En efecto, el orden a seguir es el siguiente: En primer lugar se lava la prenda de vestir con creta *Sarda*; después se la fumiga con azufre; a continuación, se la frota con creta cimoliana pero siempre que la prenda esté teñida con tinte de buena calidad. En efecto, si el tinte es de mala calidad eso se reconoce por la acción del azufre que ennegrece y descompone el color. Tratándose de los valiosos tintes de buena calidad, la creta cimoliana los ablanda y les da una especie de brillo que los ilumina después que el azufre los ha ensombrecido. Si se trata de prendas blancas, después del azufre es mejor la creta *saxum*,[513] que es enemiga de los colores. En Grecia en lugar de creta cimoliana se utiliza yeso tinfeo.

---

[513] Ha sido muy debatida la identificación mineral y química del *saxum*. Véase R. H. S. Robertson, "The Fuller's Earths of the Elder Pliny", en *CR*, 63. 2, 1949, 51 s.

Cuál sea el sentido preciso de la *lex Metilia* y sus finalidades económicas o políticas no es factible determinarlo con la sóla información aportada aquí por Plinio y sólo se puede especular al respecto a la vista de lo que dice textualmente el pasaje 197 en que es citada aquélla, del contexto histórico, político y económico del momento en que se promulgó el plebiscito y de datos prosopográficos acerca de la figura de Cayo Flaminio Nepote, a cuya influencia se atribuye esta ley.[514]

En realidad, sólo pueden saberse con seguridad tres datos sobre la *lex Metilia*. El primero es que sorprendentemente estaba vigente –*extet* es el verbo empleado en el pasaje– todavía en tiempos de Plinio, es decir unos tres siglos aproximadamente después, lo que representa, por un lado, una clara diferencia con las *leges sumptuariae*, efímeras por sistema, y abona la tesis de su diferente naturaleza y, por otro lado, que esta diuturnidad contrasta igualmente con la de *lex Oppia*, contraste que ilustra la diferencia entre leyes de utilidad permanente y leyes coyunturales, como se tratará después a propósito de dicha ley. El segundo dato, derivado de los términos con que era conocida la ley, *fullonibus dicta*, es que limitó de algún modo a los *fullones* en su actividad profesional, si bien no pudieron ser éstos evidentemente sus exclusivos destinatarios sino cualesquiera portadores de las prendas blanquedas y tratadas con la creta.[515] El tercer dato, o más bien inferencia, es que debió existir alguna razón de peso, moral, económica o política con toda seguridad, que justificara que el legislador se interesara en 217 de alguna manera por algo como un procedimiento o rutina artesanal o técnica, es decir, por algo como el *ars fullonica*.[516]

Me limitaré, pues, a lanzar una hipótesis sobre el contenido de la *lex Metilia*. Ante todo, entiendo que el proceso (*ordo*) que describe Plinio en el pasaje 198 –a continuación de su alusión en el 197 a la *lex Metilia de fullonibus*– acerca de la limpieza y blanqueado con

---

[514] *PW*, 6. 2, 2498.

[515] I. Sauerwein, *Die leges sumptuariae*, cit., 37.

[516] Sobre el *ars fullonica*, procesos técnicos, aspectos sociales, económicos, condiciones de trabajo y establecimientos véase M. Flohr, *The World of the Fullo. Work, Economy and Society in Roman Italy*, Oxford, 2013.

diversas variedades de creta cimoliana de tejidos teñidos y blancos[517] no tiene nada que ver con el contenido de la *lex Metilia*[518] y no sólo porque se habría tratado de una materia demasiado banal como para ser objeto de una ley sino también y sobre todo por argumentos que cabe extraer del propio texto a examen. En efecto, el autor, tras la explicación de las propiedades médicas de la creta cimoliana en los parágrafos 195 y 196, se habría simplemente referido en el 196 a las otras utilidades y propiedades de este mineral: las que tenía en relación con la vestimenta, y habría descrito en el 198 cómo es empleada tradicionalmente la creta para su mejor aprovechamiento y en sus distintas variedades en los procesos de limpieza y blanqueado de la ropa. Con la descripción de tales procesos podrá comprobar el lector, como anuncia el autor, hasta qué punto los antiguos romanos se cuidaron de todo tipo de cosas (*adeo omnia maioribus curae fuere*): así, hasta de cosas como el aprovechamiento de la creta cimoliana en relación con las operaciones de blanqueado y limpieza de las prendas de vestir.

En consecuencia, al contenido de la *lex Metilia* sólo se refiere lo indicado en el parágrafo 197. Veamos. Cuando Plinio afirma *neque enim pigebit hanc quoque partem adtingere*, que podría traducirse por "y no está fuera de lugar traer también a colación este dato", "*hanc partem*" no es lo que va a señalar a continuación sino lo que acaba de indicarnos, a saber: *Proprietas saxi quod crescit in macerando atque pondere emitur, illa mensura. Umbrica non nisi poliendis vestibus adsumitur*: "Es propiedad de la creta *saxum* hincharse

---

[517] Sobre las operaciones de sulfurado y calado de las prendas descritas por Plinio véase M. Flohr, *ibid.*, 117-121.

[518] Por el contrario, H. T. Wallinga, "Official Roman Washing and Finishing Directions. *Lex Metilia fullonibus dicta*", en *RHD*, 64. 2, 1996, 183-190, sí entiende que el objeto de la *lex Metilia* es justamente la regulación técnica del blanqueado y no tiene que ver, pues, con la prohibición de un gasto excesivo, ni por tanto con ninguna limitación del lujo. A su juicio, dicha ley prescribe cómo ha de ser el proceso de blanqueamiento de las togas para que los ciudadanos se muestren en la vida pública con un grado de uniformidad y homogéneamente (p. 189). Y también F. Vallocchia, "Lex Metilia fullonibus dicta", en F. Serrao (ed.), *Legge e società nella repubblica romana*, 2, Napoli, 2000, 341-378.

cuando se macera y se vende a peso, mientras que la creta umbra se vende a la medida"; y la razón por la que no está fuera de lugar dar ese dato la proporciona, en cambio, la expresión siguiente, encabezada significativamente por un *cum* temporal-causal: *cum lex Metilia extet fullonibus dicta*: "ya que aún está vigente la *lex Metilia*, llamada "de los bataneros".[519] Consiguientemente de alguna manera tendría relevancia jurídica por causa de la *lex Metilia* el hecho de que la creta *saxum*, que tiene la propiedad de hincharse al humedecerse, se venda a peso (*pondere*), y que la creta umbra se venda en cambio a medida (*mensura*). Tras la alusión a *lex Metilia* y a los censores de los que la ley supuestamente trae su origen: *quam C. Flaminius L. Aemilius censores dedere ad populum ferendam*, Plinio cambiaría de asunto y pasaría a describir el proceso de blanqueado, apresto y limpieza de las prendas blancas y de color con las diversas variedades de creta.

En mi opinión la *lex Metilia* habría afectado al *sumptus* relativo al blanqueado, apresto y limpieza de la vestimenta, actividades de la *fullonica* prestadas a través de contratos de arrendamiento de obra y que podían constituir un auténtico lujo para los clientes-arrendadores por razón de los elevados costes de los minerales empleados en aquellos procesos, análogamente al alto coste que representaba el uso de púrpura de alta calidad en las diversas prendas. De esta forma, a fin de evitar la suntuosidad que representaba el consumo a discreción de creta de alta calidad, como la *saxum* y la *Umbrica*, en los proce-

---

[519] Con el participio *dicta*, concertado con *lex*, no se hace referencia a la categoría técnico-jurídica de las *leges dictae*, como ha interpretado R. VISHNIA, *Caius Flaminius*, cit., 533, quien sobre esa base ha identificado la *lex Metilia* con un edicto censorio, sino que tal participio concertaría con *lex* y tendría un complemento *fullonibus* y en conjunto formaría una aposición de *lex*: *lex Metilia fullonibus dicta*: la ley Metilia llamada "de los bataneros". Para designar los edictos censorios, sirviéndose de la palabra *lex*, los autores de literatura no técnico-jurídica no utilizan la expresión *lex dicta* sino *lex censoria*. Así lo hace el propio Plinio en *Nat*. 8, 51 (77), 209; Nepote en *Ca*. 2, 3 y Festo en p. 229M. Por otro lado, *lex dicta* significa también el conjunto de cláusulas establecidas en contratos públicos celebrados por censores, lo que no tiene nada que ver con la expresión que nos ocupa.

sos de tratado de las prendas, se habría establecido lo siguiente: En primer lugar, se había de desglosar en el precio del contrato de obra a satisfacer por el cliente el precio de la materia prima utilizada, calculado de la forma que probablemente resultaba más onerosa: según el peso (*pondere*) en el caso de la creta *saxum*, pues este tipo de creta absorbe el líquido al macerarse, y según la medida (*mensura*) en el caso de la creta *Umbrica*; y, en segundo lugar, se habría establecido un límite al *sumptus* permitido, quizá por la vía de restringir el peso y la medida del mineral permitidos según el caso.

La disposición legal, aprobada en plena segunda guerra púnica, se habría adoptado por ello en un contexto de economía de guerra y la inconveniencia social de ostentación pública de lujo, como acontecería también en el caso de la *lex Oppia*, sólo dos años posterior. Ahora bien, a diferencia de ésta la *lex Metilia* presenta además una utilidad permanente en la vertiente política que habría impedido su derogación por cambio de coyuntura económica como aconteció a la *lex Oppia* o su desuetud a largo plazo y se habría mantenido por ello vigente mientras hubo campañas electorales.

Veamos. Se ha alegado que la *lex Metilia* habría perseguido, como *lex sumptuaria*, un mero abaratamiento en el proceso de apresto y blanqueado de las prendas a fin de reducir el coste final para el cliente,[520] lo que, conforme a lo expuesto, resulta insuficiente. También se ha hablado de una motivación política partidista de la ley Metilia,[521] la cual no explicaría la longevidad de la ley. Asimismo, se ha especulado que la ley, con apoyo en algunos pasajes del *De aquaeductu* de Frontino, estuviera orientada a la regulación del uso

---

[520] I. Sauerwein, *Die leges sumptuariae*, cit., 38.

[521] Por J. H. Houwing, *De romanis legibus sumptuariis*, cit., 66-68, que ve en la ley Metilia una medida de la facción de los *populares* contra el *ambitus* de los *optimates*. A este autor siguen E. Baltrusch, *Regimen morum*, cit., 51; y A. Bottiglieri, *La legislazione*, cit., 80, quien afirma: "È plausibile ritenere che la *lex Metilia de fullonibus* sia stata ispirata da Flaminio, il quale da essa riceveva una ulteriore legittimazione ad azioni censorie tendenti a reprimere il comportamento di candidati che utilizzassero la loro ricchezza per influenzare la campagna elettorale. Essa si inserisce molto bene nella forte azione política svolta dal censore per indirizzare le scelte politiche favorevoli al suo grupo".

público del agua por los *fullones*.[522] Lo más factible, sin embargo, es que hubiera una motivación política pero no como mera imposición partidista. En efecto, dada la relación entre *sumptus* y *ambitus*, advertida por los mismos romanos y demostrada por la conexión habitual en la historia romana entre las leyes suntuarias y leyes de represión de la corrupción electoral, es razonable pensar y complementario de lo que se acaba de exponer que la *lex Metilia* hubiera perseguido evitar el comportamiento de aquellos candidatos a las magistraturas que utilizaban su riqueza para influir en la campaña electoral, esto es, un mayor decoro y brillo en las togas cándidas. La ley habría perseguido la uniformidad externa de los candidatos en actividades públicas, *coram populo*, pero no un propósito meramente reglamentarista, moral o social, pues tal cosa no se dio en Roma y sí en cambio en las ciudades griegas, sino político. Y perseguir este propósito político no se puede entender sin el establecimiento simultáneamente de una limitación en el *sumptus* indumentario. [523]

---

[522] Por R. VISHNIA, *Caius Flaminius*, cit., 533 s.

[523] Que la ley sancionara el blanqueamiento de las togas con creta con fines electoralistas ya fue sostenido por L. LANGE, *Alterthümer*, 2, cit., 161 y 670, y es la tesis más aceptada, si bien es muy discutible, como afirma este autor, que la ley y sus sanciones estuviesen dirigidas y fuesen aplicables exclusivamente a los *fullones*. Afirma Lange lo siguiente: "Die Besserung der Nobilität, die Flaminius durch censorische Rüge nicht hatte persönlich verletzen wollen, suchte er in loyaler Weise auf dem Wege der Gesetzgebung zu erreichen. Da er als Censor nicht selbst die Initiative zur Legislation hatte so veranlasste er Tribunen zur Beantragung der ihm nothwendig erscheinenden Gesetze. Gegen der Kleiderluxus der vornehmen, der sich damals besonders in dem Weissen der Toga mit Kreide kundgab und ohne Zweifel, wie schon früher und auch nachher, ein Mittel bei der Amstbewerbung war veranlasste er die tribunicische *lex Metilia*, welche zunächst gegen die Zunft der Walker (*fullones*) gerichtet war und diesen wahrscheinlich Strafe androhte, wenn sie die Vorschriften des Gesetzes über die Zubereitung des Tuchs überschritten" (p. 161). En la misma línea argumental véanse: P. FRACCARO, *Ricerche*, cit., 1 ss.; F. CASSOLA, *I gruppi politici*, cit., 213 ss. y 361 ss.; y J. BLEICKEN, *Das Volkstribunat der klassischen Republik. Studien zu seiner Entwicklung zwischen 287 und 133 v. Chr*, München, 1955, 31 ss.

No parece que los destinatarios de la ley, al tratarse de una norma restrictiva del lujo, hubieran podido ser meramente los *fullones* sino también los usuarios de togas que contravenían la norma; de lo contrario no parece que un plebiscito fuera la fórmula normativa más apropiada para establecer la restricción.

Aunque no respecto a los candidatos en campaña electoral ni tampoco a la época de la *lex Metilia*, de la autoridad y prestigio que imprimía la vestimenta suntuosa a su usuario da cuenta Juvenal en relación con los picapleitos (*causidici*). La común mentalidad que subyace en la estima social de que goza el político por vestir suntuosamente y la que disfruta el abogado que hace lo propio permite, sin duda, entender mejor el objeto y finalidad política de la *lex Metilia*, aunque sea distinto el momento histórico de esta ley al de Juvenal. Este es el pasaje en cuestión:

> Juv. 7, 135-146: *Purpura vendit causidicum, vendunt amethystina; convenit illi et strepitu et facie maioris vivere census, sed finem inpensae non servat prodiga Roma. fidimus loquio? Ciceroni nemo ducentos nunc dederit nummos, nisi fulserit anulus ingens. respicit haec primum qui litigat, an tibi servi octo, decem comites, an post te sella, togati ante pedes. ideo conducta Paulus agebat sardonyche, atque ideo pluris quam Gallus agebat, quam Basilus. rara in tenui facundia panno.*
>
> La púrpura vende bien al picapleitos, lo venden bien las ropas de color amatista; le conviene vivir con el boato y aparentar vivir con mayor riqueza, pero la pródiga Roma no le pone límite al gasto. ¿Confiamos en la elocuencia? Nadie daría hoy doscientos sestercios a Cicerón si no luciera un enorme anillo. Observa esto ante todo el que pleitea, si tienes ocho esclavos, si tienes diez clientes, si te sigue una litera, si te preceden ciudadanos togados. Por eso, Paulo actuaba en juicio con una sardónice alquilada y, por eso, actuaba por nás dinero que Galo, por más que Básilo. Rara es la elocuencia en tela barata.

CAPÍTULO VI
LEX OPPIA Y *LEX VALERIA FUNDANIA*

1. *LEX OPPIA*

Si exceptuamos una prohibición, presumiblemente edictal, de Julio César (46) la única norma republicana que tras la *lex Metilia* habría limitado el lujo en la vestimenta es la *lex Oppia* de 215, la cual sería derogada sólo dos décadas después por una *lex Valeria Fundania* de 195. Son fuentes para el conocimiento de las *leges Oppia* y *Valeria Fundania*: LIV. 34, 1-8; TAC. *Ann.* 3, 33-34; V. MAX. 9, 1, 3; OROS. *Hist.* 4, 20, 14; VIR. *ill.* 47, 6; y ZONAR. 9, 17. A ellas habría que añadir PL. *Aul.* 498-502, *Epid.* 222-235 y *Poen.* 210 ss., que contienen referencias implícitas a la ley más o menos seguras; tal vez también TITIN. *com.* 2-3.

Parece dato seguro la datación de la *lex Oppia* en el año 215, no así su denominación precisa, dadas las múltiples y variadas formas con que aparece recordada por los autores antiguos y modernos: *lex Oppia ad coercendam luxuriam muliebrem*; *lex Oppia de luxuria mulierum*; *lex Oppia de coercendo mulierum luxu*; *lex Oppia de sumptibus*; *lex Oppia de luxu feminarum*; *lex Oppia de mulieribus*; *lex Oppia de mulierum vestimentis*; *lex Oppia de abrogando mundo muliebri*; *lex Oppia de cultu matronarum*; *lex Oppia de mundo muliebri*; y *lex Oppia de vestitu et ornatu foeminarum*; *lex Oppia de finiendis matronarum cultibus*; y *lex Oppia de cultu mulierum.*[524]

---

[524] Muchas de estas denominaciones no son propiamente antiguas ni variantes de las antiguas. Es el caso de *lex Oppia de finiendis matronarum*

Entre los estudiosos existe un consenso acerca de la historicidad de la *lex Oppia*; sin embargo, no han faltado voces discrepantes al respecto. Efectivamente, para algunos sorprende que Polibio, cuya obra abraza tan sólo el período comprendido entre los años 265 y 146, no haga referencia alguna a la *lex Oppia*, habida cuenta de que el historiador acostumbra a recrearse en la descripción de objetos suntuosos y de que también son frecuentes sus alusiones a la moderación y a la austeridad romanas.[525] Incluso se ha observado que de la falta de mención de nuestra ley en un pasaje en que sería muy oportuno hacerlo: aquel en el que se describe la suntuosidad de las pompas fúnebres de Emilia, esposa de Escipión el Africano,[526] se extrae la falta de historicidad de la *lex Oppia*, no siendo ésta con toda probabilidad otra cosa que una invención de Tito Livio.[527]

Estos argumentos son, sin embargo, poco sólidos para negar el carácter histórico de la *lex Oppia*, pues las Historias de Polibio, cuyo propósito fundamental es mostrar cómo y por qué suerte de constitución política casi todo el mundo conocido acabó sometido al Imperio romano,[528] no sólo no dedica prácticamente ninguna atención a concretas leyes romanas sino que tampoco lo hace a aspectos o cuestiones de historia interna romana. La exposición, de acuerdo con el citado propósito del autor, se centra en los acontecimientos bélicos del período en cuestión y en los distintos marcos geográficos en que se suceden las guerras y conflictos, a los que siguen discursos, embajadas y treguas,

---

cultibus, que constituye una descripción sucinta en latín del contenido de la ley, debida a Henricus Waardenburg en su obra *Opuscula oratoria, poetica, critica*, Harlem, 1812, 40; o el de *lex Oppia de cultu mulierum*, que es la empleada por J. G. Heineccius en su *Historia Iuris Romani*, en su *editio prima hispana*, Alcalá de Henares, 1800, 72. La denominación de *lex Oppia de mulieribus* empleada modernamente, por ejemplo, por M. Elster, *Die Gesetze*, cit., 217, es puramente referencial.

525 G. Perl e I. El-Qalqili, "Zur Problematik der *Lex Oppia* (215/195 v. Chr.), en *Klio*, 84. 2, 2002, 415.

526 Plb. 31, 26.

527 K. Thraede, Rec.: B. I. Scholz, Untersuchungen zur Tracht der römischen matrona, Köln, 1992", en *BJ*, 196, 1996, 771.

528 Propósito que el autor expresa al menos en tres pasajes de su obra histórica: Plb. 1, 1, 5; 3, 1, 4; y 39, 8, 7.

estando entreverada, además, de excursos de diversa índole: militares, políticos –como la descripción de la constitución política romana que abarca todo el libro VI–, geográficos, etnográficos, morales y religiosos; etopeyas, enjuiciamientos y elogios de personajes; así como digresiones sobre método historiográfico y abundantes críticas a otros historiógrafos. Por ello, que Polibio silencie la *lex Oppia* no sólo no es indicio de su falta de historicidad sino que resulta incluso coherente con el planteamiento de la obra y su propósito. Por otra parte, en punto de la abrogación de la *lex Oppia*, hay que tener en cuenta, además, que el libro XIX de las Historias de Polibio, en el que se relatan los acontecimientos de los años 196 y 195, se ha perdido casi completamente, pues sólo se han conservado un par de pasajes.

Otra razón esgrimida contra la historicidad de la *lex Oppia* ha sido el silencio del propio Livio acerca de todo lo relativo a su propuesta y aprobación, en franco contraste con la detallada información que suministra acerca de su abrogación y de las vicisitudes que condujeron a ella en los pasajes de su obra 34, 1-8. Como se ha argumentado,[529] dicho silencio podría justificarse por lo inapropiada que habría resultado la mención a una ley suntuaria cuando se estaba tratando de presentar una imagen idealizada de la sociedad romana en los tiempos de la Segunda Guerra Púnica; y que lo mismo acontece con la *lex Cincia*, también pasada por alto por Livio y referenciada después como la *lex Oppia* en el contexto del año 195.

También se ha aducido como posible causa de esta reticencia de Livio la diversidad de fuentes historiográficas que siguió en las distintas décadas en que se estructura su obra.[530] En todo caso, fueran o no estas las causas del silencio de Livio sobre la *lex Oppia* para 215, lo cierto es que tal silencio no es argumento suficiente para afirmar la falta de historicidad de la ley, pues lo mismo habría de afirmarse también como mínimo respecto de la *lex Cincia*; y cuesta creer que la extensa y circunstanciadísima narración posterior acerca de las vicisitudes de la derogación de la *lex Oppia* a través de la *lex Valeria Fundania* sea una pura invención y no posea al menos un núcleo de

---

529 G. Perl e I. El-Qalqili, *Lex Oppia*, cit., 416.

530 A. Lippold, *Consules. Untersuchungen zur Geschichte des römischen Konsulates von 264 bis 201 v. Chr.*, Bonn, 1963, 100 ss.

veracidad histórica. A ello podría añadirse el hecho de que la *lex Oppia* se aprueba *in medio ardore Punici belli*, en un momento en que otros acontecimientos especialmente graves reclaman toda la atención, como destacadamente el desastre de Cannas casi coetáneo a la *lex Oppia*. No parecía sin duda ése el lugar más oportuno para tratar de un tema menor como el de las limitaciones suntuarias de la *lex Oppia* por inmersa que estuviese ésta en la coyuntura de aquel momento, como sí era oportuno otro momento posterior: el del debate sobre la derogación de aquella ley.

El pasaje Liv. 34, 1-8, principal fuente de conocimiento de la *lex Oppia*, será el eje de la exposición.

> 1. *Inter bellorum magnorum aut vixdum finitorum aut imminentium curas intercessit res parva dictu sed quae studiis in magnum certamen excesserit. M. Fundanius et L. Valerius tribuni plebi ad plebem tulerunt de Oppia lege abroganda.*
>
> En medio de las preocupaciones ocasionadas por grandes guerras apenas finalizadas o ya inminentes ocurrió un episodio poco importante en sí mismo pero que desembocó en un grave enfrentamiento por la pasión que suscitó. Los tribunos de la plebe Marco Fundanio y Lucio Valerio presentaron al pueblo una propuesta de derogación de la ley Opia.

Livio justifica en estas líneas iniciales el hecho de prestar su atención a un asunto en principio poco relevante (*res parva dictu*), como el de la derogación de la *lex Oppia*, ocurrido en un momento histórico, el del año 195, especialmente delicado. El asunto se sitúa de hecho unos pocos años después del final de la Segunda Guerra Púnica y un poco antes del estallido de nuevos conflictos bélicos, como la guerra contra Antíoco III o la campaña de Hispania. La razón que expresamente da el historiador para detenerse por extenso en dicho asunto no es tanto la trascendencia histórica de la derogación de una ley como la *lex Oppia*, cuanto la relevancia diegética del asunto por el impacto social, con elementos inauditos, que tuvo la *rogatio* y los términos de gran calado político y moral en que se desenvolvió el encendido debate acerca de la conveniencia o no de la derogación de dicha ley.

Pero, además, otras razones, sugeridas por el propio relato dedicado a la cuestión de la derogación de la *lex Oppia*, impulsan a Livio a detenerse tanto en ella. En efecto, era el momento más oportuno narrativamente hablando, aun a propósito de un hecho puramente anecdótico como éste, de suministrar una semblanza de un personaje como Catón, del que el historiador no se había ocupado a fondo todavía hasta ese punto del relato, pues el modo en que dicho personaje intervino y se implicó en el asunto podía ilustrar magníficamente su carácter y su pensamiento. Igualmente era también la mejor ocasión para ofrecer un discurso completo del memorable censor, del "Demóstenes romano", como fue también apodado,[531] proporcionando así un auténtico retrato en acción de tan egregia personalidad romana. Así, pues, habría demorado Livio mencionar y ocuparse de la *lex Oppia* al momento en que fue derogada porque era el lugar más idóneo para profundizar también en la figura de Catón y porque el único discurso catoniano que Livio podía lícitamente "reproducir" integralmente y en *oratio recta* era precisamente este discurso en defensa de la *lex Oppia*. A la precedente razón de estrategia literaria habría que añadir que el propio hecho de la intervención en el debate sobre la ley de la figura legendaria de Catón y del discurso que pronunció, al parecer muy celebrado y del que quizá incluso se guardaba recuerdo en la memoria colectiva, redimensionaba el hecho y le hacía de por sí un acontecimiento histórico memorable.

La *rogatio Valeria Fundania de lege Oppia abroganda* fue presentada en 195. Son fuentes para el conocimiento de esta ley: Liv. 34, 1-8; V. Max. 9, 1, 3; Oros. *Hist.* 4, 20, 14; y Vir. *ill.* 47. De acuerdo con el regular *iter* legislativo, hubo de haber sido llevada previamente al Senado, que habría emitido su *auctoritas patrum*, parecer entonces preventivo y no vinculante, de acuerdo con la *lex Publilia Philonis de patrum auctoritate* de 339? Por ello, es de suponer que antes de ser expuesta y justificada al pueblo (*ad plebem ferre*) la propuesta de ley en las reuniones preparatorias de la asamblea popular legislativa, momento del que arranca la narración titoliviana

---

[531] Plu. *Cat. Ma.* 4.

de las vicisitudes acerca de la derogación de la *lex Oppia*, se habría producido un debate en el Senado entre los partidarios de la propuesta tribunicia y el partido catoniano o de los contrarios a la derogación de la ley, entre los que había también dos tribunos: Marco y Junio Publio Bruto, en términos previsiblemente similares a los contenidos en los discursos pronunciados ante el pueblo en *contiones* o reuniones preparatorias y "reproducidos" por Livio.

> *Tulerat eam C. Oppius tribunus plebis Q. Fabio Ti. Sempronio consulibus in medio ardore Punici belli* [...], *ne qua mulier plus semunciam auri haberet neu vestimento versicolori uteretur neu iuncto vehiculo in urbe oppidove aut propius inde mille passus nisi sacrorum publicorum causa veheretur.*
>
> Había sido promulgada a propuesta del tribuno de la plebe Gayo Opio en pleno fragor de la Guerra Púnica durante el consulado de Quinto Fabio y Tiberio Sempronio, y establecía que ninguna mujer llevaría consigo más de media onza de oro ni usaría vestimenta de colores variados ni se desplazaría en carruajes tirados por caballos en ciudades o plazas fuertes o a una distancia inferior a una milla salvo con motivo de un acto religioso de carácter público.[532]

---

[532] Valerio Máximo y Orosio siguen sustancialmente a Livio al describir el contenido dispositivo de la *lex Oppia*: V. Max. 9, 1, 3: *Urbi autem nostrae secundi Punici belli finis et Philippus Macedoniae rex devictus licentioris vitae fiduciam dedit. quo tempore matronae Brutorum domum ausae sunt obsidere, qui abrogationi legis Oppiae intercedere parati erant, quam feminae tolli cupiebant, quia his nec veste varii coloris uti nec auri plus semunciam habere nec iuncto vehiculo propius urbem mille passus nisi sacrificii gratia vehi permittebat*; Oros. *Hist*. 4, 20, 14: *tunc etiam lex, quae ab Oppio tribuno plebi lata fuerat, ne qua mulier plus quam semunciam auri haberet neve versicolori vestimento nec vehiculo per urbem uteretur, post viginti annos abrogata est.* Más genéricos son los términos con que Zonaras describe las prohibiciones de la ley Opia aunque coincide sustancialmente con las descripciones de los autores que le preceden. Así, no precisa el límite de oro que se permite a las mujeres llevar encima, pues simplemente se refiere a "llevar oro" (χρυσοφορεῖν), ni tampoco delimita

Desde un punto de vista puramente formal la *lex Oppia* fue en realidad un plebiscito pues su *rogator* fue un tribuno de la plebe, Gayo Opio.[533] La designación de los plebiscitos como leyes es muy frecuente en los autores, habida cuenta de la identidad material entre ambas normas a raíz de la plena *exaequatio legibus* de los *plebiscita* establecida por la *lex Hortensia de plebiscitis* de 286.[534]

Si la *lex Metilia* afectó más al lujo indumentario masculino, pues recaía sobre el blanqueado de prendas, lo cual se hallaba relacionado fundamentalmente con las campañas electorales y con la condición precisamente de *candidati*, la *lex Oppia* afectó directa y exclusivamente a diversos ámbitos del lujo femenino, entre ellos el indumentario, siendo objeto de prohibición en dicho ámbito la ropa con diversidad cromática, es decir, fundamentalmente con partes del tejido teñidas de púrpura: el *vestimentum versicoloris*.

Sobre el origen de este lujo indumentario femenino, es decir, de la utilización por las mujeres de *vestimentum versicoloris*, *vestis varii coloris*, *vestimentum varii coloris* o *esthés katastíktos* la información es escasa, unilateral y contradictoria. En efecto, según Valerio Máximo, se hallaría en un decreto del Senado de comienzos del siglo V a.C. por el que se se recompensó a las matronas con el derecho a utilizar vestidos de color púrpura y guarniciones de oro, entre otras

---

el alcance de la prohibición del desplazamiento en litera al referirse simplemente a la prohibición de "ser transportado en litera" (διφροφορεῖσθαι). Por último, no veo problema en entender la expresión ἐσθής καταστίκτος, "vestido moteado o abigarrado", como sinónima de *vestimentum versicoloris*: ZONAR. 9, 17, 1: νόμου δὲ τεθέντος μετὰ τὴν ἐν Κάνναις τοῖς ʽΡωμαίοις συμβᾶσαν ἧτταν μήτε χρυσοφορεῖν τὰς γυναῖκας μήτε διφροφορεῖσθαι μήθ΄ὅλως ἐσθῆτι καταστίκτῳ κεχρῆσθαι, ὁ δῆμος, εἰ χρὴ καταλῦσαι τὸν νόμον, βουλὴν ἐποιεῖτο (Después de la derrota infligida a los romanos en Cannas, se aprobó una ley a fin de que las mujeres no llevaran puesto oro ni fueran transportadas en litera ni lucieran en absoluto vestimenta moteada. El pueblo está ahora deliberando si debería abolir dicha ley).

533 *PW*, 18. 1, 729.

534 La definición de *lex* del jurista Ateyo Capitón (s. I a.C.-I d.C.), que recoge GEL. 10, 20, 2, refleja bien esa identidad material pues se llama *lex* a la norma o mandato proveniente indistintamente del pueblo o de la plebe: *Lex est generale iussum populi aut plebis rogante magistratu.*

distinciones, por su defensa de la república frente al ejército de los volscos, capitaneado por Cayo Marcio Coriolano, en una intervención liderada por Veturia y Volumnia, madre y esposa respectivamente de éste.[535] De ser auténtico tal decreto, habría sido éste objeto de derogación a finales del siglo III a.C. por la *lex Oppia*. Se trata, sin embargo, de una información sólo presente en este pasaje.

El episodio de Cayo Marcio Coriolano y los volscos es narrado, de hecho, por diversos autores, que omiten, sin embargo, toda alusión al decreto senatorial en lo concerniente a la supuesta concesión a las matronas de la distinción de llevar vestidos de color púrpura y complementos de oro.[536] La información es además contradicha por el propio Valerio, pues en otro lugar de su obra atribuye el origen del lujo indumentario femenino, púrpura y oro, al parecer en época aún monárquica, no precisamente a la gratitud por una actuación meritoria de las matronas sino a una suerte de indulgencia, tolerancia o concesión, por parte de los esposos, en compensación por la rigurosa *pudicitia* exigida a aquéllas.[537] En fin, lo único seguro en cuanto a los orígenes del lujo indumentario femenino es que éste aparece conso-

---

[535] V. Max. 5, 2, 1: *in quarum honorem senatus matronarum ordinem benignissimis decretis adornavit: sanxit namque ut feminis semita viri cederent, confessus plus salutis rei publicae in stola quam in armis fuisse, vetustisque aurium insignibus novum vittae discrimen adiecit. permisit quoque his purpurea veste et aureis uti segmentis* (En honor a estas mujeres el Senado recompensó al orden de las matronas con decretos muy generosos. Así, se prescribió que los varones cedieran el paso a las mujeres, con lo que se quiso significar que habían sido más decisivas para la salvación de la patria las estolas que las armas, y a los adornos ya tradicionales de las orejas se les añadió una cinta como nuevo signo de distinción. También les fue permitido a las mujeres lucir vestidos de color púrpura y guarniciones de oro).

[536] Liv. 2, 40; Plu. *Cor*. 37; y D. H. 8, 55.

[537] V. Max. 2, 1, 5: *ceterum ut non tristis earum et horrida pudicitia, sed [et] honesto comitatis genere temperata esset, indulgentibus namque maritis et auro abundanti et multa purpura usae sunt* (Por lo demás, para que el pudor de estas mujeres no resultara triste y desagradable sino que estuviera en cierta modo atemperado por alguna suerte de honesta benevolencia, con el consentimiento de sus esposos, se adornaban con numerosas joyas de oro y abundantes vestidos de púrpura).

lidado en los primeros tiempos de la república y que en un principio el color púrpura en la vestimenta estuvo reservado a los varones por razones de mérito civil o militar.

La *lex Oppia* fue aprobada un año después de la batalla de Cannas en pleno fragor de la Segunda Guerra Púnica, con *Hannibal ad portas* y durante uno de los períodos, 218 a 201, en que la actividad legislativa fue sin duda más intensa de lo que había sido nunca hasta entonces, "the most unprecedented and most intensive period of lawmaking activity in Roman history".[538]

El contexto bélico en que se promulga la ley es motivo de su singularidad respecto al conjunto de la legislación republicana sobre

---

[538] C. WILLIAMSON, *The Laws of the Roman People. Public Law in the Expansion and Decline of the Roman Republic*, Ann Arbor, 2005, 23. De acuerdo con una tabla estadística ofrecida por el autor (p. 35, tab.1.1), entre los años 224 y 200 se habrían promulgado 43 leyes, lo que equivale al 7,7% de las leyes públicas romanas de que tenemos hoy constancia –559 habría sido en total el número de leyes promulgadas entre los años 350 y 25; y el total absoluto de leyes (509 a.C. - 96 d.C.) conocidas habría sido aproximadamente de 780, contabilizando *rogationes* y *leges* (p. 437)– Esas 43 leyes habría sido un número muy elevado en comparación con el período anterior, 249-225, en que sólo se promulgaron 4 leyes. Siguiendo con la comparación, casi se iguala en el lapso 224-200 el número de leyes promulgadas entre 350 y 249, que fue de 46. Un llamativo incremento exponencial de la actividad legislativa se experimentará en el último siglo de la república, pues entre 124 y 25 se aprobaron 387 leyes, es decir, el 57% de la producción legislativa de todo el período 350-25, dato revelador del período enormente crítico y conflictivo del último siglo de la república, llamado con razón de "crisis de la república". La actividad legislativa, como cabría esperar, es particularmente intensa bajo la dictadura de Sila: 27 leyes aprobadas (p. 360, tab. 8.2). Con Julio César como cónsul en 59 fueron 14 las leyes, siete de ellas propuestas por él mismo (p. 404, tab. 9.2) y una docena como dictador en 46 (p. 406, tab. 9.4). Bajo Augusto también fueron numerosas las *leges*, pero en este caso son más razones políticas y no de crisis interna o externa las que explican la exacerbación de la actividad legislativa bajo su impulso, paradójicamente justo cuando estaba sentando las bases para que desapareciera la *lex* como fuente de producción del Derecho. Estos tres líderes habrían comprendido bien la función legitimadora que de sus regímenes personalistas podían tener las asambleas legislativas y su producto las leyes públicas.

el lujo. Y, si a dicho contexto bélico se añade que su objeto es el lujo femenino con sus características de artificiosidad y superficialidad, se intuye que más que morales fueron en el fondo razones prácticas como, por un lado, el aumento de la liquidez al limitarse el gasto en artículos suntuarios y el empleo de oro en joyería y, por otro, la invisibilización de la riqueza, las que motivaron la promulgación de esta ley, a modo de medida extraordinaria adoptada en el marco de una economía de guerra, de una *war mesure*[539] o de una *Zeitgesetz*,[540] como se ha dicho,[541] aunque no de carácter confiscatorio, y en el contexto de otras medidas mucho más drásticas y sí de índole económica, como la imposición de un doble tributo con recaudación inmediata de la mitad a fin de pagar la soldada excepto a los combatientes en Cannas;[542] o el ensayo de un nuevo sistema monetal trimetálico entre 214 y 211; o el colapso de la moneda de bronce tras ser sometida a sucesivas reducciones: en 217 por Fabio Máximo al peso de un as semilibral, en 215, en el año de la *lex Oppia*, al peso de un as de un tercio de libra (reducción *trientaria*); y en 214 al peso de un as de un cuarto de libra (reducción *quadrantaria*).[543]

Por ello, el protagonismo atribuido por las fuentes a Marco Porcio Catón, probable promotor de la *lex Oppia*, y a su argumentario moralista no debe inducir a engaño. La restricción del lujo femenino que se establece en la *lex Oppia* no respondió a una finalidad estrictamente moral, a un único deseo de "repristinar" la tradicional austeridad romana por sus probados efectos benéficos para la república, sino a la finalidad de fomentar un clima de austeridad que resultaba imprescindible en un momento en que como mínimo la situación económica de la *res publica* se hallaba comprometida por causa de la guerra y de las derrotas sufridas ante los cartagineses. Se

---

539 E. Zanda, *Fighting Hydra*, cit., 5.

540 D. Nörr, *Rechtskritik in der römischen Antike*, München, 1974, 74.

541 En cambio, sólo *lato sensu* podría calificarse la *lex Oppia* de *Solidarmaßnahme der Oberschicht*, como hace K.-W. Weeber, *Luxus*, cit., 118, pues en ella se contenía una prohibición de ostentación, no una obligación de aportación pecuniaria al erario y por tanto de solidaridad económica en sentido estricto.

542 Liv. 23, 31, 1-2.

543 Véase: Plin. 33, 13, 45.

habría juzgado necesario por la *nobilitas* invisibilizar las cotidianas manifestaciones más ostentosas de la riqueza a fin de no irritar a la población empobrecida por la guerra y garantizar de esta manera la necesaria cohesión social en un momento de especial incertidumbre para la república.

Como apunta Pomeroy, la riqueza de las mujeres de alto rango podría haberse incrementado enormemente en los últimos tiempos debido a las bajas de sus parientes masculinos durante el conflicto púnico y ostentar esta nueva riqueza en su vestimenta, ornato y carruajes resultaba a todas luces un comportamiento altamente inadecuado en un contexto de pobreza generalizada.[544] La ley Opia habría puesto fin a esta *ill-timed display*. Al mismo tiempo no cabe duda de que con ello la aristocracia salía reforzada políticamente ante la opinión pública por este gesto de "solidaridad".[545]

Tampoco es descartable, como se ha propuesto,[546] que hubiese un componente de superstición en la promoción de la ley Opia, ya por entender que las mujeres podrían haber contribuido con su entrega al lujo y a una forma de vida disipada al desastre militar y a la penuria del momento, pues se entendía que el descuido de valores tradicionales, como la frugalidad, conducía a la ruina de la república, ya por haber aumentado extraordinariamente en el contexto de la crisis que se vivía en 215 los prodigios y las manifestaciones religiosas y la participación de las mujeres en ellas, lo que podría justificar, por ejemplo, un sensible aumento del uso de carruajes en las calles, uno de los tres objetos de la prohibición. No obstante, aunque pueda considerarse a la *lex Oppia* como una suerte de "ley apotropaica", ello no autoriza a hablar de un exclusivismo moral en la motivación de esta ley, pues tal motivación no se basta a sí misma sino q ue se

---

544 S. B. Pomeroy, *Goddesses, Whores, Wives and Slaves*, New York, 1975, 177 s.

545 Como explica E. Baltrusch, *Regimen morum*, cit., 55: "Mit der *lex Oppia* versuchte man nun, die sichtbarsten Unterschiede zu beseitigen, als Zeichen, daß auch die Nobilität und ihre Angehörigen Opfer brachten. Und diese Opfer waren auf die Frauen der städtischen Nobilität konzentriert".

546 Ph. Culham, "The *Lex Oppia*", en *Latomus*, 41, 1982, 789 s.; y E. A. Hemelrijk, *Women's Demonstrations*, cit., 222.

apoya en última instancia en una poderosa razón política de fondo. Y precisamente es esa razón política unida al hecho de haber sido promulgada como *war mesure*, lo que diferencia a la *lex Oppia* de las reglamentaciones griegas en materia de vestimenta, las cuales respondieron a motivos religiosos, morales o sociales y no fueron aprobadas en tiempos de guerra.[547]

---

547 La cuestión fue estudiada por H. Mills, "Greek Clothing Regulations: Sacred or Profane?", en *ZPE*, 55, 1984, 255-265. De acuerdo con la autora, hubo dos tipos de reglamentación de la vestimenta en las polis griegas: la religiosa y la profana, conocida la primera a través de la epigrafía y la segunda a través de fuentes literarias. Velar por el cumplimento de esta legislación y aplicar las sanciones era presumiblemente misión de los *gynaikonómoi*. Las reglamentaciones religiosas prescribían el uso de determinadas prendas y artículos complementarios para fines religiosos y de culto. Las reglamentaciones profanas versaban sobre el uso no religioso de la vestimenta y también funerario; determinaban el número de piezas, su coste y ornamentación, siendo los artículos contrarios a la norma objeto de confiscación; y su finalidad era social, moral y simbólica, pues las prendas se caracterizaban por tener un fuerte valor señalizador de un estatus o una condición y un valor simbólico. A la evitación de confusiones o equívocos al respecto y, en última instancia, alteraciones del orden social, moral o económico estarían encaminadas fundamentalmente tales reglamentaciones. Las sanciones para los infractores serían básicamente la exclusión de los templos o la prohibición de fungir ciertos cargos cívicos. Una ley de Siracusa, estudiada por A. Brugnone, "Le leggi suntuarie di Siracusa", en *PP*, 47, 1992, 5-24, descrita por Ath. 12, 521B-C, prohibió como lo haría después la romana *lex Oppia*, el uso de vestimenta con franjas de púrpura; sin embargo, se trata sólo de una mera coincidencia en lo que es materialmente objeto de prohibición, pues la finalidad de la ley siracusana, descrita en el pasaje: evitar equívocos y señalizar la condición de hetera de la mujer que portaba ese tipo de prendas, impide ver en dicha ley un antecedente o un modelo de la *lex Oppia*, cuya finalidad era política y su razón de ser de mera coyuntura económica. Al mismo propósito moral y de reglamentación simbólica del vestuario obedece también la prohibición contenida en la citada ley siracusana dirigida a los varones de llevar vestimentas excesivamente elaboradas a menos que confesasen ser adúlteros o afeminados. Otras prohibiciones no relativas a la vestimenta en dicha ley inciden en esa misma finalidad de marcar o señalizar socialmente cierta condición infa-

Respecto a la interpretación de la ley, se ha pensado que la *lex Oppia* habría sido confiscatoria de ciertos bienes de las mujeres, el oro en todo lo que excediese de media onza, y a la vez prohibitorio de ciertas manifestaciones de lujo: ciertos tipos de vestuario y de vehículo; sin embargo, todo apunta a que, como ya se ha argumentado con anterioridad por Culham, Guarino y otros estudiosos,[548] su finalidad habría sido única y exclusivamente prohibitoria de la exhibición y ostentación de ciertas riquezas y que no habría afectado sino indirectamente a la propiedad de ellas. En efecto, sólo este sentido daría una explicación satisfactoria al hecho de que cinco años después de la aprobación de la *lex Oppia*, ante una *emergency tax* por causa de la situación bélica, los ciudadanos se vieran obligados a entregar al erario todo su oro, plata y bronce acuñado, permitiéndoles, no obstante, reservarse cierta cantidad, que en el caso de las mujeres *alieni iuris* era una onza de oro por la esposa y una onza de oro por cada una de las hijas por cada libra de oro que poseyera el *pater familias*; y en el caso de viudas y mujeres no sometidas a ninguna potestad familiar podían reservarse éstas para sí una onza de oro y contribuir al erario con el exceso de dicha cantidad de oro que tuvieren a fin

---

mante del individuo. Semejantes disposiciones con tal tipo de finalidad se encuentran también en leyes de ciudades como Colofón, Éfeso, Mitilene, Locros o Megara que, como la de Siracusa, datan de los siglos VI y V a.C., de un período de gobiernos de corte aristocrático. El respeto a los símbolos o marcadores de clase o condición perseguiría en última instancia mantener el orden moral, social y económico aristocrático existente.

548 Por Ph. Culham, *Lex Oppia*, cit., 787; A. Guarino, "Ineptiae iuris Romani, VI", en *Atti dell'Accademia Pontaniana*, 31, 1983, 38 s. (= "Il lusso delle donne", en *Iusculum iuris*, Napoli, 1985, 209-212); P. Desideri, "Catone e le donne. Il dibattito liviano sull'abrogazione della lex Oppia", en *Opus*, 3, 1984, 63-73; y; E. A. Hemelrijk, *Women's Demonstrations*, cit., 220-222; F. Goria, "Il dibattito sull'abrogazione della lex Oppia e la condizione giuridica della donna romana", en R. Uglione (ed.), *Atti del Convegno nazionale di studi sulla donna nel mondo antico: Torino, 21-23 aprile 1986*, Torino, 1987, 266; G. Perl e I. El-Qalqili, *Lex Oppia*, cit., 417 s.; C. Venturini, *Leges sumptuariae*, cit., 363; y E. M. Agati Madeira, "La lex Oppia et la condition juridique de la femme dans la Rome républicaine", en *RIDA*, 51, 2004, 88-90.

de subvenir a la catastrófica situación económica de la ciudad.[549] De haber sido privadas las mujeres *sui iuris* de todo el oro salvo una media onza por la *lex Oppia* no habría sido posible aquella aportación extraordinaria cinco años después. Tal exacción fiscal extraordinaria fue requerida por edicto a la población cuando, hallándose agotadas las reservas económicas, Aníbal, ya en poder de Capua, Tarento y otras ciudades, se disponía a marchar sobre Roma.

Se ha tratado de justificar a menudo esa aparente contradicción, confiscación del oro a las mujeres y posterior aportación por ellas de oro al erario público, aduciendo la ineficacia social de la ley, su incumplimiento sistemático; sin embargo, no es ésta la explicación válida. En realidad, el verbo *habere* utilizado por los historiadores[550] en relación con la media onza de oro no significaría aquí "tener en propiedad" sino "llevar consigo" (*secum habere*), "llevar puesto o consigo" (*portare*), como en los *verba* utilizados ritualmente para el repudio matrimonial *tuas res tibi habeto*, "coge tus cosas",[551] o en

---

549 LIV. 26, 36, 4-5: *itaque si classes habere atque ornare volumus populum Romanum, privatos sine recusatione remiges dare, nobismet ipsis primum imperemus. aurum argentum aes signatum omne senatores crastino die in publicum conferamus, ita ut anulos sibi quisque et coniugi et liberis, et filio bullam et quibus uxor filiaeve sunt singulas uncias pondo auri relinquant* (Por consiguiente, si queremos que el pueblo romano tenga flotas y las equipe, y que los paticulares aporten remeros sin protestar, impongámonos primero nosotros esa misma obligación. Llevemos mañana los senadores al tesoro público todo nuestro oro, plata y bronce acuñado, dejando cada uno un anillo para él, su mujer y sus hijos, y la *bulla* para su pequeño, y los que tengan mujer e hijas dejen una onza a cada una por cada libra de oro). Se trataría de una reserva para el contribuyente de una onza de oro por cada libra de oro que tuviese en su patrimonio a multiplicar por el número de mujeres dependientes de él. De este modo, si el *pater familias* tiene esposa y dos hijas, todas *alieni iuris*, y cuatro libras de oro, podría reservarse doce onzas de oro, es decir, en total una libra de oro.

550 LIV. 34, 1; V. MAX. 9, 1, 3; y OROS. *Hist.* 4, 20, 14.

551 L. XII TAB. 4, 3 (CIC. *Phil.* 2, 28, 69): *Illam suam suas res sibi habere iussit ex XII tabulis, claves ademit, exegit* (Para repudiar a su mujer, según las XII Tablas, le ordenó coger sus cosas, le quitó las llaves y la echó de casa).

el *ius togae praetextae habendae*, "derecho de llevar puesta la toga pretexta",[552] de modo que lo prohibido por la ley no sería la propiedad sino el hecho de llevar encima más de media onza de oro.

Ulpiano explica la ambivalencia semántica del término jurídico *habere*.[553] Éste puede significar "tener algo en propiedad", con título de dominio, o "tener la mera posesión de algo", su tenencia o control material. En el pasaje de Livio se emplearía *habere* precisamente en esta segunda acepción. Si nos fijamos en el pasaje de Zonaras, éste utiliza el término compuesto *chrysoforeín*, que literalmente significa "llevar oro", lo que resulta muy significativo. Por otro lado, si atendemos a un criterio hermeneútico lógico afirmar que *habere* significa aquí "tener en propiedad" implicaría que la ley sanciona la riqueza, siendo que lo que sanciona realmente sólo puede ser la ostentación pública de ella, pues de no ser así resultaría chocante la simultánea prohibición del uso de ropa de colores y de desplazarse en carruajes tirados por caballos junto a algo radicalmente distinto y grave como limitar la riqueza de un ciudadano.

La *lex Oppia* habría prohibido, pues, tres formas de ostentación de la riqueza: *vestimenta versicoloria*, el desplazamiento en carros tirados por caballos y el uso público de una cantidad excesiva de oro ornamental. Se trataría en este último caso de la exhibición de joyas y adornos de oro.[554] Así se desprende, por ejemplo, de la afirmación

---

552 Expresión utilizada en Liv. 33, 42 y 34, 7.

553 Ulp. 49 *Sab*. D. 45, 1, 38, 9: *'Habere' dupliciter accipitur: nam et eum habere dicimus, qui rei dominus est et eum, qui dominus quidem non est, sed tenet: denique habere rem apud nos depositam solemus dicere* (*Habere* puede tomarse de dos modos distintos: pues decimos que *ha* aquel que que es dueño de una cosa y también aquel que en cambio no es dueño pero tiene la cosa en su poder: por eso entre nosotros (los juristas) solemos decir *haber* una cosa depositada).

554 A propósito de los ornamentos preciosos, L. Pedroni, "Un '*mulierum senatusconsultum*' sugli oggetti preziosi?", en *Römische Historische Mitteilungen*, 46, 2004, p, 37-46, ha sostenido la posibilidad sobre la base del pasaje pliniano *Nat*. 37, 85 de que contemporáneo de la *lex Oppia* hubiera sido un senadoconsulto sobre el lujo de las mujeres en el que se especificaban las piedras preciosas cuya exhibición quedaba prohibida a las

de Livio: "todas ellas sufren y se sublevan cuando ven que a las mujeres de los aliados latinos se les permiten los ornamentos que a ellas se les niegan, cuando las ven llamando la atención con el oro y la púrpura y yendo en coche por la ciudad mientras que ellas las siguen a pie, como si el imperio tuviera su sede en las ciudades de las otras y no en la suya".[555]

Respecto a la expresión *vestimentum versicolor*, utilizada según Livio por la ley Opia, es pacífica su interpretación como prohibición de usar vestimenta teñida fundamentalmente con púrpura (*purpureae vestes*). Lo prueba el hecho de que en el discurso de réplica del tribuno Lucio Valerio en defensa de la derogación de la *lex Oppia* se aluda constantemente al uso de la púrpura por las mujeres.[556] No obstante, no parece que la prohibición de la *lex Oppia* se limitara única y exclusivamente a las *purpureae vestes* sino que debió ser una prohibición genérica de ostentación de vestimenta lujosa. Así resulta del hecho de que Zonaras a partir quizá de una tradición distinta emplee expresiones como las que siguen: "con una vestimenta enteramente con pedrería" (ὅλως ἐσθῆτι καταστίκτῳ); y "se vistan con cualesquiera vestimentas bordadas o de batista" (τισιν ἀνθηροῖς καὶ ἀμοργίνοις ἐσθήμασιν).[557]

2. *LEX VALERIA FUNDANIA*

La *lex Oppia* fue derogada en 195 a través de otra ley, la *lex Valeria Fundania*, otro plebiscito como su predecesora. Según los historiadores la ley obtuvo el respaldo unánime de todas las tribus

---

matronas. De tal hipotético senadoconsulto no existe, sin embargo, mención alguna en Livio, nuestra principal fuente de conocimiento de la *lex Oppia*, ni en ninguna otra fuente.

[555] Liv. 34, 7, 5-6: *at hercule universis dolor et indignatio est, cum sociorum Latini nominis uxoribus vident ea concessa ornamenta quae sibi adempta sint, cum insignes eas esse auro et purpura, cum illas vehi per urbem, se pedibus sequi. tamquam in illarum civitatibus non in sua imperium sit.*

[556] Liv. 34, 7.

[557] Zonar. 9, 17, 1, y 2. También ἀμόργινος puede significar "púrpura": *GEL*, s. v. ἀμόργινος, 85.

en los *comitia tributa*.[558] El relato de Livio versa precisamente sobre las vicisitudes que acompañaron a dicha ley derogatoria. Tras la presentación del acontecimiento histórico que incluye la breve pero fundamental información acerca del contenido de la *lex Oppia*, se estructura el relato en dos grandes bloques constituidos por sendos discursos *pro lege Oppia servanda* y *pro lege Oppia abroganda* de Marco Porcio Catón y Lucio Valerio respectivamente, a los que sigue un epílogo.

Antes de los discursos se describe el ambiente bullicioso de revuelo social cuasi-sedicioso protagonizado por las matronas romanas,[559] hecho al parecer inaudito en la historia romana, deseosas de la derogación de la ley, en distintos lugares de la ciudad donde acontecen espontáneas reuniones populares y donde se va a celebrar una *contio* o debate público, quizá la propia *contio* inmediatamente anterior a los comicios en que se iba a verificar la *rogatio de lege Oppia abroganda*, y por causa de la anunciada amenaza de veto por los tribunos de la plebe, Marco y Publio Junio Bruto, partidarios de la postura de Catón contraria a la derogación. La *contio* de la *rogatio Valeria Fundania* es seguramente la descrita con mayor lujo de detalles en la literatura latina, hecha excepción sólo quizá de la *contio* de la *rogatio Servilia agraria*, descrita por Cicerón en sus tres *orationes* contra ella.

> *M. et P. Iunii Bruti tribuni plebis legem Oppiam tuebantur nec eam se abrogari passuros aiebant; ad suadendum dissuadendumque multi nobiles prodibant; Capi-*

---

[558] Parece así descartable, como sostuvo H. H. SCULLARD, *Roman Politics 220-150 B.C.*, Oxford, ²1973, 113, que el debate sobre la derogación de la *lex Oppia* fuera debido a una mera confrontación partidista y de personalidades, en la que Catón y sus partidarios habrían atacado el modo de vida importado de Oriente y a sus importadores Escipión Africano y Flaminio y la conducta poco ejemplar de Emilia, esposa del primero, pues de algún modo el efecto de los apoyos clientelares de los primeros habría debido tener un reflejo más notorio en las votaciones.

[559] Sobre el motín de las mujeres para la derogación de la *Lex Oppia* proporciona una exhaustiva relación de trabajos G. PERL e I. EL-QALQILI, *Lex Oppia*, cit., 414 s., n. 1.

> *tolium turba hominum faventium adversantiumque legi complebatur. matronae nulla nec auctoritate nec verecundia nec imperio virorum contineri limine poterant, omnes vias urbis aditusque in forum obsidebant, viros descendentes ad forum orantes ut florente re publica, crescente in dies privata omnium fortuna matronis quoque pristinum ornatum reddi paterentur. augebatur haec frequentia mulierum in dies; nam etiam ex oppidis conciliabulisque conveniebant. iam et consules praetoresque et alios magistratus adire et rogare audebant;*[560] *ceterum minime exorabilem alterum utique consulem M. Porcium Catonem habebant.*
>
> Los tribunos de la plebe Marco y Publio Junio Bruto estaban a favor de la ley Opia y declaraban que no permitirían que fuese derogada. Muchos nobles intervenían en el debate para hablar a favor o en contra. Una multitud de partidarios y contrarios a la ley llenaba el Capitolio. Ni la dignidad ni el pudor ni las órdenes de sus maridos podían de ninguna forma mantener a las matronas en casa; se apostaban en todas las calles de la ciudad y en los accesos al foro, y pedían a los hombres que acudían al foro que en vista del florecimiento del Estado y de que todas las fortunas privadas crecían de día en día, permitieran que también a las matronas les fuera devuelto su antiguo esplendor. El número de mujeres que afluía aumentaba cada día, pues acudían también desde las poblaciones y centros rurales. Se atrevían incluso a acercarse a los cónsules y pretores y a otros magistrados y rogarles; pero se encontraban con que eran absolutamente inflexibles, al menos uno de los cónsules, Marco Porcio Catón.

Livio y demás historiadores romanos destacan el protagonismo de las matronas en la solicitud de la derogación de la ley con sus presio-

[560] V. MAX. 9, 1, 3 precisa más en este punto e indica que las matronas incluso rodearon la casa de los Brutos.

nes a los ciudadanos y a los magistrados y provocando, como sugiere el relato, ciertas alteraciones del orden público, protagonismo en el que algunos autores modernos han querido ver una manifestación de activismo político o de feminismo *ante litteram* contra una ley destinada no sólo a morigerar el lujo indumentario femenino sino, sobre todo, a disminuir la consideración social que a la sazón gozaban las mujeres.[561] Se ha querido ver un apoyo a este modo de entender la cuestión en la existencia de un término ya perfectamente acuñado en la lengua latina, *acsitiosae* o *axitiosae*, y conocido a través de Varrón, al reproducir pasajes de algunas obras perdidas de Plauto, haciéndolo aquél derivar de *agere*, para designar supuestamente a las mujeres que se reúnen con el propósito de exigir algo y actuar de consuno (*ab una agendo*);[562] sin embargo, el término es susceptible de otra lectura, ya

---

561 C. Herrmann, *Le rôle judiciaire et politique des femmes sous la République romaine*, Bruxelles-Berchem, 1964, 52-67, afirma que la ley Opia "dénote un climat de lutte entre les féministes et leurs adversaires, entre les femmes elles-mêmes et le sénat", entendiendo así el problema de la ley Opia y su posterior derogación, entre otros acontecimientos coetáneos relacionados principalmente con cuestiones de culto, sustancialmente como un problema de género; y en la misma línea argumental E. Cantarella, "L'emancipazione femminile nel mondo romano", en E. Fontanella *et al. Luxus*, cit., 55. Por su parte, R. A. Bauman, *Women and Politics in Ancient Rome*, London-New York, 1992, 211, hace la siguiente afirmación: "The demonstration against the lex Oppia showed that strictly feminist movements had not disappeared"; sin embargo, tal afirmación resulta desconcertante, pues de la exposición de este autor acerca de la derogación de la ley Opia no se desprende, sino todo lo contrario, la idea de que el motín de las mujeres para la derogación de la ley Opia hubiera tenido algo que ver con lo que podemos entender mínimamente como activismo feminista.

562 Var. *L.* 7, 66: *In Astraba: Acsitiosae annonam caram e vili concinnant viris. Ideo in Sitellitergo idem ait: Mulier est uxorcula; ut ego novi, scio acsitiosa quam siet. Claudius scribit axitiosas demonstrari consupplicatrices. Ab agendo axitiosas: ut ab una faciendo factiosae, sic ab una agendo axitiosae, ut actiosae, dictae* (Se lee en la *Astraba*: las *acsitiosae* consiguen que para sus maridos el aprovisionamiento, siendo barato resulte caro. El mismo autor dice en el *Sitellitergus*: La mujer es mi mujercita, según he comprobado. Sé cómo es de *acsitiosa*. Claudio escribe que las mujeres que se juntan para suplicar demuestran ser *axitiosae*. *Axitiosae* de-

no en clave sociológica sino precisamente misógina con el significado de "gastosa" o "estrafalaria" si se explica a partir de *axitia* y no de *agere*,[563] lo que enervaría la supuesta apoyatura filológica de aquella interpretación feminista en Varrón, de quien son conocidas sus abundantes etimologías populares y sus errores etimológicos.

Pero, además, tal interpretación que vería en la derogación de la *lex Oppia* un éxito en una supuesta lucha de género resulta un craso anacronismo, pues al margen de que en ocasiones se unieran las mujeres o matronas para algún propósito muy concreto, de lo que no faltan ciertamente ejemplos testimoniados por los autores antiguos, las matronas sólo intentaron aquí, puntualmente, a través de una protesta pública influir en una decisión política y no pretendieron ni reivindicaron cambio político o social relevante alguno, ni cuestionaron su posición social, política o jurídica como mujeres a modo de sufragistas *avant la lettre*, ni exigieron una mayor capacidad ni nada que implicara una cierta equiparación con los varones, sino que, muy al contrario, en última instancia no parecían desear otra cosa que una reafirmación de su rol femenino tradicional, pues sólo querían recuperar la libertad de usar ciertos bienes suntuarios, sus *insignia*, y obtener el respeto futuro a la intangibilidad del universo femenino.[564]

En contradicción con aquella interpretación feminista jugaría, quizá, el relato de Zonaras, quien, ciertamente en un alarde de misoginia, incluso presenta a las mujeres, tras la aprobación de la *lex Valeria Fundania* y la consiguiente derogación de la *Oppia*, en la actitud frívola y

---

riva de *agere*. De este modo, al igual que de *una facere* deriva *factiosae* de *una agere* deriva *axitiosae*, es decir, *actiosae*).

563 Es la dada, siguiendo la línea propuesta por M. Leumann, "Lateinische Etymologien und Bedeutungen. *Anxicia*, *axitia* und *axitiosus*", en *Glotta*, 11. 3-4, 1921, 185-188, por F. García Jurado, "*Axitiosae* (Varro, *Ling*. VII 66): ¿'Activistas', 'extravagantes' o 'caprichosas'? Sobre los avatares de una interpretación léxica", en *Emerita*, 72, 2, 2004, 287-300, que ofrece esta relectura del término *axitiosa*, utilizado por Plauto pero conocido a través del testimonio y la *interpretatio* varroniana en Var. *L*. 7, 66.

564 Resultaría excesivo sopechar que la inautenticidad de los discursos de Catón y de Valerio ocultara la expresión de aspiraciones de las mujeres de acceso a funciones hasta entonces viriles, como parece sugerir C. Herrmann, *Le rôle*, cit., 63.

hasta insolente, actitud totalmente ausente en el relato de Livio, de colocarse adornos allí mismo y salir de la asamblea tripudiando, lo que no sería ciertamente propio de quien reclama un derecho. No obstante, este histrionismo no resulta históricamente verosímil.[565] Otros datos sí contradicen más la interpretación feminista: el de que Livio muestre a Catón levantando la sospecha de que la protesta femenina no se había producido a iniciativa de las mujeres sino que había sido excitada por los propios tribunos partidarios de la derogación de la ley; y el de que no se produjo en absoluto el vaticinio de Catón de que la derogación de la ley Opia representaría el inicio de una sucesión de movimientos femeninos hasta alcanzar la equiparación con los varones.

A todo ello podría añadirse, como observa Bauman,[566] que hubo otras leyes mucho más perniciosas y denigratorias para las mujeres y particularmente para las pertenecientes a las familias poderosas, como la *lex Voconia*, que no suscitaron, o al menos no existe constancia alguna en las fuentes de ello, protesta, manifestación o motín de ninguna especie protagonizado por las mujeres, ley de la que dijo Cicerón *in mulieres plena est iniuria*, "una total injusticia para las mujeres".[567] Quizá ello fuera debido a que la ley Voconia no fue vista por las mujeres como una ley exclusivamente anti-femenina o que atacaba la propia esencia femenina a diferencia de la ley Opia. Igualmente podría añadirse que el levantamiento femenino por la derogación de la ley Opia, no debe ser sobrevalorado pues, como dice Desideri, en el hecho no estuvieron implicadas todas las mujeres sino sólo las mujeres casadas pertenecientes a los niveles más elevados

---

565 ZONAR. 9, 17, 4: Καὶ ὁ μὲν Οὐαλέριος ταῦτα ἐπισκώπτων εἶπεν· ἀκούσασαι δὲ αἱ γυναῖκες (ἐγγὺς γὰρ τῆς ἀγορᾶς πολλαὶ διέτριβον, πολυπραγμονοῦσαι τὸ γενησόμενον) εἰσεπήδησαν εἰς τὴν ἐκκλεσίαν καταβοῶσαι τοῦ νόμου. Καὶ οὕτω σπουδῇ λυθέντος αὐτοῦ ἀνεδήσαντο εὐθὺς ἐκεῖ ἐν τῇ ἐκκλεσίᾳ κόσμον τινά, καὶ ἐξῆλθον χορεύουσαι (Valerio dijo esto con sarcasmo pero las mujeres que lo escucharon (pues muchas pasaban el tiempo cerca del foro tratando de enterarse de lo que iba a pasar) irrumpieron en la asamblea dando voces contra la ley, y así tras ser inmediatamente abolida allí en la asamblea se pusieron ciertos adornos y salieron bailando en corro).

566 R. A. BAUMAN, *Women*, cit., 34.

567 CIC. *Rep.* 3, 17: (...) *Voconia lege lata; quae quidem ipsa lex utilitatis virorum gratia rogata in mulieres plena est iniuriae.*

de la sociedad, si bien tampoco debe infravalorarse el hecho verdaderamente sorprendente de que la iniciativa fuera femenina.[568]

A partir precisamente de ese *unicum* histórico que representa el movimiento femenino de 195 por la revocación o derogación de una norma, al menos hasta el año 43 a.C., algún autor[569] ha llegado a sostener, por el contrario, la tesis de la inverosimilitud histórica de tal movimiento o manifestación de las mujeres contra la permanencia en vigor de la *lex Oppia*, es más, incluso la propia realidad del discurso de Catón que exhiben los analistas entendiendo que todo él constituiría un anacronismo: así, Livio y los analistas habrían trasladado y recreado en el contexto de la *lex Valeria Fundania* de 195 la exitosa protesta de las damas romanas de 43 a.C., liderada por Hortensia, hija del orador Quinto Hortensio Hórtalo, quien sí habría pronunciado además un celebrado discurso, contra el tributo impuesto por los triunviros para la financiación de las campañas bélicas a mil cuatrocientas de las mujeres más ricas de Roma de cuantía variable según la fortuna personal de cada una.

Respecto a la *oratio pro lege Oppia servanda*, conviene advertir que lo más probable es que el discurso catoniano que reproduce Livio sea en realidad un discurso ficticio, de obra del propio Livio. Ante todo la presencia de anacronismos en el discurso, como se indicará después, apuntaría en esa dirección, siempre, claro está, que no hubieran sido debidos a interpolaciones del propio Livio sobre el original catoniano.[570]

Pero también las razones dadas por Briscoe sobre la autoría titoliviana de este discurso resultan convincentes.[571] En efecto, como observa este autor, a diferencia de lo que sucede con otros muchos discursos catonianos, no se conserva ningún fragmento del discurso

---

[568] P. Desideri, *Catone e le donne*, cit., 68 s.

[569] Tesis fundamental de G. Perl e I. El-Qalqili, *Lex Oppia*, cit., en su exhaustivo estudio filológico de los textos de Livio, Zonaras y analistas sobre la *lex Oppia* y su derogación.

[570] Sobre el viejo debate acerca de la autoría catoniana del discurso titoliviano *pro lege Oppia servanda* véase I. Sauerwein, *Die leges sumptuariae*, cit., 59-66.

[571] J. Briscoe, *A Commentary on Livy. Books XXXIV-XXXVII*, Oxford, 1981, reimpr. 2003, 39-41.

de Catón contra la derogación de la *lex Oppia* y al mismo tiempo es éste sospechosamente el único discurso catoniano que Livio reproduce completo y en *oratio recta*. Además de esto, como es comúnmente aceptado en el ámbito filológico por los estudiosos de la obra titoliviana[572] y es también fácilmente comprobable, como se repite desde H. Jordan,[573] que cuando Livio conoce de la existencia de un discurso original así lo manifiesta expresamente (*exstat oratio / exstant orationes*) y no lo reproduce, limitándose a mencionarlo y a reseñar su contenido esencial.[574]

No debe descartarse, además, una intencionalidad política en la reinvención del discurso de Catón y en su réplica de Lucio Valerio por parte Livio, que estaría reflejando con ellos un debate de actualidad en tiempos de Augusto,[575] resuelto por éste en clave conser-

---

572 Desde E. PAIS, "L'orazione di Catone a favore della lex Oppia", en *Atti della Reale Accademia di Archeologia, Lettere e Belle Arti di Napoli*, 1909, 123.

573 H. JORDAN, *Textkritik und Prolegomena in: M. Catonis praeter librum de re rustica quae extant*, Leipzig, 1860, 64.

574 Así lo hace en LIV. 38, 54, 11: *M. Cato suasit rogationem –exstat oratio eius de pecunia regis Antiochi— et Mummios tribunos auctoritate deterruit, ne adversarentur rogationi;* en el proceso contra L. Quincio en 39, 42, 6-7: *Catonis et aliae quidem acerbae orationes exstant in eos, quos aut senatorio loco movit aut quibus equos ademit, longe gravissima in L. Quinctium oratio*; y en relación con el discurso a favor de los rodios de 167 en 45, 25, 2-4: *Plurimum causam eorum adiuvit M. Porcius Cato, qui, asper ingenio, tum lenem mitemque senatorem egit. non inseram simulacrum veri copiose, quae dixerit, referendo: ipsius oratio scripta extat.*

575 Sobre esta interpretación ya muy veterana véase por todos A. HAURY, "Une «année de la femme» à Rome, 195 avant J.-C.?", en *Mélanges offerts à Jacques Heurgon. L'Italie préromaine et la Rome républicaine,* 2, 1976, 427-436. El siguiente pasaje compendia esta interpretación: "Le problème ne me paraît se poser avec cette acuité prophétique sur le plan moral que grâce à un anachronisme à incidences contemporaines, autrement dit l'historien disserte de l'actualité augustéenne sous le couvert d'une antiquité prestigieuse et sous la forme apparemment impartiale d'un débat contradictoire" (p. 435); y también K. THRAEDE, "Ärger mit der Freiheit. Die Bedeutung von Frauen in Theorie und Praxis der alten Kirche", en G. SCHARFFENORTH y K. THRAEDE, *"Freunde in Christus warden...". Die*

vadora. La actualidad del tema explicaría la seguramente excesiva atención del historiador con sus dos extensos discursos prestada a la cuestión de la derogación de la *lex Oppia* en franco contraste con la escasa trascendencia histórica que en realidad revestía la cuestión.

No obstante, examinemos cuáles son las posibilidades: en principio serían dos: o se conservaba en tiempos de Livio el discurso de Catón contra la derogación de la *lex Oppia* o no se conservaba. En el caso de conservación del discurso las hipótesis habrían sido a su vez dos: o bien Livio contra su criterio habitual lo habría reproducido o bien lo habría recreado, parafraseándolo, embelleciéndolo, etc., posibilidad esta última que, aunque pueda resultar extraña, no debe descartarse *a priori*, pues era convención de los historiadores antiguos recrear un discurso aun teniendo una copia del original a mano. Briscoe[576] no parece, sin embargo, haber tenido en cuenta esta posibilidad al señalar que Livio habría estado incurso en un delito de plagio en el caso de que hubiera reproducido como si del original se tratase el discurso de Catón, siendo así que tal delito de plagio y en términos generales la protección de la propiedad intelectual fue desconocida por el derecho romano. Respecto al caso de no conservación de la *oratio*, es evidente que Livio tendría que haber inventado necesariamente el discurso. Ésta última parece la posibilidad más razonable de todas, pero, claro está, partiendo de la base cierta de que Livio no se hubiera desviado de su propio criterio.

Así, pues, la autoría titoliviana del discurso de Catón resulta la más verosímil. A favor de ella habría que sumar los argumentos señalados hace un siglo por Teufer, quien advierte del estilo titoliviano del texto y del parentesco entre el discurso de Catón y el de su oponente Lucio Valerio, ambos paralelos en estilo y en estructura.[577]

Beziehung von Mann und Frau als Frage an Theologie und Kirche, Berlin, 1977, 83, quien opina que los discursos confrontados de Catón y Lucio Valerio reflejan la controversia de la época resuelta con la reforma augústea contra las libertades "helenísticas" de las mujeres.

576 J. BRISCOE, *A Commentary*, cit., 39-41.

577 J. TEUFER, *Zur Geschichte der Frauenemanzipation im alten Rom. Eine Studie zu Livius 34, 1-8*, Leipzig-Berlin, 1913, 14-22. Véase también sobre la autoría titoliviana del discurso de Catón H. TRÄNKLE, "Cato in der vierten und fünften Dekaden des Livius", en *Akademie der Wissenschaften*

De hecho, ofrecer sendos discursos, suasorio y disuasorio sobre un mismo tema, era habitual en las escuelas de retórica y aquí, aprovechando la oportunidad que brindaba el acontecimiento histórico, se habría dedicado Livio a exhibir su virtuosismo retórico.

De la comparación de los discursos titolivianos de Catón y Lucio Valerio, a favor y en contra de la ley Opia respectivamente, con la versión en griego de los fragmentos conclusivos finales de tales discursos que da Zonaras[578] resultan significativas diferencias de contenido, forma y tono, aunque no de sentido,[579] y esto, lejos de resolver, aumenta si cabe las dudas sobre la autoría catoniana o no de los discursos atribuidos a Catón por Livio y Zonaras, pues, o bien uno y otro autores pudo haber recreado cada uno a su manera el auténtico discurso de Catón tenido a la vista[580] y haber tomado de él materiales distintos o haber aportado otros de cosecha propia; o bien podría haber acontecido exactamente lo mismo pero no a partir del auténtico discurso catoniano sino de una misma fuente relativa a él; o bien tampoco sería descartable que cada de uno de ellos, Livio y Zonaras, se hubiera basado en tradiciones distintas sobre el discurso de Catón, lo que también explicaría cumplidamente las diferencias de contenido, forma y tono que se advierten en uno y otro autores, autores distanciados cronológicamente más de once siglos por otra parte.

Ni siquiera, por último, se podría descartar que Zonaras, tomando como fuente ya al propio Catón, ya a Livio o ya a otras fuentes, hubiera recreado a su gusto el discurso de Catón, distanciándose de su modelo y añadiendo sus particulares visión y prejuicios de hombre medieval, pues en el relato de Zonaras resulta muy llamativo, por contraste con el relato de Livio, por un lado, el tono mordaz e insolente con el que se desenvuelve el tribuno Lucio Valerio ridiculizando a Catón, el cual es a su vez mostrado como encarnando a la virtud escarnecida; y, por otro lado, el cómo las mujeres exhiben con

und der Literatur. Abhandlungen der Geistes- und Sozialwissenschaftlichen Klasse, 4, 1971, 3-29. Cfr. E. Pais, *L'orazione*, cit., 124.

578 Zonar. 9, 17.

579 Véase n. 532.

580 Tesis por la que parece decantarse A. Bottiglieri, *La legislazione*, cit., 125.

teatralidad un comportamiento frívolo y poco digno de quien reivindica algo en justicia no resulta históricamente verosímil.

Las razones de Livio de recrear el discurso catoniano completo en *oratio recta* habrían sido de índole narrativa y literaria: parece, de hecho, el momento más oportuno para suministrar una semblanza de un personaje fundamental en la historia romana como Catón, del que el historiador no se había ocupado todavía a fondo, y el modo más eficaz, y crítico también, de ofrecer un retrato del personaje era el de presentarlo en acción, esto es, pronunciando un discurso, y a propósito de una cuestión cuya posición al respecto ejemplificaba a la perfección el pensamiento de Catón.

La hipótesis aquí defendida de que Livio hubiera reinventado el discurso de Catón no excluye en absoluto la posibilidad de que al redactarlo evocara el estilo de aquél a fin de imprimirle mayor verosimilitud y recreara la información de que disponía sobre el discurso. Krüger muestra ejemplos de cómo Livio en un alarde de maestría imitó las características del estilo de Catón: su tendencia a una fuerte exageración, la contundencia y claridad del discurso, el tono burlón e irónico y sus agudos giros y juegos de palabras.[581] Briscoe admite de hecho la existencia de arcaísmos deliberados en el discurso, aun sosteniendo, sin embargo, que el estilo de la *oratio* es básicamente titoliviano y que son rebatibles los supuestos catonismos aducidos por algún otro autor.[582] Como concluye Briscoe: "The speech of Cato in L. reads like a speech of L. and not at all like a speech of Cato. What L. may have done, however, is subtly to introduce a few phrases or idioms which are reminiscent of the historical Cato".[583]

Antes de comenzar con los términos del discurso estimo oportuna la siguiente reflexión sobre el orden en que figuran las *orationes* de Catón y de Lucio Valerio. Ciertamente, podría parecer que en buena lógica el discurso de Catón debiera seguir al de Lucio Valerio y no al revés, pues debería corresponder primero a quien presenta la

---

581 M. Krüger, "Die Abschaffung der lex Oppia (Liv. 34, 1-8, 3). Ein Beitrag zur Liviusforschung", en *Neue Jahrbücher für Antike und deutsche Bildung*, 5-6, 1940, 76-77.

582 J. Briscoe, *A Commentary*, cit., 39-41.

583 Cfr. H. Tränkle, *Cato*, cit., 16.

proposición de ley exponer y justificar la necesidad, utilidad o conveniencia de la nueva ley y, una vez oídos los términos de esta exposición y justificación, escuchar en su caso la réplica; sin embargo, el cuadro trazado por Livio revela que no existía un protocolo rígido respecto a las intervenciones a favor o en contra de las propuestas legislativas y que aquéllas, del mismo modo que las *contiones* en cuyo seno tenían lugar, eran informales y se producían de manera espontánea, improvisada y alternativamente en cuanto a su sentido favorable o contrario. Con todo, puede afirmarse que el orden de los discursos resulta lógico, dada la excepcional naturaleza de la propuesta de ley dirigida expresamente a la derogación de otra ley precedente, la Opia, de modo que realmente al anteponer el discurso de Catón se mantiene una secuencia lógica: primero la justificación de la necesidad o utilidad de una ley, en este caso una ley vigente como la Opia, y después la réplica desfavorable a ella, réplica que constituye al mismo tiempo la justificación y defensa de la ley Valeria Fundania. Los conceptos retóricos de *suasio* y *dissuasio* serían aquí indistintos. Por otra parte, como indica Livio, al discurso de Catón precedieron otros de ciudadanos particulares. Esta observación encaja con la información de Dión Casio, sobre lo que podría considerarse como una cierta norma protocolaria, de que en las *contiones* los particulares en su caso se pronunciaban antes que los magistrados, de tal modo que el ciudadano que lo desease pudiera expresarse con plena libertad, sin estar condicionado por el criterio de los más fuertes por así decirlo en poder político y en fuerza retórica, y no dejara de hacerlo por sentirse eclipsado tras escuchar a éstos.[584]

---

[584] D. C. 39, 35, 1-2: ἐν γάρ τοι ταῖς συνόδοις καὶ ταῖς τοῦ δήμου, ἐν αἷς γε καὶ ἐβουλεύοντο, πάσαις πρὸς τοῖς ἰδιώταις πρὸ τῶν τὰς ἀρχὰς ἐχόντων ὁ λόγος ἐδίδοτο, τοῦ μηδένα αὐτῶν, ὡς ἔοικε, τῇ τοῦ κρείττονος γνώμῃ προκαταλαμβανόμενον ὑποστέλλεσθαί τι ὧν φρονοίη, ἀλλ' ἐπὶ πάσης παρρησίας τὰ δο κοῦντα αὐτῷ λέγειν (Efectivamente, en todas las asambleas, incluidas también aquellas del pueblo en las que daban su opinión, los particulares recibieron la palabra antes que los magistrados. Se buscaba, parece ser, que ninguno de ellos se abstuviese de decir, cohibido por la opinión del más fuerte, parte de lo que pensaba, sino que expresase su opinión con plena libertad).

3. *ORATIO DE LEGE OPPIA SERVANDA*

> *2. 'Si in sua quisque nostrum matre familiae, Quirites, ius et maiestatem viri retinere instituisset, minus cum universis feminis negotii haberemus: nunc domi victa libertas nostra impotentia muliebri hic quoque in foro obteritur et calcatur, et quia singulas sustinere non potuimus universas horremus. equidem fabulam et fictam rem ducebam esse virorum omne genus in aliqua insula coniuratione muliebri ab stirpe sublatum esse; ab nullo genere non summum periculum est si coetus et concilia et secretas consultationes esse sinas. atque ego vix statuere apud animum meum possum utrum peior ipsa res an peiore exemplo agatur; quorum alterum ad nos consules reliquosque magistratus, alterum ad vos, Quirites, magis pertinet.*
>
> Si cada uno de nosotros, Quirites, hubiese aprendido a mantener sus derechos y su dignidad de marido frente a la propia esposa, tendríamos menos problemas con las mujeres en su conjunto; ahora, nuestra libertad, vencida en casa por la insubordinación de la mujer, es machacada y pisoteada incluso aquí en el foro, y como no fuimos capaces de controlarlas individualmente, nos aterrorizan todas a la vez. Yo, a la verdad, pensaba que era una fábula, una historia de ficción lo de que todo el sexo masculino había sido suprimido de raíz en cierta isla por una conspiración de las mujeres. Cualquier clase de gente representa un gravísimo peligro si se consiente que haya reuniones, conciliábulos y encuentros clandestinos. Y yo en mi fuero interno no llego a establecer si es peor el hecho por sí mismo o por el precedente que sienta; en el primer sentido nos concierne a nosotros los cónsules y magistrados, y en el segundo a vosotros, Quirites.

Este discurso "catoniano", de adscripción al *genus deliberativum*, habría sido pronunciado ante sus conciudadanos reunidos *in contione* y refleja sólo a grandes rasgos la estructura y los elementos exigidos por la retórica en tiempos de Livio, a la sazón formulados en las obras teóricas sobre oratoria, especialmente de Cicerón, habida cuenta de que correspondería a un momento histórico en que la oratoria más que cualquier otra cosa era fruto del talento natural del individuo y de un arte más desarrollado intuitivamente que aprendido teóricamente. En un ambiente de singular agitación social Catón pronuncia en estilo medio esta *dissuasio* cuyo concreto propósito es convencer a los ciudadanos de oponerse a la derogación de la ley Opia ante la inminencia de una *rogatio* ante los comicios dirigida a tal fin.

Comienza Catón su discurso elevando a *quaestio infinita* lo que en realidad constituye el tema y el objetivo concreto e inmediato de su discurso: impedir la derogación de la ley Opia, pretendiendo ganar así estratégicamente en profundidad y en poder de convicción. Para ello hace la siguiente reflexión: los fundamentos patriarcales de la sociedad y del Estado romanos son baluarte y garantía de la *libertas* de los ciudadanos; tales fundamentos están en peligro por la insubordinación femenina, la cual no pudo sino haber comenzado en el ámbito privado y es la consecuencia de la lenidad de los esposos en el trato con sus mujeres en los últimos tiempos, es decir, de la decadencia de las costumbres en última instancia, y ahora palmariamente se ha transfundido al ámbito público y, lo que es peor aún, podría ser emulada por otros grupos o colectivos sociales con propósitos sediciosos, lo que constituiría un gravísimo peligro para la *res publica* si no se le embrida y se accede a sus deseos.

El temor de Catón residiría así en lo siguiente: tras la derogación de la *lex Oppia* y el consiguiente triunfo de la insumisión femenina las cosas no volverían a ser como antaño, es decir, las potestades familiares en manos de los varones conforme a los *mores maiorum* dejarían de ser una institución incontestable, es más, se cernerían sobre la república otros males promovidos por otros grupos sociales por un efecto emulativo y por la comprobación de la debilidad de la república para neutralizar "movimientos anti-sistema". Frente a esta opinión, el tribuno de la plebe Lucio Valerio, uno de los máximos promotores de la abolición de la *lex Oppia*, sostendrá en su discurso de réplica que la derogación de dicha ley no iba a afectar en absoluto al estado de cosas de tradicional sumisión de las mujeres, pues la pretensión de éstas iba va más allá de conseguir la plena recuperación de sus *insignia*, de su *mundus muliebris*, de modo que no habría nada que temer con la derogación de la *lex Oppia*.

El Catón titoliviano comenzará de este modo a ofrecernos: uno de los mejores cuadros que nos han sido transmitidos por los autores romanos acerca de la mujer y del prejuicio antifemenino en el mundo romano; una rápida ojeada acerca de su condición jurídica,[585] al menos la de la mujer nacida libre y ciudadana, en la época en que Roma se afirma como dominadora del mundo mediterráneo,[586] y de

---

[585] Es muy abundante la literatura centrada en la condición jurídica de la mujer romana a lo largo de la historia de Roma y tanto de obras de conjunto como sobre aspectos específicos. En las últimas décadas se ha reivindicado la participación activa de las mujeres en el tráfico jurídico a partir de las informaciones suministradas por epígrafes y papiros. Dos de estas obras pioneras son: L. Peppe, *Posizione giuridica e ruolo sociale della donna romana in età repubblicana*, Milano, 1984; y J. F. Gardner, *Woman in Roman Law & Society*, Kent, 1986. Circunscrita a la Roma imperial y a la cuestión del estado civil de la mujer debe consultarse también el más reciente trabajo de J. E. Grubbs, *Women and the Law in the Roman Empire. A sourcebook on marriage, divorce and widowhood*, London-New York, 2002. Al constituir un catálogo de materiales jurídicos extraídos de fuentes jurídicas técnicas y atécnicas esta obra muestra palpablemente la importancia del derecho romano como fuente de información acerca de la mujer en el mundo romano. El interés por el tema de la mujer romana desde una perspectiva jurídica lejos de decaer continúa muy vivo. De hecho, el flujo de publicaciones es continúo. La más reciente monografía sobre el tema es: G. Buigues Oliver, *La posición jurídica de la mujer en Roma. Presupuestos para un estudio de la capacidad negocial de la mujer*, Madrid, 2014. Sobre el tema de la mujer romana véase la minuciosa bibliografía contenida en N. Criniti, "Le donne a Roma. Bibliografia ragionata recente [Imbecillus sexus, 5]", en *Ager Veleias*, 8.09 (2013), www.veleia.it. 2013. Para una panóramica de los Estudios de género en esta materia véase E. Herrmann-Otto, "Frauen im Römischen Recht. Mit einem Ausblick auf Gender Studies in der Alten Geschichte und der Antiken Rechtsgeschichte", en B. Feichtinger y G. Wöhrle, *Gender Studies in der Altertumswissenschaften: Möglichkeiten und Grenzen*, Trier, 2002, 25-40.

[586] Como dice F. Goria, *Il dibattito*, cit., 265.

su posición subordinada, al menos en el plano teórico y *de iure*;[587] el descubrimiento de una especificidad del rol femenino en la organización social y los intentos de definir su esencia y significado;[588] y de una de las escasísimas manifestaciones de actividad política de las mujeres como grupo social y las reflexiones e inquietudes que tal tipo de actividad podía suscitar en su contexto histórico.[589]

El pasaje reproducido es el *exordium* del discurso. Se trata de un exordio directo y en él dirige Catón en modo de *licentia* o *parresía* un "rapapolvo", por así decirlo, a sus conciudadanos, licencia que puede permitirse por gozar de un prestigio personal (*auctoritas*) muy elevado y que revela que Catón no daba en absoluto por pérdida la batalla de la opinión pública. En él fija Catón la *stásis* al responder a las dos cuestiones fundamentales exigidas por el género deliberativo: "qué ha sucedido": una '*coniuratio' muliebris*; y "qué sucederá": si se cede ante ella y se tolera el hecho por parte de los magistrados constituirá un precedente de sediciones más peligrosas, podrá ser el germen de un futuro quebranto de la propia *res publica*. Catón ya plantea aquí el siguiente entimema: una reunión de cualquier tipo de gente representa un peligro para la *res publica*; una reunión de mujeres es una reunión de cualquier clase de gente; por tanto, una reunión de mujeres representa un peligro para la *res publica*. Para respaldar el argumento y mejor conciliarse la disposición del auditorio (*movere*) se ha valido antes de un *exemplum* muy disuasorio por impactante y por ajustarse muy

---

587 *De facto* tal posición subordinada de la mujer presenta, sin embargo, matices e incluso reservas, como revelan, por ejemplo, las comedias plautinas, auténtico barómetro de la sociedad romana de su tiempo, las cuales muestran con toda claridad, como señala PH. LEITNER, "Die plautinischen Komödien als Quellen des römischen Rechts", en E. CANTARELLA y L. GAGLIARDI (eds.), *Diritto e Teatro*, cit., 84, una tendencia a la emancipación fáctica de la mujer respecto de los titulares de las potestades familiares sobre ella. Finalmente, como dice C. HERRMANN, *Le rôle*, cit., 122, "la femme romaine a obtenu sa liberté de fait".

588 Como afirma P. DESIDERI, *Catone e le donne*, cit., 64.

589 Sobre la imagen de la mujer romana en Tito Livio véase ampliamente B. KOWALEWSKI, *Frauengestalten im Geschichtswerk des T. Livius*, Leipzig, 2002. En particular sobre la *lex Oppia*: 341-356. También sobre esta cuestión a propósito del relato de Livio y los discursos a favor y en contra de la *lex Oppia* véase F. GORIA, *Il dibattito*, cit.

bien al caso: la leyenda (*fabula*) de las mujeres de Lemnos que, conspiradas, dieron muerte a sus maridos, mostrando que por muy legendario que fuera tal hecho no deja de resultar de verosímil realización.

> *Nam utrum e re publica sit necne id quod ad vos fertur, vestra existimatio est qui in suffragium ituri estis. haec consternatio muliebris, sive sua sponte sive auctoribus vobis, M. Fundani et L. Valeri, facta est, haud dubie ad culpam magistratuum pertinens, nescio vobis, tribuni, an consulibus magis sit deformis: vobis, si feminas ad concitandas tribunicias seditiones iam adduxistis; nobis, si ut plebis quondam sic nunc mulierum secessione leges accipiendae sunt. equidem non sine rubore quodam paulo ante per medium agmen mulierum in forum perveni. quod nisi me verecundia singularum magis maiestatis et pudoris quam universarum tenuisset, ne compellatae a consule viderentur, dixissem: "qui hic mos est in publicum procurrendi et obsidendi vias et viros alienos appellandi? istud ipsum suos quaeque domi rogare non potuistis? an blandiores in publico quam in privato et alienis quam vestris estis? quamquam ne domi quidem vos, si sui iuris finibus matronas contineret pudor, quae leges hic rogarentur abrogarenturve curare decuit".*
>
> Es a vosotros, en efecto, a los que vais a emitir vuestro voto, a quienes corresponde valorar si la propuesta que se presenta es o no conforme a los intereses del Estado. Este tumulto mujeril, tanto si se ha producido de forma espontánea como si lo ha sido por instigación vuestra, Marco Fundanio y Lucio Valerio, y que sin duda tiene que ver con la responsabilidad de los magistrados, no sé si va más en desdoro vuestro, tribunos, o de los cónsules; vuestro si habéis llegado ya al extremo de llevar a las mujeres a avivar los disturbios tribunicios; nuestro, si ahora tenemos que aceptar leyes de una secesión de mujeres igual que en otro tiempo de una secesión de la plebe. La verdad, he sentido cierto rubor cuando hace poco he llegado hasta el foro por entre un ejército de mujeres. Y si, por respeto a la dignidad de

> cada una en particular más que de todas en conjunto, no me hubiese contenido por reparo a que se dijese que el cónsul les había llamado la atención, les habría dicho: "¿Qué manera de comportaros es ésta de salir en público a la carrera, invadir las calles e interpelar a los maridos de otras? ¿No pudistéis hacer este mismo ruego en casa cada una al suyo? ¿O es que sois más convincentes en público que en privado, y con los extraños más que con los vuestros? Y eso que, si el recato contuviera a las matronas dentro del ámbito de sus propios derechos, ni siquiera en casa debíais ocuparos de qué leyes se aprueban o se derogan aquí".

Esta parte del discurso, *narratio*, contiene la *causa finita*, esto es, si la propuesta de derogación de la ley Opia es o no conforme a los intereses de la *res publica* y en consecuencia los ciudadanos deben con sus votos aceptarla u oponerse a ella. Aquí Catón aumenta la información sobre el tumulto mujeril (*consternatio muliebris*) y hábilmente siembra la duda sobre los tribunos de la plebe promotores de la propuesta legislativa, *Marcus Fundanius* y *Lucius Valerius*, de haberlo instigado, pues en tal caso perdería mucha fuerza persuasiva el hecho del espectacular amotinamiento de las mujeres. Mediante apóstrofe y preguntas retóricas Catón transmite la idea de que el propio *modus operandi* de las mujeres las deslegitima completamente y es revelador por sí mismo de la iniquidad de sus pretensiones y de la pérdida del pudor, el cual debe ser definitorio de las matronas. Efectivamente, Catón muestra cómo el hecho de amotinarse las mujeres para influir en el resultado de unos comicios representa un inaudito abandono del ámbito privado, que es el único en el que pueden lícitamente desenvolverse, y una intolerable intromisión en el ámbito público, reservado inveteradamente en exclusiva a los varones, idea arquetípica que es de suponer no sería difícil de compartir por cualquier romano medio. A este respecto la expresión *agmen mulierum*, "ejército de mujeres", entre la metáfora y el oxímoron, tiene el efecto de llevar a la caricatura esa intromisión femenina en los roles masculinos de actuación. Es por todo ello que el pudor, el decoro y la dignidad de los ciudadanos ha quedado en tela de juicio, de manera que el discurso atañe a cuestiones de índole moral y consecuentemente más graves y profundas que las de la conveniencia, utilidad o ventaja para el porvenir de la propuesta legislativa, las cuales son habitualmente el objeto a demostrar o refutar en los discursos deliberativos.

De un *exemplum*, esta vez no legendario sino histórico, se sirve ahora hábilmente Catón para suscitar la desazón y alarma entre sus conciudadanos y justificar la no adopción de la propuesta legislativa en ciernes: el recuerdo de las *secessiones plebis*, con las que compara la actuación de las mujeres. El paralelismo guarda sentido en la medida que los plebeyos de antaño carecían de derechos políticos del mismo modo que las mujeres del presente y si aquellos finalmente obtuvieron la *aequiperatio* no es inverosímil que pudieran alcanzarla igualmente las mujeres, lo que para Catón representaría una aberración inconcebible. De este modo, a partir del tópico de la analogía histórica la audacia de las mujeres es retóricamente amplificada al convertirla en peligro y amenaza para la *res publica*.

La derogación de la *lex Oppia* representaría, en suma, para Catón nada menos que la apertura de una fisura irreparable en los propios fundamentos del Estado romano, un portillo abierto a futuras conspiraciones y rebeliones; sin embargo, lo único que abrió fue las compuertas a un uso irrestricto de la púrpura en Roma.[590] Es, por consiguiente, una medida contraria a los intereses de la *res publica*. Concluiría aquí la exposición de hechos o *narratio*.

> *Maiores nostri nullam, ne privatam quidem rem agere feminas sine tutore*[591] *auctore voluerunt, in manu esse pa-*

[590] M. Reinhold, *History of Purple*, cit., 41.

[591] Como ha advertido F. Goria, *Il dibattito*, cit., 268, n. 8, existe la variante en los manuscritos de Livio que omite el término *tutore* y sería justamente preferible la lectura de sólo *auctore* a la de *tutore auctore*, puesto que *auctore* sin más responde mejor al sentido del pasaje, que se refiere a la permanente sujeción de la mujer en el plano jurídico, sea al padre, al esposo o al hermano o a quien sea el tutor de aquélla y, por tanto, cualquiera que sea el *status familiae* de la mujer, *sui iuris* o *alieni iuris*. Con *tutore auctore* sólo se haría referencia técnicamente a la mujer *sui iuris* o no sometida a potestad familiar alguna, hallándose sólo bajo la tutela de un familiar o de un tercero, lo que entraría en contradicción con las alusiones al padre o al esposo que aparecen a continuación, que no son tutores sino que ostentan una potestad familiar, *patria potestas*

rentium, fratrum, virorum: nos, si diis placet, iam etiam rem publicam capessere eas patimur et foro prope et contionibus et comitiis immisceri. quid enim nunc aliud per vias et compita faciunt quam rogationem tribunorum plebi suadent, quam legem abrogandam censent? date frenos impotenti naturae et indomito animali et sperate ipsas modum licentiae facturas: nisi vos facietis, minimum hoc eorum est quae iniquo animo feminae sibi aut moribus aut legibus iniuncta patiuntur. omnium rerum libertatem, immo licentiam, si vere dicere volumus, desiderant. quid enim, si hoc expugnaverint, non temptabunt?

Nuestros mayores quisieron que las mujeres no intervinieran en ningún asunto, ni siquiera de carácter privado, más que a través de un representante legal; que estuvieran sometidas al control de sus padres, hermanos o maridos. Nosotros, si así place a los dioses, incluso les estamos permitiendo ya intervenir en los asuntos públicos y poco menos que inmiscuirse en el foro, en las reuniones y en los comicios. Porque, ¿qué otra cosa hacen por calles y cruces sino influir en la plebe a favor de la propuesta de los tribunos y manifestar su criterio de que la ley debe ser derogada? Soltad las riendas a una naturaleza indisciplinada, a un animal indómito, y esperad, que ellas mismas pondrán coto a su desenfreno. Si vosotros no lo ponéis, ésta es una pequeñísima muestra de lo que, impuesto por la costumbre o por las leyes, soportan las mujeres a regañadientes. Lo que añoran es la libertad total, o más bien, si queremos decir las cosas como son, el libertinaje. Realmente, si en esto se salen con la suya, ¿qué no intentarán?

---

o *manus mariti*. Por ello, es muy razonable suponer con Goria que el término *tutore* hubiera sido un añadido de un glosador al texto de Livio, debido quizá a la frecuente asociación de *tutor* y *auctor* (*auctoritas tutoris*) y preferible a la hipótesis de que el término *tutore* hubiese caído en alguna tradición manuscrita y se hubiese conservado en otras.

Nos hallamos ahora ante la *probatio* mediante la cual Catón trata de demostrar la bondad de la ley Opia y el craso error que representaría su derogación. A la hora de convencer a un romano ¿Qué mejor que invocar la *auctoritas maiorum*, el prestigio moral de los antepasados? Así lo hace Catón en primer lugar y fundamentará su posición en argumentos principalmente de autoridad. Efectivamente, para sostener su posición Catón aporta pruebas inartísticas de índole supuestamente natural, consuetudinaria y legal: comienza invocando la autoridad de los *mores maiorum* en lo que concierne al rol social y familiar de la mujer; y se sirve, a continuación, del tópico misógino de la naturaleza indisciplinada (*impotens natura*) del ser femenino que constituiría supuestamente el fundamento de lo anterior. El sometimiento a las mujeres, indisciplinadas e incapaces de refrenar sus deseos y pasiones, resulta así algo inconcebible y sólo el predominio de los hombres es capaz de asegurar la pervivencia de la familia, la convivencia social y el funcionamiento del aparato estatal de conformidad con los *mores maiorum*. Catón aporta así como argumento la naturaleza indómita femenina y se sirve de la metáfora del *animal indomitum* con su permanente aspiración a la plena libertad. Por *animal* debe entenderse aquí ser animado en sentido genérico, no animal irracional.

Apoya Catón su argumento alegando el conjunto de leyes referidas exclusivamente a las mujeres que hallarían su fundamento en la supuesta naturaleza indómita femenina. Al tratarse de una creencia compartida, pues ciertamente tiene su reflejo y su respuesta en las costumbres y en las instituciones jurídicas, sería un error ver en todo ello una simple manifestación de misoginia específicamente catoniana; reflejaría probablemente, como se ha dicho,[592] "aquello que un buen número de sus conciudadanos pensaba".

En efecto, el precedente prejuicio antifemenino aflora de vez en cuando en la literatura latina y estuvo muy arraigado en la mentalidad romana. De hecho, Valerio Máximo habla de una supuesta ligereza mental y de una total ineptitud de las mujeres para afrontar

---

592 E. Cantarella, *L'emancipazione femminile*, cit., 52.

cualquier tarea más o menos dificultosa[593] y la idea de la naturaleza indómita se halla también en autores muy alejados cronológicamente de Catón y de los tiempos de la ley Opia, como es el caso de Tácito, quien narra cómo a la propuesta de Severo Cécina[594] en el Senado ante Tiberio de que los promagistrados no fueran acompañados a las provincias por sus esposas, se le oponía como argumento la natural debilidad del sexo femenino, pues cuando éste deja de estar bajo control se expone a su propio desvío y a las pasiones ajenas.[595] El episodio narrado por Tácito guarda similitudes con el titoliviano de la *lex Oppia*. El senador Aulo Cécina Severo habría mantenido en aquél una postura por así decir "catoniana", que habría sido contestada exitosamente por Valerio Mesalino de una manera comparable a la del tribuno Lucio Valerio, promotor de la derogación de la ley Opia. Severo Cécina Severo invoca en plural retórico las "leyes Opias" y otras com *exempla* para alegar que desde que no se aplican dichas leyes las mujeres "gobiernan las casas, los foros y los ejércitos".[596] Parecería así estar confirmando el vaticinio de Catón

---

593 V. Max. 9, 1, 3: *sed quid ego de feminis ulterius loquar, quas et inbecillitas mentis et graviorum operum negata adfectatio omne studium ad curiosiorem sui cultum hortatur conferre, cum temporum superiorum et nominis et animi excellentis viros in hoc priscae continentiae ignotum deverticulum prolapsos videam?* (¿Pero qué más puedo yo añadir acerca de las mujeres, cuya ligereza mental e ineptitud total para hacer frente a cualquier tarea más o menos dificultosa las lleva a poner todo su afán en un culto desmedido hacia sí mismas, cuando observo que incluso hombres el pasado, célebres por su nobleza y su espíritu, cayeron también en esta desviación tan ajena a la primitiva austeridad?).

594 Véase sobre este discurso de Cécina Severo C. Venturini, "«Uxor socia». Appunti in margine a D. 1, 16, 4, 2", en *Iura*, 32, 1981, 109-111.

595 Tac. *Ann.* 3, 34, 5: *simul sexum natura invalidum deseri et exponi suo luxu, cupidinibus alienis* (al propio tiempo se abandonaba a un sexo débil por naturaleza y se le dejaba expuesto a su propia desvío y a las pasiones ajenas).

596 Tac. *Ann.* 3, 33, 4: *pervicacibus magis et impotentibus mulierum iussis quae Oppiis quondam aliisque legius constrictae nunc vinclis exolutis domos, fora, iam et exercitus regerent* (siendo más porfiadas e inmoderadas las órdenes de las mujeres, quienes antaño aherrojadas por las leyes

sobre las fatales consecuencias de la derogación de la ley Opia. Aunque tal cosa resulta manifiestamente exagerada sí puede deducirse indirectamente de las palabras de Tácito que las mujeres de la élite habían alcanzado una mayor influencia en el siglo I d.C. en ámbitos antaño reservados exclusivamente a los varones, como la política o el ejército. Por último, huelga insistir en el auténtico recital sobre prejuicios antifemeninos y vicios y defectos atribuidos a las mujeres, especialmente a las mujeres ricas, que es la sátira sexta de Juvenal.

Como testimonios relictos de los propios tiempos de Catón corroboran el arraigo de aquel prejuicio misógino y antifemenino unos pasajes plautinos, que contienen alusiones implícitas a a ley Opia y que por su sentido sólo pueden referirse a un momento posterior a la derogación de aquélla por la *lex Valeria Fundania* de 195, año éste que, por otra parte, serviría por esa razón de término *post quem* para la datación de las comedias en que se hallan tales referencias.[597] En efecto, en un pasaje de la *Aulularia* se mencionan significativamente los tres objetos de exhibición prohibida por la ley Opia: *purpuram*, *aurum* y *vehicla*,[598] que en el relato de Livio eran respectivamente *vestimentum versicoloris*, *semuncia auri* y *vehiculum*, los cuales, entre otros objetos, son exigidos en la ficción cómica al esposo por la esposa que aporta una sustanciosa dote. La referencia a dichos

---

Opias y otras similares, rotas ya sus cadenas, gobiernan las casas, los foros e incluso ya los ejércitos).

[597] Sobre estos pasajes plautinos y la crítica misógina al ornato femenino que contienen véase F. García Jurado, "Las críticas misóginas a las matronas por medio de las meretrices en la comedia plautina", en *CFC(L)*, 4, 1993, 39-48; e Íd., *La moda*, cit., 72-76.

[598] Pl. *Aul.* 498-502: MEG. *Nulla igitur dicat 'equidem dotem ad te adtuli maiorem multo quam tibi erat pecunia; enim mihi quidem aequomst purpuram atque aurum dari, ancillas, mulos, muliones, pedisequos, salutigerulos pueros, vehicla qui vehar'* (MEG.: Así ninguna podría decir: «Yo te he traído una dote mucho mayor que tu fortuna. Por eso, justo es que me proporciones púrpura, oro, criadas, mulos, muleros, lacayos, recaderos, carruajes para pasear»). Quizá los siguientes versos del *Barbatus* de Titinio contuvieran una alusión implícita a la ley Opia semejante a la plautina: Titin. *com.* 2-3: *prius qua mauro privatae purpuramque aptae simus. ego ab lana soloci ad purpuram data.*

objetos haría que el auditorio evocase inmediatamente la ley Opia, que precisamente prohibió su ostentación a las matronas, representadas aquí por la *mulier dotata.* En las exigencias por parte de ésta al marido de bienes de lujo habría una crítica a la derogación de la *lex Oppia* y a sus perversos efectos de detrimento de las economías domésticas y de escalada del lujo.

Justamente de esta última trataría un pasaje del *Epidicus*, que refleja en clave muy humorística, por las hipérboles y enumeraciones de nombres ridículos de prendas y colores que contiene, la sofisticación que estaba alcanzando el lujo indumentario tras la derogación de la ley Opia, lo que constituye, por otro lado, una preciosa información sobre vestimenta y moda romana de principios del siglo II a.C.[599]

---

[599] Pl. *Epid.* 222-235: EP. *Sed vestita, aurata, ornata ut lepide, ut concinne, ut nove.* PER. *Quid erat induta? an regillam induculam an mendiculam?* EP. *Inpluviatam, ut istaec faciunt vestimentis nomina.* PER. *Utin inpluvium induta fuerit?* EP. *Quid istuc tam mirabile est? quasi non fundis exornatae multae incedant per vias. at tributus quom imperatus est, negant pendi potis: illis quibus tributus maior penditur, pendi potest. quid istae, quae vesti quotannis nomina inveniunt nova? tunicam rallam, tunicam spissam, linteolum caesicium, indusiatam, patagiatam, caltulam aut crocotulam, subparum aut subnimium, ricam, basilicum aut exoticum, cumatile aut plumatile, carinum aut cerinum — gerrae maxumae. cani quoque etiam ademptumst nomen.* PER. *Qui?* EP. *Vocant Laconicum. haec vocabula auctiones subigunt ut faciant viros* (EP.: ¡Pero qué vestidos, qué joyas, qué galas llevaba! ¡Con qué gusto! ¡Con qué distinción! ¡A la última moda! PER.: ¿Y cómo iba vestida? ¿Llevaba una túnica reinilla o mendiguilla? EP.: Una impluviada, como dicen ellas, que no saben más que inventar nombres de esos. PER.: ¿Qué llevaba puesto un impluvio? EP.: ¿Qué tiene de extraño? Como si muchas no pasearan por las calles ataviadas con fincas enteras… Pero cuando reciben la orden de pagar un impuesto, dicen que no pueden pagarlo. Pero a ellas, a las que se les paga un impuesto mayor, sí que hay que poder pagarles. ¿Y qué decir de los nombres nuevos que inventan todos los años para sus vestidos? La túnica transparente, la túnica tupida, el liencecito de flecos, la ablusada, la orlada, la calendulina o la azafranina, las enaguas o las entierras, el velo, la realina o la extranjerina, la plisada o la bordada, la nogalina y la bobadina, en suma bobadas y nada más que bobadas. Hasta a un perro le han cogido el nombre. PER.: ¿Cómo?

Por último, un pasaje del *Poenulus*[600] pone en boca de una mujer, una cortesana llamada Adelfasia, una suerte de autocrítica de género, que revela el mismo prejuicio de los varones pero significativamente de una manera todavía más descarnada. El alegato se podría sintetizar en la siguiente frase de Adelfasia: *Postremo modus muliebris nullust*: "En suma, las mujeres no tienen sentido de la medida", en boca de la cual de remate pone Plauto después el ideal de la moderación, válido para todas las cosas y contextos vitales: *modus omnibus rebus optimus est habitu.*[601]

Volviendo a Catón, su línea argumental sería la siguiente: puesto que la naturaleza de la mujer es irremediablemente indisciplinada y tiende inexorablemente hacia el libertinaje (*licentia*) los antepasados hubieron de contenerla a través de la costumbre e incluso el derecho legislado; no seguir embridándola socavaría los propios fundamentos del orden social.

Como prueba intrínseca o artística habría aportado Catón un silogismo de probabilidad o entimema: todo animal indómito anhela la libertad total; la mujer es un animal indómito; la mujer anhela la libertad total; consiguientemente, una concesión a las mujeres sólo sería el inicio de una cadena de exigencias sin cuento. El pasaje citado de la Aulularia parece curiosamente escrito a propósito de esta advertencia de Catón. La conclusión es clara: no hay que dejarse vencer por las presiones de las mujeres ni colmar sus pretensiones a fin de evitar toda una escalada de males mayores para la sociedad y la *res publica*.

EP.: ¿No hay un vestido llamado "lacónico"? Y por esos nombres se ven obligados los maridos a subastar sus bienes). He reproducido la traducción de este pasaje del *Epidicus* de J. Román Bravo: *Plauto ~ Terencio. Comedia latina. Obras completas de Plauto y Terencio*, Madrid, 2012, 480. Sobre la creatividad léxica y los recursos para crear una impresión de desmesura y extravagancia y un efecto cómico presentes en este pasaje y en otros relacionados con la *lex Oppia* véase F. García Jurado, "Recursos léxicos en los textos relativos a la *lex Oppia*", en AA. VV., *Actas del VIII Congreso Español de Estudios Clásicos* (Madrid, 23-28 de septiembre de 1991), 1, Madrid, 1994, 527-531.

600 Pl. *Poen*. 210-232.

601 Ibid. 238.

Respecto al derecho consuetudinario, invoca Catón la tradicional sujeción de toda mujer al varón, implementada de un modo u otro según que aquélla careciera de capacidad jurídica (*alieni iuris*) o gozara de ella (*sui iuris*): la primera siempre estaría sometida a alguna potestad doméstica, ya fuere la patria potestad, como los varones *alieni iuris*, ya la *manus* o potestad marital; y la segunda estaría indefinidamente bajo tutela y precisaría de la *auctoritatis interpositio* de un tutor para *rem privatam agere*, para actuar válidamente en el tráfico jurídico. Con este recordatorio de la condición jurídica femenina, excluida de la esfera de lo público y fuertemente limitada en la de lo privado, al menos en el plano teórico, amplifica Catón el desafuero que representaba la intervención, ya no privada sino nada menos que pública, de las matronas con ocasión de la derogación de la ley Opia.

En todo este pasaje del discurso y también en los que siguen se da en el plano axiológico un primado de la *ratio honesta*: lo honesto debe prevalecer sobre lo útil, y un intento de impulsar a la audiencia hacia la *dignitas*, esto es, hacia lo que es justo y loable por otorgar prestigio presente y futuro, y no hacia la *utilitas*, justamente el valor inverso sobre el que pivotará el discurso de réplica del tribuno Lucio Valerio.[602] A ello responde la invocación de *exempla* y de *mores*

[602] *Honestas* o *dignitas*, por un lado, y *utilitas*, por otro, son los dos posibles valores sobre los que debe velar la actuación del orador en un discurso deliberativo, como explica Cicerón en Cic. *de Orat.* 2, 82, 335: *Controversia autem est inter hominum sententias aut in illo, utrum sit utilius; aut etiam, cum id convenit, certatur, utrum honestati potius an utilitati consulendum sit* (Además, entre los hombres existe una controversia: primero, sobre cuál de las dos cosas es verdaderamente más útil e, incluso cuando se llega a un acuerdo sobre ello, se debate sobre si hay que velar por lo honesto o por lo útil); y en Cic. *Inv.* 2, 51, 156: *Nam placet in iudiciali genere finem esse aequitatem, hoc est partem quandam honestatis. In deliberativo autem Aristoteli placet utilitatem, nobis et honestatem et utilitatem, in demonstratiuo honestatem* (Pues hay acuerdo en que el fin del género judicial es la equidad, es decir, una parte del honor. En cambio, en el género deliberativo juzga Aristóteles que el fin ha de ser la utilidad; para nosotros, sin embargo, tanto el honor como la utilidad, y en el género demostrativo el honor). *Rhet. Her.* 3, 4, 8 contrapone los valores seguridad (*ratio tuta*) y honestidad (*ratio honesta*)

maiorum, la afirmación de la autoridad de las leyes del pasado; y el énfasis sobre el indeleble recuerdo que las decisiones cabales y acertadas dejan en la posteridad y el provecho que genera el prestigio social a la comunidad.

> *3. Recensete omnia muliebria iura quibus licentiam earum adligaverint maiores vestri per quaeque subiecerint viris; quibus omnibus constrictas vix tamen continere potestis. quid? si carpere singula et extorquere et exaequari ad extremum viris patiemini, tolerabiles vobis eas fore creditis? extemplo simul pares esse coeperint, superiores erunt. at hercule ne quid novum in eas rogetur recusant, non ius sed iniuriam deprecantur: immo ut quam accepistis iussistis suffragiis vestris legem, quam usu tot annorum et experiendo comprobastis, hanc ut abrogetis, id est, ut unam tollendo legem ceteras infirmetis. nulla lex satis commoda omnibus est: id modo quaeritur, si maiori parti et in summam prodest. si quod cuique privatim officiet ius, id destruet ac demolietur, quid attinebit universos rogare leges quas mox abrogare in quos latae sunt possint?*
>
> Examinad todas las leyes referentes a la mujer con las que vuestros mayores pusieron freno a su incontinencia y la sometieron al marido; aun constreñidas por todas ellas, a duras penas podéis dominarlas. Qué, si dejáis que desgajen una a una y os arranquen de las manos esas ataduras y se equiparen completamente a sus maridos, ¿creéis que podréis aguantarlas? Desde el momento mismo en que comiencen a ser iguales, serán superiores. Pero, ¡por Hércules!, no es que se resistan a que se apruebe una medida nueva contra ellas, que se opongan

de persecución no necesariamente excluyente: *Quoniam in huiusmodi causis finis est utilitas et ea dividitur in rationem tutam atque honestam si utrumque poterimus ostendere, utrumque pollicebimur nos in dicendo demonstraturos esse* (Puesto que en este tipo de causas el objetivo es la utilidad y ésta se divide en un valor seguridad y un valor dignidad, siempre que sea posible prometeremos que vamos a probar ambas cosas en nuestro discurso).

> a un desafuero y no a una ley; más bien se trata de que deroguéis una ley que fue aprobada y sancionada con vuestros votos, sometida por vosotros a la prueba de la experiencia práctica de tantos años; es decir, se trata de que aboliendo una ley debilitéis todas las demás. Ninguna ley es del todo ventajosa para todos; lo único que se pretende es que sea útil a la mayoría, y en su conjunto. Si cada cual destruye y echa abajo una ley que personalmente le perjudica, ¿de qué servirá que la colectividad apruebe unas leyes que al poco tiempo pueden ser derogadas por aquellos contra quienes van dirigidas?

Concluye la *probatio* con una invocación genérica a las leyes relativas específicamente a las mujeres, particularmente lo sería la legislación restrictiva del lujo como instrumento para conjurar la decadencia del estado de cosas, y con un argumento prospectivo sobre las consecuencias sistémicas de la derogación de la ley, sirviéndose en relación con todo ello de la potencia disuasoria del *páthos*, al tratar de provocar en el auditorio, al que Catón apela directamente, temor e indignación. Temor ante la posibilidad de que las mujeres lleguen a ser superiores desde el mismo momento de empezar a ser iguales, curiosa paradoja sin duda de interesantes connotaciones antropológicas y psicológicas; e indignación ante su propósito de derogar una ley, lo que implicaría *ceteras infirmare*, debilitar todas las demás leyes, y con ello la propia autoridad de los comicios y la seguridad jurídica, nada menos, pues, que ciertos baluartes del sistema.

Catón se refiere en este pasaje al problema jurídico-constitucional que a su juicio suscitaba la derogación expresa de una ley por otra, es decir, de una ley cuya finalidad es exclusivamente derogar otra ley anterior a la que explícitamente se identifica. En aquel momento una *rogatio* de contenido estrictamente derogatorio debió significar algo verdaderamente novedoso, pues de haber sido algo habitual o conocido en la praxis legislativa no habría tenido sentido que Catón, buen conocedor del Derecho, cuestionara su misma "constitucionalidad" por expresarlo en términos modernos. Ahora bien, el debate sobre la conveniencia de los cambios legislativos y la eficacia de las leyes sí era ya algo conocido en el pensamiento griego, sobre todo peripatético. Livio habría situado los términos de ese debate jurídico-político en Roma justamente con ocasión de la ley Opia y lo habría expuesto a través de las posturas antagónicas de Catón y del tribuno Lucio Valerio. Que lo hiciera en relación con ese momento histórico se explica porque seguramente fue la ley Valeria Fundania la primera ley de derogación expresa de otra ley precedente. De hecho, a la vista de las fuentes la *lex Valeria Fundania* es la ley de derogación expresa de otra ley precedente más antigua de la que se tiene constancia o al menos tuvo que haber sido una de las más antiguas.[603] De este modo, la derogación expresa de una ley por otra posterior habría sido a la sazón un acto normativo desconocido en la praxis republicana romana y, por ello, un acto como mínimo constitucionalmente anómalo. Casos distintos son los de revocación por *lex curiata* del *imperium* concedido a un magistrado y el de derogación de una ley anterior por otra posterior por redisciplinar ésta la misma materia.[604] Hasta entonces las leyes y los plebiscitos o bien caían en desuetud o bien se entendían tácitamente derogados por la incompatibilidad de sus dis-

---

[603] A la vista del elenco de *LPPR*, 267 s. Asimismo, en la descripción de las *leges* de M. ELSTER, *Die Gesetze*, cit., 294-296, y de C. WILLIAMSON, *Laws*, cit., 456, la *lex Valeria Fundania de lege Oppia abroganda* aparece como la más antigua *lex de lege... abroganda*. También más recientemente L. MAGANZANI, "La sanctio e i rapporti fra leggi", en J. L. FERRARY (ed.), *Leges publicae*, cit., 77, ha encabezado la lista de leyes derogatorias dirigidas explícitamente a la derogación de otra ley con la *lex Valeria Fundania de lege Oppia abroganda* de 195. De acuerdo con los catálogos de *LPPR*, Elster y Williamson el resto de posibles *leges de lege... deroganda* conocidas son las siguientes: *lex de lege Baebia deroganda* (179?); *lex de lege Sempronia agraria abroganda* (129); *lex de lege Rubria abroganda* (121); *leges Minuciae de legibus Semproniis abrogandis* (121); *lex Duronia de lege Licinia abroganda* (98?); *lex Aurelia de lege Aurelia de iudiciis privatis abroganda* (74); y *lex* (?) *de lege Caecilia de vectigalibus abroganda* (42).

[604] Ejemplos de leyes que derogan otras anteriores por nueva reglamentación de la misma materia ya hallamos, por ejemplo, en 434 con la *lex Aemilia de censura minuenda*, que redujo la duración de la censura a dieciocho meses, o en 286? con la *lex Aquilia de damno*, que dio una nueva reglamentación al *damnum iniuria datum*. Véase L. MAGANZANI, *La sanctio*, cit., 78.

posiciones con las de otras leyes posteriores o explícitamente derogados por nueva reglamentación de la misma materia en otras leyes. Era precisamente uno de los principios definidores de la soberanía o del poder de autonormación popular el de que la ley precedente quedara derogada por la ley subsiguiente en todo lo que fuera incompatible con ésta. Livio recuerda que este principio de origen plebeyo y cariz democrático estaba recogido en la ley de las XII Tablas: "Cualquier decisión más reciente que tomase el pueblo sería de Derecho y válida";[605] y consiguientemente: "cuando dos leyes se oponen la nueva siempre deroga a la antigua".[606]

El argumento jurídico, que aducirá después Lucio Valerio en su discurso, de que existen dos tipos de leyes: las de validez perpetua y las de validez temporal, según que hubieran sido promulgadas en virtud de una causa de utilidad permanente o por una razón coyuntural y pasajera, lo que justificaría la derogación expresa de estas últimas, es un anacronismo titoliviano, pues se trataría de una percepción que habría podido tenerse en clave retrospectiva en tiempos de Livio pero todavía no a principios del siglo II (195), en que no existían leyes nominalmente derogatorias de otras leyes precedentes. En tal momento, conforme al precepto decenviral antes citado, la derogación de las leyes,[607] se habría entendido o como derogación tácita, por incompatibilidad de la ley posterior con la anterior, o expresa, por nueva regulación de una materia ya regulada por otra ley anterior.

Por ello, la propuesta en 195 de una ley con fines exclusiva y explícitamente derogatorios de otro ley precedente, a la sazón la *lex Oppia*, sólo admite dos posibles explicaciones: o bien se trataba de

---

605 L. XII Tab. 12, 5 (= Liv. 7, 17, 12): *In XII tabulis legem esse, ut quodcumque postremum populus iussisset, id ius ratumque esset.*

606 Liv. 9, 34, 7: *Ubi duae contrariae leges sunt, semper antiquae obrogat nova.*

607 En las distintas hipótesis según el alcance de la derogación, que serían descritas con compuestos de *rogatio*: *abrogatio*, *derogatio*, *obrogatio*, *subrogatio*, y *exrogatio*. Véanse Mod. 7 *reg.* D. 50, 16, 102 y Paul. *Fest.* p. 12M, p. 69M, p. 82M y p. 187M. Sobre estas hipótesis y en general el problema de la *abrogatio legis* véase A. Biscardi, "Aperçu historique du problème de l'*abrogatio legis*", en *RIDA*, 18, 1971, 449-470.

proponer una ley que autorizara de nuevo las manifestaciones suntuarias que había prohibido la ley Opia, es decir, una derogación expresa de la ley anterior por incidencia de la ley posterior en la materia regulada por aquélla, cosa que en ningún momento sugiere el relato titoliviano; o bien supuso una novedad en la praxis legislativa, motivada sin duda por una extraordinaria presión social, lógicamente por parte de las élites, naturales destinatarias de las leyes suntuarias y restrictivas del lujo, con la que se inició un tipo de leyes con un contenido y finalidad específicos: el de las *leges de legibus abrogandis*, por medio de las cuales se obtenía la derogación de normas de una manera directa y expeditiva en aquellos casos en que no había necesidad de legislar sobre la misma materia y la propia desaparición de la norma innovaba el ordenamiento jurídico.

Concluye el pasaje con la reflexión de Catón sobre el sentido y la finalidad de las leyes en la constitución política romana: la finalidad de toda ley es su utilidad, ventaja o conveniencia para la mayoría y en su conjunto, lo que implica que generalmente una ley no sea útil o ventajosa del todo para todos: *nulla lex satis commoda omnibus est.* De ese modo, una ley perfecta o ideal sería aquella que fuera útil en todo para todos. La subsistencia de la utilidad común de una ley es precisamente el fundamento de la permanencia de esa ley. La utilidad particular no puede primar sobre la utilidad general. Defender lo opuesto privaría de sentido a la ley y supondría un ataque a los mismos fundamentos del sistema. En fin, la labor del orador deliberativo es precisamente demostrar que una ley es ventajosa o útil. Al hablar de utilidad de una ley se sobreentiende que esa utilidad es común. La utilidad de una ley puede, sin embargo, entrar en conflicto con otros valores igualmente esenciales: la justicia o la dignidad, cuya defensa puede constituir la base de la refutación del orador contrario. Expuesta la postura de Catón en lo que concierne a la cuestión genérica de la derogación de cualquier ley, veamos, a continuación, la *refutatio* en la que Catón trata de la derogación de la *lex Oppia*, de la ley que es objeto de debate.

> *Volo tamen audire quid sit propter quod matronae consternatae procucurrerint in publicum ac vix foro se et contione abstineant? ut captivi ab Hannibale rediman-*

> *tur parentes, viri, liberi, fratres earum? procul abest absitque semper talis fortuna rei publicae; sed tamen, cum fuit, negastis hoc piis precibus earum. at non pietas nec sollicitudo pro suis sed religio congregavit eas: matrem Idaeam a Pessinunte ex Phrygia venientem accepturae sunt. quid honestum dictu saltem seditioni praetenditur muliebri? "ut auro et purpura fulgamus" inquit, "ut carpentis festis profestisque diebus, velut triumphantes de lege victa et abrogata et captis ereptis suffragiis vestris, per urbem vectemur: ne ullus modus sumptibus, ne luxuriae sit."*
>
> Quisiera, no obstante, que se me dijera cuál es el motivo que ha llevado a las matronas a presentarse en público a la carrera de forma tumultuosa, faltando poco para que entrasen en el foro e interviniesen en las asambleas. ¿Para qué se rescate a sus padres, maridos, hijos, hermanos, prisioneros de Aníbal? Semejante trance está lejos, y ójala lo esté siempre, de nuestras nación; pero, sin embargo, cuando se dio el caso, dijisteis que no a sus piadosos ruegos. Pero no fue la piedad ni la preocupación por los suyos lo que las ha congregado, sino la religiosidad: se disponen a recibir a la Madre del Ida que llega de Pesinunte, de Frigia. ¿Qué excusa, que al menos pueda ser manifestada sin rubor, se aduce para este amotinamiento de las mujeres? "Queremos estar radiantes con el oro y la púrpura, se dice, y desplazarnos en carruaje por la ciudad los días de fiesta y los de diario, en una especie de desfile triunfal sobre la ley vencida y abrogada y sobre vuestros sufragios, apresados y anulados; queremos que no haya límite alguno para el gasto y el despilfarro".

En el marco del *status qualitatis* de la *rogatio* legislativa el orador deliberativo debe defender su postura a favor de ella tratando de demostrar fundamentalmente su utilidad, ventaja o conveniencia en el actual estado de cosas, pudiendo también aducir otros argumentos adicionales. Tales argumentos y su prueba serán expuestos después en el discurso a favor de la ley derogatoria por Lucio Valerio pero son conocidos de antemano o presumidos en sus trazos esenciales por Catón, quien para refutar los argumentos esgrimidos para la derogación de la ley Opia se sirve primero de la ironía y después del recurso muy efectista de dramatizar la refutación a través de la figura de pensamiento llamada *subiectio* o diálogo ficticio. Concretamente entabla el orador un diálogo ficticio con las grandes defensoras de la ley derogatoria: las matronas.

Empleando la ironía descarta Catón la existencia de cualquier género de propósito decoroso en la pretensión de las matronas que bien acompañe o bien justifique la falta de utilidad de la ley: así, ni la piedad les mueve a actuar del modo como lo hacen, ni tampoco la preocupación por los suyos y ni siquiera la religión las impulsa a obrar de aquella guisa. Los frívolos propósitos de las mujeres son puestos en boca de ellas mismas con la más palmaria desvergüenza: el estar radiantes con el oro y la púrpura, el desplazarse en carruaje por la ciudad y de colofón el no haber límite para el gasto y el lujo (*ne ullus modus sumptibus, ne luxuriae sit*). Las matronas quedaban así cruelmente retratadas por el cónsul y esta afrenta le pasaría sin duda factura al orador en el desenlace de los comicios. Los vicios del lujo y el despilfarro son así mostrados descarnadamente como los propósitos reales de las mujeres, lo que sin más no autoriza a calificar a la *lex Oppia* como *lex sumptuaria*.[608] A continuación, en la *peroratio*, utiliza Catón lugares comunes como los antecedentes históricos, las similitudes y la analogía para desarrollar el tema de los peligros de los citados vicios y su contrario, la codicia, y respaldar así su posición.

> *4. Saepe me querentem de feminarum, saepe de virorum nec de privatorum modo sed etiam magistratuum sumptibus audistis, diversisque duobus vitiis, avaritia et luxuria, civitatem laborare, quae pestes omnia magna imperia everterunt. haec ego, quo melior laetiorque in dies fortuna rei publicae est, quo magis imperium crescit –et*

[608] Cfr. B. Kowalewski, *Frauengestalten*, cit., 350.

iam in Graeciam Asiamque transcendimus omnibus libidinum inlecebris repletas et regias etiam adtrectamus gazas–, eo plus horreo, ne illae magis res nos ceperint quam nos illas. infesta, mihi credite, signa ab Syracusis inlata sunt huic urbi. iam nimis multos audio Corinthi et Athenarum ornamenta laudantes mirantesque et antefixa fictilia deorum Romanorum ridentes. ego hos malo propitios deos et ita spero futuros, si in suis manere sedibus patiemur. patrum nostrorum memoria per legatum Cineam Pyrrhus non virorum modo sed etiam mulierum animos donis temptavit. nondum lex Oppia ad coercendam luxuriam muliebrem lata erat; tamen nulla accepit. quam causam fuisse censetis? eadem fuit quae maioribus nostris nihil de hac re lege sanciundi: nulla erat luxuria quae coerceretur. sicut ante morbos necesse est cognitos esse quam remedia eorum, sic cupiditates prius natae sunt quam leges quae iis modum facerent. quid legem Liciniam excitavit de quingentis iugeribus nisi ingens cupido agros continuandi? quid legem Cinciam de donis et muneribus nisi quia vectigalis iam et stipendiaria plebs esse senatui coeperat? itaque minime mirum est nec Oppiam nec aliam ullam tum legem desideratam esse quae modum sumptibus mulierum faceret, cum aurum et purpuram data et oblata ultro non accipiebant. si nunc cum illis donis Cineas urbem circumiret, stantes in publico invenisset quae acciperent.

A menudo me habéis oído quejarme de los gastos de las mujeres y también de los hombres, no sólo de los particulares sino de los magistrados, y de que la ciudad estaba aquejada de dos vicios contrarios, la codicia y el despilfarro, plagas estas que dieron al traste con todos los grandes imperios. Cuanto mejor y más boyante es cada día que pasa la situación del país, cuanto más se ensancha nuestro imperio –y ya hemos penetrado en Grecia y en Asia, llenas de todos los atractivos del placer, e incluso ponemos nuestras manos sobre los tesoros de los reyes– más me estremezco por temor a que todo esto nos esclavice en lugar de hacernos nosotros sus dueños. Las estatutas procedentes de Siracusa, creedme, fueron enseñas enemigas introducidas en nuestra ciudad. Son ya demasiadas las personas a las que oigo ponderar en tono admirativo las obras de arte de Corinto y Atenas y reírse de las antefijas de arcilla de los dioses romanos. Yo prefiero que nos sean propicios estos dioses, y confío en que seguirán siéndolo si permitimos que permanezcan en sus moradas. Nuestros padres recuerdan cómo Pirro, por medio de su emisario Cineas, trató de ganarse a base de regalos la voluntad no sólo de los hombres sino de las mujeres. Todavía no se había promulgado la ley Opia para refrenar el despilfarro femenino, y sin embargo ninguna aceptó. ¿Cuál creéis que fue la razón? La misma por la que nuestros mayores no consideraron necesario legislar nada sobre este particular: no había despilfarro que refrenar. De la misma manera que hace falta conocer las enfermedades antes que sus remedios, también las pasiones aparecen antes que las leyes destinadas a ponerles límites. ¿Qué fue lo que dio origen a la ley Licinia referente a las quinientas yugadas, sino el afán desmedido de juntar tierras con tierras? ¿Por qué surgió la ley Cincia referente a regalos y compensaciones sino porque la plebe había comenzado ya a ser tributaria y estipendiaria del Senado? No es nada de extrañar, por consiguiente, que no se echase entonces en falta ni la ley Opia ni ninguna otra para contener el gasto de las mujeres cuando rechazaban los regalos de oro y púrpura que se les ofrecían sin haberlos pedido. Si Cineas recorriera ahora la ciudad con aquellos regalos, encontraría de pie en las calles mujeres dispuestas a aceptarlos.

En la *peroratio* Catón amplifica la causa: si antes había argumentado que la derogación de ley Opia representaba, en primer lugar, dejar un portillo abierto a futuras conspiraciones y sediciones por emulación del movimiento femenino; y, en segundo lugar, un ataque a los fundamentos de la sociedad romana merced a un hipotética equiparación de las matronas a los varones en los roles sociales; ahora el orador relacionará la derogación de la ley Opia nada menos que con la decadencia y ruina del propio Imperio romano.

Comienza recurriendo al *éthos* al referirse a sí mismo como adalid de la austeridad y de las buenas costumbres. Seguidamente, por boca del cónsul expone Livio el lugar común en la historiografía romana de la existencia de un nexo de causalidad entre la penetración del lujo y la codicia en la sociedad y la decadencia de las costumbres con su ineluctable consecuencia final: la caída de los imperios. En el caso de Roma la proveniencia de aquellos vicios, de acuerdo con la convención historiográfica que sigue el autor, es foránea, procede de la Magna Grecia, de la Grecia continental y de Asia. De hecho, ya habían concluido favorablemente para los intereses romanos la Segunda Guerra Púnica y la Segunda Guerra Macedónica; Flaminio había declarado unos pocos años antes la "libertad" de Grecia. El episodio de Cineas, acontecido menos de un siglo antes al actual debate sobre la derogación de la ley Opia, es alegado como prueba de que la corrupción de Roma por *avaritia et luxuria* es un fenómeno relativamente reciente y en relación directa con los señalados conflictos bélicos. Esta suerte de embajador de Pirro había intentado en vano sobornar con regalos suntuosos de oro y púrpura a los romanos, lo que habría logrado, según Catón, de haberlo hecho en el momento presente. También Livio refleja en este pasaje de algún modo la conocida helenofobia catoniana cuando lamenta oir ponderar a sus conciudadanos las obras de arte griegas.

Ahora bien, en este pasaje hay que advertir la presencia de un procronismo, que refuerza la tesis de la no autoría catoniana del discurso. Se halla en la afirmación *iam in Graeciam Asiamque transcendimus omnibus libidinum inlecebris repletas et regias etiam adtrectamus gazas*, pues la penetración en Grecia se encontraba sólo en sus preliminares y, sobre todo, respecto a Asia aún no había acontecido tal penetración, pues sería en 190, cinco años después de la derogación de la *lex Oppia* y del discurso de Catón, cuando tuvo lugar la batalla de Magnesia con la que concluiría la guerra romano-siria o guerra contra Antíoco III, a la que seguiría dos años después, en 188, el tratado de paz de Apamea.

El recurso a esa especie de ley natural de la historia: codicia y lujo → decadencia de las costumbres → caída de los imperios, constituye un arma poderosa de convicción en manos del orador. La admonición de Catón es clara: peligra la república si no se pone freno a la codicia, al lujo, al despilfarro, pues otros pueblos ya han experimentado ese proceso. De ello se sigue la necesidad de leyes que refrenen aquellos vicios y de hecho el pueblo romano ya se ha dado varias leyes de ese tipo, como la ley Licinia, la ley Cincia y la que es objeto de debate: la ley Opia. Todas ellas con el mismo propósito: *luxuriam coercere*. De esta manera refiere el cónsul diversos ejemplos legislativos, siguiendo así la recomendación de Aristóteles[609] para el género deliberativo, que también daría después el autor de la Retórica a Herenio.[610] La invocación de *exempla* se explica por su fuerza probatoria, sobre todo si son indicados por persona de probada reputación. Los ejemplos son semejantes a los testimonios, dice el autor de la Retórica a Herenio, y difieren en lo siguiente: el ejemplo demuestra la naturaleza de lo que decimos y el testimonio confirma su veracidad.[611] Por último, el símil de la enfermedad y el remedio, alusivos respectivamente a los vicios morales de la codicia y el lujo y a las leyes de represión de tales vicios, es otra prueba extrínseca cuyo empleo resulta muy efectivo retóricamente por su plasticidad y por su fácil comprensión para el auditorio.

> *Atque ego nonnullarum cupiditatium ne causam quidem aut rationem inire possum. nam ut quod alii liceat tibi non licere aliquid fortasse naturalis aut pudoris aut indignationis habeat, sic aequato omnium cultu quid unaquaeque vestrum veretur ne in se conspiciatur? pessimus quidem pudor est vel parsimoniae vel paupertatis;*

---

609 Arist. *Rh.* 1368a, 1 ss., 1394a, 10 y 1418a, 1.

610 *Rhet. Her.* 3, 5, 9.

611 *Rhet. Her.* 4, 3, 5: *At exempla, quoniam testimoniorum similia sunt, item convenit ut testimonia ab hominibus probatissimis sumi* [...] *Hoc interest igitur inter testimonium et exemplum: exemplo demonstratur id quod dicimus cuiusmodi sit; testimonio esse illud ita ut nos dicimus confirmatur.*

sed utrumque lex vobis demit cum id quod habere non licet non habetis. "hanc" inquit "ipsam exaequationem non fero" illa locuples. "cur non insignis auro et purpura conspicior? cur paupertas aliarum sub hac legis specie latet, ut quod habere non possunt habiturae, si liceret, fuisse videantur?" vultis hoc certamen uxoribus vestris inicere, Quirites, ut divites id habere velint quod nulla alia possit, pauperes ne ob hoc ipsum contemnantur, supra vires se extendant? ne <eas> simul pudere quod non oportet coeperit, quod oportet non pudebit. quae de suo poterit, parabit: quae non poterit, virum rogabit. miserum illum virum, et qui exoratus et qui non exoratus erit, cum quod ipse non dederit datum ab alio videbit. nunc volgo alienos viros rogant et, quod maius est, legem et suffragia rogant et a quibusdam impetrant. adversus te et rem tuam et liberos tuos exorabilis es: simul lex modum sumptibus uxoris tuae facere desierit, tu nunquam facies. nolite eodem loco existimare, <Quirites,> futuram rem quo fuit antequam lex de hoc ferretur. et hominem improbum non accusari tutius est quam absolvi, et luxuria non mota tolerabilior esset quam erit nunc, ipsis vinculis sicut ferae bestiae inritata, deinde emissa. ego nullo modo abrogandam legem Oppiam censeo: vos quod faxitis, deos omnes fortunare velim.'

Por lo que a mí respecta, hay algunos afanes cuya causa o explicación no alcanzo ni siquiera a imaginar. Pues así como el hecho de que a otro se le permita lo que a ti no te está permitido genera probablemente un sentimiento natural de vergüenza o de indignación, también, si la norma sobre el vestir es la misma para todas, ¿cómo puede temer ninguna de vosotras que nadie se fije en ella? Lo que más humilla es sin duda la tacañería o la pobreza; pero la ley os elimina este doble motivo de humillación, puesto que no tenéis aquello que no está permitido tener. 'Precisamente ese igualitarismo es lo que no soporto', dice la que es rica. '¿Por qué no puedo llamar la atención, distinguirme con el oro y la púrpura? ¿Por qué la indigencia de las demás se esconde bajo la cobertura de esta ley de modo que pueda parecer que, si estuviera permitido, poseerían lo que no poseen?' ¿Queréis provocar la rivalidad entre vuestras esposas, Quirites, de forma que las ricas quieran tener lo que no está al alcance de ninguna otra, y las pobres, para no sentirse humilladas precisamente por ese motivo, vayan más allá de sus posibilidades? Una vez que comiencen a avergonzarse de lo que no deben, dejarán de avergonzarse de lo que deben. La que tenga posibilidades por sí misma, hará esas adquisiciones; la que no pueda, pedirá a su marido. Desdichado de ese marido si accede a las peticiones, y desdichado si no accede, cuando vea que otro ha concedido lo que él no concedió. Ahora hacen peticiones en público a los maridos de otras, y, lo que es más grave, solicitan el voto respecto a una ley, y de algunos lo consiguen. Eres receptivo ante sus súplicas en perjuicio tuyo, de tu patrimonio y de tus hijos; en cuanto deje la ley de poner límite a los gastos de tu mujer, tú nunca se los pondrás. No penséis, Quirites, que la situación será en el futuro la misma quen era antes de promulgarse una ley sobre este particular. Es menos peligroso no llevar a juicio a un malvado que absolverlo, y el afán del despilfarro sería más tolerable no habiendo sido excitado que lo va a ser ahora si, como un animal salvaje, queda libre después de haber sido exasperado por sus cadenas. Mi opinión es que la ley Opia de ningún modo debe ser derogada; y quisiera que los dioses todos hagan que sea para bien lo que vosotros decidáis.[612]

---

[612] El discurso de Catón, según la versión de Zonaras, concluye de un modo distinto si bien no cambia en absoluto su sentido e intención: Zonar. 9, 17, 2: καὶ περὶ τούτου ὁ Κάτων ἐδημηγόρησε, δεῖν κατασκευάζων τὸν νόμον κρατεῖν, καὶ τέλος ταῦτα ἐπήγαγε· *Κοσμείσθωσαν οὖν αἱ γυναῖκες, μήτε χρυσῷ μηδὲ λίθοις ἤ τισιν ἀνθηροῖς καὶ ἀμοργίνοις ἐσθήμασιν, ἀλλὰ σωφροσύνῃ, φιλανδρίᾳ, φιλοτεκνίᾳ, πειθοῖ, μετριότητι, τοῖς νόμοις τοῖς*

Para la comprensión de este pasaje, con el que se cierra el discurso catoniano *pro lege Oppia servanda*, es preciso tener en cuenta algunos datos relativos al contenido y fines de la ley. En él sigue Catón sirviéndose del *éthos* y la *subiectio*. En primer lugar, la expresión *vestimentum versicoloris*, alusiva a la indumentaria de uso vedado a las mujeres por la ley Opia, según la información dada antes por Livio en 34, 1, debía referirse fundamentalmente a la *vestis purpurea*, habida cuenta del uso metonímico que hace ahora Catón del término *purpura*: *cur non insignis auro et purpura conspicior?* en alusión a la expresión *vestimentum versicoloris* contenida en la prohibición. En el término *purpura* cabría apreciar a la vez una sinécdoque de *vestis purpurea*.

Por otra parte, el uso de nuevo del verbo *habere* acredita que lo prohibido no es la propiedad del oro, más allá del límite de la *semuncia*, esto es, de 1/24 de as libral (13,625 g.), establecido por la ley, ni la de las *vestes purpureae* sino el hecho de su mero porte, ostentación o exhibición públicas. A los argumentos aportados anteriormente se podría añadir el siguiente a propósito de la expresión *habere licere* contenida en el fragmento que ahora se comenta: *cum id quod habere non licet non habetis*. Efectivamente, *rem habere licere* es una expresión con la que jurídicamente se describe la principal obligación que el contrato de compraventa genera a cargo del vendedor y a favor del comprador. Como señala el jurista Africano, el vendedor solamente se obliga *ut rem emptori habere liceat, non etiam ut eius faciat*:[613] "a que le sea lícito al comprador tener la cosa, no también a hacerla de él". Se distingue entre *rem emptori habere* y *rem emptoris facere*. El vendedor no está obligado a hacer propietario al comprador de la cosa sino sólo a que sea lícito tenedor material de ella, a que goce de su pacífica posesión. Así, pues, *habere* no implica nece-

---

κειμένοις, τοῖς ὅπλοις τοῖς ἡμετέροις, ταῖς νίκαις, τοῖς τροπαίοις. (Sobre este asunto habló en público Catón para apoyar la necesidad de mantener en vigor la ley Opia y para finalizar añadió: "Que las mujeres se adornen, pues, no con oro, piedras o cualquier vestimenta florida o de refinados linos, sino con prudencia, amor a su esposo y a sus hijos, capacidad de persuasión, moderación, con las leyes establecidas y con nuestras armas, victorias y triunfos").

613 AFRIC. 8 *quaest*. D. 19, 1, 30, 1.

sariamente ser propietario y si el legislador hubiese querido prohibir la propiedad de los objetos habría utilizado una expresión no ambigua en la que apareciera de algún modo el verbo *esse*, con el que se expresa la idea de propiedad o pertenencia *de iure*. Por otra parte, si lo prohibido por la ley hubiera sido la propiedad de ciertos bienes a las mujeres, en muchos casos podrían éstas alegar que lo que llevan puesto pertenece a sus maridos y en rigor en tales casos no les afectaría la prohibición, pues la ley Opia se refiere sólo a mujeres, no a hombres. Por último, Zonaras emplea el término griego ἐσθήμασιν que significa "lleven puesto, vistan, luzcan, adornen".[614] En definitiva, lo que se prohíbe es llevar puestos tales vestidos o lucir oro más allá del límite, es decir, el uso público de tales bienes, del mismo modo que se prohíbe el desplazamiento en carruaje en determinados supuestos, no tener en propiedad un carruaje.

En cuanto a los fines de la *lex Oppia*, la queja por la indiscriminada *exaequatio muliebris* que ocasionaba la ley y que Catón pone en labios de las mujeres como su principal protesta resulta muy verosímil, pues no cabe duda de que la aplicación de la ley Opia hubo de conducir en los primeros años, al menos formalmente, a un igualitarismo de las mujeres en su proyección pública, en la esfera social. Y ciertamente provocar ese efecto tenía mucho sentido en el momento en el que se promulgó la ley Opia, un momento especialmente comprometido tanto desde un punto de vista económico como militar. Desde el primer punto de vista se precisaban adoptar medidas de economía de guerra, pues en 215 las finanzas estaban exhaustas.[615] Militarmente Roma se hallaba inmersa en el fragor de la Segunda Guerra Púnica, tras encadenar diversas derrotas, los romanos habían sufrido hacía unos meses el desastre de Cannas. Las perspectivas sobre el futuro inmediato eran, pues, a la sazón muy sombrías. Pues bien, en un contexto como ése, en el que la cohesión de todos los grupos sociales es más necesaria que nunca, cobra mucho sentido adoptar, por un lado, medidas de control y de evitación del gasto superfluo en los patrimonios más sólidos, y, por otro lado, de invisibilización de las desigualdades económicas en sus manifestaciones más cotidianas. Que las afectadas fuesen las mu-

---

614 *GEL*, s. v. ἐσθέω, 696.

615 F. De Martino, *Storia*, 1, cit., 65.

jeres y en el desarrollo de su más elemental vida pública se explica por el hecho de que el lujo femenino pudiera constituir una de las formas más habituales, quizá la mayor, de demostración cotidiana de estatus. La ostentación de riqueza indumentaria, de joyas o en forma de desplazamiento suntuoso por parte de las matronas en aquel contexto podía resultar no sólo inconveniente sino peligrosa, al tiempo que interesaba a la élite mostrar una imagen ejemplarizante.

Finaliza Catón su *peroratio* indicando las *res consequentes*, a modo de lo que el autor de la "Retórica a Herenio" denomina *descriptio*,[616] de una eventual derogación de la ley Opia, su último "cartucho" para captar los ánimos de los oyentes. La gran consecuencia de la derogación de la ley Opia es la excitación del afán de despilfarro. El orador describe la situación con el siguiente símil: un animal salvaje que queda libre después de haber sido exasperado por sus cadenas. El animal sería la *luxuria* y las cadenas la ley Opia. Catón advierte de la secuencia de efectos perniciosos de esta "liberación": surgimiento de una espiral de rivalidad entre los miembros de las élites, a resultas de las rivalidades entre las matronas; y aparición de un factor debilitador de los vínculos de solidaridad entre los órdenes sociales y desestabilizador de las economías domésticas y de los patrimonios lo que terminará redundando no sólo en daño de la posteridad sino de la propia *res publica*.

Como conclusión Catón lanza su proclama final: *ego nullo modo abrogandam legem Oppiam esse censeo*: "yo afirmo que en modo alguno debe ser derogada la ley Opia". Veamos, seguidamente, el discurso del tribuno de la plebe Lucio Valerio a favor de la proposición de ley que él mismo va a presentar, el cual constituye una réplica a la *oratio* catoniana.

4. *ORATIO DE LEGE OPPIA ABROGANDA*

> *5. Post haec tribuni quoque plebi qui se intercessuros professi erant, cum pauca in eandem sententiam adiecissent, tum L. Valerius pro rogatione ab se promulgata ita*

---

[616] *Rhet. Her.* 4, 39, 51.

disseruit: 'si privati tantummodo ad suadendum dissuadendumque id quod ab nobis rogatur processissent, ego quoque, cum satis dictum pro utraque parte existimarem, tacitus suffragia vestra expectassem: nunc cum vir clarissimus, consul M. Porcius, non auctoritate solum, quae tacita satis momenti habuisset, sed oratione etiam longa et accurata insectatus sit rogationem nostram, necesse est paucis respondere. qui tamen plura verba in castigandis matronis quam in rogatione nostra dissuadenda consumpsit, et quidem ut in dubio poneret utrum id quod reprenderet matronae sua sponte an nobis auctoribus fecissent. rem defendam, non nos, in quos iecit magis hoc consul verbo tenus quam ut re insimularet. coetum et seditionem et interdum secessionem muliebrem appellavit quod matronae in publico uos rogassent ut legem in se latam per bellum temporibus duris in pace et florenti ac beata re publica abrogaretis. verba magna quae rei augendae causa conquirantur et haec et alia esse scio, et M. Catonem oratorem non solum gravem sed interdum etiam trucem esse scimus omnes, cum ingenio sit mitis.

Después de este discurso añadieron también algunas palabras en el mismo sentido los tribunos de la plebe que habían manifestado su intención de poner el veto. A continuación, habló así Lucio Valerio a favor de la proposición de ley que él mismo había presentado: «Si sólo hubiesen salido ciudadanos privados a hablar a favor o en contra de la cuestión sometida a nuestra consideración, también yo habría esperado en silencio vuestros votos, por considerar que se ha hablado lo suficiente en ambos sentidos. Pero ya que el cónsul Marco Porcio, un hombre tan brillante, se ha lanzado contra nuestra propuesta no sólo con su autoridad, que habría tenido bastante peso aun sin expresarse de palabra, sino además con un largo y estudiado discurso, es necesario dar una breve respuesta. Sin embargo, sus palabras han ido encaminadas en mayor medida a reprender a las matronas

> que a pronunciarse en contra de nuestra propuesta, dejando además en la duda, por cierto, si lo que censuraba lo habrían hecho las matronas por iniciativa propia o por instigación nuestra. El objeto de mi defensa será la proposición de ley, no nuestras personas, contra las que ha lanzado esas acusaciones de palabra más que yendo al fondo del asunto. Ha calificado de conciliábulo, sedición y a veces secesión mujeril el hecho de que las matronas os hayan pedido públicamente que ahora, en tiempos de paz, cuando la república está floreciente y próspera, derogáseis una ley promulgada contra ellas en las difíciles circunstancias de la guerra. Sé que son éstas y otras por el estilo las grandes palabras que se buscan para magnificar un hecho, y todos sabemos que Marco Catón es un orador enérgico y a veces incluso violento, aun siendo suave de carácter.

Lucio Valerio comienza justificando su *oratio* ante la *contio* popular como contestación al discurso, supuestamente imprevisto, de Marco Porcio Catón, pues el enorme prestigio o *auctoritas* del cónsul exigía un contrapeso argumental acerca de la conveniencia y utilidad de la *rogatio* plebiscitaria que iba a llevar ante la asamblea popular. Así, pues, es la intervención al parecer inopinada de Catón, a la que habrían seguido otros discursos de magistrados en su apoyo o *adscriptores*, la que obliga a un esfuerzo adicional de justificación de la utilidad de la *lex Valeria Fundania* y lo que explica también la aparente inversión en el orden de los discursos a que antes he hecho referencia.

Este discurso de réplica que Livio pone en boca de Lucio Valerio se va a caracterizar por el abundante empleo de la ironía y de un tono de reproche hacia su oponente y su estructura estará condicionada por la del discurso catoniano, pues irá encaminada directamente a rebatir el argumentario de Catón: primero mediante *exempla* se ocupará de la cuestión fáctica, moral y relativa a las mujeres; y después tratará de la cuestión jurídica de fondo: la utilidad de la ley Valeria Fundania que será objeto de *rogatio* y que como Catón dividirá en dos partes: la derogación de las leyes en general y la derogación de la *lex Oppia* en particular.

El tribuno se jacta impostadamente de que no le habría hecho falta pronunciar discurso alguno antes de los comicios para sacar adelante en ellos su propuesta legislativa de no haberse producido antes el discurso del cónsul, aunque hubiesen tenido lugar otros discursos contrarios a la derogación de la ley Opia. El principio del pasaje es, por otra parte, muy ilustrativo de la importancia en la palestra política romana del prestigio personal o *auctoritas*, del poder de convicción que podía tener el reconocimiento intelectual y moral otorgado a un individuo.

La estrategia seguida por el *rogator* resulta muy acertada pues comienza incidiendo de plano en el que podría ser el error fundamental del discurso catoniano: el haber planteado la defensa de la *lex Oppia* prácticamente en términos de una causa general contra el sexo femenino, de mostrarse, como dice Livio en otro lugar, como un *acerrimus mulierum adversarius et castigator*.[617] En efecto, Lucio Valerio empieza anunciando que su discurso no versará sobre personas sino que consistirá en la defensa de una proposición de ley, lo que representa ciertamente un punto de partida oportuno y decoroso, ya que manifiestamente la *oratio* catoniana se había ocupado no tanto del fondo del asunto cuanto de acusar y denigrar con extremo apasionamiento a las mujeres y descalificar mordazmente su movimiento de apoyo a la derogación de la ley Opia. Este es precisamente el gran error de planteamiento de Catón, pues al fin al cabo las matronas no eran sino las esposas de aquellos que constituían el auditorio y su discurso en ocasiones más que otra cosa parecía un ataque indiscriminado a las matronas y a las mujeres romanas en general. El tribuno destaca la pasión y la actitud desaforada de Catón en todo este asunto, que si no trivial era de importancia sólo relativa y recurre a una etopeya del cónsul: "un orador enérgico y en ocasiones violento aunque de carácter suave", a fin de debilitar la fuerza persuasiva de su discurso. También Lucio Valerio evoca lacónicamente el contexto bélico en que se promulgó la ley Opia: *lex lata per bellum temporis duris*, en contraste con la situación presente veinte años después: *res publica beata, florens et in pace*. Queda puesto de manifiesto de nuevo que la ley Opia fue una medida adoptada en el marco de una economía de guerra.

---

617 LIV. 41, 29, 54.

A continuación, el *rogator* responderá primero a la *parresía* de Catón sobre el hecho supuestamente inaudito de la manifestación pública de las matronas, empleando hábilmente *exempla* históricos extraidos supuestamente de la propia obra del cónsul *Origines*, para pasar después al *status qualitatis*, a ocuparse del *qua de re agitur*.

> *Nam quid tandem novi matronae fecerunt, quod frequentes in causa ad se pertinente in publicum processerunt? nunquam ante hoc tempus in publico apparuerunt? tuas adversus te Origines revoluam. accipe quotiens id fecerint, et quidem semper bono publico. iam a principio, regnante Romulo, cum Capitolio ab Sabinis capto medio in foro signis conlatis dimicaretur, nonne intercursu matronarum inter acies duas proelium sedatum est? quid? regibus exactis cum Coriolano Marcio duce legiones Volscorum castra ad quintum lapidem posuissent, nonne id agmen quo obruta haec urbs esset matronae averterunt? iam urbe capta a Gallis aurum quo redempta urbs est nonne matronae consensu omnium in publicum contulerunt? proximo bello, ne antiqua repetam, nonne et, cum pecunia opus fuit, viduarum pecuniae adiuverunt aerarium et, cum di quoque novi ad opem ferendam dubiis rebus accerserentur, matronae universae ad mare profectae sunt ad matrem Idaeam accipiendam? dissimiles, inquis, causae sunt. nec mihi causas aequare propositum est: nihil novi factum purgare satis est. ceterum quod in rebus ad omnes pariter viros feminas pertinentibus fecisse eas nemo miratus est, in causa proprie ad ipsas pertinente miramur fecisse? quid autem fecerunt? superbas, me dius fidius, aures habemus si, cum domini servorum non fastidiant preces, nos rogari ab honestis feminis indignamur.*

> Porque en definitiva, ¿qué han hecho de extraordinario las matronas por haberse presentado en público masivamente en una causa que las afecta directamente? ¿Nunca aparecieron en público hasta ahora? Volveré contra

> ti tus *Origines*. Observa cuántas veces lo hicieron, y siempre por el bien común, por cierto. Ya en un principio, cuando reinaba Rómulo, en el momento en que se combatía en medio del foro tras la toma del Capitolio por los sabinos, ¿no cesó la batalla al precipitarse las matronas en medio de los dos ejércitos? Bien, y después de la expulsión de los reyes, cuando las legiones volscas capitaneadas por Marco Coriolano acamparon a cinco millas, ¿no fueron las matronas quienes hicieron dar la vuelta a aquel ejército que hubiera aplastado la ciudad? Y cuando Roma había sido ya tomada por los galos, ¿no fueron las matronas las que por acuerdo unánime pusieron a disposición de todos el oro con que fue rescatada la ciudad? Durante la última guerra, para no irme tan atrás, cuando hubo falta de dinero, ¿no fueron las viudas las que ayudaron al tesoro con sus aportaciones económicas? Y cuando se llamó a nuevos dioses para que nos ayudasen en unos momentos de crisis, ¿no salieron todas las matronas hasta la costa para recibir a la Madre del Ida? Se trata de casos diferentes, dirás. Tampoco es mi intención equipararlos; me basta con demostrar que no se trata en absoluto de un hecho sin precedentes. Ahora bien, lo que hicieron sin que nadie se sorprendiera en situaciones que afectaban indistintamente a hombres y mujeres, ¿nos sorprende que lo hayan hecho en un caso en que les afectaba a ellas específicamente? Después de todo, ¿qué han hecho? Muy altivos son nuestros oídos, válgame Júpiter, si nos indignamos ante los ruegos de unas mujeres decentes, cuando los amos no se sienten molestos por las súplicas de sus esclavos.

La estrategia seguida aquí por el tribuno habría sido inmejorable de haber sido posible y real. Efectivamente, de haber sido así, habría utilizado el tribuno contra Catón argumentos extraidos de la propia obra histórica de éste, *tuas adversus te Origines revoluam* le anuncia el tribuno, cercenando con ello casi por completo la posibilidad de contrarréplica, pues difícilmente podría no hacerla sino contra sí mismo; sin embargo, los *Origines* de Catón aún no habían sido escritos en 195, pues fueron obra de la madurez del cónsul; existe de hecho consenso científico sobre su datación entre las décadas de 160 y 150. Este anacronismo por sí solo demostraría que el discurso de Lucio Valerio habría sido fruto de la invención de Livio.

Pero volviendo a la ficción del discurso, aporta el tribuno *exempla* históricos a fin de rebatir totalmente el argumento catoniano de que la actuación pública masiva de las mujeres constituye un *unicum* en la historia de Roma. Mediante ellos demuestra que sí existieron históricamente precedentes de actuaciones femeninas y ya desde los mismos orígenes de Roma y que, a mayor abundamiento, tales actuaciones lo fueron en relación con cuestiones no precisamente vanas sino relativas al bien común de la ciudad y en momentos cruciales. Tales *exempla* son los siguientes: en tiempos de Rómulo la intervención de las matronas en medio de la guerra contra los sabinos poniendo fin al conflicto cuando éstos ya habían expugnado el Capitolio;[618] y, en tiempos de la república: la intercesión de las mujeres para evitar la invasión de la ciudad por los volscos al frente de Coriolano capitaneadas por la madre y esposa de éste;[619] el rescate de la ciudad a manos de los galos por medio del oro aprontado por las mujeres de común acuerdo;[620] la inestimable ayuda que proporcionaron a la ciudad las viudas en el reciente episodio de la Segunda Guerra Púnica con sus aportaciones pecuniarias al tesoro público;[621] y también intervinieron pública y masivamente las matronas para trasladar desde la costa el símbolo de la diosa Cibeles, traído desde Pesinunte con el fin de procurar protección a la ciudad en cumplimiento de un vaticinio de los Libros Sibilinos.[622]

En un ejercicio retórico de *concessio* el *lator* admite, frente a una previsible réplica de Catón, que se trata de casos distintos al que les

---

618 Livio narra este episodio en el marco de la guerra contra los sabinos causada por el agravio del rapto de sus mujeres en 1, 13. También lo refieren: Plu. *Rom.* 19; D. H. 2, 45; y D. C. 1, 5, 5-9.

619 Liv. 2, 40; Plu. *Cor.* 34-36; D. H. 8, 39-53; y D. C. 5, 18, 7-14.

620 Liv. 5, 50; y Plu. *Cam.* 8.

621 Liv. 24, 18, 14.

622 Liv. 29, 14.

ocupa pero que, sin embargo, le sirven suficientemente para demostrar la existencia de precedentes de actuación pública masiva de las mujeres y, por tanto, para demostrar la falsedad de la premisa del cónsul. A otra previsible objeción de que a diferencia de los ejemplos señalados la presente actuación femenina lo es para algo que sólo afecta exclusivamente a las mujeres y no para el bien común de la ciudad, opone el tribuno un argumento lógico extraído del *topos* de que el esclavo no debe merecer mejor trato y consideración que el libre: si los amos no se molestan ante las súplicas de sus esclavos mucho menos deberán molestarse ante las súplicas de sus esposas, ante las súplicas de mujeres decentes.

> *6. Venio nunc ad id de quo agitur. in quo duplex consulis oratio fuit; nam et legem ullam omnino abrogari est indignatus et eam praecipue legem quae luxuriae muliebris coercendae causa lata esset. et illa communis pro legibus visa consularis oratio est, et haec adversus luxuriam severissimis moribus conveniebat; itaque periculum est, nisi quid in utraque re vani sit docuerimus, ne quis error vobis offundatur. ego enim quemadmodum ex iis legibus quae non in tempus aliquod sed perpetuae utilitatis causa in aeternum latae sunt nullam abrogari debere fateor, nisi quam aut usus coarguit aut status aliquis rei publicae inutilem fecit, sic quas tempora aliqua desiderarunt leges, mortales, ut ita dicam, et temporibus ipsis mutabiles esse video. quae in pace lata sunt, plerumque bellum abrogat, quae in bello, pax, ut in navis administratione alia in secunda, alia in adversa tempestate usui sunt. haec cum ita natura distincta sint, ex utro tandem genere ea lex esse videtur quam abrogamus? <num> quae vetus? regia lex simul cum ipsa urbe nata aut, quod secundum est, ab decemviris ad condenda iura creatis in duodecim tabulis scripta, sine qua cum maiores nostri non existimarint decus matronale servari posse, nobis quoque verendum sit ne cum ea pudorem sanctitatemque feminarum abrogemus? Quis igitur nescit novam istam legem esse, Q. Fabio et Ti. Sempronio*

consulibus viginti ante annis latam? sine qua cum per tot annos matronae optimis moribus vixerint, quod tandem ne abrogata ea effundantur ad luxuriam periculum est? nam si ista lex vetus aut ideo lata esset ut finiret libidinem muliebrem, verendum foret ne abrogata incitaret;

Entro ya en la cuestión de debate. Ahí, el discurso del cónsul ha tenido dos partes; se ha opuesto, indignado, a la derogación de cualquier ley, por principio, y particularmente de la ley promulgada para refrenar el lujo de las mujeres. En la primera parte, a favor de las leyes en general, el discurso me pareció el propio de un cónsul, y en la segunda, contra el despilfarro, el que correspondía a una moralidad muy estricta. Por eso, si no ponemos de manifiesto lo que hay de inconsistente en ambos razonamientos, hay el peligro de que os ofusque algún error de apreciación. Yo, desde luego, admito que no se debe derogar ninguna de aquellas leyes que han sido promulgadas para siempre, en razón de su utilidad permanente, y no para unas circunstancias concretas –salvo el caso de que la experiencia demuestre su nocividad, o que algún cambio en la situación política las vuelva inoperantes–; pero al mismo tiempo veo que las leyes que se han echado en falta en unas circunstancias particulares, son, por así decir, mortales, y mudables con las propias circunstancias. Las más de las veces, la guerra deroga las leyes aprobadas en tiempos de paz, y la paz, las aprobadas en tiempos de guerra, de la misma manera que para gobernar una nave son distintas las maniobras en momentos de bonanza o de borrasca. Siendo pues tan distintas las leyes por su propia naturaleza, ¿a cuál de las dos clases nos parece que pertenece la ley cuya derogación proponemos? ¿Es antigua, acaso? ¿Es una ley de la época de los reyes nacida a la vez que la propia ciudad? ¿O de la época siguiente, y fue escrita en las doce tablas por los decénviros nombrados para sentar las bases del dere-

> cho, una ley sin la cual a juicio de nuestros antepasados no era posible preservar la decencia de las matronas, y cuya derogación deberíamos temer también nosotros para no abolir junto con ella la honestidad y la dignidad de la mujer? Pues bien, ¿quién ignora que esa es una ley reciente aprobada hace una veintena de años cuando eran cónsules Quinto Fabio y Tiberio Sempronio? Si las matronas han vivido sin ella durante tantos años con una moralidad intachable, ¿qué peligro hay, realmente, de que una vez derogada se entreguen al desenfreno? Pues, si se tratara de una ley antigua o promulgada expresamente para poner coto a los excesos de las mujeres, sería de temer que su supresión las incitase;

Tras la cuestión fáctica del amotinamiento de las mujeres con sus connotaciones morales se ocupa ahora el tribuno del *status qualitatis*, del *id de quo agitur* o cuestión jurídica de fondo: la utilidad, conveniencia y sentido de su propuesta legislativa y su encaje constitucional. Para mejor refutar a Catón sigue la división hecha por éste en dos partes de la cuestión de fondo: la primera parte de alcance genérico: la cuestión de las *leges publicae* derogatorias de otras precedentes; la segunda, de alcance específico: la derogación de la ley *ad coercendam luxuriam muliebris.*

En cuanto a la primera, el *rogator* deduce la existencia en el marco constitucional romano de dos tipos de leyes públicas: las leyes de validez perpetua y las leyes de validez temporal, según que respectivamente hubieran sido promulgadas por una razón de utilidad permanente o por una utilidad coyuntural y pasajera. Como ya indiqué anteriormente, esta disquisición constituye un anacronismo a principios del siglo II a.C., en que la derogación de la ley es siempre tácita por otra posterior en la medida de su incompatibilidad. Por ello, la propuesta de una ley pública con un fin expresa y exclusivamente derogatorio de otra anterior, como en este caso la ley Opia, admitiría dos posibles explicaciones: o se trataba de una ley pública que regulaba *ex novo* la misma materia al autorizar de nuevo las manifestaciones suntuarias prohibidas veinte años atrás por la *lex Oppia*, lo que implicaba la derogación tácita de ésta, teniendo en cuenta, además, que en derecho romano *abrogatio* supone en realidad no tanto la desaparición de una ley pública cuanto la suspensión indefinida de su aplicación; o, más seguramente, se trataba de una ley pública, quizá novedosa en términos absolutos, destinada para la derogación expresa de otra ley pública anterior, es decir, de una ley pública dirigida única y exclusivamente a ese fin derogatorio y cuyo fundamento habría que buscarlo en la coyunturalidad de su establecimiento, las circunstancias de la guerra, unida a la extraordinaria presión social proveniente de la élite, la natural destinataria de esta clase de ley. La precedente distinción de Lucio Valerio entre leyes públicas perpetuas y temporales presupone, sin embargo, tener en perspectiva una mayor casuística histórica de leyes públicas de la que difícilmente Lucio Valerio podía tener en 195, sí en cambio Livio, autor del discurso, a finales del siglo I a.C.

Livio aporta, en boca del tribuno, un argumento muy interesante desde un punto de vista jurídico-constitucional cuando profundiza en el fundamento de la permanencia o coyunturalidad de la utilidad de una ley y que refleja perfectamente la concepción del Derecho propia de los romanos, en cuya virtud existe un derecho nuclear, fundacional, inmutable e intangible y lo que hay más allá de ese gran núcleo es el resultado de una evolución concéntrica, por sucesiva adherencia, que no sustitución, de lo nuevo a lo antiguo. Pues bien, la permanencia de la utilidad de una ley conectaría con la fundación, con la ciudad antigua, con los tiempos de la realeza, con la ley de las XII Tablas, con los *mores maiorum*, con el *ius vetus*, con los cimientos del derecho romano en suma. Toda norma que no conecte con todo ello es debida a una mera razón coyuntural, como pueda ser una situación de crisis o de guerra, su validez es temporal, constituye un derecho claudicante, llamado a periclitar en algún momento, un derecho no incorporado firmemente en el ordenamiento jurídico. Por ello, para que pueda afirmarse la utilidad permanente de una ley hay que someter esa ley al examen, por así decir, de los antepasados; hay que comprobar si la derogación de esa ley supondría un quebranto a la antigua moralidad, a los conceptos definitorios de la idiosincrasia romana. De ser así podrá afirmarse su utilidad permanente y, en caso contrario, su utilidad coyuntural y su validez temporal, hasta el momento en que desaparezca la causa que motivó su promulgación.

Partiendo de ello la respuesta afirmativa a las preguntas retóricas del tribuno resultaría inevitable pues la ley Opia no es una ley antigua, no es una ley de la época de los reyes, no remite a la fundación, no se halla dentro de la ley de las XII Tablas, no forma parte de las bases del derecho romano y, en fin, no es una ley sin la cual no sea posible la preservación de la decencia de las matronas y con su derogación no se derogaría al mismo tiempo la dignidad y la honestidad de las mujeres. Ciertamente la ley tenía apenas veinte años y sin ella las matronas habían vivido con anterioridad *optimis moribus*. El argumento jurídico de Lucio Valerio resulta así inapelable.

La reflexión sobre el dualismo legislativo, contenida en el discurso de Lucio Valerio, en cuya virtud, como se ha expuesto, habría dos tipos de leyes: las leyes de utilidad permanente y las leyes de utilidad coyuntural, es súmamente interesante no sólo desde la perspectiva del derecho público romano sino también desde una perspectiva dogmático-jurídica, pues tal distinción persiste *mutatis mutandis* en la moderna legislación y encontraría en el derecho romano un fundamento histórico y un apoyo teórico, además de un precedente de autoridad. Bleicken ha sabido conectar y parangonar en su obra sobre la *lex publica*[623] aquel dualismo legislativo romano con el alemán moderno, extensible éste a otros contemporáneos, ayudado seguramente por el discurso titoliviano sobre la ley Opia de Lucio Valerio que aquí nos ocupa.

Efectivamente, las leyes de utilidad permanente se corresponderían con las leyes propiamente dichas del derecho moderno, *normative Gesetze*, y las leyes de validez coyuntural se corresponderían con las leyes meramente formales, *situationsgebundene Gesetze*. Estas últimas son aquellas que contienen decisiones de carácter coyuntural como, por ejemplo, la ratificación de un tratado internacional. Una gran parte de las leyes romanas, del mismo modo que acontece con las leyes modernas, contiene preceptos normativos cuyo fin es regular la vida de los ciudadanos en el futuro, con vocación de perpetuidad por así decir, y que incorporan decisiones políticas fundamentales como, por ejemplo, la *aequiperatio legibus* de los plebiscitos, así como disposiciones de derecho privado o de derecho penal.

---

[623] J. Bleicken, *Lex publica*, cit., 324 ss.

A la ley normativa de la república romana se opone, como afirma Bleicken,[624] aquella ley cuyo contenido está vinculado a la situación que la motivó. Tal contenido no ofrece reglas para el futuro a fin de aplicarlas a casos análogos sino que se agota en la reglamentación de la situación en concreto. Estas leyes limitadas a las circunstancias que las originan, por un lado, fueron excepcionalmente numerosas, y, por otro lado, podría aventurarse, por esa misma razón y a la vista del catálogo de *leges publicae* romanas, que el origen de las *situationsgebundene Gesetze* fue anterior al de las *normative Gesetze* y que en los tiempos más antiguos no hubo en absoluto leyes normativas sino tan sólo decisiones sobre cuestiones concretas, como una declaración de guerra, un tratado de paz o el otorgamiento de poderes extraordinarios a un magistrado. Esto unido a la diferente naturaleza del *Willensträger* hace que la función de la ley republicana romana y la de la ley actual sean distintas.

En el siguiente pasaje el tribuno continuará tratando de la segunda parte de la cuestión de fondo: la relativa a la derogación en particular de la *lex Oppia* y revela la causa de su promulgación, de su utilidad coyuntural, que no permanente, de esta ley, de esta suerte de *situationsgebundene Gesetz*.

> *cur sit autem lata, ipsum indicabit tempus. Hannibal in Italia erat, victor ad Cannas; iam Tarentum, iam Arpos, iam Capuam habebat; ad urbem Romam admoturus exercitum videbatur; defecerant socii; non milites in supplementum, non socios nauales ad classem tuendam, non pecuniam in aerario habebamus; servi quibus arma darentur ita ut pretium pro iis bello perfecto dominis solveretur emebantur; in eandem diem pecuniae frumentum et cetera quae belli usus postulabant praebenda publicani se conducturos professi erant; servos ad remum numero ex censu constituto cum stipendio nostro dabamus; aurum et argentum omne ab senatoribus eius rei initio orto in publicum conferebamus; viduae et pupilli pecunias suas in aerarium deferebant; cautum*

---

624 J. Bleicken, ibid., 327.

erat quo ne plus auri et argenti facti, quo ne plus signati argenti et aeris domi haberemus—tali tempore in luxuria et ornatu matronae occupatae erant, ut ad eam coercendam Oppia lex desiderata sit, cum quia Cereris sacrificium lugentibus omnibus matronis intermissum erat, senatus finiri luctum triginta diebus iussit? cui non apparet inopiam et miseriam civitatis, [et] quia omnium privatorum pecuniae in usum publicum vertendae erant, istam legem scripsisse tam diu mansuram quam diu causa scribendae legis mansisset? nam si quae tunc temporis causa aut decrevit senatus aut populus iussit in perpetuum servari oportet, cur pecunias reddimus privatis? cur publica praesenti pecunia locamus? cur servi qui militent non emuntur? cur privati non damus remiges sicut tunc dedimus?

pero precisamente el momento de su aprobación nos descubrirá el por qué de ella. Aníbal estaba en Italia, y había vencido en Cannas; tenía ya en su poder Tarento, Arpos y Capua; era de prever que marcharía sobre Roma al frente de su ejército; los aliados nos habían abandonado; no teníamos reservas para completar el ejército, ni soldados de marina para mantener la armada, ni dinero en el erario público; se compraban esclavos a los que entregar armas, con la condición de pagar su precio a los amos una vez finalizada la guerra; con la misma condición en cuanto al cobro de habían comprometido los publicanos a hacerse cargo del suministro de trigo y lo demás que la guerra requería. Contribuíamos con esclavos para el remo en número fijado en proporción a la renta, y nosotros corríamos con los gastos; ingresábamos en el tesoro público todo el oro y la plata, dando ejemplo en esto los senadores los primeros; las viudas y los menores llevaban su dinero al erario; se había establecido el tope máximo de oro y plata labrada y de monedas de plata y bronce que podíamos tener en casa. En unas circunstancias así, ¿estaban tan preocupadas las

> matronas por el lujo y los adornos que se sintió la necesidad de una ley Opia para poner coto a ese afán? ¡Si fue entonces cuando el Senado dispuso que se limitara el luto a treinta días porque se había suspendido el sacrificio a Ceres debido a que todas las matronas estaban de luto! ¿Quién no ve claro que la falta de recursos y la penuria de la población, que obligaban a dedicar a las necesidades públicas el dinero de todos los particulares, dictaron una ley destinadas a durar lo que durasen las causas de su redacción? Pues si todo lo que en razón de las circunstancias decretó entonces el Senado o mandó el pueblo debe ser mantenido indefinidamente, ¿por qué reembolsamos su dinero a los particulares? ¿Por qué adjudicamos las obras públicas con pagos al contado? ¿Por qué no se compran esclavos para el servicio militar? ¿Por qué los particulares no suministramos remeros como hicimos entonces?

La razón aducida por Lucio Valerio para explicar el motivo de la rogación y la aprobación de la ley Opia y justificar la validez temporal y utilidad coyuntural de esta ley parece inobjetable. También Tácito en su alusión a la ley Opia se refiere a la coyuntural oportunidad de esta ley, debida a las circunstancias de la república y a la igualmente coyuntural conveniencia de su posterior derogación.[625] Se habría tratado de una medida adoptada en un contexto de guerra y de serias dificultades económicas, sociales y demográficas[626] que, si bien no era confiscatoria ni suponía, como otras medidas senatoriales o legislativas de las que da cuenta el tribuno en su discurso,

---

[625] TAC. *Ann.* 3, 34, 4: *placuisse quondam Oppias leges, sic temporibus rei publicae postulantibus: remissum aliquid postea et mitigatum, quia expedierit* (antaño habían parecido oportunas las leyes Opias por exigirlas las circunstancias de la república; después porque era oportuno se abrió la mano y se las dejó de lado).

[626] Sobre los efectos devastadores de la guerra anibálica véase P. A. BRUNT, *Italian Manpower 225 B.C. – A.D. 14*, Oxford, 1971, 269-277 y 416-434.

exigencia de suministros o pagos adelantados a ciertos elementos de la ciudadanía, tuvo una mayor repercusión social o como mínimo "mediática" por afectar a un aspecto que, en una sociedad de predominio aristocrático y dada al simbolismo como la romana, resultaba particularmente sensible: la proyección social y pública de las élites y sus marcadores indentitarios. Habría representado ciertamente una medida de autorregulación de la élite que suponía una práctica ocultación de sus marcadores de clase más suntuosos, cuya ostentación, a modo de una especie de compensación por razón de las limitaciones de género, se dejaba principalmente a las mujeres.

En efecto, vestidos purpúreos, carros de caballos y joyas de oro en una situación crítica y límite como la que a la sazón se estaba viviendo, con Aníbal amenazando con traspasar los mismos umbrales de Roma, la defección de los *socii* y las arcas públicas vacías, representaban una frivolidad ofensiva e intolerable para la población. La ejemplaridad *rebus sic stantibus* era una exigencia si no de solidaridad sí como mínimo de sentido común para la aristocracia, representada aquí por las matronas. Pero en ningún caso las restricciones de la *lex Oppia* afectaban a manifestaciones de un lujo considerado *contra bonos mores*; ni los vestidos purpúreos, ni los carros de caballos ni las joyas de oro constituían excesos suntuarios dignos de un permanente reproche moral sino, al contrario, señalizadores lícitos de estatus social. Lucio Valerio pone de manifiesto así una idea de lujo no asociada a la decadencia a la inmoralidad sino que la *luxuria* femenina hasta cierto límite no es sino un componente, un componente simbólico, incluso necesario del orden político y social romano. Por ello, la *lex Oppia* no habría estado dirigida a sancionar el lujo en el mismo sentido que las leyes suntuarias propiamente dichas, sino que su razón de ser era coyuntural y su utilidad limitada en el tiempo, de modo que, desaparecidas las circunstancias que habían motivado su aprobación, desaparecía a la vez su utilidad, y su mantenimiento no sólo dejaba de tener sentido sino que podía representar incluso un injustificado ataque a la libertad ciudadana, al propio sistema. Por último, esgrime el tribuno un argumento que va a desarrollar a continuación: si el resto de medidas han dejado de aplicarse una vez desaparecida la crisis, por la misma razón debería dejar de aplicarse la ley Opia.

Con todo ello Lucio Valerio sitúa las cosas en su debido lugar y evidencia no sólo el error jurídico de Catón de estimar la ley Opia como una ley de utilidad permanente sino también el craso error de estrategia de haber enfocado el asunto como una causa general contra el sexo femenino, representado por las matronas.

> *7. Omnes alii ordines, omnes homines mutationem in meliorem statum rei publicae sentient: ad coniuges tantum nostras pacis et tranquillitatis publicae fructus non perveniet? purpura viri utemur, praetextati in magistratibus, in sacerdotiis, liberi nostri praetextis purpura togis utentur; magistratibus in coloniis municipiisque, hic Romae infimo generi, magistris vicorum, togae praetextae habendae ius permittemus, nec id ut vivi solum habeant [tantum] insigne sed etiam ut cum eo crementur mortui: feminis dumtaxat purpurae usu interdicemus? et cum tibi viro liceat purpura in vestem stragulam uti, matrem familiae tuam purpureum amiculum habere non sines, et equus tuus speciosius instratus erit quam uxor vestita? sed in purpura, quae teritur absumitur, iniustam quidem sed aliquam tamen causam tenacitatis video; in auro vero, in quo praeter manupretium nihil intertrimenti fit, quae malignitas est? praesidium potius in eo est et ad privatos et ad publicos usus, sicut experti estis. nullam aemulationem inter se singularum, quoniam nulla haberet, esse aiebat. at hercule universis dolor et indignatio est, cum sociorum Latini nominis uxoribus vident ea concessa ornamenta quae sibi adempta sint, cum insignes eas esse auro et purpura, cum illas vehi per urbem, se pedibus sequi, tamquam in illarum civitatibus non in sua imperium sit. virorum hoc animos volnerare posset: quid muliercularum censetis, quas etiam parva movent? non magistratus nec sacerdotia nec triumphi nec insignia nec dona aut spolia bellica iis contingere possunt: munditiae et ornatus et cultus, haec feminarum insignia sunt, his gaudent et gloriantur, hunc mundum muliebrem appellarunt maiores nostri. quid*

aliud in luctu quam purpuram atque aurum deponunt? quid cum eluxerunt sumunt? quid in gratulationibus supplicationibusque nisi excellentiorem ornatum adiciunt? scilicet, si legem Oppiam abrogaritis, non vestri arbitrii erit si quid eius vetare volueritis quod nunc lex vetat: minus filiae, uxores, sorores etiam quibusdam in manu erunt. nunquam salvis suis exuitur servitus muliebris, et ipsae libertatem quam viduitas et orbitas facit detestantur. in vestro arbitrio suum ornatum quam in legis malunt esse; et vos in manu et tutela, non in servitio debetis habere eas et malle patres vos aut viros quam dominos dici. invidiosis nominibus utebatur modo consul seditionem muliebrem et secessionem appellando. id enim periculum est ne Sacrum montem, sicut quondam irata plebs, aut Aventinum capiant. patiendum huic infirmitati est, quodcumque vos censueritis. quo plus potestis, eo moderatius imperio uti debetis.

¿Todos los demás estamentos sociales, todos los individuos van a notar el cambio a mejor en la situación del país, y serán únicamente nuestras esposas quienes no se beneficiarán de los frutos de la paz y tranquilidad pública? Los hombres utilizaremos la púrpura vistiendo la pretexta como magistrados y sacerdotes; nuestros hijos vestirán togas ribeteadas de púrpura; a los magistrados en las colonias y municipios y aquí en Roma a los jefes de distrito, el más bajo de los cargos, les reconocemos el derecho a llevar toga pretexta, y no sólo a que lleven en vida ese distintivo sino a que sean quemados con él a su muerte; ¡solamente a las mujeres les vetaremos el uso de la púrpura! Y mientras que tú, marido, estarás autorizado para utilizar la púrpura en la prenda que te cubre, ¿no dejarás que la madre de familia lleve un pequeño adminículo purpúreo, y el jaez de tu caballo será más lujoso que el atuendo de tu mujer? Con todo, en el caso de la púrpura, que se deteriora y se gasta, veo una razón para ese empeño; que no se justifica, pero que de alguna manera es una razón; más en el caso del oro, que no sufre menoscabo que el de la mano de obra, ¿qué mezquindad es esa? Más bien representa una salvaguarda con vistas a necesidades tanto privadas como públicas, como sabéis por experiencia. Decía Catón que no habría envidia alguna entre unas y otras, puesto que ninguna sería poseedora. Pero, por Hércules, todas ellas sufren y se sublevan cuando ven que a las mujeres de los aliados latinos se les permiten los ornamentos que a ellas se les niegan, cuando las ven llamando la atención con el oro y la púrpura y yendo en coche por la ciudad mientras que ellas las siguen a pie, como si el imperio tuviera su sede en las ciudades de las otras y no en la suya. Una cosa así bastaría para herir el orgullo de los hombres; ¿qué creéis que ocurre con el de las mujeres, que son sensibles incluso a los pequeños detalles? En ellas no pueden recaer ni las magistraturas, ni los sacerdocios, ni los triunfos, ni las condecoraciones, recompensas o despojos de la guerra; la elegancia, los adornos, el atavío, éstos son los elementos de distinción de las mujeres; con esto disfrutan y se sienten orgullosas, esto constituye lo que nuestros mayores llamaron el «mundo femenino». ¿De qué otra cosa prescinden en señal de luto, más que de la púrpura y el oro? ¿Qué vuelven a ponerse cuando el luto ha terminado? En los momentos de alegría y de acción de gracias ¿qué hacen más que engalanarse con mayor esplendidez? Evidentemente, si derogáis la ley Opia, no tendréis autoridad en caso de que queráis prohibir algo de lo que ahora prohíbe esa ley; algunos tendrán además un menor control sobre sus hijas, esposas y hermanas. Mientras viven los suyos, las mujeres nunca dejan de estar bajo tutela, y ellas mismas detestan la libertad que les llega con la viudedad o la orfandad. Prefieren que su forma de engalanarse dependa de vosotros antes que de la ley; y vosotros debéis tenerlas bajo control y tutela, no en situación de esclavitud, y

> preferir que os den el nombre de padres o maridos antes que el de amos. El cónsul utilizaba hace muy poco unos términos odiosos cuando hablaba de sedición y secesión femenina. ¡Claro, hay el peligro de que ocupen el monte Sacro o el Aventino, como en otro tiempo la plebe encolerizada! Esta situación de debilidad las obligará a someterse a cualquier decisión que toméis. Cuanto mayor es vuestro poder, mayor es la mesura con que debéis ejercerlo".[627]

En este extenso pasaje Lucio Valerio perora poniendo en evidencia la incoherencia sistémica que representa el mantenimiento de la vigencia de la ley Opia y el injustificado agravio comparativo para las mujeres que se sigue de ello, pues éstas serían efectivamente las únicas no beneficiadas por el "restablecimiento de la paz y la tran-

---

[627] Al igual que en el caso del final del discurso de Catón la versión de Zonaras del final del discurso del tribuno Lucio Valerio difiere de la de Livio en contenido, pero además también en aspectos retóricos: hay una apelación directa a Catón y no a los esposos de las matronas, como en el discurso de Livio, y se utiliza un tono sarcástico y de perfil casi vulgar frente a la solemnidad del final del discurso en Livio. No obstante, el sentido y la intención de las palabras del tribuno no difieren de los del discurso titoliviano: ZONAR. 9, 17, 3: Λούκιος δὲ Οὐαλέριος δήμαρχος ἀντιλέγων τῷ Κάτωνι διειλέχθη, ἀποδοθῆναι συμβουλεύων ταῖς γυναιξὶ τὸν κόσμον τὸν πάτριον, καὶ πολλὰ περὶ τούτου πρὸς τὸν δῆμον εἰπῶν, εἶτα πρὸς τὸν Κάτωνα τὸν λόγον ἀπέτεινε, καὶ ἔφη· *Σὺ δ΄, ὦ Κάτων, εἰ ἄχθῃ τῷ κόσμῳ τῶν γυναικῶν καὶ βούλει φιλόσοφόν τι ποιῆσαι καὶ μεγαλοπρεπὲς, ἀπόκειρον αὐτὰς περιτρόχαλα, καὶ χιτωνίσκους καὶ ἐξωμίδας ἔνδυσον, καὶ νὴ Δία σύ γε καὶ ὅπλισον, ἐφ᾽ ἵππους τε ἀναβίβασον, καὶ εἰ δοκεῖ σοι, καὶ εἰς τὴν Ἰβηρίαν ἀνάγαγε, ὅπως τε καὶ τῶν ἐκκλησιῶν κοινωνῶσιν ἡμῖν.* (Lucio Valerio, tribuno de la plebe, habló en contra de Catón para aconsejar que se devolviera a las mujeres el adorno tradicional. Después de decir muchas cosas sobre este asunto ante el pueblo, a continuación dirigió la palabra a Catón y le dijo: "Pero tú, Catón, si sufres por el adorno de las mujeres y quieres hacer algo filosófico y elevado, córtales el pelo, vístelas con túnicas cortas y sin mangas y, por Júpiter, ármalas también y móntalas a caballo, y aun, si te parece, mándalas a Hispania, de modo que entren aquí y participen con nosotros de las asambleas").

quilidad pública". Efectivamente, por un lado, todos los titulares del llamado *ius togae praetextae habendae*, hecha excepción de las mujeres, podrían disfrutar de esta suerte de derecho a lucir ese distintivo señalizador de estatus cívico, político y social en vida y en sus funerales, distintivo presente hasta en los jaeces de caballos; y, por otro lado, el uso vedado de la púrpura, el oro y el carruaje colocaría a las mujeres romanas en una nueva situación de agravio comparativo con las mujeres de los aliados latinos. No obstante, este último posible agravio comparativo bien podría constituir un anacronismo titoliviano más, pues el desarrollo de las ciudades itálicas no se produciría hasta medio siglo después aproximadamente y justificó, por ejemplo, la extensión de la *lex Fannia sumptuaria* a los itálicos a través de la *lex Didia sumptuaria* de 143.

A la naturaleza indómita y tendente a la desmesura y a la licencia que imputa Catón a las mujeres, Lucio Valerio opone que el uso femenino de la púrpura, el oro y los carruajes constituye una inocua frivolidad, propia de sus aspiraciones limitadas (*quae etiam parva movent*) y de la ligereza del sexo femenino, aducida en otras ocasiones también por los autores.[628]

Por otro lado, nuestro tribuno no justifica, como Catón, la supremacía masculina sobre las mujeres, se limita a afirmar que éstas la asumen voluntariamente; sin embargo, subyacen en su pensamiento, como en el de Catón las ideas de *infirmitas sexus* y *levitas animi*, las idea de una supuesta debilidad y ligereza de mente del sexo femenino que justificaría el predominio masculino, incluso en beneficio de las propias mujeres.

A estas ideas de *infirmitas* y *levitas animi* femeninas se referirán los juristas romanos como fundamento verdadero o aparente de instituciones de derecho privado diversas como, por ejemplo, la tutela de la mujer *sui iris*.[629] Tal idea, sin embargo, habría decaído con el

---

628 V. Max. 9, 1, 3 (véase n. 532); y Tac. *Ann.* 3, 34, 5 (véase n. 595).

629 Sobre la *infirmitas* femenina en las fuentes jurídicas véase J. Beaucamp, "Le vocabulaire de la faiblesse féminine dans les textes juridiques romains du IIIe au VIe siècle", en *RD*, 54, 1976, 485-508; y S. Dixon, "Infirmitas sexus: Womanly Weakness in Roman Law", en *RHD*, 52, 1984, 343-371. Frente a la mujer caracterizada, según las convenciones romanas,

tiempo y en absoluto será la que predomine en el Principado al menos entre las élites sociales e intelectuales. De hecho, hay pasajes de juristas de los siglos II-III d.C. en que se cuestiona, se relativiza, se niega o simplemente se ignora que la *infirmitas sexus* sean el fundamento de ciertas instituciones que comportan una subordinación de la mujer o la causa de exclusión del ejercicio de ciertas funciones cívicas o políticas, entendiendo, por el contrario, que tales fundamentos o causas son especiosos o bien legales o consuetudinarios.

Tales pasajes testimonian, además, que en la práctica las mujeres gestionaban sus propios asuntos y que la *tutela mulierum*, más que otra cosa, era un trámite formal, realidades que la epigrafía ha venido a corroborar. Así, Gayo afirma que no hay ninguna razón seria (*praetiosa ratio*) para mantener bajo tutela a las mujeres mayores edad (*perfectae aetatis*), siendo la *levitas animi*, "ligereza de mente", una razón más engañosa que verdadera;[630] Paulo señala que las

---

por la *infirmitas*, *imbecillitas*, *impotentia*, *levitas* e *impatientia*, características todas que habrían fundamentado su tradicional posición de subordinación constante y de absoluta pasividad respecto al varón, se halla en la literatura como contrapunto excepcional la llamada *mulier potens*, la mujer capaz, con poder. Pero el mismo hecho de existir esa marca de *potentes* atribuida sólo a ciertas mujeres pondría de relieve su excepcionalidad y no respondería sino al mismo prejuicio antifemenino. Sobre este tema véase N. F. Berrino, *Mulier potens: realtà femminili nel mondo antico*, Taranto, 2006.

630 Gai. 1, 190: *Feminas vero perfectae aetatis in tutela esse fere nulla praetiosa suasisse videtur. Nam quae vulgo creditur, quia levitate animi plerumque decipiuntur et aequum erat eas tutorum auctoritate regi, magis speciosa videtur quam vera: mulieres enim quae perfectae aetatis sunt, ipsae sibi negotia tractant, et in quibusdam causis dicis gratia tutor interponit auctoritatem suam; saepe etiam invitus auctor fieri a praetore cogitur* (Por el contrario, para las mujeres mayores de edad ninguna razón seria parece haber llevado a mantenerlas bajo tutela, pues la razón que se alega vulgarmente, a saber, que las mujeres están casi todo el tiempo inducidas a error por la ligereza de su mente y que era equitativo someterlas a la autoridad de un tutor parece más aparente que verdadera. Efectivamente, las mujeres mayores de edad tratan por si mismas sus asuntos y muchas veces su tutor no interpone su autoridad más que formalmente, incluso a menudo el pretor le obliga a interponerla contra su voluntad). Sugiere D. Nörr, *Re-*

mujeres no pueden ser nombradas jueces por las costumbres y no por carecer de juicio;[631] el epitomador de Ulpiano, al justificar el sometimiento de las mujeres a tutela una vez alcanzada la pubertad, sin dejar de reproducir la anticuada causa de la *infirmitas sexus* añade la falta de experiencia en asuntos forenses, intentando así ofrecer a sus contemporáneos una justificación más racional a la perpetuación de la tutela femenina, institución ya de por sí obsoleta en su tiempo;[632]

---

chtskritik, cit., 93, que en el hecho de que Gayo emplee la expresión *levitas animi* en lugar del vocablo *infirmitas* y en el de argumentar más como un etnógrafo que como un jurista, podría adivinarse cierto propósito polémico de evidenciar con más claridad aún la falacia de los fundamentos de la *tutela mulierum* en el contexto de un debate doctrinal sobre la obsolescencia de esta institución.

631 PAUL. 17 *ed.* D. 5, 1, 12, 2: *Non autem omnes iudices dari possunt ab his qui iudicis dandi ius habent: quidam enim lege impediuntur ne iudices sint, quidam natura, quidam moribus. Natura, ut surdus mutus: et perpetuo furiosus et impubes, quia iudicio carent. Lege impeditur, qui senatu motus est. Moribus feminae et servi, non quia non habent iudicium, sed quia receptum est, ut civilibus officiis non fungantur* (Pero no todos los individuos pueden ser nombrados jueces por quienes tienen poder para nombrar juez, pues a algunos les impide la ley ser jueces, a otros la naturaleza y a otros las costumbres. La naturaleza impide ser juez al sordomudo, al loco incurable y al impúber, pues carecen de juicio; la ley al que fue expulsado del Senado; la costumbre a las mujeres y a los esclavos, y no por carecer de juicio sino porque está aceptado que no pueden fungir cargos civiles). PAUL. 30 *ed.* D. 16, 1, 1, 1: *Nam sicut moribus civilia officia adempta sunt feminis et pleraque ipso iure non valent* [...] (Pues así como por las costumbres las mujeres fueron privadas de las funciones civiles y en la mayoría de éstas no vale de propio derecho lo que hacen [...]). A propósito de este pasaje, es muy probable que el término *pleraque* sea una interpolación introducida para atemperar, por razón de las nuevas realidades sociales, una previa afirmación categórica de nulidad de toda actuación femenina en la esfera de los *civilia officia*, pues la nulidad en todos los *officia civilia* de lo hecho por las mujeres es la consecuencia lógica y necesaria de la privación por las costumbres a las mujeres de tales *officia civilia*. Véase G. ROTONDI, *Scritti giuridici,* 3, *Studii varii di diritto romano ed attuale a cura di Pietro De Francisci*, Milano, 1922, 471.

632 UE. 11, 1: *Tutores constituuntur tam masculis quam feminis: sed masculis quidem inpuberibus dumtaxat propter aetatis infirmitatem; fe-*

y Ulpiano al ocuparse del senadoconsulto veleyano (46 d.C.), cuya misma promulgación es reveladora no sólo de la imperante en su momento actitud paternalista y desconfiada hacia las mujeres, sino también de que la intervención activa de las mujeres en el tráfico jurídico era un hecho habitual, invoca un rescripto de su tiempo, de Alejandro Severo, en el que se aclara que aquel senadoconsulto no debe entenderse en auxilio de todas las mujeres que han garantizado deudas ajenas sino sólo de aquellas que en tales actos han resultado engañadas, pues las hay que han actuado con malicia. Con ello se reconoce que la *infirmitas* no es rasgo necesariamente definitorio de la mujer, pues las mujeres, como los hombres, también pueden conducirse con *calliditas*, "malicia". De este modo: *infirmitas feminarum, non calliditas auxilium demeruit.*[633]

Argumenta el tribuno que la libre exhibición de marcadores de estatus y ornamentos por las matronas tiene una importancia no desdeñable y la justifica el hecho de ser una suerte de compensación con la que se conforman ellas por su exclusión o casi total exclusión de la vida política, jurídica, económica, religiosa y militar.[634]

---

minis autem inpuberibus quam puberibus et propter sexus infirmitatem et propter forensium rerum ignorantiam (Se nombran tutores tanto a varones como a mujeres: a los varones sólo mientras son impúberes por causa de la debilidad debida a su edad; a las mujeres en cambio tanto si son impúberes como púberes y tanto por causa de la debilidad de su sexo como por causa de su inexperiencia en los asuntos forenses).

633 Ulp. 29 *ed.* D. 16, 1, 2, 3: *Sed ita demum iis subvenit, si non callide sint versatae. Hoc enim Divus Pius et Severus rescripserunt; nam deceptis, non decipientibus opitulatur. Et est et graecum Severi tale rescriptum:* Ταῖς ἀπατώσαις γυναιξὶν τὸ δόγμα τῆς συγκλήτου βουλῆς οὐ βοηθεῖ. *Infirmitas enim feminarum, non calliditas auxilium demeruit* (Pero solamente las auxlia si no hubieran actuado con malicia. Porque el divino Pío y Severo respondieron esto por rescripto; pues se auxilia a las engañadas, no a las que engañan. Y existe también en griego tal rescripto de Severo: "Por disposición del senadoconsulto no se auxilia a las que engañan". Porque mereció el auxilio la debilidad, no la malicia de las mujeres).

634 V. Max. 2, 1, 5. Véase n. 537. Exclusión teórica y real en términos generales mostrada también habitualmente por los autores al ofrecer representaciones arquetípicas e idealizadas de la mujer romana; sin embargo,

De este modo, las mujeres habrían recibido desde tiempos inmemoriales como compensación a su exclusión de las magistraturas, los sacerdocios oficiales (salvo el de las vestales), los triunfos, las condecoraciones, las recompensas y los despojos de guerra, los adornos indumentarios y el llamado *mundus muliebris* que, merecedor de dignidad y señalizador de estatus social, estaba constituido por un conjunto de adornos en el rostro y la cabeza.[635]

En suma, para Lucio Valerio no habría que temer riesgo alguno en la derogación de la ley Opia, es más, no habría que temer a las mujeres pues son inofensivas y limitadas en sus aspiraciones por naturaleza y se someten voluntariamente a las potestades familiares viriles y al predominio de los varones. En fin, con la abolición de las limitaciones impuestas por la ley Opia se agotarían sus reivindicaciones.

Llama la atención que esta explicación dada por los citados autores para justificar las diferencias entre los roles masculino y femenino no se base, como se podría haber esperado ante argumentos como los esgrimidos por Catón en una supuesta superioridad masculina o en una supuesta incapacidad femenina para determinadas actividades o roles. De ello se podría inferir que hubo en Roma una cierta disparidad de criterios en la forma de entender y de tratar la cuestión de género, aunque sin autorizar en absoluto a hablar de una ruptura del consenso básico sobre la percepción de la mujer romana y de su papel subordinado en la vida pública y privada, como demuestran los términos finales del discurso del tribuno, que revelan que en el fondo no se trataba más que de dos criterios o estrategias distintas de tratar una cuestión por quienes tienen en realidad una idéntica base ideológica y de clase. El discurso de Lucio Valerio sería, no obstan-

---

las fuentes epigráficas y papirológicas evidencian que la mujer desempeñó fuera del ámbito doméstico al menos múltiples actividades económicas y sociales. Véase C. Alfaro Giner y M. García Sánchez, "Die Rolle der antiken Frau nach schriftlichen Quellen", en M. Tellenbach, R. Schulz y A. Wieczorek, *Die Macht der Toga*, cit., 120-122.

635 Véase sobre los elementos integrantes del *mundus muliebris* y *ornatus* y su valor simbólico L. Sensi, "Ornatus e status sociale delle donne romane", en *AFLPer(class)*, 4, 1980-1981, 55-102.

te, en rigor más derogatorio y cruel para con el sexo femenino, pues el temor al otro, a la otredad femenina en este caso, implica cierto aprecio a ese otro, mientras que la total ausencia de temor un menosprecio radical. Catón, de hecho, temía que en cuanto fueran iguales las mujeres a los hombres comenzarían a ser superiores, lo que para Valerio sería naturalmente imposible.

Así, pues, el tribuno representaría la forma amable y paternalista de un mismo discurso misógino, forma si no compartida sí como mínimo asumible de buen grado por las mujeres, imbuidas de ese mismo discurso, y Catón la más brutal y directa, patrón dual que sin ir más lejos *mutatis mutandis* no deja de repetirse todavía en las sociedades contemporáneas respecto a los distintos modos, más directo y brutal o más encubierto y amable en que se expresa una misma mentalidad no paritaria en cuestiones de género.[636]

---

[636] Los estudiosos coinciden en señalar que la distancia y el desencuentro entre los dos oradores respecto a la consideración de la mujer no se deben a una diferencia ideológica de base sino que por el contrario comparten un *background* ideológico. Veamos lo que han dicho algunos autores comparando los discursos de Catón y de Lucio Valerio en este punto: E. CANTARELLA, *L'emancipazione femminile*, cit., 55: "Si trattava solo di due strategie diverse. Catone, austero, moralista, legato alla tradizione, voleva che le donne si comportassero ancora come Lucrezia: che silenziose e discrete se ne stessero in casa a filare e tessere la lana. Che obbedissero, come era loro dovere. E che subissero le necessarie punizioni, se si comportavano diversamente. Valerio, invece, pensava che dovessero obbedire spontaneamente, di buon grado, quasi senza rendersene conto. Per questo bisognava accontentarle, dar loro riconoscimenti e gratificazioni." L. PEPPE, *Posizione giuridica*, cit., 46 y 48, viene a afirmar que en el discurso de Lucio Valerio, aun reconociendo como Catón la condición no paritaria de la mujer, habrían dos importantes diferencias respecto al de éste en su idea de la condición femenina: la existencia de un decoro femenino y la existencia de una dimensión pública y nacional de las mujeres susceptible de ser valorada. Catón y Valerio podrían ser entendidos como portavoces de dos visiones distintas de la sociedad romana cronológicamente sucesivas en el tiempo, de menor o mayor apertura, respectivamente, en las relaciones sociales. M. WYKE, "Woman in the Mirror: The Rhetoric of Adornment in the Roman World", en L. ARCHER, S. FISCHLER, S. y M. WYKE (eds.) *Women in Ancient Societies: An Illusion of the Night*, New York, 1994, 139 s.: "In Livy's narrative, the two speakers agree that Roman women are traditionally and by

Los términos finales del discurso del tribuno constituyen una reflexión sobre el concepto de *libertas* y no sólo en relación con las mujeres sino en general, pues la libertad del ciudadano bien entendida lo es en tiempos republicanos frente al poder estatal establecido y sus expresiones, constituye un límite a éste y se circunscribe a este plano, pues es perfectamente compatible con la sumisión en otro plano, el familiar, al *pater familias*, sumisión que en el caso de las mujeres también se da en ocasiones respecto al esposo y, a falta de aquél y de éste, se perpetúa en manos de otro varón, si bien de una forma mitigada, a través de la institución de protección llamada *tutela*.

Por fin, concluye el discurso de Lucio Valerio con una exhortación a los ciudadanos presentes en la *contio* a la moderación en el ejercicio del poder, que perfectamente podría valer y dirigirse a un magistrado republicano o figurar en alguno de los espejos de príncipes de los autores latinos de época imperial: *quo plus potestis, eo moderatius imperio uti debetis*: "Cuanto mayor es vuestro poder con mayor moderación debéis ejercerlo". La moderación del gobernante en el ejercicio del poder es un tópico político de la Antigüedad clásica que enlaza con el ideal de la mesura y la proporción y que se repite desde los pensadores griegos, alcanzando quizá con el *De clementia* de Séneca su más excelsa expresión. Con el uso del término *imperium* en relación con la potestad doméstica establece el tribuno un paralelismo entre ese poder del *pater familias* y el poder del magistrado, subrayando así la importancia no menor del primero y evidenciando de nuevo la coexistencia de esos dos planos o esferas: el familiar y el estatal y su parejo funcionamiento.

5. CONCLUSIÓN

> *8. Haec cum contra legem proque lege dicta essent, aliquanto maior frequentia mulierum postero die sese in*

---

nature different from and inferior to Roman men, and through their discussion of the Oppian law, they further disclose that woman's difference and inferiority is expressed visibly on the surface of her body. Woman's adorned body is thus a site of her social definition, and it is only in their relative evaluations of the role women can play in the Roman state that the speakers differ".

> *publicum effudit unoque agmine omnes Brutorum ianuas obsederunt, qui collegarum rogationi intercedebant, nec ante abstiterunt quam remissa intercessio ab tribunis est. nulla deinde dubitatio fuit quin omnes tribus legem abrogarent. viginti annis post abrogata est quam lata.*
>
> Al día siguiente de pronunciarse estos discursos a favor y en contra de la ley fue bastante mayor la afluencia de mujeres que se desbordaron por los lugares públicos y todas ellas se agolparon en masa ante las puertas de los Brutos, que se oponían a la propuesta de sus colegas; no depusieron su actitud hasta que los tribunos renunciaron a la interposición del veto. Después de esto ya no hubo duda de que todas las tribus votarían por la derogación de la ley. Ésta quedaría derogada veinte años después de su promulgación.

En fin, desaparecida la causa de necesidad que condujo a la *rogatio* de la *lex Oppia* y dada la euforia derivada de las recientes victorias obtenidas a la sazón sobre Cartago y Macedonia, no había razón para mantener una ley que mermaba sensiblemente el legítimo derecho de las élites rectoras a señalizar su estatus social a través de la riqueza y el lujo, desempeñando sin duda las matronas en tal señalización un papel muy destacado, sin que sirvieran de nada la batería de argumentos moralistas y misóginos de Catón el Censor, a quien la tradición historiográfica muestra como gran adalid del mantenimiento de la *lex Oppia*, argumentos que, por cierto, no pudieron ser exactamente los que recrea Livio, pues, además de las razones antes apuntadas, tanto el discurso de Catón como el de Lucio Valerio, en contra y a favor respectivamente de la derogación de la *lex Oppia*, contienen anacronismos, no reflejan sino el argumentario que sería empleado dos siglos después con ocasión de la *lex Iulia de vestitu et habitu mulierum* de Augusto,[637] que con toda probabilidad no es otra que la misma *lex Iulia sumptuaria* de Augusto (18?).

---

637 Así también lo afirman *LPPR*, 267 s.; y J. EDMONDSON, *Public Dress*, cit., 28.

Tras la derogación de la *lex Oppia*, y en esto Catón no habría errado en su vaticinio, se produjo una gran escalada del lujo en general y del lujo indumentario en particular.[638] Esta última duró hasta que presuntamente se vio truncada por la prohibición cesariana del uso de las *vestes conchyliatae.*

---

[638] V. Max. 9, 1, 3: *quod si animi muliebris apparatus intueri potuissent, quibus cotidie aliquid novitatis sumptuosius adiectum est, in ipso introitu ruenti luxuriae obstitissent* (pues si hubiesen podido intuir la pomposidad que caracteriza al espíritu femenino, pomposidad a la que se añade cada día algo nuevo aún más ostentoso, se habrían opuesto desde su misma raíz al lujo que se les venía encima).

CAPÍTULO VII
LEX IULIA SUMPTUARIA Y PROHIBICIÓN DE *VESTES CONCHYLIATAE*

La información acerca de estas disposiciones es escasa. La noticia más precisa la provee Suetonio en su *Vita Divi Iulii* 43, que completa en parte Jerónimo en su Crónica en lo relativo al año 46 y respecto a las destinatarias de la prohibición. Otras fuentes son Dión Casio 43, 25 y diversos pasajes de Cicerón: *Att.* 13, 7, 1; *Fam.* 7, 26, 2 y 9, 15, 5; y *Marc.* 8, 23, pasaje éste último en que podría verse una vaga alusión a aquellas disposiciones cuando se refiere a la represión por César de las bajas pasiones mediante leyes severas (*comprimendae libidines severis legibus sunt*).

> SUET. *Jul.* 43, 1-2: *Lecticarum usum, item conchyliatae vestis et margaritarum nisi certis personis et aetatibus perque certos dies ademit. legem praecipue sumptuariam exercuit dispositis circa macellum custodibus, qui obsonia contra vetitum retinerent. submissis nonnumquam lictoribus atque militibus, qui, si qua custodes fefellissent, iam adposita e triclinio auferrent.*
>
> Prohibió el uso de literas, de vestidos de púrpura y de perlas, salvo a determinadas personas y edades y en determinados días. Puso en práctica sobre todo una ley suntuaria poniendo guardias alrededor del mercado para que requisaran los alimentos que iban en contra de lo prohibido y se los llevaran a casa. A veces enviaba de

> improviso a los lictores y soldados con el encargo de retiralos de las mesas ya servidos, en caso de que hubiesen logrado burlar la vigilancia de los guardias.
>
> HIER. *chron.* a. 46 a.C.: *Prohibitae lecticis margaritisque uti quae nec viros nec liberos haberent et minoris essent annis XLV.*
>
> Se les prohibió usar literas y perlas a las que no tuvieran esposos ni hijos y a las que fueran menores de cuarenta y cinco años.

Rotondi, autor del conocido catálogo de *leges publicae populi Romani*, entendió que la *lex sumptuaria* de Julio César, invocada aquí por Suetonio, habría tenido por contenido tanto ciertas restricciones convivales y alimentarias como la prohibición del uso de literas, perlas y vestidos tintados de púrpura.[639] A mi juicio, sin embargo, en estos dos pasajes consecutivos Suetonio estaría informando en realidad de dos disposiciones normativas distintas. Veamos. Dedica el biógrafo exclusivamente el apelativo de "*sumptuaria*" a una ley relativa a alimentos y a ágapes, es decir, a una ley cuyo contenido sería, como he explicado en su momento, el característico de las *leges sumptuariae* propiamente dichas, puesto que después de informar sobre una prohibición drástica (*ademit*) del uso de vestidos purpúreos, perlas y literas, tras una pausa gramatical pasa a hablar de una *lex sumptuaria* sobre limitación en el consumo de ciertos alimentos en banquetes como tratándose de una información diferente de la anterior, de una información afín pero distinta.[640] Resulta, además, sintomático el aire decretal del

---

[639] *LPPR*, 421. También consideran que se trata de una única ley con todo ese contenido: I. SAUERWEIN, *Die leges sumptuariae*, cit., 151-156; y A. BOTTIGLIERI, *La legislazione*, cit., 20, n. 13.

[640] También advierte E. BALTRUSCH, *Regimen morum*, cit., 59, que Suetonio parece presentar la prohibición de vestidos purpúreos, perlas y literas como separada de la *lex sumptuaria*: "Es ist keineswegs sicher, daß diese Bestimmungen der *lex Iulia sumptuaria* angehörten, da Suetons Aufzählung die Maßnahmen gegen allzu prachtvolle Präsentation in der Öffentlichkeit von der *lux sumptuaria* zu trenen scheint".

término *ademit*, que connota el empleo de cierta violencia o imposición en el modo de establecer la prohibición.[641] También habría que tener en cuenta que César fue investido *praefectus moribus* en 46,[642] avocando hacia sí el *regimen morum* censorio y es de suponer que dictara disposiciones en su condición de tal. Asimismo, resulta significativo que las ediciones de la obra de Suetonio marquen el inicio de un nuevo pasaje, el *Jul.* 43, 2, justo cuando se empieza a hablar de la *lex Iulia sumptuaria.* Por último, no existe ningún pasaje que califique como *lex Iulia sumptuaria* lo indicado en Suet. *Jul.* 43, 1 y todos los pasajes en que se cita la *lex sumptuaria* cesariana se refieren a alimentos y banquetes.

En efecto, podría también argumentarse a favor de que se trata de disposiciones normativas distintas el plural *severis legibus*, que emplea Cicerón en *Marc*, 8, 23, en alusión a las leyes promulgadas por César para reprimir las bajas pasiones (*libidines*). Suponiendo que Cicerón se refiera aquí a nuestras disposiciones en materia suntuaria, como todo parece indicar pues no hay otras leyes que encajen fácilmente con un propósito de *libidines comprimere*, con independencia de que el orador hubiera empleado aquí *stricto sensu* el término *leges* como *leges rogatae*, o lo hubiera hecho *lato sensu* como disposiciones normativas inespecíficas, el uso del plural resultaría decisivo para afirmar aquella diferencia; sin embargo, no es así, pues no es descartable que se pudiera haber tratado aquí de un uso retórico de plural por singular. Por lo tanto, aquel plural, *severis legibus*, sólo tendría un valor indiciario de que se trata de dos disposiciones distintas.

No abandonando a Cicerón, en una carta dirigida por éste a un amigo epicúreo, llamado Marco Fabio Galo, se queja el Arpinate de las secuelas digestivas de la *lex sumptuaria* cesariana, habida cuenta de la promoción y abuso del consumo de legumbres y hortalizas que estaba suponiendo aquella ley. Con ello Cicerón atribuye a la ley suntuaria un contenido meramente cibario. También en otra carta, dirigida a un tal Peto S., se refiere a esta ley relacionándola también

---

[641] *OLD*, s. v. *adimo*, 43.

[642] Cic. *Fam.* 9, 15, 5; y D. C. 44, 5, 3.

sólo con alimentos de la tierra y mencionando a la sazón algunos prohibidos, como ciertas setas.[643]

También Dión Casio cuando describe en 43, 25 el *corpus legum* cesariano sólo estaría mencionando la *lex sumptuaria* y no la prohibición de *vestes conchyliatae* y demás.[644] En efecto, habla el historiador niceno de una ley sobre limitación de dispendios (ἀναλώματα) a fin de combatir la prodigalidad (ἀσωτία) al parecer instalada en ciertos ambientes de la alta sociedad, por sus nocivos efectos; y también refiere la implementación de la efectiva aplicación de esa ley a través de una estricta vigilancia. Pues bien, esa limitación de gastos suntuarios sólo puede referirse a la *lex sumptuaria*, la de Suet. *Jul.* 43, 2, pues la finalidad de la prohibición de uso de vestimenta purpurada, perlas o literas, la de Suet. *Jul.* 43, 1, es precisamente eso: una prohibición de uso, de uso público de tales artículos suntuarios, y no

---

643 Cic. *Fam.* 7, 26, 2: *Ac tamen, ne mirere, unde hoc acciderit quomodove commiserim, lex sumptuaria, quae videtur* λιτότητα *attulisse, ea mihi fraudi fuit. Nam, dum volunt isti lauti terra nata, quae lege excepta sunt, in honorem adducere, fungos, helvellas, herbas omnes ita condiunt, ut nihil possit esse suavius: in eas cum incidissem in coena augurali apud Lentulum, tanta me dirroia arripuit, ut hodie primum videatur coepisse consistere.* (Y con todo para que no te preguntes de dónde ha venido este mal o cómo lo he contraído, la ley suntuaria que parece habernos traído un "modo de vida sencillo" me ha engañado, pues mientras estos requisitos quieren mejorar la calidad de los productos nacidos de la tierra que no están indicados en la ley, aderezan de tal modo las setas, las hortalizas y las legumbres que nada puede ser más deleitoso. Cuando les estaba hincando el diente en la cena augural celebrada en casa de Léntulo se me produjo una diarrea tan fuerte que hoy parece ser el primer día en que ha empezado a remitir). Cic. *Fam.* 9, 15, 5: *cum vero aberit, ad fungos me tuos conferam. Domum si habebo, in denos dies singulos sumptuariae legis dies conferam* (pero cuando se vaya (César) me apresuraré a tus setas. Si tengo casa haré que un día bajo la ley suntuaria me dure como diez días).

644 D. C. 43, 25, 2: καὶ τὰ ἀναλώματα τῶν τι ἐχόντων ἐπὶ πλεῖστον ὑπ' ἀσωτίας ἐξηγμένα οὐκ ἐν νόμῳ μόνον ἐμετρίασεν, ἀλλὰ καὶ τῷ ἔργῳ ἰσχυρῶς ἐν φυλακῇ ἐποιήσατο (respecto a los gastos de los que tenían recursos, que habían aumentado muchísimo por causa del despilfarro, no sólo los limitó con una ley sino que también los puso de hecho bajo estricta vigilancia).

una prohibición de disposición patrimonial o gasto, pues con ella se quieren evitar los presuntos efectos perjudiciales de la ostentación del lujo mientras que con la *lex sumptuaria* se quieren evitar los presuntos efectos perjudiciales de la prodigalidad.

Por otra parte, respecto a la implementación de la ley a través de una estricta vigilancia de los gastos, se refiere igualmente a eso, a sólo los gastos, y encajaría con la descrita con mayor detalle por Suetonio en relación únicamente con la *lex sumptuaria* (*Jul.* 43, 2), que menciona guardias, lictores y soldados para el control y fiscalización de los alimentos y banquetes. No obstante, tampoco resultaría decisivo por sí sólo este pasaje de Dión para afirmar que la *lex sumptuaria* de César era de carácter exclusivamente cibario y distinta por ello de la prohibición de usar públicamente vestimentas purpúreas, perlas y desplazamiento en litera, pues, como indica el propio autor en su descripción de la legislación cesariana, iba a pasar por alto la mayoría de las leyes e iba a señalar sólo las más memorables.[645]

Julio César habría prohibido usar públicamente ciertos artículos suntuarios, como las prendas tintadas con púrpura marina (*conchyliatae vestes*) seguramente entre agosto y octubre de 46.[646] Del año siguiente habría sido, en cambio, una ley suntuaria propiamente dicha por la que se establecían restricciones al lujo convival. No se puede saber empero con certidumbre si la primera prohibición fue promulgada por medio de una ley comicial o César la impuso unilateralmente en su calidad de *praefectus moribus*; sin embargo, entiendo que es más atendible esto último y que se hubiese establecido la interdicción a través de una suerte de *edictum de sumptibus* por las siguientes razones: en primer lugar, César gozaba precisamente de la potestad de establecer interdicciones *ratione morum* al

---

[645] D. C. 43, 25, 1: ταῦτά τε ἅμα ἐπράττετο, καὶ ἐνομοθετεῖτο πολλά, ὧν ἐγὼ τὰ μὲν ἄλλα παραλείψω, τῶν δὲ δὴ λόγου μάλιστα ἀξίων μνησθήσομαι (A la vez que hacía esto promulgó muchas leyes, de las cuales pasaré por alto la mayoría y recordaré sólo las más dignas de mención).

[646] De hecho, de acuerdo con D. C. 43, 14, 2; Plu. *Caes.* 55-56; Suet. *Jul.* 56, 5; y App. *BC* 2, 103, Julio César habría llegado a Roma a finales de julio de 46 procedente de Cagliari tras la campaña de África y habría partido hacia Hispania a principios de noviembre del mismo año: L. Canfora, *Giulio Cesare. Il dittatore democratico*, Roma-Bari, 1999, 471.

haberse arrogado la condición de *praefectus moribus*; en segundo lugar, la interdicción iba dirigida sólo a un sector muy concreto de la población, es más, a un sector de la élite, y su alcance material, espacial y temporal era también reducidísmo, todo lo cual sugiere la inidoneidad *a priori* de una ley comicial; en tercer lugar, no se daba una situación crítica tal que aconsejase la aprobación popular de la medida, como sí había acontecido en 215 con la *lex Oppia*; en cuarto lugar, podría alegarse la semántica de *adimere*, verbo utilizado en la norma cesariana para indicar la acción de prohibir, como se ha apuntado antes; y, por último, hay constancia de la promulgación de edictos de contenido suntuario, como un *edictum de sumptibus* dictado paradójicamente por Marco Antonio, según noticia de Macrobio,[647] u otro edicto del cual, según información en este caso de Aulo Gelio, hablaba Ateyo Capitón, y sobre el que el polígrafo duda de su atribución a Augusto o a Tiberio, edicto que habría sido dictado por el emperador en su condición de *praefectus moribus*, magistratura ésta que creada para Julio César quedaría después anexa a la condición de Príncipe.[648]

A diferencia de lo que ocurre con las demás leyes suntuarias republicanas, sí tenemos noticia en el caso de la *lex Iulia sumptuaria* de César de medidas implementadas para procurar la efectiva aplicación de la ley. Efectivamente, de las demás leyes suntuarias y también en esto de las de represión del lujo no cibarias, como la *lex Oppia*, sólo podemos deducir, por analogía precisamente con la ley cesariana, la probable existencia de un control, vigilancia o fiscalización de su cumplimiento y denuncia de su inobservancia a cargo de los ediles curules, como tarea incardinada verosímilmente en su función de *cura urbis*, y podemos hacerlo a partir de los pasajes de

---

647 Macr. 3, 17, 14. Parádojico el edicto de Marco Antonio a juzgar por la anécdota que en los pasajes siguientes, 3, 17, 15-18, cuenta Macrobio acerca de una apuesta sobre cena más suntuosa entre Marco Antonio y su amante Cleopatra VII, que ganó ésta tras disolver en vinagre una perla valorada en diez millones sestercios y beberse la solución obtenida.

648 Gel. 2, 24, 15. Véanse pp. 185 y 187. Por este edicto se elevaba el gasto de trescientos a dos mil sestercios en determinadas festividades del año, a fin de que fuera contenida la desatada pasión por el lujo al menos dentro de ese límite (*ut his saltem finibus luxuriae effervescentis aestus coerceretur*).

Tácito, *Ann.* 3, 52, 2; 53, 2; y 55, antes tratados, relativos al reinado de Tiberio y referidos a *lex Iulia sumptuaria* de Augusto (18?),[649] en que aparecen los ediles protagonizando la denuncia pública del escaso cumplimiento por parte de los senadores de aquella ley, denuncia que terminaría por provocar incluso la intervención al respecto del emperador en el Senado. Estos pasajes son los únicos, como ya se indicó, en que se relaciona expresamente a estos magistrados con las leyes suntuarias.

En cambio, respecto a la *lex Iulia sumptuaria* nos informa Suetonio de la colocación de guardias en el mercado para el decomiso de los alimentos declarados *extra commercium* y, para el caso de haber conseguido burlar aquella vigilancia, del envío sorpresivo de lictores y soldados a las casas particulares para retirar los productos prohibidos en plena celebración de los banquetes. Pero teniendo en cuenta que todo el personal citado por Suetonio es subalterno y ejecutivo, sería lícito deducir que tales empleados habrían de actuar a las órdenes o bajo las indicaciones de algún magistrado y que éste presumiblemente sería un edil. La actuación de fuerzas del orden público en el contexto de los mercados también haría de los ediles firmes candidatos a desempeñar el cometido de la vigilancia del cumplimiento de las leyes suntuarias.

Así, pues, si bien no puede afirmarse en términos categóricos la competencia de los ediles en materia de leyes suntuarias con anterioridad a Tiberio, sí puede hablarse, en cambio, de una máxima probabilidad de que así fuera. En todo caso, de lo que no cabe duda, como ya se dijo en el apartado relativo a las *leges sumptuariae*, es que, existiera o no un control edilicio, la observancia de estas leyes fue muy deficiente, como lo sugiere el elevado número de leyes de este tipo y, además, bastante reiterativas, promulgadas durante la república. Pero también habría sido deficiente el cumplimiento de *lex Iulia sumptuaria*, a pesar de haberse implementado quizá mejor o de haberse puesto más cuidado en las medidas para procurar su obser-

---

[649] Esta ley queda fuera del presente estudio por promulgarse en época imperial. Son fuentes para su conocimiento: SUET. *Aug.* 34; 40; y 89; y *Tib.* 34; D. C. 54, 16; FLOR. *Epit.* 2, 34 (4, 12, 65); GEL. 2, 24, 14; LIV. 34, 2, 8; y *Mon. Anc. Gr.* 3, 19.

vancia, lo que poemos saber gracias a Cicerón, que lo apunta en un pasaje de su correspondencia epistolar con Tito Pomponio Ático.[650]

Por otra parte, existe un paralelismo muy estrecho entre la prohibición cesariana de *vestes conchyliatae* y demás y la *Lex Oppia*, hasta el punto de que lleva a pensar incluso en una suerte de "reedición", deliberada o no, de la segunda, pero actualizada y sin los problemas de índole jurídica en cuanto a su aplicación en el tiempo que planteaba la primera, problemas derivados precisamente de su naturaleza de *lex*, pues el debate a propósito de la *lex Oppia* sobre la existencia de dos tipos de leyes, unas de utilidad permanente e inderogables por otras leyes *ad hoc* y otras de utilidad coyuntural y sí derogables, no tendría sentido tratándose de disposiciones de naturaleza ejecutiva como las que emanan de un magistrado, cuyo mantenimiento depende de la discrecionalidad de tal magistrado edicente o de la de su sucesor o sucesores en el cargo.

Efectivamente, si bien entre ambas prohibiciones existe una importante diferencia en lo que concierne a los directos destinatarios, pues la prohibición cesariana no va dirigida expresamente a las mujeres como la de la ley Opia, ambas presentan, en cambio, una idéntica estructura triádica: vestimenta – adorno – medio de desplazamiento, y las diferencias entre los elementos de una y otra prohibición con toda seguridad son producto de los cambios en la moda suntuaria, pues no en balde media una distancia cronológica de casi dos centurias entre una y otra disposición. De esta forma, si la ley Opia prohíbe el *vestimentum versicoloris*, el edicto cesariano prohíbe la *vestis conchyliata*; si la ley Opia prohíbe las joyas de oro de peso superior a media onza (*plus semuncia auri*), el edicto cesariano prohíbe las perlas (*margaritae*); y si la ley Opia prohíbe el uso de carro de caballos (*vehiculum iunctum*), el edicto cesariano prohíbe el uso de literas (*usus lecticarum*). Nos interesa aquí la diferencia entre los artículos indumentarios de una y otra disposición.

Tanto el *vestimentum versicoloris* como la *vestis conchyliata* se refieren a prendas tintadas con púrpura. La diferencia entre ellas se-

---

[650] Cic. *Att.* 13, 7: *ne se absente leges suae neglegerentur sicut esset neglecta sumptuaria* (para que estando él (César) ausente sus leyes no fueran desoídas como había sido desoída su ley suntuaria).

ría de género a especie, dado que en la primera expresión se entendería comprendida principalmente toda prenda tintada con púrpura, independientemente del origen animal, vegetal o mineral de ésta, y también posiblemente la prenda teñida de otros colores[651] o con otras sustancias, mientras que la *vestis conchyliata* sería una prenda tintada con un cierto tipo de púrpura marina, la procedente del *conchylium* o *murex*, cuyo color púrpura tenía posiblemente el tono más pálido del espectro: el violeta o lavanda.[652] El uso de este color llegó a ser sinónimo de lujo escandaloso como confirma un pasaje de las Filípicas de Cicerón, en que el orador se refiere a la magnitud del lujo de Marco Antonio aludiendo irónicamente al color púrpura *conchyilium* de las sábanas de los lechos de los esclavos de Gneo Pompeyo.[653]

Así, pues, a finales de la república es el empleo textil de la púrpura de origen animal lo que constituye la expresión del máximo lujo indumentario y lo que es blanco de las restricciones suntuarias. El auténtico señalizador indumentario de estatus y riqueza ha dejado de serlo la púrpura en general para pasar a serlo sólo la púrpura de origen marino. El uso de púrpura de calidades inferiores o imitaciones se habría socializado y no constituiría artículo suntuario alguno.

La prohibición sólo era aplicable en el interior de la ciudad de Roma y en determinados días del año, seguramente los festivos al ser los más propensos a la señalización y exhibición de estatus, contemplando, además, excepciones: a saber, los casos de autorización

---

[651] *OLD*, s. v. *versicolor*, 2039.

[652] L. Cleland, G. Davis y L. Llewellyn-Jones, *Greek and Roman Dress*, cit., 39.

[653] Cic. *Phil.* 2, 27, 67: *conchyliatis Cn. Pompei peristromatis servorum in cellis lectos stratos videres. Quam ob rem desinite mirari haec tam celeriter esse consumpta. Non modo unius patrimonium quamvis amplum, ut illud fuit, sed urbis et regna celeriter tanta nequitia devorare potuisset* (Y en las estancias de los esclavos de Gneo Pompeyo podrías ver sus lechos cubiertos con sábanas de color púrpura. Por eso, dejad de asombraros de que estos bienes fueran consumidos tan rápidamente. Una vileza tan grande como la de Antonio habría podido devorar rápidamente no sólo la fortuna de un solo hombre, aún siendo cuantiosa como la de Pompeyo, sino hasta la de una ciudad o un reino enteros).

concedida expresamente a sujetos por razón de su cargo, como senadores que fungían alguna magistratura[654] o sacerdotes, o a grupos de individuos por razón de edad o sexo, como niños o mujeres. Así, pues, se trata, por lo que sabemos, de una restricción relativa al uso indumentario de la púrpura, con un alcance espacial y temporal limitado y con excepciones personales en su aplicación, además de que la prohibición no cubre todo tipo de púrpura sino tan sólo presumiblemente la de más alta calidad. Con todo, la restricción debió resultar sensible y significativa para las élites, pues de lo contrario no hubiera servido evidentemente a fin alguno, y representó un freno a la escalada del lujo indumentario que había supuesto la derogación de la *lex Oppia*.

Los usuarios de los artículos prohibidos eran los miembros de las élites políticas y sociales y la materia prohibida no era cualquier artículo de lujo ni siquiera de un mismo ámbito sino elementos suntuarios muy precisos. Por ello, no puede afirmarse cabalmente ni que el propósito de la prohibición pudiera haber sido la genérica represión del lujo como hábito reprobable por contrario a la moral, por antieconómico o por cualquiera de las razones aducidas para justificar las medidas restrictivas del lujo; ni que su sentido hubiera sido una suerte de restauración de las buenas costumbres, sino que más bien se habría tratado, a mi juicio, de una medida política: una señal propagandística lanzada a los *populares* y una medida de corte demagógico dirigida a opacar la señalización de estatus, a través fundamentalmente de la púrpura, y la exhibición de la riqueza por parte de la élite optimate, y reflejar así un "paisaje" urbano propio no de la vieja legalidad republicana aristocrática sino del incipiente autoritarismo cesariano, simbolizado, entre otros atributos, por la indumentaria del triunfo o la toga íntegramente púrpura que sólo podía lucir César de forma permanente dentro la ciudad.[655]

Y si tal fue la finalidad de la prohibición cesariana relativa a la ostentación de ciertos artículos de lujo, la de la *lex sumptuaria cibaria* ha-

---

[654] D. C. 49, 16, 1.

[655] Como honor que le había sido otorgado por el Senado junto con la silla de oro y la corona de laurel: D. C. 44, 4, 2; Cic. *Phil.* 2, 34, 85 y *Div.* 1, 119 y 2, 37; y V. Max. 1, 6, 13.

bría sido, por su parte, la de contribuir a que el ámbito de socialización por excelencia, el simposíaco, no sirviera de caladero de heterías contra el dictador o de conjuras o intrigas políticas. Efectivamente, el lapso de tiempo comprendido entre principios de octubre de 45, fecha en que llegó a Roma César tras su victoria en Hispania frente a los últimos grupos de resistencia pompeyana, y los fatídicos idus de marzo de 44, había estado marcado, como es sabido, por la pretensión de César de normalizar su poder personal y darle una forma y legitimación constitucional, pero a la vez también por un clima de conjura contra el dictador que se palpaba en el ambiente, cosa de la que nos da cuenta Suetonio, cuando narra que César en un edicto hizo saber que le eran conocidas las conjuras y conciliábulos nocturnos contra él;[656] y ya Cicerón en su *Pro Marcelo* expresaba su preocupación por la conspiración y las insidias (*insidiarum consensio*) contra César[657] y exhortaba a éste, quien temía ser víctima de una conjura, a que velara por su propia vida, y también le prometía, arrogándose en esto la representación de la voluntad del Senado, centinelas y escoltas e incluso dar la vida por él.[658]

Pues bien, en un clima tal de sospecha y de riesgo para el dictador parece que una *lex sumptuaria* podía, si no impedir, evidentemente, sí ayudar a evitar las conspiraciones al permitir el acceso sorpresivo

---

656 Suet. *Jul.* 75, 5: *Itaque et detectas coniurationes conventusque nocturnos non ultra arguit, quam ut edicto ostenderet esse sibi notas.*

657 Cic. *Marc.* 22-23: 22. *Equidem de te dies noctisque (ut debeo) cogitans, casus dumtaxat humanos et incertos eventus valetudinis et naturae communis fragilitatem extimesco; doleoque, cum res publica immortalis esse debeat, eam in unius mortalis anima consistere.* 23. *Si vero ad humanos casus incertosque motus valetudinis sceleris etiam accedit insidiarumque consensio, quem deum, si cupiat, posse opitulari rei publicae credamus? [VIII] Omnia sunt excitanda tibi, C. Caesar, uni, quae iacere sentis, belli ipsius impetu, quod necesse fuit, perculsa atque prostrata: constituenda iudicia, revocanda fides, comprimendae libidines, propaganda suboles: omnia, quae dilapsa iam diffluxerunt, severis legibus vincienda sunt.*

658 Cic. *Marc.* 32: *Qua re omnes te, qui haec salva esse volumus, et hortamur et obsecramus, ut vitae tuae et saluti consulas; omnesque tibi, ut pro aliis etiam loquar quod de me ipse sentio, quoniam subesse aliquid putas quod cavendum sit, non modo excubias et custodias, sed etiam laterum nostrorum oppositus et corporum pollicemur.*

e incluso totalmente inopinado a las casas durante la celebración de cenas o reuniones sospechosas so pretexto de presunta infracción de la ley suntuaria. De este modo, si el año 46 resulta es el de más probable ubicación de la restricción edictal del lujo indumentario, la datación más probable de la *lex Iulia sumptuaria* sería la comprendida entre octubre de 45 y principios de 44.

El cesaricidio no pudo ser evitado a pesar de las medidas de prevención tomadas al respecto, entre las cuales pudo haberse contado la *lex Iulia sumptuaria*.

CONCLUSIONES

Estas son las conclusiones más importantes alcanzadas en la presente investigación:

1ª Los autores romanos transmiten una idea negativa del lujo como factor exógeno de decadencia moral y política del mundo romano; sin embargo, ese lujo moralmente reprobable no se identifica con cualquier exceso relativo a bienes y gastos superfluos, sino que es propio de la idiosincrasia romana valorar positivamente la ostentación en la dimensión pública de la vida al tiempo que la contención en la dimensión privada, de donde el contraste entre el aprecio hacia la magnificencia pública (*magnificentia*) y la aversión hacia el lujo privado (*luxus*), contraste comparable al que existe entre la religión pública, pomposa y excesiva, y la religión privada, discreta y austera, así como también es detectable tal contraste en la moralidad indumentaria catoniana: frugalidad privada y dignidad pública. Así, pues, es el privado el único ámbito en que resulta censurable para un romano el lujo y la suntuosidad.

2ª Antes de las *leges sumptuariae* y de las *leges ad coercendam luxuriam* no puede hablarse con propiedad de auténticas normas restrictivas del lujo, hecha excepción de ciertas limitaciones monárquicas y decenvirales al exceso en los rituales funerales, y habría sido suficiente hasta ese momento la simple corrección censoria de las esporádicas manifestaciones de lujo inmoderado.

3ª El uso de la púrpura en los tejidos estuvo presente en Roma desde los tiempos remotos de la monarquía y en calidad de atributo exclusivamente regio. En época republicana sirvió como distintivo de estatus y de poder civil y militar. Tal uso acabaría por extenderse a la indumentaria femenina, llegando a representar la *vestis purpurea* la más conspicua manifestación de lujo indumentario.

4ª La finalidad inmediata de las restricciones suntuarias de la ley de las XII Tablas es la prohibición del exceso mostrado en las ceremonias funerales tanto en el aspecto estrictamente suntuario o material, conminando a prescindir de todo lo que en tales ceremonias implique un gasto, como en el aspecto formal, gestual y ritual, reprimiendo el patetismo histriónico, particularmente femenino, y cualquier manifestación exagerada de duelo.

5ª No es incompatible la romanidad de la ley de las XII Tablas con un aprovechamiento sectorial de las leyes solónicas o de otros cuerpos legislativos del ámbito helénico.

6ª Las restricciones suntuarias decenvirales en el ámbito funerario constituyen normas puras, apodícticas o sin sanción explícita y ello es debido a su naturaleza más inhibitoria que correctiva, lo que explica además su escasa eficacia social y el pronto resurgimiento de las manifestaciones suntuarias en tal ámbito.

7ª A una concepción comunitaria y profiláctica de los funerales romanos habría seguido una concepción individualista y señalizadora de estatus. Tal concepción habría convertido los funerales en peligrosos escenarios de competición para la exhibición de estatus, razón por la cual las restricciones no afectaron a ámbitos que quedaban fueran del estricto contexto de las ceremonias funerales como los banquetes o a elementos materiales aisladamente considerados como la vestimenta.

8ª La razón última de ser de las normas decenvirales restrictivas de los excesos funerarios habría sido la necesidad del patriciado de autolimitarse para conjurar posibles escenarios de confrontación social, tanto en sentido vertical, a fin de no provocar a la plebe con ostentaciones ofensivas de riqueza y estatus, como en sentido horizontal, a fin de impulsar la cohesión de la élite y evitar espirales competitivas, y todo ello con el propósito último de salvaguardar el estado de cosas existente en una época de especial conflictividad social.

9ª La restricción en materia de *sumptus* funerario indumentario contenida en el pasaje 10, 3 de la ley de XII Tablas al uso en funerales de tres *ricinia* y a una *tunicula purpurea* debe entenderse en el sentido de que lo vetado por los decenviros fue el acto de colocar en la pira funeraria, en caso de incineración del cadáver, más de tres *ricinia* y una *tunicula purpurea* en total, o de depositar, en caso de inhumación, junto al cadáver los mismos atuendos y en idéntico número.

10ª La censura es una magistratura inserta en el sistema político republicano pero al mismo tiempo por encima de él en su condición de garante de la moralidad y funciona en cierto modo de por libre en dicha condición. Esta posición anómala en el sistema encuentra su razón de ser en el hecho de contribuir a proporcionar sostén y firmeza a la constitución mixta republicana.

11ª Las notas censorias no tienen una naturaleza penal ni jurisdiccional sino una suerte de naturaleza "administrativa sancionadora", la cual explica su valor revocable y provisorio, en relación principalmente con la *lectio senatus*, la composición de las centurias de caballeros o de las tribus comiciales, y el hecho de irrogar al individuo *ignominia*.

12ª Razones de la represión censoria del lujo son: 1ª Procurar la cohesión de los órdenes senatorial y ecuestre a través del establecimiento de unos sólidos márgenes de uniformidad entre ellos, actuando aquella represión como un discreto mecanismo eliminador de potenciales factores de desigualdad o desencadenadores de espirales de competencia y división en el seno de aquellos órdenes. De este modo, los censores contribuyen a reforzar la coherencia e identidad de la aristocracia romana y sus valores; y 2ª Evitar que el surgimiento de un nuevo tipo de potentados y la aparición de una diversificación de las fuentes de riqueza, originada a partir de la expansión económica y del auge del comercio, acaben por alterar la estructura social y afectar a la estabilidad política.

13ª Las leyes suntuarias serán el producto de la contradicción entre, por un lado, un nuevo paradigma social y económico, formado entre los siglos III y II a.C., caracterizado por un nuevo concepto de riqueza, más dinámico y que admite el comercio como fuente digna, pero también inestable o sometido a riesgos y avatares, y el viejo paradigma con fundamento en el tradicional concepto de riqueza estático, excluyente del riesgo y basado en la propiedad fundiaria y en los bienes heredados.

14ª Por *leges sumptuariae* debe entenderse aquellas *leges* o *plebiscita* cuyo objeto primario e inmediato es la restricción del *sumptus* convival o simposíaco. Tales *leges* constituyen una auténtica serie legislativa por razón de su objeto y de los *capita translaticia* que contienen; revelan la contradicción existente entre el arraigo social de los banquetes costosos y el rechazo moral a este tipo de prácticas; y su reiteración es asimismo sintomática de su escasa eficacia social. Distintas a ellas, aunque afines, son otras *leges* a las que podría denominarse *leges ad coercendam luxuriam*, muy escasas ciertamente, que esporádicamente restringieron ciertas manifestaciones de lujo, como el indumentario, y cuya utilidad es coyuntural, no permanente. De signo contrario serían una suerte de *leges ad non coercendam luxuriam*, promulgadas para autorizar determinadas manifestaciones de lujo, ya autorizándolas directamente ya derogando una precedente ley restrictiva.

15ª Las *leges sumptuariae* y las *leges ad coercendam luxuriam* no sancionan la afección al lujo considerada como vicio moral ni la tenencia de riquezas sino la ostentación privada o coyunturalmente pública de determinados objetos considerados de lujo, constituyendo el supuesto normativo ya el propio acto de ostentación ya el gasto excesivo que aquel acto de ostentación presupone.

16ª Las *leges sumptuariae* constituyen un fenómeno jurídico y social, resultado de la confluencia de factores políticos, económicos, sociales y morales, con dos fines fundamentales: 1º Impedir la ruptura de las reglas del juego político mediante una utilización torpe de la riqueza con propósitos de captación de voluntades y votos; y 2º Apuntalar el tradicional sistema de patronato y evitar que la riqueza pudiera ser utilizada para alterarlo o destruirlo y con él uno de los sillares de la hegemonía política de la *nobilitas*.

17ª Las *leges sumptuariae* republicanas constituyen actos con un valor más político que jurídico, actos propagandísticos y de simulada "autoamonestación" del orden dirigente senatorial, co-destinatario de este tipo de legislación y consciente de los peligros que entraña la *luxuria* pero a la vez incapaz de renunciar totalmente a ella. Ello explicaría el escaso efecto coercitivo de este tipo de normas.

18ª Constituyen el canon integral de las *leges sumptuariae* las siete contenidas en el canon geliano-macrobiano y las dos homónimas *leges Iuliae sumptuariae*: *lex Orchia* (182), *lex Fannia* (161), *lex Didia* (143), *lex Licinia* (131), *lex Aemilia* (115), *lex Cornelia* (81), *lex Antia* (70), *lex Iulia* de Julio César (45) y la *lex Iulia* de Augusto (22). Son *leges ad coercendam luxuriam*: *lex Metilia de fullonibus* (217), *lex Oppia* (215) y *lex Publicia de cereis* (209); y *leges ad non coercendam luxuriam*: *lex Valeria Fundania de lege Oppia abroganda* (195) y *lex Aufidia de feris Africae* (103?).

19ª la *lex Metilia* podría haber afectado al *sumptus* relativo al blanqueado, apresto y limpieza de la vestimenta, actividades de los *fullones* desarrolladas como contraprestación a cambio de un precio en el marco de una *locatio conductio operis* y que podían representar un auténtico lujo para los clientes-arrendadores por razón de los elevados costes de los minerales empleados en aquellas actividades. Por un lado, la ley habría establecido un límite al *sumptus* a través quizá de una intervención en el precio del arriendo y de una restricción en el peso o en la medida de los minerales; y, por otro lado, habría perseguido evitar que los candidatos a las magistraturas influyeran en las campañas electorales exhibiendo un mayor decoro y dignidad por el mayor brillo de sus togas. Destinatarios de la norma habrían sido, consiguientemente, no sólo los bataneros sino también los usuarios de togas cándidas.

20ª La restricción del lujo indumentario femenino establecida en la *lex Oppia* respondió a una coyuntural necesidad de fomentar la austeridad en un momento en que la situación económica de Roma se hallaba comprometida por las derrotas sufridas ante Cartago en el teatro de la Segunda Guerra Púnica. En tales circunstancias resultaba cuanto menos conveniente fomentar la cohesión social mediante la invisibilización de las cotidianas ostentaciones de riqueza. La *lex Oppia* habría sido así una ley de utilidad coyuntural, de modo que, desaparecidas las circunstancias que habían motivado su aprobación, habría desaparecido igualmente su utilidad y su mantenimiento habría significado un injustificado ataque a la libertad ciudadana y al propio sistema.

21ª La *lex Oppia* prohíbe sólo la exhibición pública y la ostentación de ciertas riquezas –más de una *semuncia auri*, *vestimenta versicoloria* y *vehiculum*–, no su tenencia en propiedad y, en relación con la indumentaria femenina, contiene una prohibición genérica de ostentación de vestimenta lujosa y no sólo de *vestes purpureae*.

22ª La *lex Valeria Fundania* con fines exclusiva y explícitamente derogatorios de otra ley precedente, a la sazón la *lex Oppia*, representa una novedad en la praxis legislativa romana: la de las *leges de legibus abrogandis*, mediante las cuales se obtiene la derogación de normas de manera directa y expeditiva en aquellos casos en que no hay necesidad de legislar sobre la misma materia y la propia desaparición de la norma innova el ordenamiento jurídico.

23ª El dualismo legislativo descrito en el discurso de Lucio Valerio *pro lege Oppia abroganda*, en cuya virtud hay dos tipos de leyes: las leyes de utilidad permanente y las de utilidad coyuntural, persiste de algún modo en la moderna legislación y encontraría en el derecho romano un fundamento histórico, un apoyo teórico y un precedente de autoridad.

24ª Deben diferenciarse como disposiciones distintas y debidas ambas a Julio César una prohibición, presumiblemente a través de un edicto y dictada en calidad de *praefectus moribus*, y una *lex publica*, la *lex Iulia sumptuaria*. La primera norma, con toda probabilidad del año 46, habría prohibido con excepciones el uso de literas, vestidos con púrpura y perlas y, la segunda, habría establecido restricciones al *sumptus* convival. La prohibición edictal habría representado una medida política y demagógica dirigida a opacar la señalización de estatus de la élite aristocrática senatorial mostrada a través fundamentalmente de la púrpura y a reservar en el nuevo orden de cosas el uso de este prestigioso bien a la figura de César en el interior de la ciudad. Por su parte, la *lex sumptuaria*, datable entre octubre de 45 y principios de 44, habría tenido por finalidad contribuir a que el ámbito de socialización por excelencia, el simposíaco, no sirviera de caladero de heterías o de conjuras políticas contra el dictador.

ÍNDICE BIBLIOGRÁFICO

AGATI MADEIRA, E. M., "La lex Oppia et la condition juridique de la femme dans la Rome républicaine", en *RIDA*, 51, 2004, 87-99.

ALBALADEJO VIVERO, M. y GARCÍA SÁNCHEZ, M., "*Luxuria et mollitia*: Rome´s Textile Raw Material Trade with the East", en C. ALFARO GINER, M. TELLENBACH y J. ORTIZ GARCÍA, *Production and Trade of Textiles and Dyes in the Roman Empire and Neighbouring Regions. Purpureae Vestes IV*, Valencia, 2014, 57-65.

ALFARO GINER, C., *El tejido en época romana*, Madrid, 1997.

— "Purple and Aristocracy: Colour, Blood and Luxury as Social Identifiers in Antiquity", en ALFARO GINER, C., ORTÍZ GARCÍA, J. y MARTÍNEZ GARCÍA, M. J. (eds.), *Luxury and Dress. Political Power and Appearance in the Roman Empire and its Provinces*, Valencia, 2013, 75-98.

ALFARO GINER, C., ORTÍZ GARCÍA, J. y MARTÍNEZ GARCÍA, M. J. (eds.), *Luxury and Dress. Political Power and Appearance in the Roman Empire and its Provinces*, Valencia, 2013.

ALFARO GINER, C. y GARCÍA SÁNCHEZ, M., "Die Rolle der antiken Frau nach schriftlichen Quellen", en M. TELLENBACH, R. SCHULZ y A. WIECZOREK, *Die Macht der Toga. Dresscode im römischen Weltreich*, Regensburg, 2013, 120-122.

ALSTON, R., "Roman Military Pay from Caesar to Diocletian", en *JRS*, 84, 1994, 113-123.

ASSMANN, J., *Herrschaft und Heil. Politische Theologie in Altägypten, Israel und Europa*, München, 2000.

ASTE, G., "Autore e tempo della *Lex Licinia de sumptu minuendo*", en *Aevum*, 15. 4, 1941, 581-588.

ASTIN, A. E., *Cato the Censor*, Oxford, 1978.

— "Regimen morum", en *JRS*, 78, 1988, 14-34.

AVENARIUS, M., *Der Pseudo-ulpianische* liber singularis regularum. *Entstehung, Eigenart und Überlieferung einer hochklassischen Juristenschrift*, Göttingen, 2005.

BADIAN, E., "Two Roman non-entities", en *CQ*, 63, 1969, 198-204.

BALBO, M., "La lex Licinia de modo agrorum. Riconsiderazione di un modelo storiografico", en *RFIC*, 138. 3-4, 2010, 265-311.

BALESTRI FUMAGALLI, M., *Riflessioni sulla 'lex Voconia'*, Milano, 2008.

BALTRUSCH, E., *Regimen morum. Die Reglementierung des Privatlebens der Senatoren und Ritter in der römischen Republik und frühen Kaiserzeit,* München, 1989.

BANFI, A., "'Gynaikonomein'. Intorno ad una magistratura ateniese del IV secolo ed alla sua presenza nelle fonti teatrali greche e romane", en E. CANTARELLA y L. GAGLIARDI (eds.), *Diritto e teatro in Grecia e a Roma*, Milano, 2007, 17-29.

BAUDRILLART, H., *Histoire du luxe privé et public depuis l'antiquité jusqu'à nos jours*, 2, Paris, 1880.

BAUMAN, R. A., *Women and Politics in Ancient Rome*, London-New York, 1992.

BEAUCAMP, J., "Le vocabulaire de la faiblesse féminine dans les textes juridiques romains du IIIe au VIe siècle", en *RD*, 54, 1976, 485-508.

BENDA-WEBER, I., "The Habits of the Emperors as Different Expressions of Political Power", en ALFARO GINER, C., ORTÍZ GARCÍA, J. y MARTÍNEZ GARCÍA, M. J. (eds.), *Luxury and Dress. Political Power and Appearance in the Roman Empire and its Provinces*, Valencia, 2013, 133-150.

BENVENISTE, E., *Le vocabulaire des institutions indo-européennes, 2. Pouvoir, droit, religion*, Paris, 1969.

BERCHEM, D. VAN, "Rome et le mond grec au VIe siècle avant notre ère", en R. CHEVALLIER (ed.), *Mélanges d'archeologie et d'histoire offerts à André Piganiol*, 2, Paris, 1966, 739-748.

BERGER, A., *Encyclopedic Dictionary of Roman Law. Transactions of the American Philosophical Society*, Vol. 43, 2, Philadelphia, 1953, reimpr., 1980.

BERRINO, N. F. *Mulier potens: realtà femminili nel mondo antico*, Taranto, 2006.

BERRY, C. J., *The Idea of Luxury. A conceptual and historical investigation*, Cambridge, 1994.

BISCARDI, A., "Aperçu historique du problème de l'*abrogatio legis*", en *RIDA*, 18, 1971, 449-470.

BLEICKEN, J., *Das Volkstribunat der klassischen Republik. Studien zu seiner Entwicklung zwischen 287 und 133 v. Chr*, München, 1955.

— *Lex publica. Gesetz und Recht in der römischen Republik*, Berlin, 1975.

BODEL, J., "Death on Display: Looking at Roman Funerals", en B. BERGMANN y C. KONDOLEON, *The Art of Ancient Spectacle*, New Haven-London, 1999, 259-281.

BONAMENTE, M., "Leggi suntuarie e loro motivazioni", en *Tra Grecia e Roma. Temi antichi e metodologie moderne*, Roma, 1980, 67-91.

BOTTIGLIERI, A., *La legislazione sul lusso nella Roma repubblicana*, Napoli, 2002.

BOXMAN, A., *De legibus Romanorum sumtuariis*, Lugduni Batavorum, 1816.

BRINGMANN, K., "Zur Überlieferung und zum Entstehungsgrund der lex Claudia de nave senatoria, en *Klio*, 85. 2, 2003, 312-321.

BRISCOE, J., *A Commentary on Livy. Books XXXIV-XXXVII*, Oxford, 1981, reimpr. 2003.

BRUGNONE, A., "Le leggi suntuarie di Siracusa", en *PP*, 47, 1992, 5-24.

BRUNS, C. G., *Fontes Iuris Romani Antiqui. Scriptores*, Tubingae, [7]1909.

BRUNT, P. A., *Italian Manpower 225 B.C. – A.D. 14*, Oxford, 1971.

BRUUN, C., "La legislazione romana contro il lusso", en FONTANELLA, E. *et al.*, *Luxus. Il piacere della vita nella Roma imperiale*, Roma, 2009, 46-51.

BUIGUES OLIVER, G., *La posición jurídica de la mujer en Roma. Presupuestos para un estudio de la capacidad negocial de la mujer*, Madrid, 2014.

BUTEL-DUMONT, G. M., *Théorie du Luxe, ou traité dans lequel on entreprend d'établir que le luxe est un ressort non-seulement utile, mais même indispensablement nécessaire à la prospérité des Etats*, Paris, 1771.

CALERO SECALL, I., "Los legisladores griegos y sus preceptos sobre las mujeres en los funerales", en *REHJ*, 34, 2012, 37-51.

CANFORA, L., *Giulio Cesare. Il dittatore democratico*, Roma-Bari, 1999, 471.

CANTARELLA, E., "L'emancipazione femminile nel mondo romano", en E. FONTANELLA, *et al.*, *Luxus. Il piacere della vita nella Roma imperiale*, Roma, 2009, 52-59.

CASINOS MORA, F. J., "Sobre las restricciones suntuarias en la Ley de las XII Tablas", en *IAH*, 4, 2012, 161-177.

— "Repression of Luxury in Rome: the specific case of garments", en C. ALFARO GINER, J. ORTÍZ GARCÍA y M. J. MARTÍNEZ GARCÍA (eds.), *Luxury and Dress. Political Power and Appearance in the Roman Empire and its Provinces*, Valencia, 2013, 99-114.

— "The Restriction of Clothing Luxury in the Law of the Twelve Tables", en C. ALFARO GINER, M. TELLENBACH y J. ORTIZ GARCÍA, *Production and Trade of Textiles and Dyes in the Roman Empire and Neighbouring Regions. Purpureae Vestes IV*, Valencia, 2014, 43-47.

CASSOLA, F., *I gruppi politici romani nel III secolo A. C.*, Roma, 1968.

CASTELLO, C., *Studi sul diritto familiare e gentilizio romano*, Roma, 1972.

CHIOFFI, L., "*Attalica* e altre *auratae vestes* a Roma", en C. ALFARO GINER, J. P. WILD y B. COSTA (eds.), *Purpureae Vestes: Actas del I Symposium Internacional sobre Textiles y Tintes del Mediteráneo en época romana (Ibiza, 8 al 10 de noviembre de 2002)*, Valencia, 2004, 89-95.

CIRESE, A. M., "Nenie e praefiche nel mondo antico", en *Lares*, 17, 1-4, 1951, 20-44.

Ciulei, G., "Gab es einen Einfluß des griechischen Rechts in den Zwölftafeln?", en M. N. Andreev *et al. Gesellschaft und Recht im griechisch-römischen Altertum*, 2, Berlin, 1969, 21-46.

Cleland, L., Davis, G. y Llewellyn-Jones, L., *Greek and Roman Dress from A to Z*, New York, 2007.

Clemente, G., "Le leggi sul lusso e la società romana tra III e II secolo a.C.", en A. Giardina y A. Schiavone (eds.), *Società romana e produzione schiavistica. 3. Modelli etici, diritto e trasformazioni sociali*, 1981, Bari-Roma, 1-14.

Colonna, G., "Un aspetto oscuro del Lazio antico: le tombe del VI-V secolo", en *PP*, 32, 1977, 131-165.

Constant, B., *The Liberty of Ancients Compared with that of Moderns*, 1816. *http://www.uark.edu/depts/comminfo/cambridge/ancients.html*

Coudry, M., "Lois somptuaires et regimen morum", en J. L. Ferrary (ed.), *Leges publicae. La legge nell'esperienza giuridica romana*, Pavia, 2012, 497-509.

Crawford, M. H., *The Roman Republic*, Cambridge (Mass.), ²1993.

Criniti, N., "Le donne a Roma. Bibliografia ragionata recente [Imbecillus sexus, 5]", en *Ager Veleias*, 8.09 (2013), www.veleia.it. 2013.

Cugusi, P. y Sblendorio, M. (eds.), *Opere di Marco Porcio Catone Censore*, 2 vols., Torino, 2001.

Culham, Ph., "The *Lex Oppia*", en *Latomus*, 41, 1982, 786-793.

Dalby, A., *Empire of Pleasures. Luxury and Indulgence in the Roman World*, Londres-Nueva York, 2000.

Dari-Mattiacci, G. y Plisecka, A. E., "Luxury in Ancient Rome: Scope, Timing and Enforcement of Sumptuary Laws", en *Legal Roots*, 1, 2012, 189-216 (=*Amsterdam Center for Law & Economics, Working Paper No.* 2010-03. http://ssrn.com/abstract=1616712 o http://dx.doi.org/10.2139/ssrn.1616712.

D'Arms, J. H., "The Culinary Reality of Roman Upper-Class Convivia: Integrating Texts and Images", en *Comparative Studies in Society and History*, 46. 3, 2004, 428-450.

DAUBE, D., *Roman law: Linguistic, Social and Philosophical Aspects*, Edinburgh, 1969.

— *Civil Disobedience in Antiquity*, Edinburgh, 1972.

DAUSTER, M. A. R., *Roman Sumptuary Legislation of the Republican Era C. 200-100 B.C.*, 1996, https://repositories.tdl.org/ttu-ir/handle/2346/17354.

DE FRANCISCI, P., "La legittimazione attiva nell'azione funeraria", en *Il Filangieri. Rivista giuridica, dottrinale e pratica*, 40, 1915, 14-36.

DE MARTINO, F., *Storia economica di Roma antica*, 1-2, Firenze, 1979.

DE RUGGIERO, E., *Dizionario epigrafico di antichità romane*, 1, Roma, 1895, reimpr., 1961.

DELLA CORTE, F., *Catone censore, la vita e la fortuna*, Torino, 1949.

DELZ, J., "Der griechische Einfluß auf die Zwölftafelgesetzgebung", en *MH*, 23, 1966, 69-83.

DERNBURG, H., "Geschichte der römischen Luxus-Gesetzgebung", en *Monatsschrift des wissenschaftlichen Vereins in Zürich*, 1, 1856, 261-276.

DÉRY, C., "The *lex sumptuaria* in Cicero, *Ad familiares* 7, 26", en *LCM*, 18, 10, 1993, 156 s.

DESIDERI, P., "Catone e le donne. Il dibattito liviano sull'abrogazione della lex Oppia", en *Opus*, 3, 1984, 63-74.

D'IPPOLITO, F., *Problemi storico-esegetici delle XII Tavole*, Napoli, 2003.

DIXON, S., "Infirmitas sexus: Womanly Weakness in Roman Law", en *RHD*, 52, 1984, 343-371.

DUNCAN-JONES, R., "The impact of the Antonine plague", en *JRA*, 9, 1996, 108-136.

EDER, W., "The Political Significance of the Codification of Law in Archaic Societies: An Unconventional Hypothesis", en K. A. RAAFLAUB (ed.), *Social Struggles in Archaic Rome. New Perspectives on the Conflict of the Orders*, Oxford, [2]2005, 239-267.

EDMONDSON, J., "Public Dress and Social Control in Rome", en J. EDMONDSON y A. KEITH, *Roman Dress and the Fabrics of Roman Culture*, Toronto *et al.*, 2008, 21-46.

EDWARDS, C., *The Politics of Immorality in Ancient Rome*, Cambridge, 1993.

EL BEHEIRI, N., *Das Regimen morum der Zensoren. Die Konstruktion des römischen Gemeinwesens*, Berlin, 2012.

ELSTER, M., *Die Gesetze der mittleren römischen Republik*, Darmstadt, 2003.

ENGELS, J., *Funerum sepulcrorumque magnificentia. Begräbnis- und Grabluxusgesetze in der griechisch-römischen Welt mit einigen Ausblicken auf Einschränkungen des funeralen und sepulkralen Luxux im Mittelalter und in der Neuzeit*, Stuttgart, 1998.

ERNOUT, A., y MEILLET, A., *Dictionnaire étymologique de la langue latine. Histoire des mots*, Paris, 42001.

ESTREICHER, S., "Ustawy przeciwko zbytkowi w dawnym Krakovie", en *Rocznik Krakowski*, 1, 1898, 102-134.

FASCIONE, L., *Crimen e quaestio ambitus nell'età repubblicana. Contributo allo studio del diritto criminale romano*, Milano, 1984.

FEICHTINGER, B., *Luxus im antiken Rom*, https://www.exzellenzcluster.uni-konstanz.de/fileadmin/all/downloads/veranstaltungen2008/Arbeitsgespraeche-Feichtinger.pdf

— "Von Tafelluxus und Literaturgourmets. Überlegungen zum horazischen Abschied von den Satiren", en *Philologus*, 58. 1, 2014, 130-154.

FERNÁNDEZ DE BUJÁN, A., *Derecho público romano*, Cizur Menor, 182015.

— "Las nociones de ignominia e infamia en derecho romano", en *Homenaje a Juan Berchmans Vallet de Goytisolo*, 4, Madrid, 1988, 313-341.

FERNÁNDEZ MURIEL, P., *Púrpura. Del mercado al poder*, Madrid, 2010.

FLOHR, M., *The World of the Fullo. Work, Economy and Society in Roman Italy*, Oxford, 2013.

FONTANELLA, E. *et al.*, *Luxus. Il piacere della vita nella Roma imperiale*, Roma, 2009.

FRACCARO, P., *Ricerche storiche e letterarie sulla censura del 184-183. M. Porcio Catone. L. E. Valerio Flacco*, Pisa, 1911, reimpr., Roma, 1972.

— *Opuscula*, 1. *Scritti di carattere generale, studi catoniani, i processi degli Scipioni*, Pavia, 1956.

FRIEDLÄNDER, L. H., *Sittengeschichte Roms*, Wien, (1862-1871) 1934.

FRISONE, F., *Leggi e regolamenti funerari nel mondo greco*, I: *Le fonti epigrafiche*, Lecce, 2000.

GABBA, E., "Ricchezza e classe dirigente romana fra il II e il I sec. a.C.", en *RSI*, 93, 1981, 551-556 (=*Del buon uso della richezza,* Milano, 1988, 37-42).

GARCÍA JURADO, F., "Las críticas misóginas a las matronas por medio de las meretrices en la comedia plautina", en *CFC(L)*, 4, 1993, 39-48.

— "La moda en la Antigüedad romana: un problema de mentalidades", en *EClás*, 105, 1994, 63-80.

— "Recursos léxicos en los textos relativos a la *lex Oppia*", en AA. VV., *Actas del VIII Congreso Español de Estudios Clásicos* (Madrid, 23-28 de septiembre de 1991), 1, Madrid, 1994, 527-531.

— "*Axitiosae* (Varro, *Ling*. VII 66): ¿'Activistas', 'extravagantes' o 'caprichosas'? Sobre los avatares de una interpretación léxica", en *Emerita*, 72, 2, 2004, 287-300.

GARDNER, J. F., *Woman in Roman Law & Society*, Kent, 1986.

GELZER, M., *Die Nobilität der römischen Republik. Die Nobilität der Kaiserzeit*, Stuttgart *et al*., 1983.

GIBBON, E., *History of the Decline and Fall of the Roman Empire*, 1 (New York, 1776), London, 1835.

GIRAUDIAS, E., *Étude historique sur les lois somptuaires*, Poitiers, 1910.

GJERSTAD, E., "The Origins of the Roman Republic", en AA. VV., *Entretiens sur l'Antiquité classique: Les origines de la république romaine*, 13, Vandœuvres-Genève, 1967, 3-43.

GLEBA, M., "*Auratae vestes*: Gold Textiles in the Ancient Mediterranean", en C. ALFARO GINER y L. KARALI (eds.), *Vestidos, textiles y tintes. Estudios sobre la producción de bienes de consumo en la Antigüedad. Purpureae Vestes II*, Valencia, 2008, 61-77.

GORIA, F., "Il dibattito sull'abrogazione della lex Oppia e la condizione giuridica della donna romana", en R. UGLIONE (ed.), *Atti del Convegno nazionale di studi sulla donna nel mondo antico: Torino, 21-23 aprile 1986*, Torino, 1987, 265-303.

GRUBBS, J. E., *Women and the Law in the Roman Empire. A sourcebook on marriage, divorce and widowhood*, London-New York, 2002.

GRUEN, E. S., *Studies in Greek Culture and Roman Policy*, Leiden, 1990.

— *Culture and National Identity in Republican Rome*, Ithaca, 1992.

GUARINO, A., "Ineptiae iuris Romani, VI", en *Atti dell'Accademia Pontaniana*, 31, 1983, 38-41 (= "Il lusso delle donne", en *Iusculum iuris*, Napoli, 1985, 209-212).

GUILLÉN, J., "El Latín de las XII Tablas", en *Helmantica*, 57, 1967, 341-401.

— "El Latín de las XII Tablas", en *Helmantica*, 58, 1968, 43-111.

HARLOW, M. y NOSCH, M. L. (eds.), *Greek and Roman Textiles and Dress. An Interdisciplinary Anthology*, Oxford, 2015.

HARRIS, W. V., *War and Imperialism in Republican Rome: 327-70 BC*, Oxford, 1979.

HAURY, A., "Une «année de la femme» à Rome, 195 avant J.-C.?", en *Mélanges offerts à Jacques Heurgon. L'Italie préromaine et la Rome républicaine*, 2, 1976, 427-436.

HEMELRIJK, E. A., "Women's Demonstrations in Republican Rome", en J. BLOK y P. MASON, *Sexual Asymmetry. Studies in Ancient Society*, Amsterdam, 1987, 217-240.

HENZEN, W., *Acta fratrum Arvalium quae supersunt*, Berolini, 1874.

HERRMANN, C., *Le rôle judiciaire et politique des femmes sous la République romaine*, Bruxelles-Berchem, 1964.

HERRMANN-OTTO, E., "Frauen im Römischen Recht. Mit einem Ausblick auf Gender Studies in der Alten Geschichte und der Antiken Rechtsgeschichte", en B. FEICHTINGER y G. WÖHRLE, *Gender Studies in der Altertumswissenschaften: Möglichkeiten und Grenzen*, Trier, 2002, 25-40.

HESKEL, J., "Cicero as Evidence for Attitudes to Dress in the Late Republic", en J. L. SEBESTA y L. BONFANTE (eds.), *The World of the Roman Costume*, Madison, 2001, 133-145.

HOUWING, J. H., *De romanis legibus sumptuariis*, Leiden, 1883.

HÜBNER, E., *Corpus Inscriptionum Latinarum. Auctarium. Exempla scripturae epigraphicae Latinae a Caesaris dictatoris morte ad aetatem Iustiniani*, Berolini-Novi Eboraci, 1979, 280.

HUMM, M., "L'image de la censure chez Valère Maxime: Formation et evolution d'un paradigme", en J. M. DAVID (ed.), *Valeurs et mémoire à Rome, Valère Maxime ou la vertu recomposée*, Paris, 1998, 3-93.

IGLESIA PRADOS, E. DE LA., "De Roma a la codificación: una perspectiva histórica del fraude de ley", en *Annaeus*, 2, 2005, 201-210.

JENNINGS, J., "The Debate about Luxury in Eighteenth- and Nineteenth-Century French Political Thought", en *JHI*, 68, 1, 2007, 79-105.

JHERING, R. VON, *Der Geist des römischen Rechts*, Aalen, ^{6}1968.

JOHNSON, A. C., COLEMAN-NORTON, P. R. y BOURNE, F. C., *Ancient Roman Statutes. The Corpus of Roman Law*, 2, Austin, 1961.

JORDAN, H., *Textkritik und Prolegomena in: M. Catonis praeter librum de re rustica quae extant*, Leipzig, 1860.

KASER, M., Rec.: "Eberhard Schmähling, Die Sittenaufsicht der Censoren, ein Beitrag zur Sittengeschichte der römischen Republik, Stuttgart, 1938", en *ZRG*, 59, 1939, 614 s.

KIENAST, D., *Cato der Censor. Seine Persönlichkeit und seine Zeit*, Heidelberg, 1954.

KOSCHER, W., "Ueber den Luxus", en *Archiv der politischen Oekonomie und Polizeiwissenschaft*, 6, 1843, 48-84.

KOWALEWSKI, B., *Frauengestalten im Geschichtswerk des T. Livius*, Leipzig, 2002.

KRÜGER, M., "Die Abschaffung der lex Oppia (Liv. 34, 1-8, 3). Ein Beitrag zur Liviusforschung", en *Neue Jahrbücher für Antike und deutsche Bildung*, 5-6, 1940, 65-81.

KUDLIEN, F., "Berufsmässige Klageweiber in der Kaiserzeit", en *RhM*, 138, 2, 1995, 177-187.

KUNKEL, W., *Staatsordnung und Staatspraxis der Römischen Republik, 2. Die Magistratur*, München, 1995.

KUNST, C., "Ornamenta uxoria. Badges of Rank or Jewellery of Roman Wives?", en *The Medieval History Journal*, 8.1, 2005, 127-142.

KURYŁOWICZ, M., "Leges aleariae und leges sumptuariae im antiken Rom", en *Studia in honorem Velimirii Pólay septuagenarii. Acta Universitatis Szegediensis de Attila József nominatae. Acta juridica et politica*, 33, fasc. 1-31, Szeged, 1985, 271-279.

KVASHNIN, V. A., "Early Laws on Luxury (III-II Centuries B.C.) in a View of Evolution Roman Civitas", en *Diritto @ Storia*, 5, 2006. *http://www.dirittoestoria.it/5/Memorie/Kvashnin-Early-laws-luxury-roman-civitas.htm*

LA PENNA, A., "La legittimazione del lusso privato da Ennio a Vitruvio. Momenti, problema, personaggi", en *Maia*, 41, 1989, 3-34 (= F. MILAZZO (ed.), *Contractus e pactum: tipicità e libertà negoziale nell'esperienza tardo repubblicana: Atti del Convegno di diritto romano e della presentazione della nuova riproduzione della littera Florentina: Copanello, 1-4 giugno 1988*, Napoli, 1990, 283 ss.).

LANGE, L., *Römische Alterthümer*, 2, Berlin, 1867.

LAPATIN, K. (ed.), *The Berthouville Silver Treasure and Roman Luxury*, Los Angeles, 2014.

LAURENCE, R., *Roman Passions. A history of Pleasure in Imperial Rome*, London-New York, 2009.

LÉCRIVAIN, C., "Sumptus, sumptuariae leges", en *DAGR*, 2. 2, 1563.

LEITNER, Ph., "Die plautinischen Komödien als Quellen des römischen Rechts", en E. CANTARELLA y L. GAGLIARDI (eds.), *Diritto e Teatro in Grecia e a Roma*, Milano, 2007, 69-93.

LENEL, O., "Compte rendu de l'étude de E. Lambert, La question de l'authenticité des XII Tables et les Annales Maximi, in *Nouvelle revue de droit française et étranger*, 24, 1902, 147-200", en *ZRG*, 26, 1905, 498-524.

LEUMANN, M., "Lateinische Etymologien und Bedeutungen. *Anxicia*, *axitia* und *axitiosus*", en *Glotta*, 11. 3-4, 1921, 185-192.

LINTOTT, A., "Imperial Expansion and Moral Decline in the Roman Republic", en *Historia*, 21, 1972a, 626-638.

LIPPOLD, A., *Consules. Untersuchungen zur Geschichte des römischen Konsulates von 264 bis 201 v. Chr.*, Bonn, 1963.

LOEWENSTEIN, K., *The Governance of Rome*, The Hague, 1973.

LONGO, G., "Leges sumptuariae", en *Novissimo Digesto Italiano*, 9, Torino, 1957, 629-630.

MAGANZANI, L., "La sanctio e i rapporti fra leggi", en J. L. FERRARY (ed.), *Leges publicae. La legge nell'esperienza giuridica romana*, Pavia, 2011, 53-113.

MARMORALE, E., *Cato Maior*, Bari, ^{2}1949.

MEYER, J. C., *Pre-Republican Rome. An Analysis of the Cultural and Chronological Relations 1000-500 B.C.*, Odense, 1983.

MILLS, H., "Greek Clothing Regulations: Sacred or Profane?", en *ZPE*, 55, 1984, 255-265.

MILNOR, K., *Gender, Domesticity, and the Age of Augustus: Inventing Private Life*, Oxford-New York, 2005.

MONTESQUIEU, C. L. S., *De l'esprit des lois* (Paris, 1735), en *Oeuvres de Montesquieu*, 1, Paris, 1777, 193 ss.

MORRIS, I., "Attitudes toward Death in Archaic Greece", en *ClAnt*, 8. 2, 1989, 296-320.

MÜNZER, F., "Publius Licinius Crassus Dives Mucianus", en *PW*, 13. 1, 334-338.

NAPOLI, J., "Art purpuraire et législation a l'époque romaine," en C. ALFARO GINER, J. P. WILD y B. COSTA (eds.), *Purpureae Vestes: Actas del I Symposium Internacional sobre Textiles y Tintes del Mediteráneo en época romana (Ibiza, 8 al 10 de noviembre de 2002)*, Valencia, 2004, 123-136.

NICCOLINI, G., *I Fasti dei Tribuni della Plebe*, Milano, 1934.

NÖRR, D., *Rechtskritik in der römischen Antike*, München, 1974.

OGDEN, D., "*Gynaikonómoi*, 'Controllers of Women'", en ÍD., *Greek Bastardy in the Classical and Hellenistic Periods*, Oxford, 1996, 364-375.

— "Controlling Women's Dress: Gynaikonomoi", en L. LLEWELLYN-JONES (ed.), *Women's Dress in the Ancient Greek World*, London, 2002, 203-226.

OGILVIE, R. M., *A Commentary on Livy. Books 1-5*, Oxford, 1965, 449 s.

OLSON, K., *Dress and the Roman Woman. Self-presentation and Society*, London-New York, 2008.

— "Matrona and Whore: The Clothing of Women in Roman Antiquity", en *Fashion Theory*, 6.4, 2002, 387-420.

— "Insignia lugentium: Female Mourning Garments in Roman Antiquity", en *AJAH*, 3-4, 2004-2005, 89-130.

PAETZ gen. SCHIECK, A. y PÁSZTÓKAI-SZEŐKE, J., "Power Dressing in Pannonia. Tunics with Arrow-Shaped Purple Decoration Represented in a Roman Wall-Painting at *Brigetio*", en ALFARO GINER, C., ORTÍZ GARCÍA, J. y MARTÍNEZ GARCÍA, M. J. (eds.), *Luxury and Dress. Political Power and Appearance in the Roman Empire and its Provinces*, Valencia, 2013, 181-216.

PAIS, E., "L'orazione di Catone a favore della lex Oppia", en *Atti della Reale Accademia di Archeologia, Lettere e Belle Arti di Napoli*, 1909, 123-127.

— "I pontifici, l'agricoltura e l'«annona». «Leges regiae» e «leges sumptuariae»", en *Ricerche sulla storia e sul diritto pubblico di Roma*, 1, Roma, 1915, 423-465.

PARKER, G., "Ex oriente luxuria: Indian commodities and Roman experience", en *JESHO*, 45.1, 41-95.

PEDRONI, L., "Un '*mulierum senatusconsultum*' sugli oggetti preziosi?", en *Römische Historische Mitteilungen*, 46, 2004, p, 37-46.

PENNING, A. E., *Luxu et legibus sumtuariis ex oeconomia politica dijudicandis*, Leiden, 1826.

PEPPE, L., *Posizione giuridica e ruolo sociale della donna in età repubblicana*, Milano, 1984.

PERL, G., y EL-QALQILI, I., "Zur Problematik der *Lex Oppia* (215/195 v. Chr.), en *Klio*, 84. 2, 2002, 414-439.

PINAR, J. y TURELL, L., "*Ornamenta vel vestimenta ex sepulchro abstulere*. Reflexiones en torno a la presencia de tejidos, adornos y accesorios de indumentaria en el mundo funerario del Mediterráneo tardoantiguo", en *CCO*, 4, 2007, 127-167.

POCIÑA PÉREZ, A., "Tragediógrafos latinos menores en el período de la República", en *EClás*, 71, 1974, 83-102.

PÓLAY, E., "Das regimen morum und die sogenannte Hausgerichtsbarkeit", en *Studi in onore di Edoardo Volterra*, 3, Milano, 1971, 263-317.

POMEROY, S. B., *Goddesses, Whores, Wives and Slaves*, New York, 1975.

PREMERSTEIN, A. VON, "Lex Tappula. (mit einer Taffel)", en *Hermes*, 39, 1904, 327-347.

PRINGSHEIM, F., "Jus aequum und jus strictum", en *ZRG*, 42, 1921, 643-668.

PUCCI, G., "Per una storia del lusso nella cultura materiale fra tarda repubblica e alto impero", en *Index*, 13, 1985, 573-587.

REIGADAS LAVANDERO, E., *Censura y "res publica". Aportación constitucional y protagonismo político*, Madrid, 2000.

REINHOLD, M., *History of Purple as a Status Symbol in Antiquity*, Bruxelles, 1970.

ROBERTSON, R. H. S., "The Fuller's Earths of the Elder Pliny", en *CR*, 63. 2, 1949, 51 s.

ROMANO, E., "Echi e riuso della legge nella letteratura Latina", en J. L. FERRARY (ed.), *Leges publicae. La legge nell'esperienza giuridica romana*, Pavia, 2012, 177-217.

ROSIVACH, J., "The *Lex Fannia sumptuaria* of 161 BC", en *CJ*, 102, 1, 2006, 1-15.

ROTONDI, G., *Scritti giuridici*, 3, *Studii varii di diritto romano ed attuale a cura di Pietro De Francisci*, Milano, 1922.

RUSCHENBUSCH, E., ΣΟΛΩΝΟΣ ΝΟΜΟΙ. *Die Fragmente des solonischen Gesetzeswerkes mit einer Text- und Überlieferungsgeschichte*, Wiesbaden, 1966.

— "Die Zwölftafeln und die römische Gesandtschaft nach Athen", en *Historia*, 12, 1963, 250-253.

SACCHI, O., "La nozione di stato e di proprietà in Panezio e l'influenza della doctrina stoica sulla giurisprudenza romana dell'epoca scipionico-cesariana", en *RIDA*, 52, 2005, 325-358.

SAUERWEIN, I., *Die leges sumptuariae als römische Maßnahme gegen den Sittenverfall*, Hamburg, 1970.

SAVIO, E., "Intorno alle leggi suntuarie romane", en *Aevum*, 14.1, 1940, 174-194.

SCHLEICH, T., "Überlegungen zum Problem senatorischer Handelsaktivitäten. Teil 2", en *MBAH*, 3. 1, 1984, 37-76.

SCHMÄHLING, E., *Die Sittenaufsicht der Zensoren*, Stuttgart, 1938.

SCHNURBUSCH, D., *Convivium. Form und Bedeutung aristokratischer Geselligkeit in der römischen Antike*, Stuttgart, 2011.

SCULLARD, H. H., *Roman Politics 220-150 B.C.*, Oxford, ^{2}1973.

SEBESTA, J. L., "Symbolism in the Costume of the Roman Woman", en J. L. SEBESTA y L. BONFANTE (eds.), *The World of the Roman Costume*, Madison, 2001, 46-53.

SEBESTA, J. L. y BONFANTE, L. (eds.), *The World of the Roman Costume*, Madison, 2001.

SENSI, L., "Ornatus e status sociale delle donne romane", en *AFLPer(class)*, 4, 1980-1981, 55-102.

SERRAO, F., *Classi partiti e legge nella repubblica romana*, Pisa, 1974, 63-68.

SHAW, B., "Debt in Salust", en *Latomus*, 34, 1975, 187-196.

SIBER, H., *Römisches Verfassungsrecht in geschichtlicher Entwicklung*, Lahr, 1952.

SIEWERT, P., "Die angebliche Übernahme solonischer Gesetze in die Zwölftafeln. Ursprung und Ausgestaltung einer Legende", en *Chiron. Mitteilungen der Kommission für Alte Geschichte und Epigraphik des Deutschen Archaeologischen Instituts*, 8, 1978, 331-344.

SLOB, E., *Luxuria, Regelgeving en maatregelen van censoren ten tijde van de Romeinse republik*, Zutphen, 1986.

SONDEL, J., "Les «leges sumptuariae» considérées comme *l'expression* des conditions sociales et économiques de la Rome Antique", en *Archivum Iuridicum Cracoviense*, 6, 1973, 101-124.

SOURVINOU-INWOOD, C., "To die and Enter the House of Hades: Homer, Before and After", en J. WHALEY (ed.), *Mirrors of Mortality. Studies in the Social History of Death*, New York, 1981, 15-39.

STARBATTY, A., *Aussehen ist Ansichtssache. Kleidung in der Kommunikation der römischen Antike*, München, 2009.

ŠTERBENC ERKER, D., "Voix dangereuses et force des larmes: le deuil féminin dans la Rome antique", en *RHR*, 221. 3, 2004, 259-291.

STOK, F., "Catone e la lex Fannia", en *Maia*, 37, 1985, 237-244.

SUOLAHTI, J., *The Roman Censors*, Helsinki, 1963.

TARWACKA, A., "The Censors and their Duties on the Comedies of Plautus", en *RGDR*, 23, 2014, 4. *http://www.iustel.com/v2/revistas/detalle_revista.asp?id_noticia=415488.*

TATUM, W. J., "The Lex Clodia de censoria notione", en *CPh*, 85, 1, 1990, 34-43.

TELLENBACH, M., SCHULZ, R. y WIECZOREK, A., *Die Macht der Toga. Dresscode im römischen Weltreich*, Regensburg, 2013.

TEUFER, J., *Zur Geschichte der Frauenemanzipation im alten Rom. Eine Studie zu Livius 34, 1-8*, Leipzig-Berlin, 1913,

THRAEDE, K., "Ärger mit der Freiheit. Die Bedeutung von Frauen in Theorie und Praxis der alten Kirche", en G. SCHARFFENORTH y K. THRAEDE, *"Freunde in Christus warden...". Die Beziehung von Mann und Frau als Frage an Theologie und Kirche*, Berlin, 1977, 31-182.

— Rec.: "B. I. Scholz, Untersuchungen zur Tracht der römischen matrona, Köln, 1992", en *BJ*, 196, 1996, 771 s.

TIETZ, W., *Dilectus ciborum. Essen im Diskurs der römischen Antike*, Göttingen, 2013.

— "Fischteiche und Fischesser: Aufstieg und Niedergang eines Luxusguts", en A. B. KUHN (ed.), *Social Status and Prestige in the Graeco-Roman World*, Stuttgart, 2015, 153-164.

TOHER, M., "The Tenth Table and the Conflict of the Orders", en K. A. RAAFLAUB (ed.), *Social Struggles in Archaic Rome. New Perspectives on the Conflict of the Orders*, Oxford, [2]2005, 268-282.

TORELLI, M., "Roma arcaica: Archeologia e storia", en *Roma arcaica e le recenti scoperte archeologiche,* Milano, 1980, 3-17.

TOYNBEE, J. M. C., *Death and Burial in the Roman World*, London, 1971.

TRÄNKLE, H., "Cato in der vierten und fünften Dekaden des Livius", en *Akademie der Wissenschaften und der Literatur. Abhandlungen der Geistes- und Sozialwissenschaftlichen Klasse*, 4, 1971, 3-29.

VALLOCCHIA, F., "Lex Metilia fullonibus dicta", en F. SERRAO (ed.), *Legge e società nella repubblica romana*, 2, Napoli, 2000, 341-378.

VENTURINI, C., "«Uxor socia». Appunti in margine a D. 1, 16, 4, 2", en *Iura*, 32, 1981, 109-129.

— "Leges sumptuariae", en *Index*, 31, 2004, 355-380.

VERLOREN, P., *De effectu Luxus sive modici, sive immodici in florem vel ruinam populorum*, Utrecht, 1801.

VIGNERON, R., "L'antifeministe loi Voconia et lers 'Schleichwege des Lebens'", en *Labeo*, 29, 1983, 140-153.

VISHNIA, R., "Caius Flaminius and the *Lex Metilia de fullonibus*", en *Athenaeum*, 65, 1987, 527-534.

VOIGT, M., "Über die lex Cornelia sumptuaria", en *Berichte über die Verhandlungen der Königlichen Sächsichen Gesellschaft der Wissenschaften Leipzig, Phil. –hist. Klasse*, 42, Leipzig, 1890, 244-279.

VOLTAIRE, F. M. A., *Le Mondain*, en J. Van den Heuvel (ed.), *Voltaire. Mélanges*, Paris, 1961, 203

WALLACE-HADRILL, A., *Rome's Cultural Revolution*, Cambridge, 2008.

WALLINGA, H. T., "Official Roman Washing and Finishing Directions. *Lex Metilia fullonibus dicta*", en *RHD*, 64. 2, 1996, 183-190.

WEEBER, K.-W., *Luxus im alten Rom. Die öffentliche Pracht*, Darmstadt, 2006.

— *Baiae. Stadt der hundert Genüsse, Herberge aller Laster*, Mainz, 2014.

— *Luxus im alten Rom. Die Schwelgerei, das süße Gift...*, Darmstadt, [3]2015.

WEHRLI, C., "Les gynéconomes", en *MH*, 19, 1962, 33-38.

WIEACKER, F., *Vom römischen Recht: zehn Versuche*, Stuttgart, [2]1961.

— "Die XII Tafeln in ihrem Jahrhundert", en AA. VV., *Entretiens sur l'Antiquité Classique: Les origines de la république romaine*, 13, Vandœuvres-Genève, 1967, 768-780.

WILD, J. P., "Luxury? The North-West End of the Silk-Purple-and-Gold Horizon", en ALFARO GINER, C., ORTÍZ GARCÍA, J. y MARTÍNEZ GARCÍA, M. J. (eds.), *Luxury and Dress. Political Power and Appearance in the Roman Empire and its Provinces*, Valencia, 2013, 169-180.

WILLIAMSON, C., *The Laws of the Roman People. Public Law in the Expansion and Decline of the Roman Republic*, Ann Arbor, 2005.

WYETZNER, P., "Sulla's Law on Prices and the Roman Definition of Luxury", en J. J. AUBERT y B. SIRKS (eds.), *Speculum Iuris. Roman Law as a Reflection of Social and Economic Life in Antiquity*, Ann Arbor, 2002, 15-33.

WYKE, M., "Woman in the Mirror: The Rhetoric of Adornment in the Roman World", en L. ARCHER, S. FISCHLER, S. y M. WYKE (eds.) *Women in Ancient Societies: An Illusion of the Night*, New York, 1994, 134-151.

WUBBE, F., Rec. E. Slob. Luxuria, Regelgeving en maatregelen van censoren ten tijde van de Romeinse republik, Zutphen, 1986, en *ZGR*, 105, 1998, 805-810.

YAVETZ, Z., "The policy of Flaminius and the plebiscitum Claudianum", en *Athenaeum*, 40, 1962, 325-344.

ZAMAKOUPI, M., *Designing for luxury on the Bay of Naples*, Oxford, 2013.

ZANDA, E., *Fighting Hydra-Like Luxury. Sumptuary Regulation in the Roman Republic*, London, 2011.

ÍNDICE DE FUENTES

I. FUENTES JURÍDICAS

A. Fontes Iuris Romani Anteiustiniani

II. FUENTES EPIGRÁFICAS

III. FUENTES LITERARIAS

Sex. Iulius Frontinus (Fron.)

M. Cornelius Fronto (Fro.)

A. Gellius (Gel.)

C. Suetonius Tranquillus (Suet.)

Cornelius Tacitus (Tac.)

ÍNDICE ONOMÁSTICO

El índice se compone de los antropónimos y topónimos mencionados en la obra. Sólo se indican en latín los nombres propios de lugar que carecen de exónimo castellano y algunos peculiares *cognomina* para evitar equívocos. Los antropónimos aparecen alfabetizados a partir de los nombres gentilicios o *nomina*. Para los nombres de los emperadores se ha usado simplemente el nombre por el que son habitualmente conocidos y citados.

ÍNDICE TEMÁTICO

El índice contiene una selección de *realia* mencionados en la obra. En él se han incluido también los nombres en latín de las leyes (*leges*, *plebiscita*) y propuestas legislativas (*rogationes*) citadas. A fin de guardar la uniformidad alfabética los términos griegos aparecen transcritos al alfabeto latino.

MONOGRAFÍAS DE DERECHO ROMANO Y CULTURA CLÁSICA

Director: Antonio Fernández de Buján

Catedrático de Derecho Romano de la Universidad Autónoma de Madrid

Académico de Número de la Real Academia de Jurisprudencia y Legislación

---

Derecho Administrativo y Fiscal Romano

- Estudios de derecho fiscal romano (2016). *Alfonso Agudo Ruiz. Prólogo de Antonio Fernández de Buján*
- Hacia un derecho administrativo, medioambiental y fiscal romano III (2016). *VV.AA. [Antonio Fernández de Buján y Andrea Triciuoglio (Directores). Gabriel Gerez Kraemer (Edm,itor)]*
- La administración penitenciaria en el Derecho Romano: Gestión, tratamiento de los reclusos y mejora de la custodia carcelaria (2015). *José Luis Zamora Manzano*
- Los municipios de Italia y de España. Ley general y Ley modelo (2014). *Maria das Graças Pinto de Britto*
- Hacia un Derecho Administrativo y Fiscal Romano II (2013). *Fernández de Buján, Antonio (director) y Gerez Kraemer, Gabriel (editor)*
- Ordenamiento financiero de la antigua Grecia y el período helenístico (2013). *Sáinz de Bujanda, Fernando. Prólogo de Javier Sáinz Moreno e Introducción de Antonio Fernández de Buján*
- La Hacienda Pública en el Bajo Imperio Romano. Años 284 a 476 d. C. (2012). *Aparicio Pérez, Antonio*
- Urbanismo y Derecho en el Imperio de Justiniano. 527-565 d.C. (2012). *Rodríguez López, Rosalía*
- La regulación jurídico-administrativa del juego en el derecho romano y su proyección en el derecho moderno (2011). *Zamora Manzano, José Luis*
- Hacia un Derecho Administrativo y Fiscal Romano (2011). *Fernández de Buján, Antonio / Gerez Kraemer, Gabriel / Malavé Osuna, Belén (co-editores)*
- Algunos aspectos sobre el régimen fiscal aduanero en el Derecho romano. Reglamentación jurídica del portorium, control de mercancías y comiso por fraude fiscal (2009). *Zamora Manzano, José Luis*

- El derecho de aguas en Roma (2008). *Gerez Kraemer, Gabriel M. Prólogo de Antonio Fernández de Buján*
- Régimen jurídico del domicilio en Derecho Romano (2008). *López Huguet, Mª. Luisa. Prólogo de Antonio Fernández de Buján*

- Régimen jurídico de las fundaciones en Derecho Romano (2007). *Blanch Nougués, José María*
- Abogacía y ciudadanía: biografía de la abogacía ibérica (2007). *Barcia Lago, Modesto*
- El estatuto jurídico del empleado público en Derecho Romano (2007). *Varela Gil, Carlos. Prólogo de Antonio Fernández de Buján*
- Régimen jurídico financiero de las obras públicas en el derecho romano tardío : los modelos privado y público de financiación (2007). *Malavé Osuna, Belén. Prólogo de Antonio Fernández de Buján*
- Régimen jurídico de las vías públicas en Derecho Romano (2007). *Ponte, Vanesa. Prólogo de Antonio Fernández de Buján*
- Tabulae Publicae. Archivos municipales y documentación financiera en las ciudades de la Bética (2005). *Rodríguez Neila, Juan Francisco*
- Gallaecia: Romanización y ordenación del territorio (2004). *Rodríguez Ennes, Luis. Prólogo de Antonio Fernández de Buján*
- La actividad económica en el derecho romano. Análisis contable (2003). *Giménez Barriocanal, Fernando. Prólogo de Antonio Fernández de Buján*
- La protección o defensa del uso colectivo de las cosas de dominio público. Especial referencia a los interdictos de publicis locis (loca, itinere, viae, flumina, ripae) (2002 / Reimpresión 2010). *Alburquerque, Juan Miguel. Prólogo de Antonio Fernández de Buján*
- Régimen jurídico de la prestación de servicios públicos en derecho romano (2002). *Pendón Meléndez, Esther. Prólogo de Antonio Fernández de Buján*
- Régimen jurídico de las concesiones administrativas en el derecho romano (1996). *Castán Pérez-Gómez, Santiago. Prólogo de Antonio Fernández de Buján*

Derecho Público y Privado Romano

- La restricción del lujo en la Roma republicana. El lujo indumentario (2016). *F. Javier Casinos Mora*

- *Exceptio utilis* en el procedimiento formulario del derecho romano (2016). *Carmen Gómez Buendía*
- Contribuciones al derecho romano de sucesiones y donaciones (2016). *M ª Eugenia Ortuño Pérez. Prólogo de Antonio Fernández de Buján*
- La legislación religiosa en la compilación justinianea (2014). *Juan Antonio Bueno Delgado. Prólogo de Antonio Fernández de Buján*
- La cautio usufructuaria en derecho romano. Análisis jurisprudencial (2014). *Ana Mohino Manrique*
- La consensualidad contractual en derecho romano y el Código civil (2014). *Federico Fernández de Buján*
- Derecho de empresas en la Roma clásica (2014). *Guillermo Suárez Blázquez*
- La posición jurídica de la mujer en Roma (2014). *Gabriel Buigues Oliver*
- Ius hominum causa constitutum - Un derecho a medida del hombre (2014). *Sebastiano Tafaro // José Miguel Piquer Marí (traductor)*
- Mulier. Algunas historias e Instituciones de Derecho Romano (2013). *Rosalía Rodríguez López y Mª José Bravo Bosch (Editoras)*
- Digesto. Una auténtica obra legislativa (2013). Ana Martín Minguijón
- La *auctoritas* romana (2013). *Ana Isabel Clemente Fernández*
- El Padre Feijoo y el derecho de su tiempo: Una visión premonitoria de problemas candentes en la actualidad (2013). *Rodríguez Ennes, Luis*
- Las interrogationes in iure (2013). *Pendón Meléndez, Esther*
- Conspectus Constitutionum Diocletiani (2013). *Díaz Bautista, Antonio (coord.)*
- Las costas en el proceso civil romano (2013). *Agudo Ruiz, Alfonso*
- De la consignación en Derecho Romano a su proyección en el Derecho Civil (2013). *Martínez de Morentin Llamas, Mª Lourdes. Prólogo de Antonio Fernández de Buján*
- La vertiente iuspublicista de la institución adoptiva en derecho romano y su proyección en el derecho español (2013). *Ruiz Pino, Salvador. Prólogo de Juan Miguel Alburquerque*
- El valor del silencio en las fuentes literarias antiguas (2012). *Martínez Vela, José Antonio. Prólogo de Antonio Fernández de Buján*
- Las fuentes del derecho romano (2012). *Metro, Antonino. Traducción y comentario crítico realizado por María José Bravo*
- Concordia dicendi et exaudiendi. Claves del derecho romano para la interpretación jurídica moderna (2011). *Sainz-Ezquerra Foces, José María*
- La legítima defensa en el Derecho romano con referencia a la dogmática moderna (2011). *Domínguez López, Esther*

- Régimen jurídico de la tácita reconducción en derecho romano y su proyección en derecho actual (2011). *Martínez Vela, José Antonio*
- El binomio procesal. Derecho de acción. Derecho de defensa. Desde la concepción clásica romana hasta la actualidad (2011). *Calaza López, Sonia*
- La concurrencia de responsabilidad civil contractual y extracontractual en el contrato de arrendamiento. Del Derecho Romano al Derecho Civil histórico valenciano (2011). *Lázaro Guillamón, Carmen*
- La pluralidad hipotecaria. Excepciones al principio de prioridad temporal en Derecho Romano y en Derecho Civil españo (2010). *Bernard Segarra, Lucía*
- Las pruebas no racionales en Roma. Ab urbe condita hasta finales de la República (2010). *Piquer Marí, José Miguel*
- Estudios sobre Diocleciano (2010). *Díaz Bautista, Antonio (coord.)*
- Iudex Unus. Responsabilidad judicial e Iniuria Iudicis (2010). *Mollá Nebot, Sonia M.A.*
- La prestación de alimentos en derecho romano y su proyección en el derecho actual (2010). *Alburquerque, Juan Miguel. Prólogo de Antonio Fernández de Buján*
- Pacto de Melhor comprador: configuração no direito romano (in diem addictio) e projeções no direito actual (2010). *Bissoto Queiroz de Moraes, Bernardo. Dirección del Prof. Dr. D. Antonio Fernández de Buján*
- Origen de los poderes del paterfamilias. El pater familias y la patria potestas (2009). *Amunátegui Perelló, Carlos Felipe. Prólogo de Juan Miquél González*
- Magistrados, Jueces y Árbitros en Roma. Competencia civil y evolución (2009). *Robles, Juan Ramón*
- Sistema contractual romano 3ª edición (2008). *Fernández de Buján, Federico. Incluye CD-Rom*
- El largo camino de los hispani hacia la ciudadanía (2008). *Bravo Bosch, María José. Prólogo de Antonio Fernández de Buján*
- El huerto en la Roma antigua: : su problemática urbanística y agraria (2008). *Rodríguez López, Rosalía*
- Procedimiento concursal. La posición jurídica del bonorum emptor (2008). *Soza, Ma. Ángeles. Prólogo de Francisco Cuena*
- La eficacia real en las transacciones del comercio de esclavos (2008). *Mohino Manrique, Ana*
- La injuria verbal colectiva (2007). *Bravo Bosch, María José. Prólogo de Luis Rodríguez-Ennes*
- La responsabilidad objetiva en el transporte marítimo y terrestre en Roma: estudio sobre el receptum nautarum, cauponum et stabulariorum:

entre la utilitas contrahentium y el desarrollo comercial (2007). *Salazar Revuelta, María. Prólogo de Antonio Fernández de Buján*

- Régimen jurídico de las presunciones (2007). *Martínez de Moretin Llamas, Mª Lourdes*
- De iure uerrino: el derecho, el aderezo culinario y el augurio de los nombres (2007). *García-Hernández, Benjamín*
- Instituciones políticas y sociales de Roma: Monarquía y República (2007). *Viñas, Antonio*
- El sistema jurídico ático clásico (2007). *Palao Herrero, Juan. Prólogo de Antonio Fernández de Buján*
- Terminología, definiciones y ritos de las nupcias romanas. La trascendencia de su simbología en el matrimonio moderno (2007). *Ortega Carrillo de Albornoz, Antonio*
- De hereditatis petitione. Estudios sobre el significado y contenido de la herencia y su reclamación en derech romano (2006). *Casinos Mora, F. Javier*
- Pactos en el contrato de compraventa en interés del vendedor (2006). *Mohino Manrique, Ana. Prólogo de Federico Fernández de Buján*
- De inutilibus stipulationibus (2006). *Casas León, Mª Etelvina de las. Prólogo de María Victoria Rodríguez Sansón*
- La vacante en los legados. A propósito de la Ley Única de Caducis Tollendi (C. 6,51) (2006). *Ortín García, Carmen*
- La argumentación retórica en Juvencio Celso (2005). *Parra Martín, Mª. Dolores*
- La injuria indirecta en Derecho romano (2005). *Guerrero Lebrón, Macarena*
- Régimen jurídico del tesoro en derecho romano (2005). *Agudo Ruiz, Alfonso. Prólogo de Antonio Fernández de Buján*
- De la filosofía personalista al ius personalismo (2005). *Viñas, Antonio*
- Pignus gordianum (2004). *Bueno Delgado, Juan Antonio*
- Teoría del derecho y experiencia jurídica romana (2002). *Viñas, Antonio*
- El proceso contra Jesús (2002). *AA.VV. Coordinadores: Amarelli y Lucrezi. Trad.: Antonio Fernández de Buján. Introducción: Federico Fernández de Buján. Prólogo: Francisco Paolo Casavola*
- Sine vitio nancisci possessionem. La adquisición de la posesión de los legados en el Derecho Romano Clásico (2003). *Salomón, Lourdes*
- La revocación de la donatio mortis causa en el derecho romano clásico (2003). *Tort-Martorell Llabrés, Carmen*

- Del trabajo como hecho social al contrato de trabajo como realidad normativa: Un apunte histórico-romanístico (1997). *Aleman Paez, Francisco/ Castán Pérez-Gómez, Santiago. Prólogo de Antonio Fernández de Buján*
- El edicto de los magistrados en el lenguaje de la jurisprudencia romana. Un estudio de Derecho Romano (1998). *Blanch Nougues, Juan Manuel*
- La intransmisibilidad de las acciones penales en derecho romano (1997). *Blanch Nougues, José Mª. Prólogo de Antonio Fernández de Buján*

Metodología docente. Causismo jurisprudencial. Fuentes de conocimiento

- Repensar la universidad. Reflexión histórica de un problema actual (2015). *Juan Alfredo Obarrio Moreno y José Miguel Piquer Marí*
- Gayo y el aprendizaje del Derecho Romano. Materiales didácticos para la adquisición de razonamiento jurídico. I. Personas y cosas (2012). *Rodríguez López, Rosalía / López-Muñoz, Manuel (eds.). Prólogo de Antonio Fernández de Buján*
- Innovación metodológica y Espacio Europeo de Educación Superior. Experiencias docentes en el ámbito del derecho (2011). *Pérez Álvarez, María del Pilar*

Sección Ius Commune

- La formación del derecho foral valenciano. Contribución al estudio de las tradiciones jurídicas hispánicas en el marco del ius commune (2012). *Masferrer, Aniceto / Obarrio Moreno, Juan Alfredo*
- Interdictum uti possidetis in regno valentiae (2011). *Obarrio Moreno, Juan Alfredo*
- Estudios de tradición romanística. Tutela et curatela (2011). *Obarrio Moreno, Juan Alfredo*
- El proceso por contumacia. Origen, pervivencia y recepción (2009). *Obarrio Moreno, Juan Alfredo*
- La preterición en el ámbito del ius commune: los comentarios de Tomás Cerdán de Tallada al fuero Declaran. Estudio, traducción y transcripción (2009). *Obarrio Moreno, Juan*
- Testamentorum sollemnia iuris romani medii aevi memoria (2009). *Obarrio Moreno, Juan Alfredo*

Sección Cultura Clásica

- 'Nomos ágraphos - Nomos éngraphos' Estudios de Derecho griego y romano (2015). *Alvarado Planas, Javier / Hernández de la Fuente, David / López Melero, Raquel / Rodríguez González, Ana María*

Made in the USA
Middletown, DE
05 November 2026

36599645R00225